PUBLICATIONS

DE

L'ÉCOLE DES LANGUES ORIENTALES VIVANTES

IIIᴱ SÉRIE. — VOLUME XVIII

BIBLIOGRAPHIE CORÉENNE

TOME PREMIER

BIBLIOGRAPHIE CORÉENNE

TABLEAU LITTÉRAIRE DE LA COREE

contenant la nomenclature des ouvrages publiés dans ce pays jusqu'en 1890
ainsi que la description et l'analyse détaillées
des principaux d'entre ces ouvrages

PAR

MAURICE COURANT

INTERPRÈTE DE LA LÉGATION DE FRANCE À TŌKYŌ

TOME PREMIER

PARIS

ERNEST LEROUX, ÉDITEUR

LIBRAIRE DE LA SOCIÉTÉ ASIATIQUE
DE L'ÉCOLE DES LANGUES ORIENTALES VIVANTES, ETC.

28, RUE BONAPARTE, 28

1894.

Sceau du Roi *Syouk tjong.*[1]

1. Ce sceau, qui porte les caractères 宸章, est gravé à la fin d'une inscription sur pierre qui se trouve au *Nam myo*, 南廟, près de Seoul, et dont le texte a été composé par ce Roi.

A

MONSIEUR CHARLES SCHEFER

MEMBRE DE L'INSTITUT

HOMMAGE DE RESPECT ET DE RECONNAISSANCE

MAURICE COURANT.

DIVISIONS DE L'OUVRAGE.

Livre I : Enseignement.

Livre II : Étude des langues.

Livre III : Confucianisme.

Livre IV : Litterature.

Livre V : Mœurs et coutumes.

Livre VI : Histoire et géographie.

Livre VII : Sciences et arts.

Livre VIII : Religions.

Livre IX : Relations internationales.

TABLE DES MATIÈRES

DU 1er VOLUME.

Table des gravures du 1er volume XII

Préface XV

Introduction XIX

Note sur les transcriptions employées pour les langues coréenne, chinoise, japonaise et sanscrite CXC

Liste des principales références CXCIX

Liste des tableaux phonétiques, historiques, géographiques, etc. CCXI

Liste des abréviations CCXIV

LIVRE I : ENSEIGNEMENT.

Chapitre I : Éducation 1

Chapitre II : Manuels épistolaires 20

Chapitre III : Manuels divers 24

LIVRE II : ÉTUDE DES LANGUES.

Chapitre I : Langue chinoise 39

1ère partie : Ouvrages divers 39

2e partie : Ouvrages spéciaux à la Cour des Interprètes 71

Chapitre II : Langue mantchoue 79
Chapitre III : Langue mongole 93
Chapitre IV : Langue japonaise 100
Chapitre V : Langue sanscrite 113

LIVRE III : CONFUCIANISME.

Chapitre I : Livres Canoniques et Classiques 116
1ère partie : Collections générales 118
2e partie : Livre des Transformations ... 122
3e partie : Livre des Histoires 125
4e partie : Livre des Odes 132
5e partie : Livres des Rites 133
6e partie : Printemps et Automne ... 136
7e partie : Livres Classiques 138
8e partie : Livre de la Piété Filiale, etc. 145
Chapitre II : Ouvrages sur Confucius ... 148
Chapitre III : Philosophie classique 154
1ère partie : Ouvrages chinois 154
2e partie : Ouvrages coréens 161

LIVRE IV : LITTÉRATURE.

Chapitre I : Poésie 185
1ère partie : Poésies chinoises... 185
2e partie : Poésies chinoises composées en Corée 202
3e partie : Poésies coréennes 238
Chapitre II : Prose 255

1ère partie : Prose chinoise 255
2e partie : Prose chinoise composée en Corée 271
Chapitre III : Romans 377
1ère partie : Romans chinois 377
2e partie : Romans en langue chinoise, composés par des Coréens 388
3e partie : Romans coréens à personnages chinois... 393
4e partie : Romans coréens à personnages coréens 428
Chapitre IV : Œuvres diverses 476
Errata du 1er volume 501

Chapeau de combat, 戰笠.(1)

1. Tiré du *Tjin tchan eui kouei.*

TABLE DES GRAVURES

DU 1er VOLUME.

		Nos des ouvrages.
	Sceau du Roi *Tjyeng tjong*	Titre.
I	Syllabaire coréen	1
II	1er feuillet du *Tchyen tjă moun*	3, I
III	1er feuillet du *Tong mong syen seup* ...	12
IV	Titre du *E tyeng kyou tjyang tjyen oun*	67
V	1er feuillet du *Tchyeng e ro keul tai* ...	114
V bis	Feuillet du *Han tchyeng moun kam* ...	119
VI	1er feuillet du *Mong e ro keul tai* ...	128
VII	Titre du *Tchyep kăi sin e*	157
VIII	Figure explicative du *Htai keuk* (*Syeng hak sip to tjap tjă*)	284*
IX	Titre du *Tai tyen hoi htong*	1461

N^os des ouvrages.

X 1er feuillet du *E tjyei ryoun eum* ... ... 1472, II

XI 1er feuillet du *Syen ouen hyei po keui ryak* 1910

Support doré, 鍍金臺.[1]

1. Tiré du *Tjin tchan eui kouei.*

PRÉFACE.

Dans l'ouvrage que je présente aujourd'hui au public, j'ai essayé de donner une idée du livre coréen, tant de l'extérieur du livre que du contenu : l'étude purement bibliographique, en effet, eût été bien sèche, s'appliquant à une littérature presque totalement ignorée jusqu'à ce jour, et l'analyse des œuvres sans la description matérielle des livres, eût perdu en précision et en intérêt ; il ne m'a pas semblé possible de séparer l'une de l'autre. J'ai de plus été amené, par la rareté des travaux existants relatifs à la Corée, à donner, dans un grand nombre de notices, des indications sur la géographie, l'histoire, les mœurs, la littérature proprement dite, la philosophie de ce pays : ces renseignements n'auraient pu se trouver autre part, j'espère qu'ils ne paraîtront pas déplacés ici. Aussi bien, cette péninsule, qui si longtemps a été en dehors des préoccupations européennes, attire en ce moment, et bien involontairement, l'attention sur elle, par ses troubles intérieurs et par les compétitions qui l'entourent ; peut-être aussi, après avoir parcouru ces volumes, reconnaîtra-t-on qu'elle est digne d'un intérêt d'un autre genre, par le rôle tout spécial qu'elle a joué dans la civilisation de l'Extrême Orient.

La nouveauté du sujet, tout en accroissant l'intérêt qu'il offre, en augmentait aussi les difficultés : j'ai dû chercher les renseignements de tous côtés, dans les écrits les plus divers, coréens, chinois, japonais, dans les ouvrages des Européens et dans les conversations des indigènes ; trop souvent je ne suis parvenu qu'à des résultats incomplets, peu satisfaisants, nombreuses aussi doivent être les erreurs commises et que les travaux postérieurs auront à redresser.

J'ai conscience de n'avoir négligé aucun moyen d'investigation à ma portée, ni à Seoul où cet ouvrage a été commencé, ni à Péking et à Paris où je l'ai continué, ni à Tōkyō enfin où il s'achève. Je demande donc l'indulgence du lecteur et je prie qu'il se souvienne que je marchais sur une voie à peine frayée.

Il me reste à dire combien cet ouvrage doit à M. Collin de Plancy, qui était Commissaire du Gouvernement Français en Corée au moment où j'ai entamé ce travail : la première idée lui en est due, et quant aux renseignements sûrs qu'il m'a fournis, aux excellents conseils qu'il m'a donnés, je ne les saurais énumérer : je le prie d'agréer ici l'expression de ma gratitude.

Tōkyō, novembre 1894.

MAURICE COURANT.

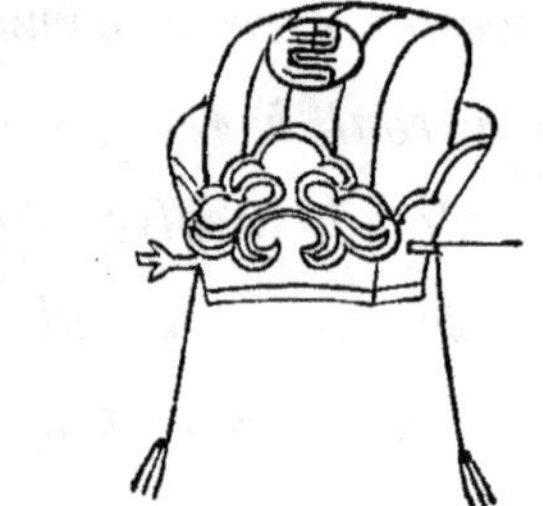

Coiffure de cérémonie, 花冠 (1).

1. Tiré du *Tjin tchan eui kouei.*

INTRODUCTION.

I.

Après un long séjour en Corée, bien des résidents ne se doutent pas qu'il existe des livres coréens ; ceux même que leur situation met en rapports fréquents avec les indigènes et qui étudient leur langue, savent à peine s'il y a une littérature coréenne. Quelle est la raison d'un fait aussi particulier ?

A Seoul et en province, dans les ruelles tortueuses et sales comme sur les places poudreuses, on voit de petits étalages en plein vent, abrités du soleil par une toile grossière ; et, près de l'étalage, un jeune garçon se tient accroupi, vêtu de chanvre écru, avec la longue natte pendant sur le dos ; il vend des épingles de cheveux, des serre-tête en crin, des miroirs de poche, des blagues et du tabac, des pipes communes, toutes sortes de boîtes, des allumettes japonaises, des pinceaux, de l'encre, du papier et des livres. Le même commerce d'objets hétéroclites se fait aussi dans des échoppes d'un ordre un peu plus relevé, large ouvertes sur le chemin ; l'étalage est disposé en pente douce sur un plancher établi à un pied et demi ou deux pieds du sol et qui s'étend jusqu'à la rue ; le marchand, un homme fait, portant les cheveux relevés, le serre-tête à anneaux de corne, l'épingle rouge au sommet du toupet, est au fond, près de la porte qui conduit à sa pauvre habitation.

Les livres de ces humbles commerçants ne paient pas de mine : format variant habituellement entre l'in-octavo et l'in-douze, épaisseur peu considérable ; couverture en papier grossier, d'une nature un peu résistante, de couleur jaune abricot, orné d'une sorte de grecque serrée, brillante, en léger relief, qui est produite par compression à l'aide d'une planche tailladée d'un gaufrage ; cette couverture, sans dos, est formée de deux feuilles simples, repliées tout autour à la façon de l'ourlet d'une étoffe ; comme garde, si le livre n'est pas tout à fait commun, une feuille imprimée, collée à l'envers. Le volume est cousu de cinq ou six points au moyen d'une ficelle rouge. Le papier est grisâtre, très mince, très mou, ayant des trous, contenant des brins de paille, de petits paquets de poussière ou de terre : naturellement, l'impression ne prend pas sur tous ces points défectueux, et elle prend fort mal sur le reste ; le papier est plié en feuilles doubles, comme pour les livres chinois, la pliure formant la tranche, la feuille n'est donc imprimée que d'un côté. Les marges sont très étroites ; le texte de chaque feuille est souvent encadré d'une ligne noire, deux lignes plus minces, au milieu de la feuille, réservent un espace libre qui sert pour la pliure : on y met, vers le haut, le titre de l'ouvrage, vers le bas, le numéro du feuillet ; au premier quart de la hauteur, à partir du haut, se trouve, en blanc sur noir, un monogramme ressemblant à un trèfle, qui est la marque à peu près constante des livres coréens. Presque tous ces ouvrages vulgaires, sont en caractères coréens ; le prix en est infime, il atteint rarement dix sapèques[1].

Tels sont les livres qui s'imposent à la vue de l'étranger dès son arrivée en Corée et qui se présentent à lui, dans les villes de province comme à la capitale, à chaque détour de la rue ; l'aspect misérable qu'ils offrent, peut expliquer la prévention dont ils sont l'objet. En province, on ne voit que ces ouvrages ; à Seoul, on en rencontre d'autres, mais ceux-ci étant presque

1. Cent sapèques forment une ligature, *ryang*, 兩 et dix ligatures forment un *koan*, 貫. J'ai vu le change de la piastre mexicaine varier de un à trois *koan* en 1890, 1891 et 1892.

tous imprimés en caractères chinois, on en conclut, trop hâtivement, qu'ils sont chinois et qu'en Corée, l'art d'écrire un livre et celui de l'imprimer sont à peine dignes d'être mentionnés. Il n'est cependant pas besoin d'un examen bien approfondi pour constater que, sur dix de ces ouvrages que l'on prend pour chinois, huit ou neuf ont été imprimés en Corée : en dehors des indications fournies par le texte, il est des signes extérieurs, grandeur du format, solidité et belle qualité du papier, qui ne permettent pas de les confondre avec les livres venant de Chine. Parfois, dans ces petites échoppes dont j'ai parlé, on rencontre, parmi les livres communs, quelques-uns de ces volumes plus grands et mieux imprimés, mais ils sont incomplets, dépareillés, salis, ils ont les feuillets coupés et rongés des vers.

Habituellement les livres soignés font l'objet d'un commerce spécial et on ne les mélange pas avec les blagues à tabac et les serre-tête. Les boutiques des libraires sont toutes réunies vers le centre de la ville, dans la large rue qui part du pavillon de la cloche et mène par une courbe allongée jusqu'à la porte du sud, après avoir traversé le pont de pierre sur lequel les Coréens vont à minuit, le 15 de la 1ère lune, se promener, pour se préserver des rhumatismes pendant toute l'année. Les librairies sont non loin de ce pont de pierre, établies ainsi à proximité des cinq ou six maisons à étage qui sont le siége des plus importantes corporations de marchands ; des bazars, cours rectangulaires entourées sur les quatre côtés de boutiques sombres et étroites où se vendent les curiosités et les objets de luxe ; de la place centrale où se bousculent, discutent et s'injurient les soldats au feutre noir et rouge et aux vêtements bleus, les palefreniers chargeant et déchargeant les sacs de grain, les commerçants et les promeneurs avec leurs chapeaux de crin noir et leurs manteaux blancs à plis amples, les femmes esclaves coiffées en bandeaux et la tête nue, les femmes du peuple couvrant leurs cheveux et leur visage de leur manteau vert, bordé de rouge et doublé de blanc. Un peu à l'écart du bruit qui se fait dans ce centre des affaires, assez près pour profiter du mouvement des allants et venants, le libraire trône accroupi au fond de sa boutique, derrière son étalage disposé en pente sur le plancher qui est un peu en retrait, de façon que les clients soient à l'abri tandis qu'ils font leurs achats ; ce libraire est un homme de bonne mine, qui porte, avec des vêtements de soie, la petite tiare en crin réservée aux nobles, qui fume sa longue pipe en causant avec quelques visiteurs assis près de lui et qui ne se dérange que pour les acheteurs importants. Il rougirait de mettre en montre ces volumes communs et à bas prix qui sont écrits en langue coréenne ; s'il en a, il les relègue dans un coin ; ce qu'il expose, ce sont des livres en langue chinoise, des exemplaires neufs des classiques, des exemplaires d'occasion des ouvrages les plus variés par le sujet, les plus différents par la date, les uns imprimés, les autres manuscrits ; parfois des éditions assez communes parfois des éditions royales, de grand format, d'une typographie soignée, sur un papier souple et fort, de teinte légèrement ivoirine et rappelant le papier impérial du Japon. D'ailleurs, la reliure est toujours la même que celle des livres vulgaires : seulement le papier jaune de la couverture est plus beau, la garde est de papier non imprimé ; la ficelle rouge est de rigueur : il n'y a guère que quelques manuscrits qui soient recouverts en papier blanc jaunâtre et reliés de ficelle bleue ou verte.

Ce n'est pas seulement chez les marchands que l'on trouve des livres, il existe aussi un assez grand nombre de cabinets de lecture[1], qui possèdent surtout des ouvrages communs, romans ou chansons, presque

1. *Syei tchăik ka*, 貰冊家.

tous en langue coréenne, les uns imprimés, les autres manuscrits ; souvent les exemplaires de ces établissements sont plus soignés, imprimés sur meilleur papier que ceux qui sont à vendre dans les boutiques. Le maître loue ces volumes pour un prix minime, un ou deux dixièmes de sapèque par jour et par volume ; fréquemment il exige un dépôt de garantie, en argent ou en nature, une somme de quelques ligatures, un fourneau portatif, une marmite par exemple. Assez répandu jadis à Seoul, ce genre de commerce est devenu plus rare, m'ont affirmé quelques Coréens ; je n'ai, d'ailleurs, jamais entendu dire qu'il existe en province, même dans les grandes villes, telles que *Syong to*, *Tai kou*, *Hpyeng yang*[1]. Ce métier est peu lucratif, mais il est tenu pour honorable et, comme tel, adopté volontiers par les gens de petite noblesse qui sont tombés dans la gêne. Les emprunteurs coréens sont peu exacts à rendre les livres loués, aussi le fond d'un cabinet de lecture diminue rapidement et ne correspond jamais que très imparfaitement, comme j'ai eu l'occasion de m'en assurer, à la liste grossière qui tient lieu de catalogue : chaque fois que j'ai demandé un ouvrage, d'après une de ces listes, on m'a répondu qu'il était égaré ; elles

1. 松都; 大丘; 平壤.

m'ont, du moins, fourni un certain nombre de titres qui ont trouvé place dans cette Bibliographie, et j'ai eu la chance de rencontrer par la suite une bonne partie des livres qui m'étaient ainsi connus de nom seulement.

Pendant le séjour de deux ans que j'ai fait à Seoul, ma curiosité ayant été éveillée par tous ces livres sur lesquels les ouvrages européens, non plus que les résidents étrangers, ne me donnaient que de maigres renseignements, je commençai par examiner ceux que possédait M. Collin de Plancy, Commissaire du Gouvernement Français, et qu'il a donnés depuis lors à la Bibliothèque de l'Ecole des Langues Orientales. Mis en goût par ces premières recherches et encouragé des conseils bienveillants de mon chef, je poursuivis mes investigations : la plupart des boutiques de Seoul furent fouillées, les fonds de librairie me passèrent sous les yeux ; j'achetais à mesure ce qui me semblait le plus intéressant et je prenais des notes précises sur le reste. J'eus recours aussi aux résidents étrangers, presque tous montrèrent le plus grand empressement à me laisser consulter les ouvrages qu'ils avaient entre les mains ; les Coréens se prêtèrent moins facilement à mon enquête, il en est cependant quelques-uns à qui je dois d'avoir vu des livres fort curieux. À la faveur de ces circonstances, je fis connaissance avec un grand nombre d'ouvrages, dont plusieurs sont rares et presque introuvables aujourd'hui. Qu'il me soit permis d'offrir ici mes remerciements à tous ceux dont l'aide m'a été précieuse pour ce travail, et spécialement à S. G. Mgr. Mutel, Vicaire apostolique de Corée, dont l'obligeance m'a fourni plus d'un renseignement et qui, depuis mon départ de Seoul, a bien voulu continuer à chercher pour moi plusieurs ouvrages que je n'avais pu voir pendant mon séjour.

Pendant un congé passé en Europe, j'ai visité diverses collections importantes de livres coréens : à Paris, celle de la Bibliothèque Nationale qui remonte à l'expédition de l'Amiral Roze, en 1866 ; la collection formée en 1888 par M. Varat et déposée aujourd'hui au Musée Guimet ; je ne parle pas de celle de l'École des Langues Orientales Vivantes, que j'avais étudiée à Seoul, avant qu'elle eût été envoyée en France ; à Londres, j'ai vu en détail l'importante collection du Musée Britannique : je suis particulièrement obligé à M.M. Deprez et Feer, Conservateurs à la Bibliothèque Nationale, à M. R. K. Douglas, Conservateur au Musée Britannique, de toutes les facilités qu'ils m'ont données pour étudier les livres confiés à leur garde. M. G. von der Gabelentz a bien voulu me communiquer le catalogue de sa collection particulière et je le prie d'agréer l'assurance de ma gratitude. Malheureusement, il ne m'a pas été possible d'obtenir la liste des ouvrages coréens qui existent à Saint-Pétersbourg, ces volumes n'ayant pas encore été classés. A Tōkyō enfin, soit chez les libraires, soit dans la bonzerie de Zō djō, soit à la Bibliothèque d'Ouyéno, j'ai trouvé divers ouvrages intéressants que je n'avais pu consulter en Corée.

Je n'ai pas borné mon travail aux volumes qu'il m'a été donné de voir, mais j'y ai compris aussi la nomenclature de ceux dont j'ai trouvé mention dans les livres consultés au cours de mes recherches : les collections des statuts et règlements[1], diverses œuvres historiques et géographiques[2] m'ont fait connaître un grand nombre de titres ; le Catalogue de la Bibliothèque Royale de Seoul[3], dont M. Collin de Plancy réussit à se procurer une copie, enrichit considérablement ma liste. En même temps, quelques

1. *Tai tyen hoi htong*, n° 1461 ; *Ryouk tyen tyo ryei*, n° 1462 ; *Htong moun koan tji*, n° 1694.

2. *Moun hen pi ko*, n° 2112 ; *Tai tong oun ok*, n° 2108 ; *Hou tjă kyeng hpyen*, n° 2116 ; *Tong kyeng tjap keui*, n° 2292.

3. *Năi kak tjang sye houi hpyen*, n° 2068.

ouvrages m'ont donné des indications intéressantes sur la composition des principaux livres coréens, les éditions qu'ils ont eues, la vie des auteurs, et ont complété les renseignements déjà trouvés dans les préfaces et avertissements que j'avais lus. Il m'est donc devenu possible, à la nomenclature sèche des titres et aux renseignements purement bibliographiques, d'ajouter l'analyse des principaux ouvrages, les circonstances de la composition et de la publication, les faits les plus importants de la vie des auteurs, et d'indiquer ainsi les traits saillants de l'histoire littéraire et philosophique de la Corée ; je me suis efforcé, par là, de reconstituer la physionomie intectuelle de ce pays et j'espère avoir réussi, dans une certaine mesure, à marquer sa place dans la civilisation de l'Extrême Orient.

C'est dans le *Tai tong oun ok*[1] et le *Htong moun koan tji*[2], que j'ai trouvé le plus grand nombre

1. Le *Tai tong oun ok* (n° 2108) est un dictionnaire encyclopédique des choses coréennes, rangé par ordre de rimes ; il contient de très intéressantes indications sur la géographie, l'histoire, les légendes, la littérature, les sciences. L'auteur, qui vivait au XVI° siècle, n'émet pas d'opinions personnelles, il se borne à rapporter les faits qu'il tire des anciens ouvrages, et ajoute toujours avec le plus grand soin la source où il les a puisés.

2. Le *Htong moun koan tji* (n° 1694) a été composé en 1720 et a eu, depuis lors, plusieurs éditions augmentées ; la dernière est de 1882

d'indications sur l'histoire littéraire et sur la biographie des auteurs ; malheureusement le premier de ces ouvrages est déjà ancien et le second ne s'occupe que d'une partie des écrivains, de ceux qui appartiennent à la demi-noblesse, appelée souvent classe des interprètes ; et comme, de plus, l'histoire des derniers siècles n'est pas imprimée, que les ouvrages qui s'y rapportent, circulent seulement sous le manteau, j'ai été réduit, pour la période qui commence avec le XVIIe siècle, aux hasards des renseignements oraux. Le *Moun hen pi ko*[1], résultat de la vaste enquête instituée par le roi

avec supplément de 1889. L'auteur primitif et ceux qui ont revu l'ouvrage, étaient des fonctionnaires de la Cour des Interprètes ; ils ont travaillé en partie d'après des documents officiels, en partie d'après des mémoires privés ; l'ouvrage est fait avec un grand luxe de détails : outre la liste de références qui se trouve en tête, on rencontre dans le texte des indications sur les ouvrages cités et des renseignements précis sur les livres qui ont été publiés par la Cour des Interprètes.

1. Le *Moun hen pi ko* (n° 2112) a été rédigé sous le règne du roi *Yeng tjong* et achevé en 1770 par une commission de hauts fonctionnaires et de lettrés choisis par le Roi : c'est un recueil de documents sur tout ce qui concerne la Corée, sciences, rites, administration, commerce, géographie ; chacun de ces points est traité à part, non seulement pour le XVIIIe siècle, mais aussi historiquement, en remontant aux plus lointaines origines. Dans cette revue générale des choses coréennes, on ne peut guère constater l'absence que de trois points : l'histoire proprement dite, la langue coréenne et les religions non officielles, bouddhisme et taoïsme. Aux documents cités, les auteurs ajoutent souvent des remarques et des discussions critiques, rédigées très clairement et dans un esprit de stricte impartialité.

Yeng tjong[1] sur l'ensemble des choses coréennes, m'a fait connaître une multitude de faits intéressants et dont j'ai profité, mais parmi lesquels un bien petit nombre se rapportent à l'histoire littéraire ou philosophique ; de plus, cet ouvrage néglige totalement ce qui touche à la langue coréenne et aux religions bouddhique et taoïste, négligence facilement explicable par le discrédit où se trouve auprès des lettrés tout ce qui est d'origine populaire : pour ces différents points, j'ai dû chercher autre part, et j'ai trouvé peu de chose.

Pour les œuvres chinoises qui se sont implantées en Corée, et même pour quelques ouvrages coréens, le Catalogue de la Bibliothèque Impériale de Péking[2], m'a été précieux par ses copieuses notices ; pour le bouddhisme, j'ai eu largement recours à la traduction du Catalogue du Tripiṭaka de M. Bunyiu Nanjio[3] ; cette œuvre de patience et d'érudition m'a fourni des

1. 英宗.

2. Le Catalogue de la Bibliothèque Impériale (voir Liste des Références) a été compilé dans les années ***Khien long***, 乾隆 (1736-1795) par une commission formée des savants et des lettrés les plus autorisés de la Chine, sous la direction active de l'Empereur ***Kao tsong***, 高宗 ; cet ouvrage ne contient pas seulement la nomenclature de titres, que pourrait faire prévoir le nom de Catalogue, mais des notices historiques, littéraires et critiques rédigées avec le plus grand soin et d'après les meilleures sources ; il est bien connu, d'ailleurs, de tous ceux qui s'occupent de littérature chinoise.

3. Cf. Liste des Références.

détails circonstanciés sur les traductions chinoises des ouvrages bouddhiques et sur les traducteurs, elle m'a donné le moyen d'identifier avec les titres sanscrits un assez grand nombre de titres que je ne connaissais qu'en chinois ; il en est cependant plusieurs encore dont je n'ai pu trouver ni l'équivalent ni le sens exact. Pour le taoïsme et les croyances populaires, le ***Tsi choe tshiuen tchen***[1] du P. ***Hoang*** m'a fourni de nombreux et sûrs renseignements, tirés des meilleures sources chinoises.

J'ai souvent éprouvé des difficultés considérables pour déterminer les noms des auteurs, ceux des localités d'où ils sont originaires ou dans lesquelles les ouvrages ont été publiés, et enfin pour fixer les dates d'une façon précise : ces difficultés, d'une nature toute spéciale et ignorées du public européen, méritent quelques explications.

Tout Coréen, en effet, a un nom de famille[2], et un postnom[3] qui joue le rôle dévolu, chez nous, au prénom habituel : mais, tout d'abord, il arrive que, pour une raison rituelle ou par simple caprice, un

1. Cf. Liste des Références.
2. *Syeng*, 姓.
3. *Myeng*, 名.

homme change de postnom. De plus, toute personne qui prétend au titre de lettré, a un surnom[1], qui peut être aussi changé, et un nombre variable de noms littéraires ou pseudonymes[2], limité seulement par le bon plaisir du possesseur : si généralement un seul semble suffisant, il n'est pas rare de trouver des gens qui en ont deux ou trois, et quelques auteurs en ont bien davantage, jusqu'à sept ou huit ; souvent les pseudonymes sont tirés de noms de localité, ce qui prête à confusion. Les grands fonctionnaires, qui se sont distingués par leurs services, reçoivent du Roi des titres nobiliaires[3] de leur vivant, des noms posthumes[4] après leur mort. Ces noms, postnoms, surnoms, pseudonymes, titres nobiliaires, noms posthumes sont usités concurremment pour désigner celui à qui ils appartiennent ; parfois aussi on parle d'un fonctionnaire en employant le nom de sa fonction actuelle, ou, s'il est mort, de la fonction qu'il a remplie de son vivant, ou de la fonction qui lui a été accordée après sa mort. S'il est rare que deux Coréens aient même nom et même postnom, les similitudes de pseudonymes sont moins rares, et celles de titres nobiliaires ou autres sont très fréquentes. La même confusion règne parmi

1. *Tjă*, 字.
2. *Ho*, 號.
3. *Pong ho*, 封號.
4. *Si ho*, 謚號.

les noms chinois ; et bien souvent les différentes désignations d'un personnage coréen pourraient aussi s'appliquer à un Chinois ou réciproquement. Comme il n'existe aucun ouvrage complet et méthodique pour débrouiller ce chaos, ce n'est qu'à force de lectures et de notes qu'on parvient à rapprocher, tant bien que mal, les noms qui s'appliquent au même personnage et à reconstituer sa personnalité.

De même qu'un homme peut-être désigné à peu près indifféremment par cinq ou six expressions au moins, de même, en Corée comme en Chine, une localité a plusieurs noms : une ville, à côté du nom officiel, qui change à peu près à chaque dynastie, et parfois même pendant la durée de la dynastie, a souvent un nom vulgaire et de nombreux noms littéraires qu'il est élégant d'employer à la place du nom ordinaire ; il en résulte qu'une bourgade secondaire peut avoir cinq ou six désignations différentes ; le nombre des noms employés pour un endroit augmente avec l'importance du rôle qu'il joue. Il faut ajouter que le même nom qui est appliqué aujourd'hui à telle ville du nord, a pu être, sous une autre dynastie, celui d'une autre ville située à l'extrémité méridionale de la contrée ; que beaucoup de villes coréennes ont les mêmes noms que des villes chinoises : on aura ainsi une idée de la confusion qui règne en cette matière. Pour les noms géographiques chinois, les recherches sont rendues faciles par l'excellent ouvrage de M. Playfair et par le ***Li chi oou tchong ho khan***[1]; mais, pour la Corée, le problème reste fort obscur, puisqu'il n'existe aucun travail méthodique sur le sujet : j'ai dû me contenter des renseignements du *Han ryei houi tchan* (nº 29) et du *Ko sǎ tchoal yo* (nº 2105), et de ceux qui m'ont été fournis par une liste manuscrite. La longue étude sur la géographie ancienne, qui fait partie du *Moun hen pi ko*, ne m'a été que d'une médiocre utilité, tant elle est touffue et contradictoire dans certaines parties : pour coordonner les faits qu'elle contient, et qui sont puisés aux sources anciennes, tant chinoises que coréennes, il serait besoin d'un ouvrage spécial ; et, sans doute, cette étude vaudrait la peine d'être faite et modifierait ou confirmerait un certain nombre des données admises sur la géographie ancienne et l'ethnographie de la Corée et de la Mantchourie ; mais ce n'était pas le lieu, dans le présent ouvrage, de faire ce travail.

Si l'obscurité est la même pour les noms géographiques que pour les noms d'hommes, elle n'est pas

1. Voir Liste des Références.

moindre pour la chronologie, par suite du même manque de précision et de la même recherche de l'élégance aux dépens de la clarté. Les Coréens ont emprunté aux Chinois l'usage des caractères cycliques, rangés en deux séries l'une de dix (troncs célestes), l'autre de douze (branches terrestres), et employés pour désigner les directions dans l'espace (points cardinaux et intermédiaires), ainsi que les heures du jour et les mois de l'année. Ces caractères forment entre eux soixante combinaisons qui se succèdent dans un ordre fixe et s'appliquent aux jours successifs, aux mois successifs, aux années successives, à partir d'une origine donnée. Si l'on connaît, par exemple, les caractères cycliques d'une année, on saura par là même son rang dans le cycle sexagénaire des années ; il restera à savoir de quel cycle il s'agit. Souvent l'écrivain se contente d'une indication aussi vague et, si le texte daté de la sorte ne renferme pas quelque élément, nom de fonction, allusion à un fait historique, ou autre, qui précise l'époque, nous sommes réduits aux hypothèses. D'ailleurs, il arrive fréquemment que, par recherche de style, le Coréen substitue aux caractères cycliques ordinaires les termes correspondants de deux séries usitées dans la haute antiquité chinoise ; ces termes sont composés chacun de deux ou trois caractères, chaque année est donc désignée par quatre ou cinq caractères au lieu de deux ; et pas un seul Coréen, j'en suis persuadé, n'est capable d'identifier de mémoire les termes d'une série avec ceux de l'autre : mais les expressions anciennes sont plus élégantes, et c'est une raison suffisante pour les employer.

Dans la moitié des cas, l'auteur ajoute aux caractères cycliques de l'année le nom du roi régnant ou le numéro d'ordre de l'année depuis l'avénement de celui-ci : comme il est bien rare que deux rois commencent leur règne sous les mêmes caractères cycliques, une telle notation est satisfaisante, et elle le serait complètement, si elle était employée d'une façon méthodique. Seulement, s'il est admis en général que l'on appelle première année d'un règne non pas celle de l'avènement, mais celle qui commence le 1er jour de la 1ère lune suivante, des considérations morales font abandonner cette convention, lorsque le monarque qui cesse de régner, est considéré comme indigne et a été renversé par une révolte légitime : il est malaisé pour nous de savoir quelles sont les révoltes légitimes, et une divergence d'une année peut résulter de notre erreur sur ce point de morale politique. Le souci de l'élégance ne permet d'ailleurs pas aux écrivains de désigner un monarque toujours par son nom de temple[1], ce qui serait fort clair : on remplace donc parfois ce nom par le nom de son tombeau[2] ; puis il arrive qu'au secondcaractère du nom de tombeau, *reung*[3], on substitue le mot *myo*[4] (temple), qui est aussi l'équivalent des mots *tjo*[5] et *tjong*[6], employés comme seconds caractères dans les noms de temple. De la sorte, on ne peut savoir si l'expression *Yeng myo*[7] doit être prise pour *Yeng tjo*[8], nom d'un roi du XVIIIe siècle, ou pour *Yeng reung*[9], nom du tombeau du roi *Syei tjong*[10], qui a régné trois siècle plus tôt ; *Hyen myo*[11] désigne le roi *Hyen tjong*[12], ou le roi *Moun tjong*[13], dont le tombeau s'appelle *Hyen reung*[14] : ces deux princes ont régné l'un au XVe, l'autre au XVIIe siècle : on voit assez par ces deux exemples quelles confusions peuvent se produire.

Les souverains, chinois, dès avant l'ère chrétienne, ont pris l'habitude, soit à leur avènement, soit à propos d'une circonstance importante, de choisir une expression de deux, trois, ou quatre caractères présentant un

1. *Myo ho*, 廟號.
2. *Reung ho*, 陵號.
3. 陵.
4. 廟.
5. 祖.
6. 宗.
7. 英廟.
8. 英祖.
9. 英陵.
10. 世宗.
11. 顯廟.
12. 顯宗.
13. 文宗
14. 顯陵.

sens favorable, et de la donner comme nom à une période d'années : ces expressions s'appellent noms de règne[1] et l'on désigne les années comme première, deuxième, troisième de telle période ; le nom de règne reste en usage jusqu'à ce qu'un décret impérial en choisisse un autre ; il est, en somme, le nom d'une ère qui dure plus ou moins longtemps, suivant la volonté du souverain. Depuis la dynastie des ***Ming***[2], l'usage s'est établi de laisser durer chaque période autant que le règne, la première année d'une période correspond donc à la première année du règne, c'est à dire à l'année qui commence au 1er jour de la 1ère lune qui suit l'avènement[3].

Les ouvrages officiels coréens et un grand nombre d'ouvrages non officiels emploient les noms de règne

1. *Nyen ho*, 年號.
2. 明.
3. Il n'en a pas toujours été ainsi, et les changements de noms de règne étaient jadis très fréquents et avaient souvent un effet rétroactif sur la partie de l'année écoulée jusqu'au jour du changement de période. Tous les monarques de l'Asie Orientale ont, à un moment ou à un autre, imité l'Empereur de Chine et donné des noms de bon augure aux périodes d'années ; mais, tandis que les états qui refusaient de reconnaître dans toute son étendue la suprématie chinoise, le Japon et l'Annam par exemple, ont continué jusqu'à présent à employer des noms de règne spéciaux, la Corée, dès le Xe siècle, a affirmé sa fidélité de vassale, en adoptant définitivement les noms de règne chinois.

chinois : cette notation chronologique est très claire. Mais la Corée, bien qu'ayant reconnu dès 1637 la suzeraineté des Mantchous, et devant par suite employer les noms de règne de la dynastie des *Tshing*[1], ne s'est conformée qu'à regret et incomplètement à cette obligation : par un sentiment de loyalisme à l'égard des *Ming* qui avaient rendu de si grands services à leur pays, un grand nombre d'écrivains coréens, parfois même dans des ouvrages semi-officiels, s'en sont tenus à la période *Tchhong tcheng*[2], où régnait le dernier empereur de race chinoise : ils datent par exemple une préface de la 237e année *Tchhong tcheng* (1863) ; c'est ainsi que la fidélité exaltée de certains lettrés a doté la Corée d'une ère de longue durée, ressemblant aux ères occidentales plus que les brèves périodes correspondant aux noms de règne. Enfin, depuis que des relations existent entre la Corée et les puissances occidentales, les pièces officielles sont datées au moyen d'une ère qui commence en 1392, date de la fondation de la dynastie régnante[3].

1. 清.
2. 崇禎 (1628-1644).
3. Pour établir la concordance entre les dates européennes et les noms de règne chinois, je me suis servi des ouvrages de W. F. Mayers et du P. *Hoang* ; pour les quelques dates japonaises que j'ai citées, j'ai eu recours aux tables de William Bramsen.

II.

Telles sont les circonstances où est né ce livre, tels sont les renseignements que j'ai trouvés et les difficultés qui se sont présentées à moi. Je me propose maintenant dans cette introduction de dégager des documents rassemblés les conclusions les plus générales relatives au livre coréen, au triple point de vue du livre matériel, si je puis dire ainsi, de la langue employée et des idées exprimées.

Le papier coréen est fait avec l'écorce de l'arbre *tjye*(1), sorte de mûrier qui pousse en grande quantité en Corée et au Japon ; cette écorce macère dans l'eau pendant un certain temps, puis elle est battue, aplatie, séchée au soleil, blanchie ; mais elle n'est jamais complètement broyée, de sorte qu'un grand nombre de fibres subsistent intactes dans le papier. Le plus beau se fabrique à l'automne : il est très difficile à déchirer, épais, lisse et d'un ton ivoirin ; la déchirure est cotonneuse, il a d'une étoffe la résistance et presque la souplesse. La première qualité est d'un usage rare, elle ne sert guère que pour certaines pièces officielles, pour des listes de cadeaux envoyés par le

1. 楮 ; japonais kōzou (kouzu, こうず), broussonetia papyirifera.

Roi et pour quelques impressions très soignées. Les qualités secondaires, avec la même texture, sont moins épaisses, étant plus battues, ce qui permet de la même quantité de matière de faire plus de feuilles ; lorsque ce papier est très mince, les baguettes des claies, sur lesquelles on le fait sécher, y laissent une légère trace transparente, ce qui lui donne un aspect vergé. Les belles espèces de papier de seconde qualité(1) sont en usage pour écrire les compositions des examens ; ces compositions sont ensuite achetées par des industriels et passées à l'huile, le papier acquiert ainsi plus de résistance et devient complètement imperméable, il sert alors à faire des manteaux pour la pluie et à tapisser le sol des habitations, on en recouvre des paniers, on en fait des éventails. Le papier commun est préparé avec les parties les plus grossières de l'écorce et avec le résidu de la fabrication des plus belles qualités, on y ajoute aussi de la paille et d'autres corps étrangers : au battage, il s'amincit inégalement et présente des trous à côté de parties épaisses. Avec le papier de seconde qualité enduit d'une teinture jaune gommeuse, on fait les couvertures de livres.

Dans les livres coréens de quelque époque qu'ils

1. *Tai ho tji*, 大好紙, et autres.

soient[1], le papier présente les mêmes caractères, souplesse et texture cotonneuse ; dans les ouvrages les plus anciens, bien qu'assez mince, il a résisté à l'injure du temps : témoin les livres de la dynastie de Ko rye qui se trouvent dans quelques bonzeries, dans quelques collections d'Europe, et qui sont à peine jaunis et sans mangeures. J'ignore à quelle époque la fabrication du papier a pris naissance en Corée : je n'ai trouvé mention d'aucune autre matière employée pour écrire et, puisque les livres étaient déjà fort répandus au IXe siècle, qu'il existait des études régulièrement organisées, que des bibliothèques furent fondées au siècle suivant, il est vraisemblable que le papier se préparait déjà dans le royaume. La dynastie régnante a, dès son avènement, fondé une papeterie officielle, qui a subsisté jusqu'en 1882 et qui fabriquait le papier employé pour les compositions de félicitations, les prières, etc.

A l'imitation des Chinois, les Coréens impriment au moyen de planches de bois gravées. On choisit un bois d'un grain fin et serré, du bois de cerisier en général, et, sur la planche de deux centimètres d'épaisseur aplanie avec soin, on colle la feuille à graver,

1. Je ne ferai exception que pour quelques ouvrages du XVIIIe siècle, dont le papier est jaune, parfois assez foncé, cassant, et semble d'une tout autre nature.

l'endroit étant contre la planche, de sorte que les caractères apparaissent à l'envers ; le graveur creuse tout ce qui est en blanc, les caractères et encadrements ressortent donc en relief. On a ainsi l'imitation exacte du manuscrit employé, ce qui permet d'obtenir facilement des fac-simile d'autographes : aussi les titres, préfaces et postfaces sont très souvent écrits par l'auteur même ou par un personnage de marque, et le volume reproduit telle quelle l'œuvre du calligraphe. La planche est toujours gravée pour la feuille entière, une seule face de celle-ci reçoit l'impression, après quoi elle est pliée par le milieu et forme un recto et un verso ; l'intérieur de la feuille demeure blanc ; le papier est d'ailleurs trop mince et trop transparent, pour qu'il soit possible d'imprimer ou d'écrire sur les deux côtés.

Mais, pour l'art de l'imprimerie, la Corée a dépassé la Chine[1] et devancé l'Europe : en 1403, un décret de *Htai tjong*[2], troisième roi de la dynastie régnante, ordonna de fondre des caractères en cuivre. « Pour « gouverner, dit le décret royal, il faut répandre la « connaissance des lois et des livres, de façon à remplir « la raison et à rendre droit le cœur des hommes : de

1. Les types mobiles n'ont jamais été employés dans ce pays que par exception.

2. 太宗.

“ la sorte, on réalisera l’ordre et la paix. Notre pays “ est situé à l’orient, au delà de la mer, aussi les livres “ de la Chine y sont rares. Les planches gravées “ s’usent facilement, de plus, il est difficile de graver “ tous les livres de l’univers. Je veux qu’avec du “ cuivre, on fabrique des caractères, qui serviront pour “ l’impression, de façon à étendre la diffusion des “ livres : ce sera un avantage sans limites. Quant aux “ frais de ce travail, il ne convient pas qu’ils soient “ supportés par le peuple, mais ils incomberont au “ trésor du Palais[1] ”. En exécution des ordres du Roi, on choisit les caractères les plus usuels du ***Chi king,*** du ***Chou king*** et du ***Tso tchoan***[2] et on fondit cent mille types en cuivre ; tous les successeurs du Roi *Htai tjong* s’intéressèrent à cette invention et, jusqu’en 1544, on trouve mention de onze décrets royaux relatifs à la fonte de caractères ou à l’impression d’ouvrages à l’aide de types mobiles. Les plus habiles calligraphes du royaume furent chargés d’écrire pour les fondeurs des caractères élégants ; on imita aussi des

1. 我　太宗大王三年諭左右曰爲治必博觀典籍然後可以窮理正心致修齊治平之效吾東在海外中國之書罕至板刻之本易刓且難盡刋天下之書予欲範銅爲字隨書印之以廣其傳爲無窮之利然其供費不宜斂民於是悉出內帑 (Postface du *Moun hen pi ko*)—Cf. aussi n° 1673.

2. 詩經；書經；左傳.

caractères tirés d'une édition chinoise du ***Kang mou***[1], on prit comme modèles des autographes d'anciens calligraphes chinois. A mesure que le besoin se faisait sentir de caractères qui n'étaient pas dans la fonte primitive, on les fabriquait aussitôt. Jusqu'en 1434, on n'eut qu'une seule fonte ; à cette époque, pour l'impression du ***Kang mou,*** le Roi fit faire, en plomb, de nouveaux caractères de calibre double. C'est par cent mille et deux cent mille que les souverains coréens faisaient fabriquer les types mobiles ; et l'enthousiasme royal alla si loin que, le cuivre manquant, on mit au creuset les cloches des bonzeries ruinées, les vases et instruments appartenant aux administrations et aux particuliers.

A toutes les éditions imprimées à cette époque par le nouveau procédé, les Rois firent mettre des postfaces relatant l'origine et le développement de l'invention du Roi *Htai tjong*. Après 1544 et jusqu'en 1770, le silence se fait sur les impressions en caractères mobiles, soit que les querelles intestines et les guerres extérieures qui marquèrent cette période, aient absorbé toute l'attention royale, soit pour tout autre motif. En 1770, le Roi *Yeng tjong*[2] fit fondre en cinq mois et demi les

1. 綱目. 2. 英宗

caractères nécessaires à l'impression du *Moun hen pi ko ;* il fit mettre à la fin de l'ouvrage une postface rappelant, avec les origines de l'imprimerie en caractères mobiles, la nouvelle application qui en était faite. En quelques années, on fondit encore trois cent mille caractères, qui furent déposés en partie à la Bibliothèque Royale et en partie dans le Palais *Tchyang kyeng*[1] ; on fabriqua aussi trente-deux mille poinçons en bois, qui servirent de modèles pour la confection de nouveaux types en cuivre. De 1770 à 1797, un grand nombre d'ouvrages furent imprimés par le procédé du Roi *Htai tjong*, qui a encore été employé fréquemment dans ce siècle : mais je n'ai pu avoir aucun renseignement précis sur l'état actuel de la typographie coréenne et le peu que j'ai entendu dire, me fait penser que les dépôts de types mobiles sont en fort mauvais état.

Il faut regarder d'assez près pour distinguer un livre imprimé en types mobiles d'un livre gravé sur planches : la similitude très grande des caractères qui sont répétés dans le texte, rend probable la première alternative ; parfois les types en cuivre, insuffisamment maintenus, ont glissé, et le caractère est un peu déplacé. M. Satow, dans son intéressant article sur les anciennes impressions

1. 昌慶宮.

japonaises[1], pense qu'une autre marque des impressions en caractères mobiles peut être cherchée dans l'aspect des raies verticales séparant les colonnes de caractères : si ces raies ne vont pas jusqu'à l'encadrement, cela tient à l'imperfection de la typographie, les filets de cuivre employés pour les imprimer étant insuffisamment assujettis, souvent trop courts, et glissant de leur place après que la feuille a été composée ; M. Satow part de cette explication plausible pour établir que l'imprimerie en caractères mobiles existait en Corée dès l'an 1317[2]. Il ne m'est pas possible de me ranger à cette opinion, attendu que le décret du Roi *Htai tjong* fixe nettement à 1403 l'invention de la typographie et parce que j'ai vu plus d'un ouvrage gravé sur planches où les lignes verticales n'atteignent pas non plus l'encadrement.

J'ai vu quelques ouvrages, imprimés à l'aide de types mobiles, comme semble le prouver la déviation d'un assez grand nombre de caractères, et qui, loin d'offrir la netteté des éditions faites au moyen de types en cuivre, présentaient des caractères peu nets et à bords baveux : des Coréens m'ont dit que ces livres avaient été imprimés à l'aide de types en terre cuite et que ce

1. Voir Liste des Références.
2. Cf. n° 229.

procédé avait été usité dans leur pays ; mais je n'ai pu obtenir à ce sujet aucune indication précise écrite, ni même orale ; d'autre part, quelques traces de cette méthode se retrouvant au Japon, il n'est pas impossible qu'elle ait été employée en Corée.

Les livres coréens peuvent se ranger, d'après l'aspect extérieur, en quelques classes qui, sans être nettement délimitées, ont cependant chacune des marques spéciales, format et style des caractères, suffisamment indiquées et communes à tous les individus composants.

Parmi les ouvrages anciens, quelques-uns, le *Kong tjă ka e* (nº 229), le *Hyei tjyo syen să e rok* (nº 2678), le *Ko tchyou hpyen* (nº 329), par exemple, sont imprimés en caractères grêles, anguleux, qu'on dirait tracés d'une main malhabile, avec un pinceau trop dur et trop fin ; le premier de ces livres remonte manifestement au commencement du XIVᵉ siècle ; les deux autres, sans qu'il me soit possible d'en fixer la date d'une façon aussi précise, sont également fort anciens, si je m'en rapporte à l'aspect archaïque des volumes et à la vétusté du papier. Ces trois ouvrages peuvent servir de type à une série de livres, dont le trait principal est la gaucherie et la gracilité des caractères, qui se rattachent, bien que d'un peu loin, à l'école de calligraphie dite des *Song*[1]. Des représentants de cette classe se trouvent encore au XVᵉ siècle et jusqu'aujourd'hui ; l'École des Langues Orientales possède plusieurs exemples de ce style, qui datent du XVIᵉ siècle[2]. Les anciens spécimens sont souvent sur grand papier et d'impression soignée, et la gaucherie de l'écriture de cette époque semble indiquer que, depuis deux siècles, l'art des scribes et des graveurs a fait de sensibles progrès ; actuellement, en effet, on ne confie à des artisans aussi maladroits que des ouvrages communs, qui sont imprimés sur papier grossier, de format in-octavo, in-douze ou au-dessous, généralement des manuels épistolaires ou des manuels de sorcellerie.

Les livres bouddhiques, depuis les origines de l'imprimerie jusqu'à la fin du XVIIᵉ siècle, forment une classe plus nettement définie, remarquable par la grandeur des formats, grands in-folio carrés, in-folio ordinaires et in-quarto, et par la beauté des caractères qui n'ont rien du style calligraphique des *Song* et se rapprochent des caractères écrits ordinaires par l'arrondissement des formes et la diminution graduelle du plein au délié : ce style d'écriture rachète un peu de lourdeur par de

1. 宋.
2. *Să moun ryou tchyou*, nº 441 ; *Tjyeng hoa pon tcho*, nº 2495.

grandes qualités de solidité, de plénitude et d'élégance sévère ; dans quelques volumes du XVIIe siècle, ces traits distinctifs ont été exagérés jusqu'à faire le caractère plus large que haut. Les ouvrages bouddhiques n'ont pas, à la pliure, la quadruple ou sextuple feuille en blanc sur noir, qui existe dans presque tous les autres livres coréens. L'édition du Tripiṭaka (nº 2624), gravée au commencement du XIe siècle et dont un exemplaire imprimé au XVe siècle se trouve à Tōkyō, mérite une place à part : c'est un grand in-folio dont l'écriture est sensiblement la même que celle des livres bouddhiques postérieurs, à part quelques formes anciennes tombées en désuétude et quelques autres qui sont plus spécialement coréennes ; il n'y a ni encadrement autour des pages, ni filets pour séparer les colonnes de caractères. Quelques exemplaires d'ouvrages imprimés sous la dynastie de Ko rye par les soins du Conseil du Bouddhisme, existent en Europe[1] : l'aspect en est analogue à celui du Tripiṭaka, auquel ils sont postérieurs comme gravure, les filets verticaux n'ont pas apparu entre les colonnes, mais chaque page a un encadrement, le format est un peu plus petit, je n'y ai pas remarqué de formes archaïques ; le papier est mince, mais bien

1. Nºs 2625 ; 2636.

conservé malgre cinq cents ans d'existence; les ouvrages de cette époque sont fort rares en Corée. Avec le temps, les formats diminuent jusqu'à l'in-quarto, mais les signes distinctifs restent, en somme, les mêmes. Au XVIIIe et au XIXe siècles, beaucoup de livres bouddhiques ont été imprimés dans les formats et le style des autres classes. Presque tous les volumes bouddhiques de la dynastie régnante débutent par un ou plusieurs feuillets de gravures représentant le Bouddha entouré d'Arhans, ou quelques scènes tirées de l'ouvrage, ou encore une sorte de tablette où sont inscrits des vœux pour la religion et le royaume ; ces gravures sont d'aspect purement chinois, les plus anciennes sont habituellement les plus soignées. Je ne connais qu'un livre bouddhique imprimé en caractères mobiles, c'est le *Ouen kak kyeng* (n° 2634). La plupart des ouvrages de cette religion sont publiés aux frais d'une bonzerie, ou au moyen de souscriptions des fidèles, ou grâce à la générosité d'un donateur riche qui veut assurer le repos de l'âme de ses parents ou l'heureux succès d'un vœu : car c'est œuvre pie que de publier et répandre la parole du Bouddha.

Les ouvrages gravés par ordre royal offrent aussi des signes distinctifs extrêmement nets ; d'ailleurs le nom de la Bibliothèque Royale ou de l'Imprimerie Royale se trouve souvent à la page du titre ; le sceau de la première de ces administrations se rencontre parfois gravé à la fin de la préface. Tous les volumes de cette série qui me sont connus, datent de la dynastie actuelle ; fréquemment la date de gravure se lit sur la page du titre, ou à la fin de la préface, mais il s'en faut qu'elle se trouve toujours et, lorsqu'elle manque, il est bien difficile de connaître exactement l'époque du livre : l'apparence extérieure, papier, style des caractères, est, en effet, toujours la même du XVe siècle au XIXe. Le papier employé est de belle qualité, de grand format, variant de l'in-folio au grand in-octavo ; les marges sont larges ; les caractères, d'une belle calligraphie, un peu plus massifs que ceux de l'écriture chinoise moderne, différant de ceux des *Song*, se rattachent visiblement au style employé pour les ouvrages bouddhiques anciens. Presque tous ces livres ont un titre en grands caractères, imprimés en noir ou en bleu, et dus au pinceau d'un Roi ou d'un haut fonctionnaire ; ce sont aussi de grands personnages qui composent et écrivent les préfaces ; elles sont accompagnées de décrets royaux, adresses de présentation, listes des lettrés chargés de composer et revoir l'ouvrage, avertissements, listes de références. Les livres imprimés par ordre du Roi, avec les sujets les plus divers, littérature, administration, histoire, sont toujours des ouvrages de grande valeur littéraire ou documentaire. C'est parmi ces impressions royales que j'ai trouvé le chef d'œuvre de l'imprimerie coréenne, une collection non datée d'extraits des livres canoniques et classiques (nº 173) ; le bon état des planches me fait croire qu'elle ne peut remonter plus loin que la fin du XVIIIe siècle ; un exemplaire s'en trouve à la Bibliothèque de l'École des Langues Orientales : les caractères, dépassant de beaucoup le calibre ordinaire, sont d'une élégance parfaite, de formes pleines et gracieuses, et, quand l'ouvrage est imprimé sur le papier de première qualité, épais, lisse, à tons ivoirins, c'est un des plus beaux livres que l'on puisse voir.

Des impressions royales, on peut rapprocher les nombreux ouvrages publiés par la Bibliothèque Royale, la Cour des Interprètes, la Cour des Médecins Royaux, les Camps des Gouverneurs de province, spécialement du *Ham kyeng*, du *Hpyeng an*, du *Tjyen ra*, du *Kyeng syang*[1] : ce sont, pour la plupart, des éditions des classiques, des dictionnaires et manuels de langues diverses, des livres de médecine, d'astronomie, des notices historiques, telles que le *Htong moun koan tji* (nº 1694).

1. 咸鏡；平安；全羅；慶尙.

L'impression, bien qu'inférieure à celle de la classe précédente, est encore très nette, les caractères, d'un type analogue, sont plus grêles, le papier est bon, le format varie de l'in-folio au petit in-octavo. Mais les livres de ce genre sont d'un aspect beaucoup moins un que les ouvrages royaux ou les ouvrages bouddhiques antérieurs au XVIIIe siècle et ils forment une dégradation presque insensible depuis les impressions royales jusqu'aux volumes communs.

La plupart des livres imprimés à l'aide de caractères mobiles sont des éditions royales et, pour la qualité du papier, le format, les titres, préfaces, avertissements, adresses de présentation, offrent les mêmes marques distinctives dont j'ai parlé plus haut, à propos des ouvrages gravés par ordre royal ; les titres en grands caractères, les préfaces fac-similé du manuscrit de l'auteur sont imprimées au moyen de planches ; assez fréquemment la page du titre porte mention de l'emploi des types mobiles. Le style des caractères usités dans la typographie coréenne à l'origine, est celui de l'écriture des ***Song ;*** les formes un peu anguleuses, les déliés très minces qui le caractérisent, conviennent bien au travail du métal ; ce style a, d'ailleurs, continué d'être employé jusqu'aujourd'hui sans différence sensible et, à défaut de date ou d'indications sur l'époque du livre, l'aspect seul des caractères ne saurait faire soupçonner si le volume est du XVe siècle ou du XIXe : pendant la première période de la typographie coréenne, on a surtout imprimé des ouvrages d'histoire et de morale ; c'est au XVIIIe et au XIXe siècles que des livres de littérature et d'administration ont été publiés au moyen de ce procédé : je citerai, comme principales éditions, le *Sam kang hăing sil to* (no 253), de 1434, le *I ryoun hăing sil to* (no 275), de 1518, le Mahāvaipulya sūtra (no 2634) de 1465, le ***Thong kien kang mou*** (no 2145), de 1438, le ***Moun hen pi ko*** (no 2112), de 1770, le ***Ryouk tyen tyo ryei*** (no 1462), de 1866. Des types mobiles différents des précédents, d'une forme légèrement cursive et très élégante, ont été fondus et employés sous le règne de *Tjyeng tjong*[1], principalement pour le ***Ryoun eum*** qui est indiqué au no 1472 et date de 1776, pour le ***Myeng eui rok*** (no 2042), de 1777, le ***Kăing tjyang rok*** (no 1903), de 1786, le ***Să keui yeng syen*** (no 2119), de 1796.

Ce procédé d'impression n'est, d'ailleurs, pas resté renfermé dans la Bibliothèque Royale : diverses administrations s'en sont servi, ainsi la Cour des Inter-

1. 正宗.

prètes pour le *Tong moun ko ryak* (nº 1744) ; mais il ne paraît pas avoir été fort répandu, probablement à caûse des frais considérables qu'entraîne la confection de types en cuivre. Les ouvrages imprimés en caractères mobiles par ces administrations et par des particuliers, car il en existe quelques-uns, sont loin d'avoir l'élégance des impressions royales dues au même procédé.

En dehors des quelques classes que je viens d'indiquer, il existe encore un bon nombre de livres, en caractères chinois, qu'il est difficile de faire rentrer dans aucune d'elles et qu'aucune ressemblance ne permet de réunir ensemble, format, papier, style des caractères, tout étant différent ; ce sont des livres de littérature, d'histoire, des reproductions d'ouvrages chinois, des œuvres des lettrés célèbres, publiées aux frais des colléges où ils sont honorés, ou par les soins de leur famille ; très restreint est le nombre des livres de la sorte qui sont imprimés par les libraires dans un but commercial. Comme quantité, ces ouvrages forment au plus un quart de ceux que l'on rencontre chez les marchands de livres ; avec les volumes tout à fait communs, presque tous en coréen, qui composent plus de la moitié d'un fonds ordinaire, ils sont seuls à constituer l'objet habituel et direct du commerce de la librairie ; car les ouvrages imprimés par ordre royal, les livres administratifs et les livres bouddhiques sont destinés à l'usage des bonzeries, des yamens et du Palais, ainsi qu'aux dons que fait le Roi, et ils n'entrent dans les librairies que par occasion ; ils y forment cependant peut-être aussi un quart environ du fonds total, à cause du petit nombre des livres publiés pour être mis en vente.

Le peuple coréen, en effet, est trop pauvre généralement pour qu'un livre puisse se vendre, s'il coûte plus de quelques sapèques ; ce prix est celui des volumes communs que l'on voit partout en si grand nombre. Toute édition plus soignée et plus chère n'a qu'un débit très peu considérable, et le libraire n'en saurait faire les frais ; si parfois il se hasarde, c'est en s'assurant d'avance quelques souscriptions. Aussi, un ouvrage n'est-il jamais tiré qu'à un petit nombre d'exemplaires et, comme les planches subsistent, on continue de l'imprimer au fur et à mesure des besoins ; mais ces planches, sujettes à être gâtées ou détruites par l'humidité, le feu, les mites, ne restent pas longtemps au complet ; habituellement, au bout de quelques dizaines d'années, l'ouvrage ne peut plus être imprimé, à moins d'en graver à nouveau une partie plus ou moins importante ; et les livres pour lesquels on se décide à faire ce travail, forment une petite minorité. Pour ceux qui sont imprimés par la Bibliothèque Royale et les diverses administrations, les choses se passent à peu près de même : on ne tire d'exemplaires que ce qu'il en faut pour les besoins du service et pour les dons que fait le Roi, les planches sont gardées en magasin ; cinquante ans après, elles sont pourries. Pour les éditions en caractères mobiles, il n'existe, bien entendu, que les exemplaires imprimés à l'origine. Le livre coréen de valeur est donc une rareté dès le jour où il paraît ; on parle d'éditions de neuf exemplaires, de vingt exemplaires ; avec l'impossibilité de le réimprimer qui arrive bien vite, avec l'action du temps et le manque de soin, non moins destructeur, il ne tarde pas à devenir presque unique ou même introuvable : c'est ainsi que du *Moun hen pi ko,* qui date de 1770, il subsiste quatre exemplaires à la Bibliothèque Royale et deux seulement ont passé dans les librairies depuis une dizaine d'années, ils ont été achetés par des Européens. Quant aux livres communs, ils sont imprimés à profusion, tel petit volume bouddhique, de quatorze feuillets (nº 2648) a été tiré à deux mille exemplaires ; mais les planches et les volumes mêmes sont encore plus exposés que ceux des ouvrages plus chers : l'édition s'épuise, les volumes s'égarent, et on ne les fait parfois graver de nouveau qu'après bien des années[1].

Les impressions en caractères vulgaires peuvent se ramener à trois types : les éditions communes de romans et recueils de chansons sont grossièrement gravées sur planches, imprimées sur mauvais papier, elles se rencontrent partout et le bas peuple, ainsi que les femmes, fait ses délices de cette lecture ; le caractère employé est un coréen à peu près carré, ayant cependant quelques ligatures cursives ; les livres de ce genre sont tous de notre siècle. Les rares ouvrages imprimés en coréen par ordre royal ont presque tous un texte chinois, dont le coréen n'est que la traduction et l'explication ; les caractères coréens sont réguliers, avec les pleins bien accentués, mais d'aspect fort lourd ; chaque groupe coréen, correspondant à une syllabe, occupe le même espace qu'un caractère chinois : je citerai comme exemples le *Sam kang hăing sil to* (n° 253), imprimé en 1434 en caractères mobiles, le *En kăi htăi*

1. Tout ce paragraphe ne s'applique qu'à l'état actuel des choses : j'ai lieu de croire qu'au XVIe siècle, la librairie était plus florissante qu'aujourd'hui ; mais trouvant les renseignements sur l'époque antérieure dans un ouvrage que je viens d'acquérir, le *Ko să tchoal yo* (n° 2105), je suis forcé de les renvoyer à un supplément.

san tjip yo (nº 2506), gravé en 1506, le *Sam oun syeng houi* (nº 66), gravé en 1751 ; ces ouvrages sont imprimés sur beau papier, les deux premiers de format in-folio. Enfin la Mission Catholique de Seoul, a imprimé récemment des ouvrages de religion en caractères vulgaires ; ce sont des volumes de petit format, d'aspect soigné, les plus anciens sont d'un type de caractères un peu cursif, ils étaient gravés sur planches ; depuis une dizaine d'années, la Mission se sert de caractères mobiles de forme régulière.

Dans un pays où l'imprimerie est usitée depuis aussi longtemps, le rôle du manuscrit a été tout différent de ce qu'il a été en Europe. La planche gravée exige une première mise de fonds plus considérable que le pinceau et l'encrier du copiste, mais elle permet de reproduire l'ouvrage, sinon indéfiniment, du moins à un grand nombre d'exemplaires ; de plus, le travail de l'imprimeur est plus simple et moins payé que celui du scribe ; l'art de la copie des ouvrages ne saurait donc prendre beaucoup de développement à côté de l'imprimerie. En Chine, par exemple, où la main d'œuvre du graveur coûte fort bon marché, où le papier se vend peu de chose, le manuscrit existe à peine ; au Japon, où l'imprimerie n'a pris un grand développement qu'à partir de la fin du XVIe siècle, le manuscrit est déjà bien moins rare. En Corée, il se rencontre fréquemment, malgré l'ancienneté de l'imprimerie et le haut degré de perfection où elle a atteint : c'est que, comme je l'ai dit, le livre sérieux imprimé est toujours resté d'un prix très élevé ; pour la majeure partie de la population, même lettrée, il est demeuré rare. La copie se vend encore plus cher, il est vrai, mais chacun peut faire celle qu'il désire, car le temps ne coûte rien ; le noble, sans déroger, occupe ses loisirs à faire des copies, serait-ce même pour les vendre, alors que le travail manuel lui est interdit par la coutume ; le magistrat emploie à faire des copies quelques clercs de son yamen, sans leur donner de salaire spécial, tandis qu'il lui faudrait engager des ouvriers pour faire graver et imprimer l'ouvrage dont il désire posséder un exemplaire, ou la collection de ses œuvres, dont il veut faire présent à un ami.

Les manuscrits coréens varient de l'in-folio au petit in-octavo ; ils sont sur un papier semblable à celui des imprimés, parfois tout blanc, parfois avec encadrement et filets verticaux, ces ornements sont ajoutés à l'avance sur chaque feuille au moyen d'une planche gravée ; la reliure est la même que celle des autres ouvrages. L'écriture est très variable, tantôt peu soignée et pleine d'abréviations, tantôt d'une élégance remarquable et ressemblant aux plus belles impressions : je citerai comme exemple les superbes volumes du *Tcham pong kong you ko* (nº 714), qui sont dans la Collection Varat. Parmi les manuscrits, on rencontre des œuvres diverses de personnages d'une petite notoriété, n'ayant pas eu les honneurs de l'impression ; des ouvrages administratifs, qui sont souvent des copies ou des recueils, faits par des fonctionnaires pour leur usage personnel[1] ; des traités géographiques, comme le *Tong kouk ti ri kăi* (nº 2231), en coréen ; des romans, en chinois ou en coréen ; des ouvrages historiques, relatifs, pour la plupart, à la dynastie régnante, tels que le *Tjyo ya hoi htong* (nº 1876), le *Tjyo ya tjeup yo* (nº 1877), le *Tong kouk keui să* (nº 1884), le *Tjyeng tjong tjyo keui să* (nº 1885), le *Ran tchyo* (nº 1886).

Je ne dois pas manquer de citer deux manuscrits anciens qui ne sont plus des copies bien faites, mais des œuvres d'art ; l'un de 1446 se trouve dans la Collection Varat, il était renfermé dans l'intérieur d'une statue bouddhique, l'autre est au Musée Britannique ; ce sont un volume du Mahāvaipulya purnabuddha

1. Par example le *Păik hen yo ram*, nº 1467 ; le *Tai myeng ryoul*, nº 1777 ; le *Eun tăi pyen ko*, nº 1517 ; le *Syoul i*, nº 1518.

sūtra prasannārtha sūtra (nº 2634, II) et un volume du Buddhāvataṃsaka mahāvaipulya sūtra (nº 2635, V) : ces deux manuscrits sont en forme de paravent, sur un papier très épais, recouvert uniformément d'une peinture bleu sombre ; les caractères d'une belle écriture, les miniatures très finies sont exécutés en or.

Les manuscrits qui sont à la Bibliothèque Nationale depuis l'expédition de l'Amiral Roze, sont non moins intéressants : ce ne sont pas des ouvrages destinés à la publication, mais les comptes rendus détaillés et ornés de dessins en couleurs, de diverses cérémonies qui ont eu lieu au Palais ; la calligraphie et l'exécution des dessins sont inégales, mais, presque partout, très soignées : la beauté du papier qui est d'une qualité tout à fait supérieure, le format grand in-folio, la couverture en soie verte brochée, le dos soutenu par une baguette plate en bois et maintenu par une armature de cuivre ciselé, en font des ouvrages extrêmement curieux.

Dans un assez grand nombre de livres : le texte est accompagné de figures explicatives, ainsi dans le *Syeng hak sip to tjap tjă* (nº 284), dans les ouvrages astronomiques, mathématiques, militaires, médicaux[1] ;

1. Voir surtout les nºs 2494 et 2495.

ces planches sont dessinées au trait, d'une façon aussi simple que possible, ce sont presque des figures schématiques et elles n'ont aucune prétention artistique. Les ouvrages, manuscrits ou imprimés, relatifs aux rites[1] renferment de nombreuses gravures du même genre, qui représentent les cortéges, les vêtements, les instruments de toutes sortes employés dans les cérémonies ; elles sont parfois très indistinctes à cause de l'usure des planches, parfois au contraire d'une impression nette et d'un dessin ferme ; dans celles qui représentent des danses, les mouvements et les plis des vêtements sont assez bien saisis, mais la perspective est presque nulle et les personnages sont simplement juxtaposés. Quelques-uns de ces ouvrages contiennent aussi des dessins de fêtes célébrées dans le Palais, de temples, de portes monumentales : ces dessins sont toujours d'une précision très sèche à cause de l'absence des ombres, mais la perspective est observée exactement ; le point de vue est placé très haut et l'effet est analogue à celui de beaucoup de dessins européens du Moyen-Age. Les scènes de la vie de Confucius

1. *O ryei eui* (nº 1047) ; *Sang ryei po hpyen* (nº 1316) ; *Hoa syeng syeng yek eui kouei* (nº 1299) ; *Tjin tjyak tjyeng ryei eui kouei* (nº 1302) ; *Tjin tchan eui kouei* (nºs 1305, 1306, 1307) ; *Ouen häing tjyeng ri eui kouei* (nº 1398).

du *Kouel ri tji* (nº 232) et du *Syeng tjyek to* (nº 233), les machines, les forteresses du *Yen po to syel tjeup yo* (nº 2480) et du *Tjeung po tjeuk keuk rok* (nº 2481), reproduites de dessins chinois, sont loin de dépasser, à aucun point de vue, les œuvres coréennes. Les planches sont, naturellement, ou manuscrites ou gravées sur bois.

III.

Ces livres, dont je viens de décrire l'aspect extérieur, sont ou en caractères chinois, ou en lettres coréennes ; quelques-uns seulement contiennent un mélange des caractères chinois avec les lettres indigènes. Mais ce mélange est tout différent de celui que font les Japonais des idéogrammes avec les signes de leurs syllabaires : le coréen est mis à côté du texte chinois soit pour le transcrire, soit pour le traduire, il sert à expliquer un passage, à indiquer la prononciation d'un caractère, mais la phrase en chinois se suffit à elle-même et le coréen n'est ajouté qu'à titre de secours pour le lecteur peu lettré ; ce système est celui qui est suivi dans presque tous les dictionnaires, dans un bon nombre d'ouvrages sur les langues étrangères, la médecine, l'astrologie, dans quelques éditions des classiques, dans certains livres bouddhiques et taoïstes. L'emploi simultané des deux sortes de caractères concourant à former une seule et même phrase, où les lettres coréennes sont réservées pour les particules grammaticales, n'existe, à ma connaissance, que dans un recueil manuscrit de chansons, le *Ka kok ouen ryou* (n° 424). Les caractères chinois sont presque toujours usités en Corée sous la forme correcte ; toutefois, dans des volumes tels que le *You sye hpil tji* (n° 43), le *Sye tjyen tai moun* (n° 187), dans certaines pièces officielles, un sinologue remarquera des caractères employés de façon inexplicable, et d'autres caractères qui n'ont rien des lettres coréennes et qui ne sont pas non plus chinois. Un bref examen des livres coréens nous conduit donc à rechercher quelle part ont, dans l'écriture, ces trois sortes de caractères, coréens, chinois proprement dits et semi-chinois, et d'abord quelle en est l'origine.

Les documents sont peu nombreux relativement à l'introduction et à l'emploi des caractères chinois en Corée : cependant le *Sam kouk să keui* (n° 1835), ouvrage écrit en chinois au XI° siècle, cite quelques faits intéressants, qui montrent tout d'abord que l'histoire de l'écriture chinoise a été différente dans les divers États qui se divisaient alors la péninsule. Le Ko kou rye, situé dans la Corée du nord-ouest, paraît s'être étendu, à certaines époques sur une notable partie de ce qui est aujourd'hui la Mantchourie ; par sa position même, il avait, avec les royaumes de la Chine du nord, des rapports ou de commerce ou de guerre ; c'est aussi sur le territoire du Ko kou rye que les légendes et l'histoire fixent l'emplacement des états de *Tan koun*, de *Keui tjă*, de *Oui man*(1) ; or les deux derniers étaient des réfugiés chinois ; c'est donc là qu'a dû apparaître pour la première fois la civilisation, tout au moins la forme chinoise de la civilisation. En effet, le *Sam kouk să keui* note qu'en l'an 600, onzième année du Roi *Yeng yang*, ce prince ordonna à *Ri Moun tjin*, docteur du Collége des Lettrés, de résumer les anciennes histoires du pays ; *Ri Moun tjin* en fit un ouvrage en cinq volumes. Le *Sam kouk* ajoute les paroles suivantes : « Dès « l'origine du royaume, on avait commencé à se servir « des caractères et, à cette époque, il existait cent « volumes de mémoires écrits par diverses personnes :

1. 檀君；箕子；衛滿.

“on les appelait *ryou keui* (choses écrites pour rester). “Arrivé à cette époque, on en fixa le texte[1].” L’antiquité d’un usage, au moins restreint, des caractères chinois dans ce pays est encore appuyée par le fait qu’à partir de *Htai tjo*[2], qui monta sur le trône en 53 de l’ère chrétienne, les noms des rois sont tous explicables en chinois : jusque vers la fin du IVe siècle, l’expression chinoise employée est à la fois le nom du souverain et celui de la localité où était situé son tombeau ; par la suite, les désignations adoptées sont plutôt bouddhiques. C’est en 372, deuxième année du Roi *Syo syou rim*, que la nouvelle religion fut introduite dans le Ko kou rye où elle amena une recrudescence des études chinoises ; des livres bouddhiques furent apportés et le Roi établit une école nommée *Htai hak*, pour y instruire les jeunes gens[3].

Pour le royaume de Păik tjyei, situé au sud du Ko kou rye, sur la côte occidentale de la Corée, le *Sam kouk să keui* se borne à rapporter, d’après des

1. 嬰陽十一年……..詔大學博士李文眞約古史爲新集五卷國初始用文字時有人記事一百卷名曰留記至是刪修 (*Sam kouk să keui*, liv. 20).

2. 太祖王.

3. 小獸林王二年夏六月秦王符堅遣使及浮屠順道送佛像經文王遣使廻謝以貢方物立太學敎育子弟
四年僧阿道來 (*Sam kouk să keui*, liv. 18).

documents plus anciens, que, sous le règne de *Keun syo ko* (346 à 375), on commença à se servir de l'écriture pour noter les faits qui se produisaient[1] : s'agit-il là seulement de l'origine des annales écrites ? et ne serait-il pas bien invraisemblable qu'un royaume possédant l'art de l'écriture, eût existé plus de trois siècles et demi, sans que personne eût eu l'idée d'écrire le récit des évènements importants ? Je serais, pour ma part, tenté de croire que l'écriture y était ignorée jusqu'à cette époque et qu'elle a été apportée par les missionnaires bouddhiques qui pénétrèrent alors dans toute la péninsule[2]. Ce n'est qu'une centaine d'années plus tard que les noms des rois du Păik tjyei cessent d'être de simples transcriptions privées de sens en chinois et prennent l'aspect de noms de temple ; d'ailleurs les noms des particuliers, dans le Păik tjyei comme dans le Ko kou rye, restèrent presque tous, jusqu'à l'absorption de ces états par le Sin ra, de pures et simples transcriptions.

Il est vrai que les vieux livres historiques japonais[3]

1. 古記云百濟開國已來未有以文字記事至是得博士高興始有書記然高興未嘗顯於他書不知其何許人也 (*Sam kouk să keui*, liv. 24).

2. Le bonze Mārānanda, 摩羅難陀, vint en 384 dans le Păik tjyei.

3. 日本紀, Ni hon gi.

font venir au Japon, en 285, le lettré Wa ni[1] qui était originaire du Păik tjyei et qui apporta avec lui le ***Loen yu*** et le ***Tshien tseu oen;*** ce fait a été accepté par la plupart des savants européens. Mais M. Aston[2] a établi combien les vieilles annales japonaises sont peu dignes de foi ; en particulier, il a montré que toute une période des relations entre le Păik tjyei et le Japon a été interpolée par les anciens auteurs japonais, de façon à combler les vides de la chronologie demi-fabuleuse qu'ils trouvaient dans les traditions ; se rencontrant sur ce point avec le savant japonais Moto ori[3], M. Aston rapproche de cent vingt ans, ou deux cycles, les évènements de cette époque : l'introduction des caractères chinois au Japon aurait donc eu lieu au commencement du Vᵉ siècle et cette date coïncide fort bien avec celle de l'emploi de l'écriture dans le Păik tjyei. Quant au nom du ***Tshien tseu oen*** cité à cette époque, il ne fait pas difficulté, puisque cet ouvrage semble avoir eu une première rédaction, avant celle du VIᵉ siècle qui est venue jusqu'à nous.

Le Sin ra, occupant le sud-est de la péninsule, était plus éloigné de la Chine que ses deux voisins ;

1. 王仁.
2. Early japanese history ; cf. Liste des Références,
3. 本居.

il s'ouvrait vers les régions orientales encore barbares. Il est donc assez étonnant de lire, dans le *Sam kouk să keui*, que le roi *You ri*, en la neuvième année de son règne, 32 de l'ère chrétienne, donna aux habitants des six cantons de son royaume des noms de famille chinois, ceux de *Ri*, *Tchoi*, *Son*, *Tjyeng*, *Păi* et *Syel*[1]; les trois familles royales étaient appelées *Pak*, *Syek* et *Kim*[2]. Si l'exactitude de ces assertions était prouvée, on pourrait en conclure à la connaissance des caractères chinois par les gens du Sin ra dès cette époque reculée : on ne manquerait pas d'apporter, comme preuve à l'appui, l'histoire de ces Chinois qui seraient venus au pays des *Tjin* ou *Tjin han*[3] pour fuir la tyrannie de l'empereur **Chi** des **Tshin**[4] et qui auraient donné au pays où ils débarquaient, le nom même de la dynastie qui les chassait de leur patrie : les auteurs chinois ont, en effet, rapproché les deux noms. On citerait aussi les réfugiés venus de la Corée du nord, des états de *Keui tjă*, donc Chinois d'origine, que mentionnent les premières lignes du *Sam kouk să keui*. Mais tout cela est le terrain mouvant de la légende

1. 儒理尼師今九年春改六部之名仍賜姓......李......崔......孫......鄭......裴......薛 (*Sam kouk să keui*, liv. 1).
2. 朴；昔；金.
3. 辰；辰韓；plus tard royaume de Sin ra.
4. 秦始皇 (221-209).

et, en fait, si l'on parcourt le *Sam kouk* même, ce n'est pas avant la fin du VIe siècle que l'on commence à trouver des personnages à noms chinois ; jusque-là, tous les noms employés ont l'apparence manifeste de mots transcrits d'une langue étrangère ; de même tous les vieux noms coréens que l'on rencontre dans les annales japonaises, n'ont quoi que ce soit de chinois. Les trois noms royaux, *Pak*, *Syek* et *Kim*, se trouvent, il est vrai, dès le commencement du VIe siècle ; mais les explications du *Sam kouk* au sujet de ces noms indiquent justement l'emploi d'un caractère chinois à la place d'un mot indigène, auquel il ressemble par le son, tout au moins dans deux cas sur les trois. De plus, quelle est la valeur documentaire du *Sam kouk să keui* pour cette période antique : c'est une question que j'examinerai plus loin.

Enfin, quand même les noms de famille en question auraient été en usage dès l'origine du royaume, il n'en résulterait pas que les caractères chinois eussent été dès lors employés dans le pays : si l'on admettait, en effet, comme exact le fait d'une ancienne immigration chinoise, il ne serait pas étonnant que les descendants de ces fugitifs, en oubliant presque tout de la culture de la mère-patrie et, avec le reste, l'habitude de l'écriture, eussent conservé les coutumes les plus simples de cette civilisation, avant tout leurs propres noms de famille, et même une tradition des signes mystérieux qui les représentaient. Mais cela n'est qu'une hypothèse, et le fait qui ressort de la lecture du *Sam kouk*, c'est que jusqu'à la seconde moitié du VIe siècle, ces noms n'étaient pas usités.

Si nous examinons maintenant les noms propres des rois de Sin ra, nous constatons que, jusqu'au roi *Sil syeng* qui monta sur le trône en 402, ils sont transcrits d'une langue étrangère ; si le nom même de *Sil syeng* a une apparence chinoise[1], celui de son successour *Noul tji* (417–458) a deux orthographes et semble bien être encore une transcription du coréen[2] ; *Tjă pi*, qui régna ensuite (458–479), pourrait avoir pris son nom aux livres bouddhiques[3], mais des deux désignations du roi suivant (479–500), l'une au moins, *Pi tchye*, n'a rien de chinois[4]. A partir de là, les expressions employées pour désigner les rois sont facilement explicables et ressemblent à des noms de temple chinois.

C'est le roi *Tji tjeung*, en 503, qui abandonna le premier son titre coréen de *ma rip kan* pour le

1. 實聖.
2. 訥祇 ou 訥支.
3. 慈悲
4. 毗處.

titre chinois de *oang*[1]. En même temps, les grands fonctionnaires lui demandèrent de fixer définitivement le nom du royaume : jusque-là, on l'avait appelé *Să ra*, *Să ro*, *Sin ra* ; ils furent d'avis qu'on s'en tînt à la dernière appellation, faisant observer que *sin*, nouveau, indique la vertu toujours renouvelée et que *ra* signifie réunir les contrées des quatre points cardinaux[2]. Quant aux raisons données pour l'adoption du titre de *oang*, elles sont tirées de l'emploi des mots *oang*, roi, et *tyei*, empereur, dans les histoires chinoises et témoignent d'une connaissance sérieuse de la langue du pays voisin. Il est bien difficile de prendre au pied de la lettre l'assertion que, pendant plus de cinq cents ans, le royaume n'avait pas eu de nom fixé ; d'ailleurs les mots *Să ra*, *Să ro*, *Sin ra*, très voisins phonétiquement, ne sont sans doute que diverses transcriptions d'un même mot indigène ; ce qui n'était pas fixé jusqu'alors, c'étaient les caractères employés pour transcrire ce mot ; le besoin d'une orthographe invariable

1. 王, roi.

2. 智證麻立干四年冬十月羣臣上言始祖創業已來國名未定或稱斯羅或稱斯盧或言新羅臣等以爲新者德業日新羅者網羅四方之義則其爲國號宜矣又觀自古有國家者皆稱帝稱王自我始祖立國至今二十二世但稱方言未正尊號今羣臣一意謹上尊號新羅國王王從之 (*Sam kouk să keui*, liv. 4).

correspond à une période où la langue chinoise prend une influence considérable et devient la langue officielle. C'est à peu près à la même époque (517) que le *Sam kouk* commence à donner un assez grand nombre de titres administratifs, qui tous sont explicables en chinois ; auparavant, il cite peu de noms de fonctions et d'administrations et ceux que l'on trouve, sont presque tous transcrits du coréen.

L'introduction du bouddhisme paraît remonter au milien du Ve siècle, le bonze *Meuk ho tjă*(1) étant venu du Ko kou rye au Sin ra, sous le règne du roi *Noul tji* (417-458), et le bonze *A to*(2) avec ses disciples s'étant établi dans le royaume sous le règne de *Pi tchye* (479-500). Mais le *Sam kouk să keui* nous avertit que l'exactitude de ces renseignements est contestée ; la prédication ne remonte d'une façon certaine que jusqu'à 528, quinzième année du roi *Pep heung*(3). La diffusion de la nouvelle religion fut rapide, celle de la langue chinoise marcha du même pas : aussi voyons-nous, en 545, le roi *Tjin heung*(4) prescrire de

1. 墨胡子.
2. 阿道.
3. 法興王十五年肇行佛法初訥祇王時沙門墨胡子自高句麗至一善郡……至毗處王時有阿道(一作我道)和尙與侍者三人亦來 (*Sam kouk să keui*, liv. 4).
4. 眞興王六年秋七月伊飡異斯夫奏曰國史者記君

rédiger désormais l'histoire du royaume. Ce n'est qu'un peu plus tard que fut fondé le Collége des Lettrés[1], imitation de la Chine ; c'est vers la même époque qu'on trouve mention de gens du Sin ra versés dans la langue chinoise, tels que *Kim Tchyoun tchyou*[2], ainsi que son fils *Kim In moun*[3].

Ainsi, tandis que le développement des études chinoises remonte pour le Ko kou rye à la fin du IVᵉ siècle et que vers la même époque les caractères furent introduits dans le Păik tjyei, le royaume de Sin ra ne paraît avoir profité de ce progrès de civilisation que plus tard, après le Japon, dans le cours du VIᵉ siècle.

Maintenant, jusqu'à quel point sont exacts les faits que j'ai cités et qui sont tous tirés du *Sam kouk să keui ?* c'est-à-dire quelle est la valeur documentaire de cet ouvrage ? Il a été composé par un grand fonctionnaire de la Cour des rois de Ko rye, *Kim Pou*

臣之善惡示褒貶於萬代不有修撰後代何觀王深然之命大阿飡居柒夫等廣集文士俾之修撰 (*Sam kouk să keui*, liv. 4).

1. 神文王二年六月立國學置卿一人 (*Sam kouk să keui*, liv. 8).

2. 金春秋 ; il régna de 654 à 661 et est connu sous le nom de *Htai tjong*, 太宗王.

3. 金仁問.

sik[1] qui vivait à la fin du XIe siècle et au commencement du XIIe, deux siècles et demi après la disparition du dernier des trois royaumes dont il écrivait l'histoire, à une époque où la monarchie de Ko rye avait déjà beaucoup emprunté à la Chine des *Song :* les anciennes langues et les anciennes institutions étaient oubliées ou n'étaient plus comprises, encore plus à cause du mépris des lettrés de l'école chinoise pour leurs ancêtres barbares que par suite de l'opposition entre le Ko rye, monarchie septentrionale et militaire, et le Sin ra, royaume du sud, le dernier anéanti des États *Han*[2] ; les tribus du *Ka ya*[3], les royaumes de Päik tjyei et de Ko kou rye, absorbés par le Sin ra au VIe et au VIIe siècles, étaient encore bien plus oubliés. Ces diverses circonstances étaient peu favorables à la composition d'une histoire exacte et impartiale ; cependant, il ne faut pas perdre de vue que le *Sam kouk sä keui* est le plus ancien ouvrage coréen existant aujourd'hui sur l'histoire de Corée ; l'authenticité[4] n'en a jamais

1. 金富軾.
2. 韓.
3. 伽倻 ; État situé entre le Sin ra, le Päik tjyei et la mer.
4. Le *Sam kouk sä keui* est à présent un ouvrage fort rare. L'édition que j'ai consultée, semble imprimée au moyen de types mobiles ; un assez grand nombre de caractères ont, en effet, une position oblique, qui pourrait s'expliquer, comme je l'ai dit en parlant des impressions, par un déplacement du type après la composition ;

été contestée, le style très simple porte des marques d'antiquité et de bonne foi, le plan de l'ouvrage est très clair et tout à fait imité de celui des Mémoires historiques de *Seu ma Tshien*[1].

De plus, ce livre ayant été composé par ordre royal, *Kim Pou sik* a dû avoir à sa disposition tous les documents alors existants et aujourd'hui disparus ; il en indique quelques-uns, sans en donner nulle part une liste complète, et, comme il n'a pas inséré dans son ouvrage quelques chapitres d'histoire littéraire, s'écartant en cela des exemples chinois, nous n'avons sur

d'autre part, la postface parle de la gravure des planches d'impression : cette difficulté pourrait être levée, en admettant que mon édition est une reproduction exacte, sans date et sans indication d'aucune sorte, faite au moyen de caractères mobiles, d'une ancienne édition gravée. La date de la gravure n'est pas non plus donnée clairement, mais les titres des fonctionnaires qui s'en sont occupés, permet de la fixer à 1394 ou 1454.

D'ailleurs, la première édition du *Sam kouk* était à cette époque perdue depuis longtemps, et c'est d'après une copie manuscrite retrouvée dans la province de *Kyeng syang*, 慶尙, qu'ont été gravées les planches nouvelles : cette copie était incomplète sur quelques points, puisque, dans plusieurs livres, on trouve des lignes inachevées, où le sens est interrompu ; vraisemblablement, l'ouvrage était précédé d'une dédicace, d'une préface, d'un avertissement qui n'ont pas été conservés.

La Bibliothèque de Tōkyō possède une copie manuscrite du *Sam kouk*, faite d'après un exemplaire manuscrit qui se trouve à l'École Normale de cette ville ; cette copie présente d'assez nombreuses lacunes qui n'existent pas dans mon exemplaire ; je n'ai pu savoir quelle est l'origine de la copie de l'École Normale.

1. 司馬遷.

l'ancienne littérature que des indications fragmentaires et peu nombreuses. Du moins, savons-nous que *Kim Pou sik* l'a consultée, ainsi que les archives et les autres documents, et constatons-nous que son livre est d'accord, dans l'ensemble, avec les histoires chinoises et avec quelques anciens ouvrages coréens d'une époque postérieure, assez reculée toutefois pour être tirés des mêmes sources. Quel était donc le degré d'exactitude des documents qu'a eus *Kim Pou sik?* Livres ou archives d'un genre quelconque, si ceux qui concernent le Ko kou rye semblent dater indirectement des origines mêmes de ce royaume, ils ne sauraient remonter plus loin que la fin du IVe siècle pour le Păik tjyei et que le commencement du VIe pour le Sin ra : car, c'est à cette double époque que l'écriture chinoise s'est introduite et développée dans la Corée du sud, comme je l'ai montré plus haut et comme ***Ma Toan lin***[1] l'indique ; et nulle part il n'existe de trace ou de mention d'une écriture employée auparavant. Donc toute l'histoire plus ancienne repose sur de simples traditions orales, forcément incertaines : par là s'expliquent et les points douteux, et les faits miraculeux, et la pauvreté des renseignements pour les quatre ou cinq

1. 馬端臨.

premiers siècles de l'histoire coréenne. Les caractères cycliques des années, que l'on trouve dès le commencement du *Sam kouk*, ont fort bien pu être appliqués après coup, comme cela a eu lieu pour la primitive histoire de la Chine et du Japon ; les phénomènes astronomiques, qui sont notés, pourraient fournir une vérification : M. Aston a essayé de ce procédé sans résultat.

Mais le fait dont je m'occupe en ce moment, l'introduction de l'écriture, marque précisément la limite entre la tradition orale et l'histoire écrite, cela d'autant plus exactement que la langue chinoise, dès longtemps formée, capable d'exprimer toutes les idées, est apportée par l'écriture même ; bien peu de temps s'écoule donc avant que l'art, inconnu jusque-là des Coréens, soit appliqué à noter les évènements ; les annales du Păik tjyei datent de l'introduction même du bouddhisme dans la péninsule, celles du Sin ra commencement dix-sept ans après la première prédication certaine de la religion hindoue dans ce royaume. Les faits rapportés par le *Sam kouk* au sujet de la première transplantation des caractères sont donc dignes de confiance, au même titre que tous les évènements postérieurs et sans être atteints par les doutes que j'ai formulés relativement à l'histoire ancienne de la Corée.

Ce qui a d'abord été apporté par les moines bouddhistes, ce sont les livres de leur religion ; puis sont venus les livres classiques de la Chine, diverses œuvres historique, des ouvrages d'astronomie, d'astrologie, de médecine, quelques volumes taoïstes. Les indications que j'ai trouvées tant chez ***Ma Toan lin*** que chez les auteurs coréens, au sujet des livres apportés de Chine, se trouvent dans la présente Bibliographie aux places assignées par la nature des œuvres auxquelles elles se rapportent. Ce sont ces ouvrages qui ont été étudiés des Coréens, spécialement dans les Colléges de Lettrés fondés par les différents Rois de la péninsule ; ils étaient aussi dans les mains des *hoa rang* (1), ces jeunes gens choisis par les rois de Sin ra pour leur intelligence et leur bonne grâce, élevés dans le Palais, instruits dans tous les exercices du corps, dans toutes les élégances de l'esprit et appelés ensuite aux plus hautes fonctions ; ces ouvrages encore ont fait l'objet des examens fondés dans le Sin ra à la fin du VIIIe siècle. Les fils des plus grandes familles s'appliquaient avec ardeur aux études chinoises ; dès 640, des Coréens allaient étudier en Chine ; les hommes d'état les plus célèbres du Sin ra, tels que *Kim Heum oun* (2), *Kim You sin* (3) et

1. 花郞. 2. 金歆運. 3. 金庾信.

Kim In moun[1], le dernier, fils de roi, étaient renommés pour l'étendue de leurs connaissances littéraires.

Non contents d'étudier les livres étrangers, les Coréens s'exerçaient à écrire dans la langue de leurs instituteurs : le *Moun hen pi ko* cite une phrase rédigée en chinois, qui est tirée des annales du royaume de *Ka rak*[2], sans indiquer d'ailleurs si la citation est puisée directement à ces annales, ce qui semble peu vraisemblable, ou si elle était rapportée dans un autre ouvrage ; quoi qu'il en soit, ce royaume s'étant soumis au Sin ra en 532, il en résulterait que, dès avant cette date, il existait des Coréens du sud capables d'écrire en chinois. Les passages que le *Sam kouk*, tire des annales des trois royaumes et de quelques autres anciens mémoriaux, les textes de décrets et de suppliques qu'il rapporte, sont dans la même langue ; un peu plus tard, c'est encore en chinois que le roi de Sin ra correspond avec les gouverneurs envoyés par les *Thang*[3]. Il n'y a pas de différence sensible entre le style employé par les Coréens et celui des Chinois de la même époque ; peut-être, à l'origine, des Chinois ont-ils été engagés comme secrétaires officiels dans la

1. 金仁問.
2. 駕洛, autre nom du *Ka ya*, 伽倻.
3. 唐.

péninsule, ainsi qu'il semble avoir été fait fréquemment par les peuplades tartares du nord de la Chine ; peut-être l'écrivain coréen se contentait-il de découper des phrases dans les livres chinois et de les ajouter bout à bout : les Japonais de l'antiquité ont été fort experts dans cette sorte de mosaïque, M. Satow dit qu'ils arrivaient à traiter des sujets purement indigènes sans employer une phrase qui ne sortît des ouvrages de la Chine[1]. Il ne serait pas impossible que ce fût à des faits de ce genre que se rapportât la tradition qui fait de *Tchoi Tchi ouen*[2] le premier Coréen ayant écrit en langue chinoise et que, jusqu'à lui, on se fût borné à rapprocher des phrases toutes faites prises dans les auteurs.

En même temps, les Coréens se servaient des caractères chinois pour transcrire les sons de leur langue, noms propres et titres des fonctions ; cet usage phonétique est d'ailleurs parfaitement conforme aux habitudes chinoises et les Chinois n'ont jamais, naturellement, employé d'autre système pour rendre la prononciation des mots étrangers. Mais, allant moins loin dans ce sens que leurs voisins de l'est, les Coréens

1. Transliteration of the Japanese syllabary ; cf. Transactions of the Asiatic Society of Japan, vol. VII, p. 227.

2. 崔致遠 ; *Tchoi Tchi ouen* vivait à la fin du IXe siècle.

n'ont jamais eu de syllabaire ni d'alphabet tiré des idéogrammes, du moins il n'en existe aucune trace ; et jusqu'à la fin du VIIe siècle, il n'ont rien écrit de la langue indigène, sauf des noms propres et des titres. En 692, le lettré *Syel Tchong* « réussit à expliquer le « sens des neuf **king** en langue vulgaire pour l'enseigne- « ment de ses élèves[1] » ; tels sont les termes employés par le *Moun hen pi ko*, au livre 83. Le *Sam kouk sǎ keui*, dans la biographie de *Syel Tchong*, s'exprime différemment et dit que *Syel Tchong* « prit soin de lire « à haute voix les neuf **king** à l'aide de la langue « vulgaire pour l'enseignement de ses élèves ; jusqu'à « présent, les étudiants suivent son exemple[2] ». Enfin la préface de *Tjyeng Rin tji*[3] pour le *E tjyei houn min tjyeng eum*[4], s'exprime ainsi : « Autrefois, *Syel* « *Tchong*, du royaume de Sin ra, créa l'écriture *ri tok*[5], « qui est usitée jusqu'aujourd'hui dans les yamens et « parmi le peuple. Mais elle se compose uniquement « de caractères empruntés au chinois, qui sont durs

1. 神文王十二年摺薛聰高秩聰博學能以方言解九經義訓導後生 (*Moun hen pi ko*, liv. 83).
2. 待以方言讀九經訓導後生至今學者宗之 (*Sam kouk sǎ keui*, liv. 46).
3. 鄭麟趾.
4. Ouvrage de 1446, nº 47.
5. Prononciation usuelle : *ni do* pour *ri do*.

“ (pour le style), dont le sens est étroit et dont l’usage, “ de plus, est inélégant et mal établi ; ils ne peuvent “ pas rendre la dix-millième partie du langage[1]”. La tradition coréenne moderne est tout à fait conforme aux assertions de *Tjyeng Rin tji.*

A la place des termes *kăi eui*[2] “expliquer le sens”, qui se trouvent dans le *Moun hen pi ko* et sont très clairs, le *Sam kouk* donne le mot *tok*[3] qui veut dire “ étudier, lire à haute voix”; à part cette différence de verbe, la partie importante est la même dans les deux phrases : il semble probable que les auteurs de l’ouvrage récent ont copié l’ouvrage ancien et ont substitué au mot “lire à haute voix” les mots “expliquer “ le sens” qui arrondissent mieux la période. Cette correction n’est pas heureuse : “ expliquer le sens” paraît indiquer une traduction ou un commentaire : mais une traduction écrite n’est pas possible, la langue coréenne étant jusque-là simplement parlée, et une explication orale n’aurait pas mérité à *Syel Tchong* une mention aussi spéciale, puisqu’aussi bien les classiques

1. 昔新羅薛聰始作吏讀官府民間至今行之然皆假字而用或澁或窒非但鄙陋無稽而已至於言語之間則不能達其萬一焉 (*Moun hen pi ko*, liv. 51).

2. 解義.

3. 讀.

chinois étaient étudiés depuis longtemps en Corée et que d'ailleurs l'explication aurait disparu avec le commentateur. La portée du mot « lire à haute voix » est bien différente, et l'on va voir ce qu'est cette lecture, comment elle est conforme à la pratique actuelle des lettrés coréens et comment elle s'explique par la nature des caractères *ni do*, tels qu'ils sont décrits dans la préface de *Tjyeng Rin tji* et tels qu'ils sont encore usités.

En laissant même de côté la différence de la prononciation des caractères en Chine, au Japon et en Corée, la lecture d'un même texte chinois dans les trois pays est essentiellement différente : le Chinois énonce le son de chaque caractère à mesure qu'il se présente et ne prononce aucun son qui ne soit dans le texte ; le Japonais ajoute au texte des terminaisons nombreuses qui ne sont pas écrites, substitue à des sons chinois des mots purement japonais et renverse fréquemment l'ordre des mots pour le rendre conforme à la construction de sa propre langue. Le Coréen lit les caractères tels qu'ils s'offrent à lui, leur donnant une prononciation assez voisine de la prononciation chinoise pour qu'ils soient reconnaissables à une oreille un peu exercée ; mais il ponctue cette lecture de syllabes isolées ou réunies par deux, trois, quatre et qui ne sont nullement dans le texte. Ces syllabes, qui correspondent à une partie des terminaisons insérées par le Japonais, sont les marques de cas et les particules verbales de la langue coréenne, elles servent de guide au lecteur coréen pour l'intelligence d'une langue dont le génie est tout différent du génie de sa langue maternelle. Mais dans la plupart des cas, le texte chinois est placé dans toute sa pureté sous les yeux du Coréen qui doit avoir déjà une connaissance approfondie de la syntaxe chinoise pour mettre judicieusement en place les particules indigènes : toute erreur sur la nature de la terminaison à employer, sur la place où elle doit être mise, constitue un contre-sens.

L'œuvre de *Syel Tchong* a été de faciliter la lecture à haute voix, et par suite l'intelligence du chinois, en écrivant les particules coréennes telles qu'elles sont usitées pour la lecture des textes chinois. On trouvera, dans les notices que j'ai consacrées au *You sye hpil tji* (nº 43) et au *Sye tjyen tai moun* (nº 187), deux listes des affixes les plus importants ; bien qu'incomplètes, ces listes suffiront à montrer que le *ni do* ou *ni moun*[1] note les cas, les postpositions qui remplacent nos prépositions, les terminaisons verbales, qui jouent à la fois le rôle de modes, de temps, de

1. 吏文, *ri moun.*

conjonctions, de marques de ponctuation et de mots honorifiques. En outre, un certain nombre d'adverbes usuels et quelques termes habituels de la langue administrative peuvent s'écrire en *ni do*. La notation de *Syel Tchong* sert ainsi pour le squelette grammatical de la phrase, mais c'est un cadre vide, qui doit être rempli par les caractères chinois ; il n'est pas plus possible d'écrire toute une phrase en *ni do* qu'il ne serait possible d'exprimer une idée, en latin par exemple, en écartant toutes les racines des mots et ne conservant que les désinences des déclinaisons et conjugaisons, avec les prépositions et les conjonctions. Par là, s'expliquent facilement les trois textes que j'ai cités et qui sont les seuls que je connaisse sur l'invention de *Syel Tchong* : le *ni do*, tout en étant incapable d'exprimer la dix-millième partie du langage, est bien, pour le Coréen peu lettré, l'aide indispensable, de la lecture à haute voix et de l'intelligence des textes ; il a certainement contribué à la diffusion de la culture chinoise ; et par là se justifient la reconnaissance témoignée à *Syel Tchong*, les titres qu'il reçut après sa mort[1], la place qui lui fut donnée dans le temple de Confucius.

La plus grande partie des signes employés dans le

1. 弘儒侯.

ni moun sont des caractères chinois usuels, quelques-uns seulement sont des abréviations ou des figures inventées ; ces caractères s'emploient seuls, ou par groupes de deux ou trois, parfois jusqu'à sept ensemble. Souvent des caractères ont été choisis pour rendre une terminaison coréenne, parce que, dans la prononciation chinoise, ils se rapprochent du son de cette terminaison : on est là en présence d'une simple application de la transcription phonétique usitée pour les mots coréens. Quelquefois le sens des caractères chinois donne approximativement celui de la particule qu'ils traduisent : ainsi le caractère *oui*[1], faire, affecte toujours la prononciation *hă*, radical du verbe faire ; *si*[2], être, prend le son *i*, radical du verbe être, et il le conserve même dans des combinaisons d'où le sens du mot être paraît absent. Souvent il n'y a aucun rapprochement à établir et les caractères semblent avoir été choisis arbitrairement. Le caractère *eun*, sous la forme complète ou sous une forme abrégée[3], offre un emploi intéressant : il se joint à *hă* pour faire *hăn*, à *ho* pour faire *hon*, à *na* pour faire *năn* ; il prend donc la valeur de la lettre *n* finale En général, un même son a toujours la même notation, mais il existe des exceptions.

1. 爲. 2. 是. 3. 隱 ou 卩.

Dans les suppliques, actes d'accusation, lettres des clercs de yamen, sentences rendues, les particules en *ni do* sont insérées dans la phrase chinoise, à la place qu'exige la syntaxe coréenne, parfois en caractères plus petits que le reste du texte. Lorsque ces signes sont employés pour guider dans la lecture des livres classiques, on les met dans la marge supérieure ; je ne connais, d'ailleurs, qu'un seul ouvrage de ce genre qui porte les particules en *ni do.* Les désinences du style classique ne sont pas les mêmes que celles du style des yamens ; quelques-unes se trouvent dans l'un et dans l'autre, encore sont-elles écrites presque toujours à l'aide de caractères différents ; les particules du style classique sont plus courtes, plus simples, on y fait un moins grand usage des formes honorifiques.

Ce système est, on le voit, différent de celui des Japonais, qui ont eu bien plus fréquemment recours à la valeur phonétique des caractères et sont arrivés, avec leurs syllabaires, à écrire leur langue telle qu'ils la parlaient. L'invention de *Syel Tchong* n'a pas eu la même fortune et elle est toujours restée insuffisante et d'un usage peu commode ; elle a subsisté cependant jusqu'aujourd'hui : ce que nous connaissons, en est-il la forme primitive ou le développement ? l'édition du *Chou king* avec *ni do,* du n° 187, est-elle la reproduction de la "lecture" du lettré du Sin ra? c'est ce que la pénurie des renseignements ne nous permet pas de décider.

Uue courte notice, placée à la première feuille du *To ri hpyo* (nº 2181) et rédigée en chinois, offre, à côté du texte principal, quelques caractères, qui occupent la place convenable aux particules coréennes et qui, pour la plupart, ne se trouvent pas dans les deux listes de *ni do* connues de moi. Des Coréens consultés sur la valeur de ces signes, n'ont pu me renseigner ; on les trouvera reproduits au nº 2181 avec les lectures que je propose : je suis d'avis, jusqu'à plus ample information, que ce sont des fragments de caractères *ni do* employés à la place des signes complets, comme les fragments appelés kata kana remplacent souvent au Japon les caractères complets pris phonétiquement. Ce procédé existe déjà quelque peu dans les tables de *ni moun* que j'ai transcrites, ainsi les syllabes *ra, nă, i, teun, tye, eun* se trouvent sous une forme complète et sous une forme abrégée[1], la dernière de ces syllabes entrant en combinaison avec le signe précédent et prenant alors la valeur de la lettre *n* ; dans le *To ri hpyo*, ce double procédé d'abréviation et de

1. 羅 et 亽 ; 飛 et 乙 ; 伊 et 乁 ; 等 et 朩 ; 底 et 广 ; 隱 et 阝.

combinaison des caractères a pris une telle extension que ceux-ci deviennent de véritables signes syllabiques ou alphabétiques : *ei* s'écrit *e* + *i*, *ikei* s'écrit *i* + *ke* + *i*. Je n'ai malheureusement aucun renseignement sur cette transformation des caractères de *Syel Tchong* et le texte même qui m'en révèle l'existence, est bien insuffisant, puisqu'il ne contient que douze de ces signes.

L'évolution de l'écriture en Corée ne s'est pas arrêtée là et elle est arrivée jusqu'à l'alphabet, appelé *pan tjyel*[1] par les Coréens, qui donnent le nom de textes vulgaires, *en moun*[2], aux textes écrits alphabétiquement. De même que le *ni moun* a été composé pour aider à la lecture de la langue chinoise, et nullement pour écrire la langue indigène, de même l'invention de l'alphabet a eu pour but de noter la prononciation correcte du chinois et de réformer sur ce point l'usage vulgaire des Coréens ; c'est accessoirement que l'alphabet a été appliqué à l'idiome national, tant celui-ci a peu d'importance aux yeux de quiconque sait un peu de chinois. Ce fait est clairement attesté par le titre même de l'ouvrage qui expose les principes de la nouvelle écriture (nº 47) : *E tjyei houn min*

1. 反切. 2. 諺文.

tjyeng eum, c'est à dire "la vraie prononciation enseignée "au peuple, ouvrage composé par le Roi". C'est pour la même raison que *Syeng Sam moun*[1] et plusieurs autres fonctionnaires furent envoyés à diverses reprises dans le *Liao tong*[2] pour consulter, au sujet de la prononciation, un académicien chinois qui était exilé ; c'est encore pour les besoins de la transcription du chinois que l'on trouve dans l'alphabet coréen primitif le son *ḥ*, le son *j* et le son mouillé initial, qui ne sont pas indigènes et dont les signes sont tombés en désuétude ; c'est à des considérations linguistiques du même genre qu'est due l'identité de la finale *ng* avec l'initiale que l'on met avant la voyelle, aux endroits où la prononciation met une voyelle seule. La facilité d'écrire avec cet alphabet la langue coréenne vulgaire a été prévue et indiquée par le Roi *Syei tjong*[3] et ses collaborateurs ; mais le but mis en première ligne était de faciliter aux Coréens l'étude du chinois.

Je n'ai pas à insister ici sur les circonstances de cette invention, puisqu'au nº 47 je donne la traduction du texte qui la relate et en fixe la date à 1443[4].

1. 成三問.
2. 遼東.
3. 世宗.
4. Voici le texte du *Moun hen pi ko* (liv. 51).
本朝　世宗二十八年　御製訓民正音、上以爲諸

Il y a lieu de remarquer que, dans l'analyse de la syllabe, telle qu'elle est prononcée d'une seule émission de voix, les Coréens sont allés plus loin que leurs voisins de l'ouest et de l'est. Ceux-ci, servis par la nature de leur langue, qui, anciennement du moins, ne comprenait que des syllabes formées au plus d'une consonne et d'une voyelle et dépourvues de consonnes finales, ont constitué un syllabaire où chaque consonne est suivie d'une voyelle et qui a, de plus, une série purement vocalique, et lorsque la langue s'est modifiée par l'effet du temps et de l'intrusion de mots chinois, ce n'est qu'à l'aide d'artifices étrangers à l'esprit du syllabaire primitif, que les Japonais ont pu écrire les

國各製文字以記其國之方言獨我國無之遂製字母二十八字名曰諺文開局禁中命鄭麟趾申叔舟成三問崔恒等撰定之盖倣古篆分為初中終聲字雖簡易轉換無窮諸語音文字所不能記者悉通無礙中朝翰林學士黃瓚時謫遼東命三問等見瓚質問音韻凡往來遼東十三度

鄭麟趾序訓民正音曰吾東方禮樂文物侔擬中夏但方言俚語不與之同學書者患其旨趣之難曉治獄者病其曲折之難通昔新羅薛聰始作吏讀官府民間至今行之然皆假字而用或澁或窒非但鄙陋無稽而已至於言語之間則不能達其萬一焉癸亥冬我　殿下創制正音二十八字略揭例義以示之名曰訓民正音象形而字倣古篆因聲而音協七調三極之義……..以是解書可以知其義以是聽訟可以得其情……..遂命臣等詳加解釋以喩諸人

國之語音异乎中國與之字不相流通故愚民有所欲言而終不得伸其情者多矣予為此憫然新制二十八字欲使人人易習便於日用耳 (*Moun hen pi ko*, liv. 51).

consonnes doubles et la finale n. Les Chinois, à partir du moment où la prédication du bouddhisme les a conduits à l'étude de la langue sanscrite, ont cherché un moyen de rendre, à l'aide de leurs idéogrammes correspondant chacun à une syllabe complète, les mots d'un idiome tout différent du leur ; l'usage a consacré, pour transcrire chaque syllabe sanscrite, l'emploi de quelques caractères ayant à peu près le même son ; pour les syllabes qui commencent par plusieurs consonnes, on a employé ensemble plusieurs caractères qui doivent être fondus dans la prononciation : c'est ainsi que les lettrés chinois ont été amenés à distinguer, dans chaque son de leur langue, une initiale qui est toujours une consonne simple[1], et une finale, formée d'une voyelle ou d'une diphthongue, seule ou suivie de l'une des consonnes ***k, t, p, ng, n, m***[2]. Il était difficile, étant donnée la nature de la langue chinoise, d'arriver à un système de transcription plus simple, mais la méthode employée est néanmoins fort incommode, puisque, pour

1. Ou, à défaut d'une consonne, la marque de l'absence de consonne ; d'ailleurs, dans le dialecte du nord, il y a toujours une consonne initiale, ***ng*** étant préfixé à la voyelle initiale des dialectes méridionaux.

2. Dans la prononciation moderne de la langue mandarine, *k, t, p* ont été remplacés par le ton rentrant ; ***m*** s'est transformée en *n* ; *n* et ***ng*** subsistent seuls comme consonnes finales.

former un son nouveau, il faut supprimer par la pensée la finale du premier caractère et l'initiale du second.

Le roi *Syei tjong*, auquel ses compatriotes attribuent l'invention de l'alphabet, adoptant le système chinois, a distingué l'initiale et la finale, mais il a décomposé celle-ci, lorsqu'il y avait lieu, en une médiale, voyelle ou diphthongue, et une finale proprement dite ; et l'identité a été reconnue de ces dernières finales avec un certain nombre des initiales. Les Coréens sont donc arrivés à concevoir la lettre alphabétique, soit consonne, soit voyelle, et ils ont été ainsi dotés d'un instrument bien plus parfait que les syllabaires japonais, se prêtant également bien à transcrire les sons des idéogrammes chinois et à écrire ceux de la langue indigène, grâce aux combinaisons des voyelles en diphthongues et des consonnes simples en consonnes doubles[1]. L'alphabet coréen est d'une remarquable simplicité, la classification des lettres se rapproche de celle des lettres sanscrites, autant du moins que la nature de la langue le permet ; la présence d'une initiale muette, qui sert de support de voyelle, est encore un trait commun au coréen et au sanscrit ; ces ressemblances sont, au reste, toutes

1. Toutes les initiales coréennes sont simples, mais on rencontre souvent la finale double *lk*.

naturelles, puisque c'est, en somme, l'alphabet sanscrit que le roi *Syei tjong* a pris pour modèle, soit en l'imitant directement, soit, ce qui est plus probable, en se conformant aux initiales chinoises qui en dérivent. Les formes graphiques du coréen sont aussi très faciles et logiques : les voyelles ont pour base un trait vertical ou horizontal, employé seul, ou avec addition d'un ou de deux traits perpendiculaires au premier et placés à droite, à gauche, au-dessus ou au-dessous ; la série des labiales, *p*, *hp*, *m* dérive du carré ; les gutturales et les dentales sont représentées par le carré privé d'un ou deux côtés. Cette logique dans la classification et la forme des lettres est la marque d'une création réfléchie et confirme les faits énoncés par le *Houn min tjyeng eum*. Il n'y a, d'ailleurs, aucune ressemblance entre les lettres coréennes et les caractères chinois ou japonais ; je ne parle pas, bien entendu, des lettres presque inusitées, connues sous le nom de " caractères des dieux[1] ", que les auteurs japonais les plus sérieux s'accordent pour dériver de l'alphabet coréen et qui ne sauraient donc en être l'origine.

Le texte du *Moun hen pi ko* que j'ai cité, d'accord

1. 神代の字, sin dai no zi.

avec les traditions, fixe à 1443 l'invention des lettres coréennes qui est due au roi *Syei tjong*. M. James Scott, dans l'intéressante introduction de son dictionnaire anglais-coréen, rapporte que des envoyés coréens rencontrèrent à la cour de Péking quelques Chinois versés dans la langue sanscrite et que c'est dans leurs entretiens qu'est née l'idée première de l'alphabet : ce récit n'est peut-être que l'expression, mise en action, si je puis dire, des rapports des lettres coréennes avec les lettres sanscrites, et rien de semblable ne se trouve dans les documents que j'ai entre les mains. Quant à la légende qui fait remonter à *Tan koun*(1) l'invention des caractères vulgaires, réformés ensuite par *Syei tjong*, elle ne mérite pas d'être discutée, le personnage de *Tan koun*, qui descendit du ciel et régna un millier d'années, étant complètement mythique ; si d'ailleurs la Corée avait eu si anciennement une écriture, comment n'en trouverait-on mention dans aucun ouvrage coréen, chinois ou japonais ? Je ne puis reconnaître plus de valeur à l'opinion de Klaproth, qui, dans son Aperçu général des trois royaumes(2), déclare, sans citer aucune source, qu'un alphabet a été inventé dans le royaume de Päik tjyei en 374 : or, comme il résulte de tous

1. 檀君, de 2333 à 1286 avant l'ère chrétienne.
2. Page 20, note.

les textes chinois et coréens, les idéogrammes chinois venaient à peine, à cette date, d'être introduits dans ce royaume ; il est plus qu'invraisemblable que les gens du Păik tjyei aient en si peu de temps passé des idéogrammes à l'alphabet ; il est probable que Klaproth a mal compris une expression se rapportant à l'introduction des caractères chinois. Je n'ai pas non plus, je pense, à discuter la théorie, assez répandue parmi les savants européens, qui attribue à *Syel Tchong* l'invention des caractères vulgaires : ce que j'ai dit plus haut du *ni do* et de l'*en moun*, suffit à montrer que ce sont deux écritures différentes, de système tout opposé.

Les Coréens ont-ils emprunté leur alphabet à un peuple voisin ? je ne le pense pas possible. Si un genre d'écriture en Corée a quelque rapport avec les syllabaires japonais, c'est le *ni do*, et nullement l'*en moun* ; les lettres coréennes, au contraire, ont donné naissance aux " caractères des dieux ", qui, quelque simples et faciles à appliquer qu'ils soient, ne se sont jamais répandus. Vers le nord, c'est ou avec des peuplades barbares et à peine policées que les Coréens ont été en relations, ou avec des Chinois, ou avec des nations tartares qui avaient adopté, en même temps que la civilisation, la méthode idéographique des Chinois, je veux dire les ***Khi tan***[1], les ***Niu tchen***[2] et les Mongols[3]. Quant à l'écriture mongole proprement dite, elle n'a aucun point de ressemblance avec les lettres coréennes ; d'autre part, il n'est fait nulle part mention de rapports quelconques entre la Corée et ces Turks de l'Altai qui furent possesseurs d'un alphabet dès le VIe siècle ; d'ailleurs, à cette époque reculée, les querelles des trois royaumes coréens et leurs guerres avec la dynastie des ***Thang*** ne laissaient guère de loisir pour des missions et des voyages lointains. En somme, si l'on met à part les syllabaires japonais et l'alphabet mongol qui représentent des systèmes d'écriture tout différents de l'*en moun*, les Coréens ont toujours été entourés d'une zône où l'idéogramme était seul employé ; je suis donc convaincu que l'alphabet qu'ils ont formé, a été tiré du sanscrit, ou directement, ou en passant par les ***tseu mou***[4] chinois.

Quant à la date de 1443, bien que fixée par le texte du *E tjyei houn min tjyeng eum*, elle n'est pas sans offrir quelque difficulté : en effet, si le *Kouk tjyo*

1. 契丹, dynastie des ***Liao***, 遼.
2. 女眞, dynastie des ***Kin***, 金.
3. Dynastie des ***Yuen***, 元.
4. 字母, initiales.

po kam (nº 1897) donne 1447, le *Sam kang hăing sil to* (nº 253), composé d'un texte chinois et d'une traduction coréenne, a été imprimé en 1434 ; la langue et l'écriture de cette époque n'offrent aucune différence sensible avec la langue et l'écriture actuelles : les caractères vulgaires existaient donc neuf ans avant l'invention du roi *Syei tjong*. Je n'ai pu trouver l'explication de cette contradiction qui infirme les assertions du décret de 1446 et de la préface de *Tjyeng Rin tji* : le roi *Syei tjong* se serait-il donc faussement attribué l'honneur d'avoir trouvé le moyen d'écrire la langue coréenne et de transcrire les sons des caractères chinois ? les contemporains et la postérité se seraient-ils mis d'accord pour faire gloire à ce prince de l'invention d'autrui ? Cela est invraisemblable ; on peut remarquer que neuf ans seulement séparent les deux dates en question et qu'en 1434, *Syei tjong* était déjà sur le trône depuis seize ans ; il ne me semble pas qu'il y ait de raison suffisante pour lui dénier le mérite que les Coréens lui ont reconnu. Quoi qu'il en soit, la difficulté subsiste entière et ne pourra être levée que par la découverts de nouveaux documents.

Possesseurs d'un alphabet, les Coréens s'en sont

servis d'abord pour noter les sons des caractères chinois ; nous connaissons donc la prononciation coréenne du chinois au XVe siècle : pour l'époque antérieure, nous sommes dans une ignorance presque absolue, et ce n'est qu'une étude attentive du peu qui nous reste des anciens idiomes de la péninsule, qui pourra nous fournir des indications sur ce sujet. M. James Scott, dans l'introduction que j'ai déjà citée, exprime l'idée que les Coréens se sont transmis, de génération en génération, la prononciation du chinois telle qu'ils l'avaient apprise de leurs premiers maîtres : je regrette de ne pouvoir être de son avis, une pareille fidélité n'est pas dans la nature des choses. La prononciation d'une langue morte ou d'une langue étrangère, qui sert d'idiome savant et littéraire, s'altère à la longue, moins vite que celle d'une langue parlée par le peuple, mais d'autant plus si cet idiome s'écrit au moyen d'idéogrammes qui ne portent pas un son avec eux. Pourquoi les sons chinois seraient-ils demeurés immuables, tandis que la langue coréenne subissait de telles transformations qu'au temps de *Kim Pou sik*, on ne comprenait plus les dialectes des trois royaumes, vieux seulement de deux ou trois siècles ? Si, d'ailleurs, on examine les faits, on peut remarquer que le vocabulaire coréen vulgaire, outre des mots chinois qui se présentent comme tels, en comprend un certain nombre qui, malgré un aspect coréen, semblent bien dérivés du chinois : n'est-il pas permis de rapprocher *măl*, cheval, de *ma*[1], surtout alors que cet animal a un nom presque semblable en japonais[2] ? le mot *ăm*, femelle n'est-il pas voisin de *eum*[3], nom du principe femelle ? Si le chinois, en pénétrant dans la langue populaire, a subi d'importantes transformations, pourquoi des modifications phonétiques ne l'auraient-elles pas affecté aussi dans la langue littéraire ? Il s'en est produit un certain nombre depuis l'invention de l'*en moun* : je n'en veux pour preuve que les prononciations vulgaires notées fréquemment par le *Tjyen oun ok hpyen* (n° 68) à côté des prononciations correctes. La substitution fréquente de la lettre *n* à la lettre *r*, la chute de *r* au commencement des mots, l'adjonction de *i* après *you* donnant un u long totalement étranger au coréen du XVe siècle, sont des faits du même genre et qui tous s'appliquent aux sons des caractères chinois. Parlerai-je aussi de la confusion, constante devant les diphthongues *ya*, *ye*, etc., de la série des palatales avec

1. 馬.

2. Muma : la première syllabe disparaît presque dans la prononciation.

3. 陰.

celle des dentales ? de la disparition des initiales chinoises *j, ts, tsh ?* Enfin l'entorse la plus curieuse donnée par les Coréens à la langue chinoise est la transformation en *l* du *t* final, qui existe encore dans les dialectes chinois du sud : pourquoi supposer que cette *l* finale vient de l'ancienne prononciation du *Chan tong ?* je ne vois pas sur quel fait linguistique peut reposer cette assertion ; et je ne sais pas non plus pourquoi les Coréens auraient tiré de cette province leur connaissance du chinois, puisqu'aucune dynastie n'y a résidé depuis l'époque où des relations suivies se sont établies entre la Corée et l'Empire. Il semble bien plus naturel d'admettre que les Coréens étaient incapables de prononcer le *t* final, et cela encore au XVe siècle, puisque tous les mots indigènes qui ont aujourd'hui cette terminaison, ont été écrits et s'écrivent encore avec une *s* finale. De même, de l'absence des tons dans la prononciation coréenne du chinois, il n'est pas possible de conclure que ces tons se sont introduits dans la langue chinoise après qu'elle avait déjà pénétré en Corée ; il semble au contraire bien naturel que les Coréens, dont l'idiome indigène n'offre rien d'analogue aux intonations, aient négligé tout ce qui les concerne. En somme, il faut, à mon avis, se borner à dire que la prononciation du chinois en Corée peut nous permettre de retrouver certains faits relatifs aux transformations phonétiques de la langue chinoise ; mais il est dangereux d'affirmer que les Coréens emploient la prononciation chinoise d'une époque ou d'une province quelconques[1].

L'élément chinois, qui a pénétré dans le coréen au moyen des idéogrammes, s'est étendu jusqu'à la langue populaire, dont il a transformé l'aspect ; il est étrange que deux idiomes aussi opposés aient pu s'unir aussi intimement, il eût semblé plus naturel que l'un remplaçât l'autre, comme il est advenu pour la langue littéraire. Le trait distinctif du coréen, c'est le verbe : pour s'en figurer la nature, un Européen doit mettre de côté toutes les idées qu'il peut avoir sur le sens du mot verbe, il n'en doit conserver qu'une : le verbe est un mot qui exprime un état ou une action. Des personnes et des nombres, il n'est pas question ; les temps et les modes se forment par l'adjonction de suffixes ; la racine verbale et les suffixes ont pour mission d'exprimer tout ce que rendent, dans les langues

1. La prononciation du chinois en Corée se fait encore remarquer par les traits suivants : maintien des anciennes finales dures et nasales ; diphthongues beaucoup moins nombreuses que dans le chinois moderne ; *i* chinois fréquemment remplacé par *eui* ou *yei ;* aspirations supprimées ou ajoutées sans règle apparente.

européennes, outre le verbe même, les conjonctions de coordination et de subordination, de faire connaître les modalités de la pensée, telles que négation, affirmation, doute, possibilité, causalité, opposition, interrogation, exclamation ; d'indiquer le rang social de la personne qui parle, de son interlocuteur et de celle de qui on parle. L'adjectif est un verbe, c'est-à-dire qu'il contient toujours l'affirmation de la qualité, se conjugue à la façon du verbe et joue dans la phrase le même rôle que le verbe ; réciproquement le verbe proprement dit prend fréquemment la valeur d'un adjectif. Pour la construction, en coréen comme en japonais, on met en tête les mots qui correspondent au sujet, puis les mots de temps, les locatifs, l'instrumental, tous les compléments divers ; alors seulement paraît le verbe ou l'adjectif attributif, suivi des particules qui répondent à nos conjonctions et à notre ponctuation. La langue coréenne est encore marquée par des règles phonétiques assez nombreuses, qui amènent de fréquentes mutations de lettres, et par une fusion des racines et de certains suffixes, qui est plus qu'une simple agglutination : par là, elle se rapproche des langues à flexions. Le génie de cet idiome est donc tout l'opposé de celui du chinois, dont la construction est sensiblement conforme à celle du français et qui ignore toute conjugaison, toute modification phonétique.

Néanmoins les Coréens ont emprunté énormément à la langue chinoise, et le fait s'explique par la différence de culture qui existait au IVe siècle entre les tribus guerrières et pastorales de la Corée, et leurs puissants voisins d'occident ; chéz celles-là, la vie sociale, les arts, les connaissances générales, par suite aussi la langue, tout était dans l'enfance ; les autres arrivaient avec une organisation militaire perfectionnée, l'administration reposait sur des traditions vieilles de plus de mille ans, la constitution de la famille était d'origine encore plus antique, les commencements des arts et des sciences se perdaient dans le lointain des âges, la parole écrite était devenue un instrument délicat capable de montrer tout objet et de traduire toute pensée. Les barbares coréens, éblouis de l'éclat de cette civilisation, cherchèrent à l'acclimater chez eux ; les commodités de la vie, les besoins d'une administration qui se formait, les aspirations vers une religion nouvelle, tout les poussa vers la Chine ; à des idées neuves il fallait des mots neufs, les dialectes coréens auraient eu besoin d'une longue élaboration pour les fournir. Il était plus simple de se servir de l'instrument qu'apportaient les Chinois ; cette sujétion intellectuelle coûtait moins à ces peuples jeunes que la déférence exigée dès lors par l'Empire dans ses relations avec les états de la péninsule. Le chinois fut donc étudié avec enthousiasme, et bientôt on s'en servit pour écrire même les choses coréennes ; les mêmes faits se sont produits en Annam, chez diverses peuplades tartares et, dans une certaine mesure, au Japon : si nous voulons trouver en Europe un point de comparaison, il nous faut songer au long règne du latin depuis les jours de la conquête romaine jusqu'au XVIIe siècle et jusqu'aujourd'hui. Par cette intrusion du chinois, le développement littéraire du coréen fut suspendu pour des siècles et à tout jamais modifié.

En effet, il n'est pas jusqu'à la langue la plus commune qui ne se soit remplie d'expressions chinoises ; on les entend dans la bouche du plus bas peuple, on les trouve dans les romans et les chansons populaires, elles forment la moitié du vocabulaire de la langue usuelle ; souvent, d'ailleurs, elles sont fortement défigurées comme sens et comme prononciation. Elles jouent, dans le coréen, le rôle de racines invariables, susceptibles de prendre les affixes des cas, de fournir des adjectifs et des verbes à l'aide de l'auxiliaire *hăta* (faire). Le nombre des expressions chinoises employées dans la langue parlée varie naturellement avec la classe des interlocuteurs et avec les questions qui sont traitées ; il est presque toujours bien porté d'en mettre le plus possible ; s'il s'agit de félicitations ou de condoléances à présenter, de quelque devoir rituel à accomplir, la phrase ne contient plus que quelques terminaisons coréennes accolées à des mots chinois et devient incompréhensible pour l'auditeur non prévenu. Dans les romans et les chansons en langue vulgaire, les mots chinois sont au moins aussi nombreux et employés de même sorte ; les citations d'auteurs chinois abondent, généralement sous forme d'allusions à des faits et à des personnages que tout le monde est censé connaître : c'est ainsi que des chansons qui ne sont même pas écrites, le *Ouen tal ko ka* (nº 427) par exemple, nous parlent de **Li Pę**, de **Han Sin**, de **Oen oang**[1].

Le style le plus proche de celui de la conversation et des romans est celui des clercs de yamen, le *ni moun*, dont j'ai déjà parlé à propos des caractères de *Syel Tchong* : la langue indigène y a encore une très grande place par la construction, d'une part, et aussi par toutes les particules écrites en *ni do*, qui sont purement coréennes : mais, à part quelques adverbes et

1. 李白；韓信；文王.

quelques termes administratifs d'un usage fréquent, tout le reste est chinois ; les noms, les verbes sont écrits au moyen d'idéogrammes pris dans un sens voisin de leur sens primitif et prononcés suivant la prononciation coréenne de la langue chinoise.

La Gazette de la Cour (nº 1521), bien que tout entière en idéogrammes chinois, est en réalité écrite dans une langue mixte, dont le vocabulaire et la phraséologie sont voisins de la langue des yamens. Ainsi l'idée de surveiller est exprimée par les deux caractères *tchyek kan*, 摘奸, celle de faire est rendue par *ma ryen*, 磨鍊, des fèves s'appellent *htai*, 太, de la toile de coton *păik mok*, 白木 ; *ori*, qui veut dire un canard, s'écrit *ouel oi*, 月外 : or ces expressions n'ont aucun sens en chinois ou ont un sens tout différent. L'emploi fréquent de *oui*, 爲, faire, et de *tjya*, 者, quant à, vient évidemmeut de la présence constante en coréen de l'auxiliaire *hăta* et de la particule *năn ; să*, 事, affaire, mis à la fin d'une phrase ; l'impératif rendu simplement par le verbe sans caractère auxiliaire ; la brièveté de certaines phrases privées de verbe et où l'affirmation est exprimée par l'une des particules *hăko*, *hăya*, *hăni* ajoutées par le lecteur ; le rejet fréquent du verbe à la fin de la phrase ; toutes ces particularités font du style de la

Gazette un intermédiaire curieux entre le *ni moun* et la langue littéraire.

Celle-ci n'est autre que du chinois, mais elle présente bien des variétés, très proches les unes des autres, et qui établissent une gradation insensible depuis le style que les Chinois déclarent incompréhensible jusqu'à celui qui satisfait leur goût. Les différences portent d'abord sur les expressions et les constructions ; les Coréens recherchent les expressions anciennes, mais les emploient sans grand discernement et le pastiche le meilleur se trahit toujours par quelque maladresse. Mais il y a surtout l'absence, dans le style coréen le plus semblable au modèle, de cette cadence que seul un lettré chinois sait mettre dans sa phrase et que seul il sait complètement apprécier, qui consiste dans un mélange des différents tons, dépourvu de règles précises, mais senti par l'oreille. Au XVe siècle, *Sye Ke tjyeng*[1] déclarait que les Coréens ont un style spécial, différent de celui qui était usité en Chine sous les diverses dynasties ; mais, depuis lors, l'idéal semble avoir changé, et c'est l'imitation stricte du chinois qui est devenue la règle : comme les auteurs latins de la décadence copiaient les maîtres du commencement de l'Empire,

1. 徐居正 ; voir *Tong moun syou*, no 483.

comme les cicéroniens de la Renaissance ne voulaient s'exprimer qu'en prose latine, en vers latins marqués au coin de la meilleure époque, de même les Coréens cherchent à exprimer leurs idées coréennes en prose et en vers chinois ; pour les revêtir de cette langue étrangère, ils commencent par les jeter dans un moule étranger. Et de là à adopter les idées de l'extérieur, à les aimer pour elles-mêmes, à les vouloir réaliser en Corée, il n'y a qu'un seuil d'accès facile. Les Chinois, depuis bien des siècles, ne cherchent pas à être originaux ; la nouveauté déplaît, l'invention est condamnable ; le secret de bien faire, c'est de copier les anciens qui ont tout mieux fait que nous. Mais l'esprit pratique du Chinois l'a gardé de vouloir transplanter dans la réalité les faits et les actes avec le style et les idées ; à part une ou deux expériences coûteuses, on a senti que les conditions de la vie changent, en Chine comme ailleurs. Le Coréen, plus idéaliste, demeure toujours l'esclave de son idée ; il garde avec un soin jaloux le vieux style, les vieilles mœurs, il reste fidèle aux grandes dynasties chinoises des ***Song***(1) et des ***Ming***(2). A ce système d'imitation, sa force interne s'épuise ; et c'est ainsi que, pour les relations créées par les traités avec

1. 宋. 2. 明.

les étrangers, au lieu d'employer, en l'appropriant à cette nouvelle fonction, le style bien national des correspondances officielles entre mandarins, on s'efforce, avec plus ou moins de succès, de copier la langue qu'écrit à Péking le Tsong li yamen.

IV.

L'imitation de la Chine est aussi manifeste dans la littérature que dans l'écriture et dans la langue même. Je prends ici le mot littérature dans le sens le plus large, en y comprenant toutes les productions de l'esprit exprimées par le langage écrit. C'est de la littérature, prise dans ce sens général, c'est-à-dire du contenu des livres, que je vais essayer de donner une idée, maintenant que j'ai décrit le livre même et indiqué en quels caractères et en quelle langue il est écrit. Je ne me bornerai pas, d'ailleurs, à parler des ouvrages composés par des Coréens : ceux-ci ont lu, copié, réimprimé, relu et étudié un grand nombre de livres chinois, qui ont dirigé et maintenu leur esprit dans les voies actuelles ; passer sous silence ces premiers et fidèles instituteurs du peuple coréen, c'est négliger toute une face des choses, non la moins importante, et s'exposer à ne rien comprendre au reste.

Les premiers ouvrages en langue chinoise que les bonzes ont apportés en Corée, ont été naturellement les livres de leur religion. Je ne sais si des éditions en ont été faites dès l'époque du Sin ra : aussi bien, je ne possède que de très rares indications sur les livres copiés ou imprimés dans cet âge reculé ; mais l'existence d'éditions bouddhiques antérieures au Ko rye n'a rien d'impossible, puisque la religion étrangère avait pris dès lors un grand développement : des rois ont fait brûler leur cadavre suivant les rites bouddhiques, des bonzeries étaient construites et l'enthousiasme pour la profession religieuse fut si grand qu'on dut réglementer sévèrement la prise de l'habit de bonze. Dans le Ko rye, la faveur du bouddhisme ne fut pas moins éclatante : les rois avaient toujours près d'eux un bonze renommé qui avait le titre de précepteur du Roi(1), ils faisaient porter les écritures sacrées en tête de leur cortége, un Conseil spécial(2) était chargé de préparer les éditions des livres saints ; de cette seconde période, il subsiste quelques ouvrages ; le plus considérable est la grande édition du Tripiṭaka gravée à la fin du Xe siècle et dont l'exemplaire existant à Tōkyō a été imprimé au XVe siècle. Sous la dynastie régnante, au contraire,

1. 王師, *Oang să*, ou 國師, *Kouk să*.
2. 大藏都監, *Tai tjang to kam*.

le rôle du bouddhisme est toujours allé en s'effaçant ; je n'ai vu que deux éditions bouddhiques faites par ordre royal, celle du Mahāvaipulya pūrṇabuddha sūtra prasannārtha sūtra de 1465 (nº 2634, I) et celle de 1796 du *Poul syel tai po pou mou eun tjyoung kyeng* (nº 2650); les autres ouvrages bouddhiques, imprimés aux frais des bonzeries et des fidèles, sont d'ailleurs assez nombreux.

Les ouvrages originaux relatifs à la religion hindoue sont beaucoup plus rares en Corée qu'en Chine : il n'y a guère à citer que deux ou trois œuvres de *Htyei koan* et de *Tjyeng ouen* [1], admises dans les éditions postérieures du Tripiṭaka. Les idées bouddhiques, si elles ont eu un jour une grande influence en Corée, n'ont laissé d'autre trace que l'existence des bonzeries, dont quelques-unes sont richement dotées, mais dont la plupart tombent en ruines ; quant aux bonzes, leur rôle dans l'état est nul et ils forment l'une des classes viles de la société. Les divinités bouddhiques, comme partout ailleurs, se sont mélangées ou confondues avec les esprits adorés auparavant, tous reçoivent un culte de pratiques semblables et de ferveur aussi mince ; il s'agit, moyennant quelques bâtons d'encens, quelques bols de riz, quelques génuflexions, d'obtenir

1. 諦觀, fin du Xe siècle, et 淨源, qui vivait sous la dynastie des *Song*.

protection, richesse, postérité, en un mot félicité dans cette vie aussi bien qu'au-delà de la tombe ; pour un pareil contrat, il n'est pas besoin de sentiments profonds, il suffit de s'assurer parmi les esprits autant de débiteurs solvables que possible. Quant à l'idée des récompenses futures pour le bien et de l'enfer pour les méchants, elle paraît être, en Corée, d'origine purement bouddhique : mais elle ne sort guère des historiettes et des romans, où elle donne parfois des situations amusantes.

L'influence du taoïsme a été bien moindre que celle du bouddhisme et il n'en existe aujourd'hui aucune trace ; le roi de Ko kou rye obtint de la Chine des livres taoïstes au commencement du VIIe siècle ; ***Ma Toan lin***[1] rapporte qu'un monastère taoïste fut construit à la capitale au XIIe siècle ; mais si cette religion eut quelque prise sur les esprits, c'est plutôt par le culte des étoiles, qui a existé officiellement jusqu'à la fin du XVIe siècle, et par les doctrines astrologiques et géoscopiques : il resterait à savoir si ce culte et ces théories viennent en effet du taoïsme, ou si elles ne se rattachent pas aux superstitions locales et aux vieilles croyances cosmologiques de la Chine, dont le taoïsme

1. 馬端臨.

n'est lui-même qu'une expression systématisée. Cette religion a laissé si peu de traces dans la mémoire du peuple, que même des Coréens instruits ignorent qu'elle ait jamais existé dans leur pays ; ils la regardent seulement comme une doctrine d'hygiène mystique promettant à ceux qui la pratiquent, entre autres biens, l'immortalité. Récemment, à la suite du séjour prolongé de divers fonctionnaires chinois en Corée en 1882 et 1884, le taoïsme a eu une sorte de renaissance ; ce mouvement est peut-être même un peu antérieur, mais je n'en ai pu connaître l'origine ; il paraît s'être vite amorti, et le taoïsme n'a guère plus d'adeptes que par le passé. Quoi qu'il en soit, on a alors imprimé en Corée d'assez nombreux ouvrages au sujet de cette croyance, et surtout des cultes du dieu de la guerre, du dieu de la littérature et du dieu ***Liu Tong pin***[1] ; on a fait des éditions populaires et quelques traductions en coréen : ce sont ces livres qui sont les plus nombreux dans le chapitre que je consacre au taoïsme. Des autres, j'ai trouvé mention surtout dans les documents se rapportant aux études taoïstes avant le XVIe siècle. Enfin le ***Nan hoa king*** (no 2585) et le ***Kan ying phien*** (no 2590) ont dû leur diffusion l'un à ses

1. 呂洞賓.

qualités littéraires et l'autre à sa valeur morale. Les Coréens n'ont rien écrit d'original sur le taoïsme.

En arrivant au confucianisme, nous touchons le centre de la pensée coréenne : constitution sociale et administrative, idées philosophiques, conception de l'histoire et de la littérature, tout part de là pour le Coréen ; spéculation, observation et critique, enthousiasme, sens pratique, curiosité, tout l'y ramène. Il n'est pas possible de se faire une idée du mouvement intellectuel de ce coin du monde, si l'on ne se rend compte de ce qu'est le confucianisme en lui-même et de ce qu'il est devenu dans la péninsule.

Ce serait une grave erreur (mais cette erreur a été fréquemment commise) que de prendre le confucianisme pour une religion au même titre que le taoïsme et le bouddhisme, parce qu'avec ces deux concurrents il partage l'esprit des Chinois : si une religion est une doctrine, plus ou moins élaborée, plus ou moins consciente d'elle-même, qui reconnaisse expressément ou tacitement l'existence de forces supérieures à l'homme ou différentes de lui, et qui règle l'attitude qu'il doit prendre à leur égard, soit pour les maîtriser, soit pour se les concilier, alors le confucianisme contient sans doute une religion, mais il a aussi une portée bien plus grande que n'importe quelle religion. Il est bien vrai que les grandes religions antiques et modernes ne se bornent pas à poser des dogmes et à prescrire des rites, et qu'elles y joignent un enseignement moral ; mais pour elles, la morale résulte de la théodicée, elle n'est qu'une partie du tout qui s'appelle religion. Confucius renverse l'ordre des termes : c'est un précepte moral et social qu'il met à la base et la religion n'est qu'une application de ce précepte. Ce Sage, en effet, s'occupe peu des esprits, il en parle rarement et, le jour où on l'interroge sur ce sujet, il oppose à son interlocuteur une fin de non-recevoir ; sa pensée est orientée dans un tout autre sens : il accepte l'homme et la société de son temps, il admet les traditions transmises par les ancêtres, et, de tous ces faits, il tire des règles de conduite qu'il appuie de l'autorité des anciens ; il ne veut pas transformer la société, il cherche seulement à régulariser sa marche sur la voie tracée par les ancêtres. Ce sont là des préoccupations morales ; mais la morale, telle que la comprend Confucius, s'étend singulièrement loin : elle dépasse l'individu et la famille, elle embrasse toute la société actuellement vivante et elle atteint, par le culte, jusqu'aux défunts, qui sont en société avec leurs descendants, et au ciel même : terme vague qui indique les puissances supérieure quelles qu'elles puissent être.

D'ailleurs, pour le culte, comme pour tout le reste, Confucius ne songe qu'à maintenir ce qui vient de l'antiquité. Toute cette morale se résume dans le mot *hiao*[1], que nous traduisons, d'une façon bien insuffisante, par piété filiale : c'est, en effet et d'abord, le respect du fils pour son père et tous ses ascendants ; mais ces ascendants, après leur mort, continuent de vivre, dans leur tombeau ou près de la tablette qui les personnifie ; ils ont des besoins de divers genres, la piété ordonne d'y satisfaire et ils reconnaissent ce culte en protégeant leurs descendants. Le prince est le père de ses sujets, qui lui doivent fidélité : telle est la base de l'État. Les cadets respectent en l'aîné le représentant direct du père, l'aîné protège les cadets comme le père aurait fait ses fils ; ces relations ne s'arrêtent pas aux premiers degrés de la parenté, mais se perpétuent indéfiniment ; tous les hommes (c'est-à-dire tous les hommes civilisés, tous les Chinois) sont également fils du souverain, ils sont donc frères : et c'est là la base de la société humaine. Le maître qui a enseigné, devient le père spirituel de ses disciples, ceux-ci sont des frères : de là, découlent des devoirs stricts encore accomplis aujourd'hui. Les sages sont les

1. 孝.

instituteurs du peuple, ses pères spirituels ; de là, le culte des grands hommes.

Ce système social, qui ne manque pas de grandeur, n'est pas l'œuvre de Confucius : celui-ci en a trouvé tous les éléments dans la société chinoise, il n'a fait que les lier logiquement et les ramener tous au principe de la piété filiale, en leur donnant une expression plus adéquate et écartant tout mélange étranger, en particulier toutes les superstitions relatives aux forces de la nature et aux puissances occultes. Ce choix a été fait avec assez de logique et de largeur d'esprit pour que le système élaboré reposât seulement sur des instincts purement humains et pût se plier aux diverses circonstances de temps et de lieu : les idées de Confucius conviennent aussi bien à la Chine féodale antérieure à l'ère chrétienne qu'à la Chine profondément démocratique que nous connaissons, elles ont régné au Japon, elles se sont implantées en Corée comme en Annam. Au reste, quand je parle de Confucius, je ne prétends nullement décider quelle a été l'œuvre personnelle du Sage du royaume de *Lou*[1], ni si ses disciples immédiats et ses éditeurs de l'époque des *Han*[2] n'ont pas contribué à la formation de ce corps de doctrines ; l'examen de

1. 魯. 2. 漢.

cette question ne serait pas ici à sa place et, si j'emploie le nom de Confucius et celui du confucianisme, c'est parce que ces mots sont commodes pour désigner l'ensemble de faits distincts et d'idées précises que j'ai essayé de caractériser.

C'est vraisemblablement à l'époque des ***Han*** et par réaction contre les persécutions de ***Chi hoang ti***[1] que les lettrés, c'est-à-dire ceux qui se consacrent à l'étude et à l'observance des préceptes du confucianisme, ont commencé à former un corps distinct, adorant en Confucius " l'instituteur des dix mille générations ", orgueilleux de leur fréquentation intellectuelle avec le Maître, gardiens de sa parole, pleins de mépris pour les adhérents des doctrines hétérodoxes et pour tous ceux qui ne dévouent pas leur vie aux recherches morales ; cette élite ne constitue pas une caste, mais une sorte d'association tacite, c'est une secte dépositaire non de dogmes religieux, mais d'une théorie sociale ; bien que son existence repose sur le principe d'autorité, l'autorité n'appartenant qu'aux Livres, la constitution est restée trop flottante et le pouvoir interne a toujours été trop variable, pour que la secte ait jamais pu devenir une église. Jouissant du respect du peuple et souvent des faveurs impériales, elle a dû presque

1. 始皇帝.

toujours partager l'influence avec les taoïstes et les bouddhistes, dont les idées avaient bien plus de prise sur l'imagination. Continuateurs et propagateurs des doctrines de Confucius, les lettrés ont prêché, avec un idéal moral élevé, l'admiration inconditionnelle et l'imitation de l'antiquité, le mépris de tous ceux qui n'ont pas le bonheur de se rattacher à elle par le sang et par les idées ; à l'égard des barbares qui reconnaissent la supériorité vénérable des sages chinois, leur mépris s'est tempéré d'indulgence, mais ils n'ont que haine pour quiconque ne courbe pas le front. Par là, ils ont maintenu l'intégrité du vieux génie chinois et élevé autour de la Chine cette barrière morale que ni le bouddhisme, ni les défaites n'ont pu entamer et qui, plus que les différences de races et les divisions politiques, a empêché toute civilisation générale de s'étendre sur l'ensemble de l'Extrême Orient.

Si, d'ailleurs, pour un grand nombre de lettrés, le confucianisme est aussi intolérant, il n'en est ainsi ni chez le peuple, ni même dans le gouvernement : là, domine l'esprit pratique de la race, les formules morales ne sont souvent qu'un vernis dissimulant mal le fond des instincts humains ; la superstition naturelle à l'homme reprend le dessus et, chacun pensant qu'il faut se mettre en règle avec le plus grand nombre possible de divinités, le bouddhisme, le taoïsme et le culte des ancêtres sont pratiqués avec impartialité.

Peu de renseignements nous restent sur les commencements de la doctrine confucianiste en Corée : dans les premières années du Ve siècle, le Păik tjyei possédait déjà le ***Loẹn yu***[1] qu'un lettré du pays porta au Japon ; en 650, le ***Chou king***[2] était connu dans le Sin ra, depuis longtemps, semble-t-il. C'est à la fin du VIIe siècle que *Syel Tchong* fixa la lecture coréenne des livres classiques : c'est donc que ces ouvrages étaient alors un objet d'études et c'est à eux que se rapportait une partie de l'enseignement donné dans les écoles supérieures des trois royaumes coréens. Au commencement du VIIIe siècle, l'image de Confucius fut placée dans le Collége des Lettrés ; au VIIIe et au IXe siècles, un nombre relativement considérable de Coréens, une cinquantaine environ, allèrent passer des examens en Chine, quelques-uns y devinrent fonctionnaires : il faut donc qu'à cette époque, la base de l'instruction dans le royaume de Sin ra ait été la doctrine confucianiste ; ce fait est expressément confirmé, aux dates de 864 et de 880,

1. 論語. 2. 書經.

par la liste des ouvrages étudiés que donne le *Moun hen pi ko.* La dynastie de Ko rye poursuivit la même politique, fonda des écoles confucianistes à la capitale, dans les principales villes du royaume et dans les chefs-lieux de district ; des bibliothèques furent établies, des livres confucianistes furent imprimés et distribués dans ces bibliothèques ; tous ces établissements reçurent des dotations en rizières et en esclaves ; des examens, à la façon chinoise, furent institués en 958 pour donner accès aux fonctions.

Mais ce développement du confucianisme était purement administratif, tout en surface, il ne pénétrait pas dans les mœurs du peuple : celui-ci conservait ses anciennes coutumes et n'avait d'attachement que pour le bouddhisme ; les rois mêmes, malgré la protection intermittente qu'ils accordaient aux doctrines chinoises, suivaient en réalité la religion hindoue, en faisaient imprimer magnifiquement les livres, réservaient leurs faveurs aux bonzeries, donnaient à des bonzes l'influence dans leurs conseils. La rigidité des principes confucianistes, l'opposition existant entre eux et les mœurs du pays, écartaient les foules, glaçaient le dévouement : pendant toute la première période de la monarchie de Ko rye, on ne cite guère que le seul *Tchoi Tchyoung*[1] qui se soit intéressé activement à cette doctrine, il fonda des écoles pour en enseigner les principes. Le célèbre *An You*[2] n'a vécu que trois siècles plus tard : il déplorait amèrement cet état de choses et s'attristait de voir l'encens fumer dans les bonzeries, les prêtres y vivre grassement, tandis que le temple de Confucius tombait en ruines ; je n'ai pas trouvé mention des œuvres de ce lettré : du moins savons-nous qu'il s'efforça de soutenir le culte de Confucius, en offrant cent esclaves au temple du Sage. Son action se fit sentir surtout par ses disciples, *Păik I tjyeng*[3], *Ou Tchak*[4] et *Ri Tjyei hyen*[5], l'un des auteurs les plus féconds de l'époque du Ko rye. Après eux, *Tchoi Hăi*[6], *Kouen Han kong*[7], *Ri Kok*[8], *Ri Tal tchyoung*[9], *Ri Tjip*[10], *Kim Kou yong*[11] reçurent la tradition de *An You* et furent les précurseurs des grands lettrés du milieu du XIVe siècle.

Au commencement de ce siècle, en 1313, eut lieu un évènement important pour l'avenir du confucianisme en Corée : des Coréens firent achat, à

1. 崔冲, fin du Xe siècle.
2. 安裕.
3. 白頤正.
4. 禹倬.
5. 李齊賢.
6. 崔瀣.
7. 權漢功.
8. 李穀.
9. 李達衷.
10. 李集.
11. 金九容.

Nanking, d'un nombre considérable de livres provenant de la bibliothèque impériale de la dynastie des *Song*[1] renversée peu auparavant, et parmi lesquels devaient se trouver les œuvres de *Tchou Hi*[2]. Les auteurs indigènes n'ont pas été sans remarquer la coïncidence de ce fait avec l'essor pris dès lors par le confucianisme ; il est difficile de prouver l'action directe de l'achat fait à Nanking sur la philosophie coréenne : mais ce qui ne peut être nié, c'est l'influence sur elle des idées du grand philosophe et historien *Tchou Hi*. Celui-ci, le dernier venu de l'école qui a fleuri sous les *Song*, successeur des *Tchang Tsai*[3], des *Tcheou Toẹn yi*[4], des frères *Tchheng*[5], a repris, approfondi, coordonné dans un vaste système les travaux de ses devanciers : c'était la première fois qu'un écrivain, en creusant aussi loin les théories de Confucius et de Mencius, savait rester orthodoxe, étudiant de près l'antiquité, expliquant par les faits les idées des anciens sages, historien et critique, moraliste et métaphysicien tout ensemble, cherchant sous les évènements les conceptions, et sous les con-

1. Ce fait est relaté par le *Moun hen pi ko*.
2. 朱熹 (1130-1200).
3. 張載.
4. 周敦頤.
5. 程子.

ceptions les principes de l'existence et de la connaissance humaines ; les labeurs, consacrés par lui, dans sa jeunesse, à l'étude du taoïsme et du bouddhisme, avaient formé son esprit aux spéculations abstraites et, sous le confucianisme, dont l'élévation morale et l'imposante organisation sociale convenaient bien à son esprit ami de l'ordre, il s'efforçait de découvrir une base métaphysique et psychologique, qui avait presque fait défaut, ou tout au moins n'avait pas été mise en lumière jusque-là ; le succès de ses doctrines, qui complétaient et élargissaient celles de l'antiquité, tout en conservant les dehors de tout tirer de l'antiquité même, a été immense ; ses écrits sont devenus, après les vieux classiques, les monuments reconnus de l'orthodoxie, et c'est seulement il y a un siècle et demi que s'est formée en Chine l'école critique moderne, qui se demande si ce vaste système était bien contenu dans les textes anciens.

Ce confucianisme renouvelé, plus large et plus humain que le premier, était merveilleusement approprié aux Coréens, d'un esprit moins terre à terre que les Chinois, épris de spéculation plus que de pratique. Le bouddhisme, pour populaire qu'il fût, et peut-être parce qu'il était resté trop uniquement populaire, s'était toujours borné à un enseignement s'appliquant à la vie de chaque jour, plein de compromis avec les superstitions du peuple et les vices des grands ; il n'avait suscité aucune grande œuvre de pensée ; les bonzes s'étaient fait remarquer par leur rapacité, souvent mêlés aux affaires de l'État, ils avaient donné les conseils et les exemples les plus déplorables ; la doctrine bouddhique, pour peu qu'on l'examine, apparaît comme destructrice de la famille et de la société civile ; plus d'une fois, dès l'époque du Sin ra, les rois avaient dû interdire ou limiter la transformation des maisons en bonzeries, l'adoption de la profession de bonze, qui menaçait de dépeupler leurs états. Tout au contraire, le confucianisme, par sa morale rigide, présentait un idéal familial supérieur à ce que l'on voyait en Corée ; il reconnaissait la hiérarchie aristocratique existante, fortifiait le gouvernement et représentait un état social plus élevé, en rapport avec les aspirations de tout ce que la Corée contenait d'esprits intelligents et vraiment nobles. Mais, jusqu'à ***Tchou Hi,*** les Coréens n'avaient rien trouvé dans le confucianisme pour satisfaire leurs tendances métaphysiques et idéalistes : aussi les efforts de *An You* avaient peu réussi et c'est seulement après l'introduction de quelques livres de l'école des *Song* par *Ou Tchak*, surtout après l'achat fait à

Nanking, que le mouvement confucianiste s'étendit et s'accéléra. C'est alors que l'on voit paraître *Tjyeng Mong tjyou*[1], plus connu sous son surnom de *Hpo eun*[2], et son ami *Ri Săik*[3], surnommé *Mok eun*[4], partisans zélés du confucianisme, qui profitèrent de leur situation officielle pour servir cette cause de tout leur pouvoir. Le premier même resta jusqu'à la mort fidèle à ses convictions et à ce loyalisme prescrit par les sages chinois : il fut tué en 1392, en luttant pour défendre son maître, le roi *Kong yang*[5], contre la sédition d'où est sortie la dynastie actuelle ; encore aujourd'hui, près de *Syong to*[6], on montre le pont où fut tué *Tjyeng Mong tjyou* et dont les pierres rougissent encore du sang de la victime à certains jours de l'année.

Dès lors, le sort du confucianisme est assuré ; il va toujours se développant, grâce à l'enseignement officiel donné dans le temple de Confucius et dans les écoles provinciales ; grâce aussi à cette coutume coréenne qui rassemble jeunes gens et hommes faits autour d'un sage en renom, pour qu'ils profitent des exemples et des entretiens du maître, comme autrefois les jeunes Athéniens allaient écouter les paroles de

1. 鄭夢周.
2. 圃隱.
3. 李穡.
4. 牧隱.
5. 恭讓王.
6. 松都.

sagesse que prononçaient Socrate et Platon. Ceux qui ont eu le bonheur d'approcher les sages, conservent leurs préceptes et répètent leurs leçons ; souvent le maître désigne parmi eux celui qui, après sa mort, sera l'héritier attitré de sa pensée. C'est ainsi que les élèves de *Hpo eun* et de *Mok eun* furent nombreux : il faut citer *Tjyeng To tjyen*[1], *Ha Ryoun*[2], *Pyen Kyei ryang*[3], *Kouen Keun*[4], dont un ancêtre, *Kouen Pou*[5], était déjà renommé comme moraliste et dont le frère et plusieurs descendants se sont aussi acquis un nom comme lettrés. Ceux que je viens de citer, avec quelques autres, *Sin Syouk tjyou*[6], *Syeng Sam moun*[7], *Sye Ke tjyeng*[8], qui se rattachent indirectement à l'école de *Hpo eun*, se sont rendus célèbres au XVe siècle, comme écrivains, lettrés, hauts fonctionnaires.

Car le confucianisme est désormais au pouvoir, par les fonctionnaires, par les nobles, par les rois. Les nobles l'ont, sans doute, adopté d'abord pour se distinguer du peuple, mais ils se pénètrent si bien des préceptes chinois qu'ils en viennent à considérer la

1. 鄭道傳.
2. 河崙.
3. 卞季良.
4. 權近.
5. 權溥.
6. 申叔舟.
7. 成三問.
8. 徐居正.

science des lettrés comme l'apanage et la marque distinctive la plus brillante de leur caste. Les rois de la nouvelle dynastie sont les élus de la noblesse, ils partagent ses sentiments et voient aussi, dans les doctrines confucianistes sur les rapports du souverain et du sujet, un précieux instrument de pouvoir. De sa longue infériorité, le confucianisme a gardé un besoin d'expansion et de revanche ; ne trouvant plus en face de lui rien qui soit capable de lui faire contrepoids, sentant d'autant mieux sa force que le pays est plus resserré et que les nouvelles y circulent plus rapidement d'un bout à l'autre, emporté par l'idéalisme de l'esprit coréen, il devient envahissant : les préceptes acquièrent l'autorité impérieuse de dogmes, le système moral et social prend les allures d'une religion d'état, qui persécute les dissidents et les infidèles : on interdit aux lettrés de lire les livres bouddhistes et taoïstes, de se servir, dans leurs écrits, d'expressions tirées de ***Lao tseu***[1] et de ***Tchoang tseu***[2] ; dans les examens, on annule les compositions qui contiennent quelques-uns de ces termes mis à l'index ; on défend aux élèves du temple de Confucius d'aller voir les danses qui ont lieu dans

1. 老子. 2. 莊子.

les rues vers la fin de l'année et se rattachent aux vieilles croyances populaires ; des décrets royaux gourmandent les négligents. On détruit les bonzeries de Seoul, les bonzes ne peuvent plus entrer dans la ville où réside le roi ; les distinctions traditionnelles des diverses écoles bouddhiques[1] sont supprimées ; toutes sortes d'entraves sont mises à la profession de bonze. Un bonze nommé *Po you*[2] ayant de grands succès auprès du peuple et faisant des miracles, les lettrés du temple de Confucius demandent au roi d'interdire ces manifestations ; le roi, dans une heure d'équité, se montrant récalcitrant, les lettrés abandonnent le temple, se retirent chez eux ; le roi cède, *Po you* est exilé à Quelpaërt où il meurt bientôt. A *Syong to*, existait une chapelle[3], où le peuple se réunissait pour célébrer d'anciens rites, qualifiés de superstitieux : les lettrés y mettent le feu et anéantissent ce vieux culte. Mais les mœurs du peuple attirent encore davantage leur animadversion ; ils réforment donc la famille restée un peu flottante et conservant les vieilles coutumes barbares, on la modèle sur la famille chinoise : les mariages entre personnes du même nom sont formelle-

1. 宗, *tjong*.
2. 普雨.
3. 大王祠, *Tai oang să*.

ment interdits ; au XVIIe siècle, on va encore plus loin et on interdit le mariage entre personnes de même nom, même si les lieux d'origine[1] des deux familles sont différents ; or, en réalité, si les lieux d'origine diffèrent, les familles sont distinctes et la parenté est nulle ; remarquons qu'en Chine même, la loi est moins sévère et que le mariage est permis, si l'origine n'est pas la même. On interdit le second mariage des veuves ; on prescrit le deuil de trois ans pour la mort des parents ; on ordonne à chaque famille d'instituer les sacrifices des ancêtres et on les limite à un, deux ou trois degrés suivant la classe des intéressés ; pour les sépultures, on établit les règles chinoises, les incinérations ne sont plus autorisées que pour les bonzes ; on fixe les rites pour la prise de la coiffure virile à l'imitation de la Chine. Il faut en tout que la Corée se modèle sur ses voisins de l'ouest et que son peuple devienne le peuple selon le cœur de Confucius.

En même temps que les lettrés attaquaient les superstitions populaires et imposaient les mœurs chinoises, ils se serraient les uns contre les autres, se constituaient et formaient un parti de plus en plus puissant : le temple de Confucius, dont nons venons de voir les

1. 本, *pon*.

lettrés imposer leur volonté au Roi, est le centre naturel de cette organisation ; les chefs de ce temple bien que fonctionnaires nommés par le Roi, sont désignés au Roi par la voix des lettrés et sont bien plus souvent les chefs de l'opposition confucianiste que les représentants de l'autorité. Chaque district a une école officielle pour l'enseignement de la doctrine : à l'origine, c'étaient des fonctionnaires spéciaux, recteurs ou censeurs, qui étaient à la tête de ces écoles et groupaient autour d'eux les lettrés de la région ; mais ces fonctionnaires disparaissent et, depuis plus de deux siècles, ce sont les lettrés qui choisissent leur chef, soit directement eux-mêmes, soit en le désignant au magistrat local ; ils sont donc devenus indépendants. Les chapelles, consacrées au culte d'un ou plusieurs personnages célèbres coréens ou chinois, les colléges, où les lettrés d'une même école se réunissent pour expliquer les œuvres de leur maître, les premières comme les seconds dotés de biens fonds par la générosité des particuliers, exemptés d'impôts, se multiplient à partir de 1550, au point de devenir un danger pour les revenus de l'État ; on en supprime un certain nombre, on impose aux autres des restrictions sévères, rien n'y fait : il n'est pas de district qui ne possède un de ces établissements, beaucoup en ont cinq ou six. Écoles officielles devenues indépendantes, chapelles, colléges sont autant de centres de groupement, où l'on examine tout ce qui concerne la doctrine, où l'on discute les affaires de l'État, où se fait l'opinion et où se prépare l'opposition au gouvernement ; toutes ces associations locales sont reliées entre elles, correspondent sans cesse, sont en relations avec le temple de Confucius à Seoul : on ne se fait pas faute d'adresser des remontrances au roi et de résister aux ordres donnés lorsqu'ils déplaisent ; les lettrés ont un moyen infaillible à leur portée : ils cessent les sacrifices, interrompent les explications, se retirent chez eux : presque toujours le souverain doit céder. Deux rois se montrent favorables au bouddhisme, violent les préceptes confucianistes, résistent aux objurgations ; naturellement, des membres de leur famille se trouvent tout prêts pour les déposer, en s'appuyant sur les lettrés et dans l'intérêt de la pure doctrine ; ces princes sont déclarés indignes et privés à jamais du titre royal, qui passe à l'usurpateur, fervent du confucianisme au moins dans cette circonstance[1].

D'ailleurs, cette influence toujours grandissante

1. Je veux parler des rois détrônés qui sont désignés sous les noms de Prince de *Yen san*, 燕山君, et Prince de *Koang hăi*, 光海君.

ne se développe pas uniformément et sans secousses. Les élèves de *Hpo eun* furent beaucoup moins philosophes que lui-même et devinrent presque tous des hommes d'état ; ce n'est qu'à la fin du XVe siècle que l'on voit paraître une nouvelle école comparable d'éclat à celle des lettrés du XIVe siècle : *Kim Tjong tjik*[1], surnommé *Tchyem hpil*[2], réunit un grand nombre d'élèves ; mais, faisant de l'opposition au Prince de *Yen san*, il fut accusé auprès de lui comme auteur du *Tyo eui tyei pou* (n° 2101) et mis à mort en 1498 ; en même temps, ses partisans *Hong Koui tal*[3], *Sim ouen*, Prince de *Tjyou kyei*[4], *Kim Il son*[5], *Kouen O pok*[6], *Kang Kyeng sye*[7], *Tchoi Pou*[8], *Ri Tjyou*[9], *Tjo Oui*[10], *Tjyo Ouen keui*[11], *Tjyeng Heui ryang*[12], *Nam Hyo on*[13], *Hong En tchyoung*[14], *Pak Eun*[15], *Kim Hong hpil*[16], furent bâtonnés, exilés ou mis à mort ; en 1504, on reprit la persécution contre quelques-uns des adhérents

1. 金宗直.
2. 佔畢.
3. 洪貴達.
4. 朱溪君深源.
5. 金馹孫.
6. 權五福.
7. 姜景敍.
8. 崔溥.
9. 李胄.
10. 曹偉.
11. 趙元紀.
12. 鄭希良.
13. 南孝溫.
14. 洪彥忠.
15. 朴誾.
16. 金宏弼.

de *Tchyem hpil* ; *Nam Hyo on*, déjà mort, fut condamné comme auteur d'un écrit attentatoire à la mémoire du Roi *Syei tjo*, son cercueil fut ouvert et son cadavre mis en pièces.

En 1519, *Tjyo Koang tjo*[1], Grand Censeur, qui importunait le roi de ses conseils au sujet de la répudiation de sa première femme, fut exilé et mis à mort ; son condisciple et ami, *Kim An kouk*[2], exilé, ne fut rappelé, qu'en 1537. En même temps, *Kim Tjyeng*[3], Ministre de la Justice, fut bâtonné et envoyé à Quelpaërt où il se suicida ; *Ri Tjă*[4], membre du Grand Conseil, exilé aussi, fut gracié, puis exilé de nouveau. Par une juste compensation, *Ri Hăing*[5] ennemi de *Tjyo Koang tjo* et de ses partisans, dut se retirer en province pour éviter leur vengeance. En 1547, on trouve encore de nouveaux exils. L'histoire de ces persécutions a été écrite plusieurs fois. On ne peut s'étonner qu'en des temps aussi troublés, plusieurs lettrés célèbres, *Nam myeng*[6], *Măi ouel tang*[7] et d'autres, préférant vivre en paix, se soient retirés des affaires ou n'y aiént pas voulu entrer.

1. 趙光祖.
2. 金安國.
3. 金淨.
4. 李耔.
5. 李荇.
6. 南冥.
7. 梅月堂.

Avec le milieu du XVIe siècle, commence une période de calme et d'épanouissement du confucianisme ; elle est dominée par les noms de deux ou trois personnages, *Ri Hoang*(1), surnommé *Htoi kyei*(2), *Syeng Hon*(3), surnommé *Ou kyei*(4). *Ri I*(5), surnommé *Ryoul kok*(6), dont la réputation comme philosophes, moralistes, chefs d'école, atteint et dépasse même celle de *Tjyeng Mong tjyou*. Leurs écrits, souvent édités, sont encore aujourd'hui assidûment étudiés par les lettrés coréens ; leurs biographies, l'histoire de leurs écoles ont été plus d'une fois écrites ; les anecdotes abondent sur leur science du confucianisme, leur respect des rites, leur connaissance du cœur humain, leur intégrité. Tous les trois étaient morts, avant l'invasion japonaise ; mais leurs élèves, *Ryou Syeng ryong*(7) au premier rang, se distinguèrent par leur courage. *Kim Tjyang săing*(8) élève de *Ri I*, a laissé des études profondes sur les rites ; de toute cette école il reste un grand souvenir chez les Coréens : par *Kim Syang hen*(9), *Kim Youk*(10), *Tjyang You*(11), qui en procèdent, elle se relie au

1. 李滉.
2. 退溪.
3. 成渾.
4. 牛溪.
5. 李珥.
6. 栗谷.
7. 柳成龍.
8. 金長生.
9. 金尙憲.
10. 金堉.
11. 張維.

célèbre *Song Si ryel*[1]. Celui-ci fut le plus fécond de tous les philosophes coréens ; ses œuvres principales ne forment pas moins de cent vingt volumes dans la Bibliothèque Royale ; j'en ai vu une édition en cent trois volumes grand in-quarto ; l'admiration qu'il a inspirée, est bien marquée par le titre de *tjă*[2], sage, que la postérité lui a décerné et qui est le même qu'on donne à ***Tchou Hi,*** voire à Mencius et à Confucius. Grand Conseiller du Roi *Hyen tjọng*[3], il soutint, à propos des funérailles du prédécesseur de ce prince, une opinion qui fut adoptée par le roi. Déjà depuis une cinquantaine d'années, la noblesse coréenne était divisée en deux partis par des rivalités d'influence ; le parti opposé à celui de *Song* adopta avec ardeur l'opinion contraire ; il arriva au pouvoir à l'avènement du Roi *Syọuk tjong*[4] ; *Song Si ryel* et ses partisans, les *No ron*[5] furent bannis. Dans les luttes qui s'en suivirent, *He Mok*[6], chef des *Nam in*[7], adversaires de *Song Si ryel,* mourut en exil à Quelpaërt ; *Song* lui-même fut mis à mort, à l'âge de quatre-vingt-cinq ans : il y avait dès lors entre les deux partis des

1. 宋時烈.
2. 子.
3. 顯宗.
4. 肅宗.
5. 老論, *Ro ron.*
6. 許穆.
7. 南人.

haines irréconciliables, des vengeances à exercer ; toute la fin du XVIIe siècle et tout le commencement du XVIIIe furent ensanglantés par les représailles ; ce ne furent qu'exils, bastonnades, exécutions, chapelles élevées, puis détruites, cercueils ouverts, cendres jetées au vent. Il fallut toute l'énergie du roi *Yeng tjong*[1] pour calmer la violence des inimitiés, qui ont subsisté, bien qu'adoucies, jusqu'à l'heure présente.

On voit par cet exposé quel rôle le confucianisme a joué en Corée et combien il est impossible de rien comprendre à l'histoire de ce pays, si l'on néglige cette doctrine. En dehors des nombreuses éditions coréennes des livres classiques chinois, des ouvrages de ***Tchou Hi***, spécialement du ***Siao hio*** (nos. 234, etc.), les théories confucianistes ont donné naissance à une littérature considérable : si les commentaires des classiques sont plutôt rares, les ouvrages originaux, destinés à exposer à nouveau et à développer les idées chinoises, sont loin de manquer. Ils ont porté surtout sur la morale, sur la métaphysique et sur les rites : parmi les premiers, il faut citer le *Sam kang hăing sil to* (no 253) et le *I ryoun hăing sil to* (no 275), qui

1. 英宗.

exposent les cinq relations résultant de la piété filiale et y ajoutent des exemples ; le *Hyo hăing rok* (nº 250), le *Ton hyo rok* (nº 296), de sujets analogues ; deux ou trois ouvrages de *Ri En tyek*[1] et de *Tjyeng Ye tchyang*[2] qui sont des développements sur le **Ta hio** (nº 205) et le **Tchong yong** (nº 210) ; *Kim Tjyeng kouk*[3] a aussi écrit plusieurs traités moraux. En métaphysique, les Coréens se sont surtout occupés d'exposer et d'élucider les théories de l'école des **Song** sur le principe suprême, sur les deux principes primordiaux, sur l'origine du monde et la nature de l'homme et des esprits : *Tjyeng To tjyen*, *Kouen Keun*, *Kouen Tchăi*[4], *Nam Hyo on*, *Htoi kyei* ont laissé des ouvrages renommés sur ces questions. Quant aux rites, c'est-à-dire à ce tissu de prescriptions minutieuses qui règlent les moindres actes de la vie et déterminent pour chaque situation l'attitude à prendre, s'appuyant sur cette observation juste que toute action exercée sur le corps se transmet à l'esprit et espérant, en harmonisant les mouvements, régler aussi les pensées, non seulement les œuvres chinoises, celles de **Tchou Hi** surtout, ont été réimprimées, commentées, élucidées, discutées jusqu'au

1. 李彥廸.
2. 鄭汝昌.
3. 金正國.
4. 權採.

siècle présent, mais un assez grand nombre d'ouvrages nouveaux ont été écrits.

L'étude de la philosophie coréenne ne manquerait pas d'un certain intérêt : on ne trouverait dans la pensée de ces Asiatiques ni la profondeur des Hindous, ni la clarté des Grecs, mais peut-être ne manquerait-il pas de rapprochements avec la philosophie scolastique, soumise, comme celle des Coréens, au principe d'autorité et emprisonnée, comme elle, dans un réseau de formules. À coup sûr, on n'y verrait pas ce mouvement continu de la pensée qui, depuis l'antiquité, est la marque de la philosophie occidentale : il serait assez difficile d'établir une démarcation bien nette entre les idées du XVe siècle et celle du XVIIIe siècle, par exemple ; peut-être pourrait-on dire que les auteurs du XIVe siècle et du commencement du XVe ont étudié surtout la morale, la métaphysique étant l'œuvre de l'école de *Htoi kyei* et de quelques écrivains isolés du XVe et du XVIe siècles ; les rites auraient excité un intérêt spécial aux XVIe et XVIIe siècles : mais il ne faudrait accorder à ces divisions qu'une valeur très approximative et se souvenir qu'elles laissent place à de nombreuses exceptions.

V.

Ce n'est pas seulement dans les ouvrages consacrés à la morale, à la métaphysique, aux rites que sont exposées les idées confucianistes : on les trouve développées et paraphrasées dans une multitude de traités, de lettres, de rapports, de pièces rituelles, prières et autres, de postfaces, de préfaces, de dédicaces ; et les œuvres de ces diverses sortes forment les trois quarts dans toutes ces collections de pièces dues à des lettrés célèbres, qui sont une des branches les plus importantes de la littérature coréenne. Sous une forme moins dogmatique, plus déguisée, les préceptes de la morale chinoise, piété filiale, fidélité au souverain, équité, modestie, courage pour soutenir les idées que l'on a adoptées, reviennent presque à chaque phrase dans les œuvres de tous les genres ; souvent elles sont indiquées par un mot, rappelées plus qu'exprimées : mais elles sont au fond de tout et les supprimer, c'est détruire la substance la plus profonde, la plus intime de la pensée coréenne, comme ce serait anéantir notre littérature du moyen âge et du XVIIe siècle que d'en retirer l'inspiration chrétienne.

Pour le Coréen, ces idées morales sont la principale source de l'art d'écrire ; le style, la valeur littéraire sont subordonnés à l'orthodoxie de la pensée, un lettré sage est toujours mis au-dessus d'un écrivain éminent. Le lettré digne de ce nom ignore ou condamne toute idée qui ne vient pas des anciens, comme le scolastique repoussait tout ce qui n'a pas été prévu par la Bible et par Aristote ; ces pensées anciennes doivent être exprimées par des mots anciens, l'écrivain doit chercher à se rapprocher des modèles classiques, sans jamais espérer les atteindre. L'originalité est condamnable pour la forme comme pour le fond, il ne faut ni idées neuves ni expressions recherchées : bien des décrets royaux en ont signalé les dangers aux lettrés et aux candidats des examens.

Il en résulte que, dès qu'un écrivain trouve dans un ouvrage classique un passage ou une phrase correspondant à l'idée qu'il a dans l'esprit, il n'a garde de chercher une façon de dire personnelle : il transcrit le passage ou la phrase, joyeux de se couvrir de l'autorité d'un ancien. A côté de la citation directe et avouée, on trouve aussi l'emprunt d'une phrase, d'une expression, qui se fait sans rien ajouter pour indiquer le procédé et en laissant au lecteur le soin de reconnaître l'origine des termes employés. L'allusion n'est pas moins pratiquée : deux mots sont mis pour rappeler toute une page d'un auteur classique, ou une anecdote connue de l'antiquité, et ils prennent par là un sens détourné, souvent fort éloigné de la signification primitive, mais dont l'intelligence est nécessaire à qui veut comprendre tout le passage. Citations, emprunts, allusions ramènent dans la mémoire du lecteur des passages souvent relus, des œuvres longtemps feuilletées, lui présentent des idées qui lui sont familières, qu'il reconnaît avec plaisir, auxquelles il peut se fier, et l'écrivain moderne bénéficie d'une part de la faveur qui s'adresse aux anciens dont il rappelle les paroles ou les actions ; sans compter que le lecteur se sait gré à lui-même de l'instruction et de la sagacité dont il fait preuve pour comprendre ces passages difficiles, et en est d'autant mieux disposé pour l'auteur. Le style devient ainsi œuvre de marqueterie, et celui dont la mémoire est le mieux meublée, celui qui montre le plus d'ingéniosité à rapprocher ces lambeaux de phrases, est reconnu pour le plus grand écrivain : ce système est loin de la simplicité et du naturel que nous recherchons ; il amène à la compilation de ces recueils encyclopédiques par ordre de matières, où l'on est sûr de trouver ce qu'il y a à dire sur un sujet donné, et qui sont si nombreux en Extrême Orient ; et c'est souvent encore plus comme répertoires de citations que comme modèles littéraires, qu'ont été réimprimés en Corée tant d'ouvrages chinois des auteurs renommés.

Dans la prose, le Coréen jouit d'une liberté relative ; aussi bien n'étudie-t-il pas le ***oen tchang***[1], cette rhétorique chinoise, plus stricte et plus remplie de subdivisions que notre rhétorique classique. Mais en poésie, le système est le même ; la difficulté en est encore accrue de toutes les exigences de la métrique, de sorte que toute inspiration personnelle est exclue. Les Coréens ont copié les formes chinoises : l'ode[2], pour la brièveté et pour la rigueur des règles, pourrait être comparée au sonnet, mais à un sonnet hérissé à plaisir de prescriptions minutieuses ; c'est de beaucoup le genre le plus employé et le large usage qui en est fait, met en lumière le côté précieux et raffiné de la littérature chinoise et coréenne. Dans l'ode, le nombre des vers d'une pièce est fixé ; les vers sont tous de cinq ou de sept caractères ; chacun d'eux forme un sens complet, l'enjambement n'existant pas ; les vers de rang pair riment tous entre eux, par le dernier caractère seulement ; les rimes sont fixées par des tables, où tous les caractères de la langue sont répartis en un certain

1. 文章. 2. 詩, *si.*

nombre de classes, tous les caractères d'une même classe riment ensemble, mais il n'est pas permis de faire rimer un caractère avec lui-même ; en dehors des caractères qui riment, le ton de presque tous les autres est fixé par des règles sévères : on a pu ainsi construire des modèles schématiques de toutes les formes dont l'ode est susceptible, la confection d'une ode consiste seulement à remplir ce cadre tout fait d'expressions toutes faites ingénieusement agencées. On voit qu'il ne reste pas de place pour l'originalité dans ces bouts-rimés perfectionnés. Les vers irréguliers[1] ont des règles moins strictes : l'étendue de la pièce n'est pas limitée, elle se divise en couplets monorimes, la rime portant toujours sur les vers de rang pair ; dans un même couplet les vers sont presque toujours de même longueur, mais la longueur des vers de chaque couplet est laissée au choix du poète ; l'enjambement est interdit ; ce genre est réservé aux descriptions. L'épigramme[2] est composée de vers de quatre caractères, la longueur de la pièce n'est pas déterminée ; les règles pour les rimes sont les mêmes que dans l'ode, mais l'accentuation des autres caractères y est beaucoups moins fixe : ce genre, imité des anciennes poésies chinoises, a beaucoup plus

1. 賦, *pou*. 2. 銘, *myeng*.

de liberté que les autres ; il est employé surtout pour les éloges que l'on met à la fin des inscriptions. Il serait long et peu intéressant de passer en revue les divers genres de la poésie coréenne ; partout on observe ces règles de parallélisme, qui exigent pour deux phrases symétriques même nombre de caractères, même emploi pour chacun d'eux, un mot jouant le rôle de substantif, de verbe, de particule, devant correspondre, dans la phrase opposée, à un mot ayant précisément le même rôle et présentant un sens ou analogue ou contrasté ; ce parallélisme est observé exactement, même dans un certain genre de prose qui devient ainsi intermédiaire entre la prose vraie et la poésie. Les licences laissées à l'écrivain dans quelques-uns des genres poétiques sont toujours assez étroites ; si les Chinois ont de siècle en siècle imposé des règles plus strictes à la poésie et ont, au grand détriment de l'inspiration, supprimé les libertés dont jouissaient les auteurs de l'antiquité et même ceux de l'époque des *Thang*, les Coréens, leurs émules, n'ont pas complètement imité cette sévérité et ils se soumettent plus volontiers aux préceptes plus larges des anciens âges.

L'estime où l'on tient la poésie, et spécialement les genres les plus stricts, est marquée par l'usage fréquent qui en est fait : une pièce de vers est l'une des compositions dans les examens par où l'on accède aux fonctions publiques ; il n'est pas de fête au Palais où l'on ne présente au Roi des adresses de félicitation en prose rhythmée, des odes, des compositions de divers genres ; on y chante aussi des hymnes en vers ; quand on achève un édifice, la pose de la maîtresse poutre, donne lieu à la composition de pièces en prose rhythmée et en vers, souvent on les grave sur un tableau de bois qui est suspendu bien en vue dans l'intérieur du monument ; pour les funérailles du roi ou d'un membre de sa famille, chaque grand fonctionnaire compose une pièce de vers qui est écrite sur une bannière de soie blanche et portée dans le convoi ; une épitaphe, une inscription commémorative quelconque ne saurait se terminer sans une épigramme. Dans la vie privée, il n'est pas de banquet où les lettrés ne récitent et ne composent des vers, ne se livrent à des divertissements tels que faire des vers sur des rimes données, compléter une pièce commencée, construire une pièce avec des caractères donnés : une renommée de bel-esprit, d'élégance, à laquelle ni Chinois, ni Coréen n'est indifférent, s'attache à celui qui réussit dans ces jeux. Ces passe-temps pénètrent même dans les solennités officielles : le Roi s'y livre avec les hauts fonctionnaires, après le sacrifice au temple de Confucius, et les poésies composées dans cette fête sont recueillies et imprimées. Il existe des collections en vingt-cinq et trente volumes qui ne renferment que les poésies échangées de la sorte entre les envoyés chinois et les fonctionnaires coréens chargés de les recevoir ; des recueils analogues existent pour les pièces faites à Péking par les mandarins chinois et par les envoyés coréens et annamites.

Un grand nombre de collections de poésies chinoises ont été imprimées en Corée ; les recueils d'œuvres poétiques coréennes sont moins nombreux, parce que presque toujours les pièces de vers dues à un auteur coréen sont imprimées avec ses autres ouvrages ; elles forment souvent une bonne partie des œuvres complètes ; assez rarement, les poésies ont une édition séparée. Dans un grand nombre de traités, de lettres, de récits de voyage, la poésie se mêle à la prose ; les fonctionnaires coréens envoyés en Chine ont écrit une série d'odes et de pièces diverses au sujet des localités qu'ils traversaient ; un autre auteur a exprimé en vers les sentiments que lui inspirait la lecture de l'ancienne histoire coréenne ; certaines poésies enfin ont eu un rôle historique ; ainsi, le *Tyo eui tyei pou* (nº 2101) de *Kim Tjong tjik*[1] dont les allusions ont suscité la persécution de 1498.

Si la poésie est sans cesse mêlée à la vie officielle et intime, ce sont les rites qui forment la trame de l'existence ; ce que j'ai dit plus haut du confucianisme et de la philosophie coréenne, permet de prévoir le nombre et l'importance des ouvrages qui se rapportent à cette matière. Non contents d'avoir réimprimé, commenté et expliqué les principaux rituels chinois, principalement ceux de *Tchou Hi*[2], et d'avoir ainsi une littérature importante sur les rites en général, les Coréens ont composé, pour en régler la pratique, un grand nombre d'ouvrages originaux, aussi originaux du moins que peuvent l'être des livres qui reproduisent les textes de prescriptions fixes et en déterminent l'application à la vie de chaque jour ; un grand nombre de ces œuvres coréennes, pour la plupart du XVIIe ou du XIXe siècle, traitent en grand détail des rites privés, prise de la coiffure virile, mariage, funérailles, sacrifices : ce sont des guides nécessaires au confucianiste zélé pour l'accomplissement de ses devoirs ; des abrégés, quelques-uns en coréen, en ont

1. 金宗直. 2. 朱熹.

été faits à l'usage du peuple. D'autres livres, peu nombreux, le *Hyang ryei hap hpyen* (n° 1057) par exemple, sont destinés à établir ou généraliser en Corée d'anciennes coutumes chinoises. Les rites officiels coréens, rites de bon augure, des réjouissances, de l'hospitalité, de l'armée, des funérailles, sont d'ensemble les mêmes en Corée qu'en Chine, mais diffèrent par les détails : aussi il n'existe, à ma connaissance, qu'un ouvrage chinois traitant de ces questions, le ***Ta ming tsi li*** (n° 1052), qui ait été réimprimé à Seoul, tandis que plusieurs ouvrages importants et ornés de figures y ont été publiés par ordre royal, pour régler exactement l'accomplissement des cérémonies. De plus, les solennités du Palais donnent lieu à la composition de forts volumes où l'on réunit au compte-rendu minutieux des fêtes, le texte des décrets et édits rendus pour la circonstance, des communications officielles échangées entre les fonctionnaires, des adresses et poésies présentées, des hymnes chantés ; on y joint le compte des dépenses faites ; ces ouvrages, presque toujours ornés de planches, ne sont pas destinés à la publication, mais sont préparés simplement pour rester dans les archives ; cependant quelques-uns ont été gravés et des exemplaires en ont été distribués aux fonctionnaires.

L'administration est intimement liée aux rites, puisqu'elle applique d'antiques traditions sorties des mêmes principes moraux et sociaux ; si les rites pénètrent plus avant dans la vie de tout le peuple, l'administration dépasse les rites par l'étendue des matières qu'elle touche. Quoi qu'il en soit, rites et administration sont connexes et les ouvrages qui se rapportent à celle-ci, offrent la plus grande ressemblance avec les rituels officiels ; comme ceux-ci présentent en Corée et en Chine des différences de détail assez considérables pour empêcher l'application à l'un des deux pays des règles faites pour l'autre, de même l'administration coréenne, ayant pris pour modèle celle des ***Thang,*** des ***Song*** et des ***Ming,*** s'en sépare cependant, par suite de la diversité géographique et économique. Aucun ouvrage administratif chinois n'a été réimprimé dans la péninsule, mais un grand nombre d'ouvrages coréens sont inspirés de modèles chinois : les plus importants (n°s 1451 à 1461) sont les refontes successives d'un ouvrage sur les statuts de la dynastie régnante ; ce livre, divisé en six parties, correspondant aux six sections du service administratif, fonctionnaires, cens, rites, armée, justice, travaux, donne, avec la liste des fonctionnaires et de leurs attributions, un examen approfondi, historique et pratique, des principales questions ressortissant à chacun d'eux ; la première édition de cette œuvre remonte aux dernières années du XVe siècle, la plus récente est de 1865 ; un complément important y a été joint en 1866, sous le titre de " Règlements relatifs aux six Statuts " (no 1462) Plusieurs administrations ont été l'objet d'historiques très détaillés ; celui de la Cour des Interprètes (no 1694), le seul que j'aie vu, renferme les règlements de cette Cour, la biographie des personnages célèbres qui en ont fait partie, les règles qui président aux relations avec les Chinois et avec les Japonais et les annales de ces relations depuis le milieu du XVIIe siècle ; la dernière édition est de 1882 et un supplément a été ajouté en 1889. Si l'on ajoute à ces ouvrages, préparés par des commissions ou par les administrations elles-mêmes, des recueils de pièces, de règlements et de précédents, les uns imprimés, les autres manuscrits, les uns officiels, les autres dus à des particuliers, on aura une idée à peu près complète de la littérature administrative en Corée.

Quant à la jurisprudence qui tient une si grande place en Europe, elle se distingue à peine, en Corée et en Chine, de l'administration et des rites : bien rares sont les œuvres qui s'y rapportent ; les deux seules importantes sont le Code des *Ming* (no 1777) appliqué jusqu'aujourd'hui en Corée, et un ouvrage en chinois et en coréen (nº 1789) sur les expertises médico-légales post mortem ; ce dernier est aussi d'origine chinoise.

Dans les ouvrages rituels et administratifs, comme dans les œuvres historiques, scientifiques, linguistiques dont j'ai encore à parler, le but pratique que se propose l'auteur, l'oblige à user d'un style plus simple et plus précis que celui des livres purement littéraires : il n'est pas possible, pour énoncer un fait ou formuler un précepte, d'emprunter aux ouvrages classiques des termes qui risqueraient de n'être pas compris ; la nature du sujet exige que l'on appelle les choses par leur nom, de façon qu'aucun vague ne subsiste dans l'esprit du lecteur. Les écrivains coréens s'y sont résolus, et presque toutes les œuvres de ce genre sont claires et bien disposées ; la recherche et l'élégance ne reprennent leur empire que dans les préfaces et les postfaces, et dans les dissertations dont l'auteur coupe quelquefois l'exposé des faits.

L'histoire, à laquelle j'arrive à présent, a, dans la société confucianiste, un rôle gouvernemental des plus importants, complément de celui qui est attribué aux fonctionnaires appelés censeurs : ceux-ci ne prennent aucune part directe au gouvernement, mais ils ont le droit de discuter tous les actes du pouvoir, de faire connaître au souverain les fautes des fonctionnaires, de lui adresser des remontrances sur sa propre conduite ; leurs fonctions, analogues à celles des inspecteurs dans les administrations européennes, mais plus élevées puisque leur blâme peut atteindre l'Empereur même, leur assurent une situation prépondérante et entourée de respect : c'est ce corps des censeurs qui, avec quelques autres institutions, telles que la solidarité des lettrés entre eux, l'existence de corporations et d'associations de tous genres, sert de contre-poids à l'absolutisme théorique du souverain et ne lui laisse qu'une puissance effective bien plus restreinte qu'on ne l'imagine. Comme le censeur porte un jugement sur les actes du souverain régnant et le lui fait connaître, l'historiographe doit, dans sa conscience, peser ces mêmes actes, formuler son opinion dans les annales qu'il rédige et la réserver, pour que la postérite en prenne connaissance : ces annales sont tenues secrètes, celui qui les écrit n'en connaît que la partie qu'il rédige lui-même ; le résultat de ces travaux est conservé en plusieurs exemplaires, mis en lieu sûr, et il servira à écrire l'histoire de la dynastie, quand celle-ci aura disparu. Il ne faut pas, en effet, que le jugement de l'historiographe soit faussé par le désir de complaire au prince ou par la recherche de la faveur publique ; il ne faut pas non plus que le souverain voie ses fautes, celles de ses ancêtres, dévoilées aux yeux de ses sujets ni que ceux-ci perdent le respect dû au dépositaire du mandat du ciel. Ce principe est tellement ancré dans l'esprit des Coréens que plus d'un historiographe a mieux aimé se laisser exiler, a été ferme devant des menaces de mort, plutôt que de consentir à montrer au roi ce qu'il avait dit de ses actes. C'est par suite des mêmes idées que les annales de la dynastie régnante écrites par des particuliers ne peuvent être imprimées : on tolère généralement qu'elles circulent en manuscrit. L'historiographe travaille pour l'avenir seul, il amasse les documents d'après lesquels la postérité jugera les souverains, pour honorer ou maudire leur mémoire ; et le souverain, en lisant les actes de ses antiques prédécesseurs, apprend à y distinguer le bien et le mal et à régler ses propres actions.

Des divers genres historiques, celui qui correspond le plus complètement à cette conception et qui agrée le mieux au goût coréen, c'est celui qui imite le ***Thong kien kang mou*** (n° 2145) de ***Tchou Hi***. Parmi les ouvrages de ce genre, l'un des meilleurs est le *Tong kouk htong kam tyei kang* (n° 1861) de *Hong*

Ye ha[1], auteur du XVIIe siècle ; il relate l'histoire de la Corée depuis les origines fabuleuses jusqu'à la chute du royaume de Sin ra. Les évènements sont disposés année par année ; le récit est coupé par endroits de dissertations morales où l'auteur flétrit le crime, exalte la vertu, s'efforce de découvrir et de soutenir la légitimité : c'est par suite de ces préoccupations morales que *Hong Ye ha* place les faits qui concernent le Paik tjyei et le Ko kou rye en annexe à l'histoire du Sin ra ; ce royaume, fondé le premier, est le seul légitime à ses yeux et les deux autres, sans être tout à fait des états rebelles, n'ont cependant qu'une existence de fait, et non de droit. C'est pour les mêmes raisons que les historiens ont retiré le titre royal à *Sin Ou*[2] et à *Sin Tchyang*[3], successeurs du Roi *Kong min*[4], et les regardent comme des usurpateurs. Porté à ce point, le souci de la légitimité fausse l'histoire : et, pour ma part, malgré les motifs donnés par les historiens, je ne vois pas bien pourquoi le Sin ra est le seul état légitime, à partir de la chute du royaume semi-légendaire des *Ma han*[5], ni pourquoi *Sin Ou*, adopté comme fils et désigné comme successeur par

1. 洪汝河.
2. 辛禑.
3. 辛昌.
4. 恭愍王.
5. 馬韓.

le roi *Kong min*, est traité en usurpateur. Les intentions morales sont encore plus marquées dans le *Kouk tjyo po kam* (nº 1897), le *Kăing tjyang rok* (nº 1903) et les œuvres qui s'en rapprochent : ces ouvrages, imités de la Chine, ont pour but déclaré de glorifier les vertus des rois de la dynastie régnante et de donner des exemples à leurs descendants ; peut-être y trouve-t-on une certaine véracité historique, mais il faut nous rappeler qu'on nous montre seulement le beau côté de la médaille. Le récit n'y est pas continu ; ce sont des recueils d'actes vertueux, de paroles mémorables avec développements moraux, classés non par ordre chronologique, mais d'après les vertus qu'ils manifestent ; je ne pense pas que ces ouvrages aient un grand intérêt pour l'historien sérieux.

Un autre genre, au contraire, d'une grande valeur pour l'histoire critique, est celui qui est imité du *Chi ki* (nº 2118) de *Seu ma Tshien*[1] et des autres histoires dynastiques chinoises. Cette forme historique, remarquable pour l'ampleur et la précision, est faite pour jeter la plus grande gloire sur son inventeur ; un ouvrage de la sorte se rapporte toujours à une dynastie

1. 司馬遷.

entière, à une longue période, et comprend essentiellement l'histoire des règnes, année par année ; des tables chronologiques ; des traités spéciaux sur l'état des rites, des coutumes, des sciences, de l'administration, de la géographie, du commerce, de la littérature ; les biographies de tous les personnages célèbres à un titre quelconque ; souvent enfin des notices sur les peuples étrangers avec qui la dynastie en question a été en rapports. Ce cadre est vaste et je doute que l'occident ait rien d'aussi compréhensif et d'aussi bien pondéré à mettre en parallèle : si l'auteur est de force à se conformer à un pareil plan, s'il est consciencieux et clairvoyant, l'œuvre acquiert une valeur considérable ; c'est ainsi que parmi les histoires dynastiques chinoises quelques-unes sont des monuments dignes de toute admiration. En Corée, le plus ancien ouvrage de ce genre est le *Sam kouk să keui* (n° 1835) qui commence un peu avant l'ère chrétienne et s'étend jusqu'en 935 ; il est dû à une commission de hauts fonctionnaires du Ko rye qui ont travaillé sous la direction de *Kim Pou sik*[1], au commencement du XIe siècle ; l'abondance des documents anciens qui y sont cités, le ton simple et l'air de véracité qui y

1. 金富軾.

règnent, permettent de le considérer comme une œuvre de première importance. L'histoire de la dynastie de Ko rye a été écrite plusieurs fois sous cette forme, d'abord, au commencement du XVe siècle, par *Tjyeng To tjyen*[1], dont l'ouvrage est perdu depuis longtemps, un peu plus tard par *Tjyeng Rin tji*[2] : son ouvrage, en cent-trente-neuf livres est extrêmement rare et je n'en connais pas d'édition en Corée ; j'en ai pu consulter un exemplaire à la bibliothèque de Tōkyō. Enfin *Hong Ye ha* a écrit sous la même forme le *Houi tchan rye să* (n° 1863), moins considérable que le travail de *Tjyeng Rin tji*, œuvre consciencieuse, mais qui ne repose que sur des documents de seconde main.

Les Coréens ont écrit en outre sur l'histoire de leur pays un grand nombre de livres, dont les uns sont dus à l'initiative privée, tandis que les autres ont été composés par ordre de différents rois : généalogies, biographies, histoires des écoles philosophiques, des persécutions contre les lettrés, des conspirations, des guerres, surtout de l'invasion japonaise du XVIe siècle, des mœurs, du gouvernement, des relations avec les barbares, mémoires, journaux de différents personnages : les documents abondent, naturellement de

1. 鄭道傳. 2. 鄭麟趾.

valeur fort inégale, mais susceptibles de servir de matériaux à une histoire précise et détaillée de la Corée depuis un millier d'années.

Ces documents, ainsi que les archives officielles, ont déjà été mis à contribution à diverses reprises par les Coréens eux-mêmes : au siècle dernier, le roi *Yeng tjong* a fait préparer une grande encyclopédie en cent livres, le *Moun hen pi ko* (nº 2112), imitée du ***Oen hien thong khao*** (nº 2173) de ***Ma Toan lin***[1], mais relative seulement aux choses coréennes : l'astronomie, la géographie, les rites, l'armée, la justice, la condition de la terre et les impôts, le commerce, l'instruction, l'administration sont passés en revue depuis les origines les plus lointaines jusqu'en 1770 ; les documents sont tirés des histoires chinoises, des histoires coréennes, des ouvrages spéciaux à chaque matière, des archives ; des discussions critiques souvent bien faites, des rapprochements intéressants indiqués, complètent l'ouvrage qui est dû à une commission nommée par le roi et constitue un monument de premier ordre pour l'étude de la Corée. Le *Tai tong oun ok* (nº 2108) est une œuvre du même genre et traitant à peu près les mêmes points,

1. 馬端臨.

mais il insiste davantage sur la partie biographique et littéraire ; la disposition adoptée est celle d'un dictionnaire par ordre de rimes ; c'est l'œuvre d'un Président du Conseil Privé qui vivait au XVIe siècle. Il existe quelques autres encyclopédies moins importantes.

En dehors de leur histoire nationale, les Coréens n'ont étudié que l'histoire chinoise et ils s'y adonnent avec un zèle qui fait tort aux autres travaux historiques ; ils en ont réimprimé presque tous les monuments, importants, histoires dynastiques, ***Thong kien kang mou*** (nº 2145), collections de biographies, et bien d'autres ouvrages moins considérables. Ils ont même écrit quelques œuvres originales, par exemple une suite au ***Thong kien kang mou*** qui s'étend de 960 à 1368 et date de la fin du XVIIe siècle, et trois ou quatre livres intitulés " Miroirs ", qui racontent la vie des souverains chinois les plus célèbres et les proposent aux rois de Corée comme exemples à imiter ou à fuir. Les auteurs de la péninsule, dans ces dernières œuvres, comme dans celles qui se rapportent à leur propre pays, ont mis la même clarté dans leurs plans, ont fait preuve de la même bonne foi, et souvent du même esprit critique : si bien que, jusque dans les parties qui touchent aux origines coréennes, il est facile de distinguer le mythique du réel et que l'histoire sérieuse et vraisemblable remonte relativement plus loin pour la Corée que pour aucun autre pays d'Extrême Orient.

Pour les Coréens, comme pour les Chinois, la géographie fait partie intégrante de l'histoire, dont elle est une simple branche au même titre que la biographie ; cette manière de voir s'explique facilement parce qu'il n'existe pas d'ouvrages de géographie pure. La littérature géographique se compose à peu près uniquement de relations de voyages, dans lesquelles le récit des événements tient une place au moins aussi grande que la description des localités, et de *tji*[1], c'est-à-dire "notices, documents, mémoires": ces notices, relatives à une région plus ou moins étendue, province, préfecture ou simple ville, ne se bornent pas à des indications de géographie physique et administrative, elles étudient aussi l'histoire, l'archéologie, les mœurs, la population, les hommes célèbres, les productions de la région ; ces monographies locales sont très détaillées et pleines de renseignements précieux. Très nombreuses en Chine, elles sont rares pour la Corée : la Bibliothèque Royale en

1. 志.

possède quelques-unes pour chacune des huit provinces, pour les villes importantes, pour les palais royaux ; je n'en ai vu qu'une seule, le *Tong kyeng tjap keui* (n° 2292), au sujet de la ville de *Kyeng tjyou*[1], ancienne capitale du Sin ra : cette notice en trois volumes est tout à fait conforme aux modèles chinois. Le *Ye ti seung ram* (n° 2228) en vingt-cinq volumes est un ouvrage analogue relatif à toute la Corée ; il a été composé par ordre royal en 1478 et réimprimé en 1530 ; je n'en ai pu voir aucun exemplaire en Corée, quoiqu'il en existe vraisemblablement encore quelques-uns ; des extraits, en assez grand nombre, s'en trouvent dans le *Moun hen pi ko*, la bibliothèque de Tokyō possède vingt volumes d'un exemplaire de l'édition de 1530. Les Coréens ont quelques relations de voyages en Chine et au Japon et des itinéraires détaillés et exacts pour leur pays ; ils ont dressé un grand nombre de cartes de la Corée : l'une d'elles, qui date de 1861 et est composée de vingt-trois feuilles formant ensemble une surface de deux mètres soixante-dix sur six mètres trente, est un travail remarquable d'exactitude, et d'autant plus admirable qu'il a été fait par les seuls procédés indigènes.

1. 慶州.

Les ouvrages géographiques sont en somme peu nombreux, bien que les gens du peuple et les nobles se déplacent facilement dans l'intérieur du pays : mais le Coréen ne s'intéresse pas aux réalités physiques qui l'entourent, la curiosité lui manque, l'importance de l'observation lui échappe ; les végétaux et les animaux, les phénomènes physiques ordinaires sont connus par la routine journalière, il ne vient à l'idée de personne d'en chercher les rapports ; " cela est ainsi ", cette réponse suffit presque toujours ; et s'il s'agit d'une inondation, d'une épidémie, d'un de ces fléaux qui désolent de temps en temps une région, on ne cherche pas d'autre cause que l'intervention d'esprits malfaisants et l'on recourt au sorcier pour les apaiser. L'esprit scientifique n'existe pas, bien moins encore qu'en Chine : car, si le Chinois use parfois d'une logique bizarre, du moins a-t-il fait preuve souvent d'esprit d'observation, voire d'esprit mathématique. Confucius ne s'inquiétait ni des questions métaphysiques, ni de l'explication des phénomènes extérieurs, l'homme était sa seule étude : les Coréens ont étudié la métaphysique à l'exemple de ***Tchou Hi,*** sur tout le reste ils s'en sont tenus à la lettre du confucianisme. Aussi pour la bibliographie, l'épigraphie, la numismatique, l'agriculture, la sériciculture, l'histoire naturelle, les arts industriels, les beaux-arts n'ont-ils presque rien à opposer aux richesses chinoises : quelques listes de livres, peut-être un recueil épigraphique, deux réimpressions d'histoires naturelles chinoises, quatre ou cinq ouvrages sur l'agriculture, autant sur la sériciculture et sur la musique, et c'est tout. Encore est-il bon de remarquer que les traités agricoles et musicaux sont presque tous du XVe siècle et ont été composés sous l'impulsion de *Syei tjong*, l'inventeur de l'alphabet, le prince le plus remarquable de la dynastie actuelle, dont on retrouve le nom dans toutes les branches d'études. L'agriculture et la sériciculture sont une affaire de pratique traditionnelle ; la musique, s'enseigne par une imitation mécanique et les sons s'écrivent aujourd'hui au moyen de lettres coréennes qui forment une harmonie imitative ; le dessin, bien que pratiqué avec succès[1], n'a donné lieu ni à un ouvrage théorique ni à un ouvrage d'enseignement.

1. J'ai déjà donné quelques indications sur l'art du dessin à propos des gravures qui se trouvent dans divers ouvrages. Il n'est pas inutile d'ajouter que, pour la couleur, la composition, l'ordonnance des masses, les artistes coréens sont bien supérieurs à leurs voisins de l'ouest et de l'est. Les deux temples du dieu de la guerre, situés l'un à l'est, l'autre au sud de Seoul, possèdent, dans des galeries couvertes sur les deux côtés de la grande cour, des séries de peintures, semblables dans les deux temples et représentant les scènes principales de la vie du dieu : la vivacité et l'harmonie des

Les mathématiques et l'astronomie sont un peu mieux partagées : des livres chinois ont été réimprimés aux XVIIe et XVIIIe siècles ; on peut citer quelques ouvrages composés en Corée, l'un au XVe siècle par ordre du roi *Syei tjong* et les autres depuis 1850 par deux hauts fonctionnaires, *Nam Pyeng kil* et *Nam Pyeng tchyel*[1], qui paraissent avoir eu des aptitudes toutes spéciales pour les sciences exactes. La divination, qui touche de près à l'astronomie, offre un grand nombre d'ouvrages, tant manuscrits qu'imprimés, quelques-uns en coréen, beaucoup en chinois, plus ou moins savants suivant la classe de lecteurs à laquelle ils s'adressent : les sciences occultes

couleurs, la disposition des masses dans les batailles, l'approfondissement des lointains, toute la perspective témoignent d'une habileté remarquable, on ne sent nulle gaucherie et nul effort. Une bonzerie proche de Seoul, celle de *Sin heung*, 新興寺, je crois, a des peintures d'un style analogue représentant des scènes de l'enfer bouddhique Enfin, il existe à la bonzerie de *Ryong tjyou*, 龍珠寺, un tableau de petites dimensions : le sujet est un ascète en méditation dans la forêt, la chair légèrement rosée, la barbe et les cheveux blancs du vieillard accroupi, mettent sous la verdure sombre une lumière surnaturelle, l'expression de la physionomie est d'une intensité remarquable : ce n'est plus de l'art coréen, c'est de l'art humain. Les artistes qui ont peint ces œuvres, sont des bonzes, m'a-t-on dit ; mais on a oublié leurs noms et on ne sait ce qu'ils sont devenus.

On brode sur soie, au Palais, des paravents représentant des paysages, qui sont exécutés avec une très grande finesse et présentent une grande ressemblance de style avec les peintures dont j'ai parlé.

1. 南秉吉 et 南秉哲.

jouent, en effet, un grand rôle dans la vie du Coréen ; l'emplacement d'un tombeau, le site et l'orientation d'une maison, le choix d'un jour pour des funérailles ou pour un mariage, l'horoscope sont du ressort du devin ; et pour peu qu'un homme soit timoré et superstitieux, il n'est pas de petit fait dans la vie, jusqu'à tailler un vêtement et prendre un bain, qui ne soit soumis aux règles de l'astrologie. La cour donne l'exemple, le calendrier officiel est rempli aux trois quarts d'indications sur les faits et gestes des esprits, une administration spéciale, le Bureau d'Astrologie, recrutée par des examens spéciaux, prépare le calendrier et détermine pour chaque circonstance les directions et les jours fastes et néfastes. Et cependant, malgré l'importance des sciences occultes en Corée, presque tous les ouvrages qui les concernent sont venus de Chine.

Il reste encore trois branches d'études, l'art militaire, la médecine et les langues, où les Coréens, poussés par la nécessité pratique de se défendre, de soigner les malades et de s'entendre avec leurs voisins, ont été plus originaux ; ils y ont porté les qualités d'ordre et de clarté qui leur sont naturelles. Dès l'époque du Sin ra, on cite le titre de deux traités militaires, on en trouve un sous la dynastie de Ko rye ;

sous la dynastie régnante, *Syei tjong*, *Moun tjong*, *Syei tjo*(1) ont composé eux-mêmes ou fait composer un assez grand nombre d'ouvrages ornés de planches et ont fait imprimer les sept classiques militaires de la Chine. L'invasion japonaise de 1592 ramena à ces études négligées pendant plus d'un siècle ; on imprima quelques ouvrages chinois. Au XVIIIe siècle, *Syouk tjong*, *Yeng tjong*, *Tjyeng tjong*(2) publièrent des éditions d'anciens ouvrages et en firent composer de nouveaux qui furent imprimés avec le plus grand soin. Enfin, récemment, plusieurs œuvres nouvelles ont vu le jour et on a réimprimé un ouvrage chinois de la première moitié du siècle, relatif à l'armement moderne, aux canons, bateaux à vapeur, etc. : ce livre est orné de gravures finement exécutées. Dans le présent ordre d'idées, les Coréens se font gloire d'avoir inventé une nouvelle disposition tactique et des jonques de guerre à double pont, où les archers tirent à couvert et qui sont armées de coutelas dissimulés sous de la paille : ces " bateaux-tortues " ont fait le plus grand mal aux Japonais en 1592. Les études militaires sont organisées sur le même plan que les études littéraires et donnent accès à des grades analogues.

1 世宗; 文宗; 世祖. 2. 肅宗; 英宗; 正宗.

Pour la médecine, la Corée s'est mise à l'école de la Chine dès le VIIe siècle, elle lui a emprunté ses livres, des examens ont été institués. C'est sous la dynastie de Ko rye que l'on trouve pour la première fois l'indication d'ouvrages composés par les médecins royaux. Au XVe siècle, lors de la réforme administrative accomplie par la dynastie nouvelle, les examens réorganisés portèrent encore sur des ouvrages chinois ; dès cette époque, pourtant, quelques-uns de ces livres furent traduits en langue vulgaire, ce qui indique une diffusion plus grande des connaissances thérapeutiques. Sous le règne de *Syen tjo*[1], la médecine prit un développement indépendant ; ce prince paraît s'être intéressé spécialement à ces études, il fit graver plusieurs ouvrages chinois importants et encouragea les travaux de *He Tjyoun*[2], l'auteur du *Tong eui po kam* (n° 2517), ouvrage général en vingt-cinq volumes, et du *Htăi san tjip yo* (n° 2506), traité sur la gestation et sur l'accouchement ; le premier de ces ouvrages a été fort apprécié en Chine et y a été réimprimé. Depuis cette époque, plusieurs œuvres moins importantes ont été composées par des médecins coréens ; on trouve, en particulier, un grand nombre

1. 宣祖. 2. 許浚.

d'éditions de divers formulaires. Les principes de la science médicale sont les mêmes en Corée qu'en Chine : l'anatomie est très rudimentaire ; les maladies, classées d'après les principes physiques auxquels on les attribue, sont étudiées et reconnues uniquement d'après les symptomes externes ; la médication interne consiste en tisanes et en pilules extrêmement compliquées ; à l'extérieur, on fait grand usage de l'acupuncture et du moxa.

La médecine, l'astrologie, ainsi que l'astronomie qui n'a guère d'autre raison d'être que la confection du calendrier, forment un ordre d'idées étranger au confucianisme, qui ne favorise pas plus la spéculation sur les pouvoirs occultes que l'observation des objets réels ; tandis que les lettrés se consacraient à l'étude de la morale, des rites et de l'histoire, et même de l'art militaire, les sciences devenaient le monopole d'une autre classe de la société coréenne, classe de formation récente, plus humble, à laquelle les hautes fonctions étaient inaccessibles, qui à la pratique de la médecine, de l'astrologie, joignait aussi l'étude des langues et était en possession de servir d'intermédiaire dans toutes les relations extérieures ; tandis que la noblesse lettrée des derniers siècles s'égarait dans de stériles discussions philosophiques, cette classe moyenne, que l'on nomme souvent classe des interprètes, se faisait, par son activité et sa richesse, une place de plus en plus grande, restait en contact avec la Chine et le Japon, malgré les lois qui fermaient le royaume, et faisait pénétrer en Corée quelques-unes des notions scientifiques venues d'occident.

La connaissance des langues étrangères était le principal apanage et la raison d'être de cette classe ; l'instruction était donnée par les interprètes aux jeunes gens sortant de familles d'interprètes ; une administration spéciale, préposée à cet enseignement, avait aussi diverses attributions relatives aux missions envoyées annuellement à Péking. A l'époque du Ko rye, cette Cour des Interprètes semble ne s'être occupée que du chinois officiel et du chinois parlé ; la dynastie régnante divisa la Cour en quatre sections pour l'étude du chinois, du mongol, du japonais et du *niu tchen,* qui fut plus tard appelé mantchou. Je n'ai pas trouvé la date précise de cette réorganisation ; les quatre sections existaient et étaient complètement constituées en 1469, les Statuts du Gouvernement (nº 1455), qui ont été publiés à cette date, donnent la liste des livres étudiés dans chacune d'elles. A cette époque, la puissance des Mongols était abattue depuis un siècle, celle des Mantchous ne devait s'élever qu'un siècle plus tard : si néanmoins la section de mongol était conservée et si celle de mantchou existait déjà, c'est que les relations que les Coréens entretenaient avec ces peuplades, avaient une certaine importance : quelle en était la nature ? c'est une question qui serait intéressante à élucider. Des livres indiqués par les Statuts de 1469, un grand nombre ont été perdus, quelques-uns existent encore dans des éditions revues au XVIIIe siècle ; l'historique de ces ouvrages est inconnu, les documents coréens ne donnent sur eux aucun renseignement antérieur à la fin du XVIIe siècle ; il serait à souhaiter que des spécialistes des langues mongole et mantchoue examinassent les fac-similé qui se trouvent à l'Ecole des Langues Orientales : peut-être s'y rencontrerait-il quelque fait linguistique curieux. L'enseignement de la langue japonaise était, à l'origine, basé sur des ouvrages japonais, tels que le Dou zi kiyau (n° 145), l'I ro ha (n° 141), le Tei kun wau rai (n° 151) ; tous ces livres ont été exclus en 1678 et remplacés par un important recueil de dialogues en douze volumes, dont la première édition avait été préparée, à la fin du XVIe siècle, par un Coréen prisonnier au Japon. L'origine des plus anciens ouvrages destinés à l'instruction des interprètes de langue chinoise n'est pas moins obscure que celle des livres mantchous et mongols ; tous ces volumes furent revus et modifiés à la fin du XVIIe siècle et pendant le XVIIIe. Ce sont, comme les livres mantchous et mongols, des recueils de dialogues.

En dehors des œuvres destinées à l'enseignement officiel, il en existe quelques autres qui ne sont pas indiquées dans les Statuts du Gouvernement à propos des examens : ainsi un important vocabulaire mantchou-coréen, qui ne porte aucune date, et plusieurs collections de dialogues en chinois parlé, presque toutes récentes. Il faut encore noter les dictionnaires chinois avec prononciation coréenne, qui sont presque tous du XVIIIe siècle ; quelques-uns seulement remontent au XVe siècle. Parmi les ouvrages employés pour l'éducation, un petit nombre sont des vocabulaires, donnant à côté de chaque caractère la prononciation coréenne et le sens en coréen ; les ouvrages de morale élémentaire que l'on met dans les mains des enfants, joignent parfois au texte chinois une traduction en langue vulgaire.

Enfin la langue sanscrite a été aussi étudiée en Corée, mais seulement par les bonzes, il existe quelques textes bouddhiques en sanscrit, chinois et coréen ; une méthode pour apprendre la langue sacrée, datée de 1777 et paraissant fort claire, se trouvait en 1891 dans une bonzerie voisine de Seoul ; je n'ai malheureusement pas eu le loisir de l'examiner en détail et les bonzes ont refusé de me la céder.

VI.

Les classes d'ouvrages que j'ai essayé de caractériser jusqu'ici, sont tenues par les lettrés en plus ou moins grande estime, mais toutes sont regardées comme sérieuses et dignes d'attention. Il me reste à parler de la littérature populaire, de celle qu'ignorent les lettrés et les interprètes, les nobles et les demi-nobles, ceux qui ont étudié, qui sont fonctionnaires ou peuvent l'être. Il y a d'abord les romans : un homme de classe même moyenne rougirait d'être vu avec un roman dans les mains ; mais le style chinois est bien difficile pour qui ne l'a longtemps étudié, les ouvrages sérieux ont peu d'attrait pour celui que ne touchent pas les rites, les exemples des anciens, les questions administratives. Que feront les femmes dans les longues oisivetés de l'appartement intérieur, après qu'elles ont pris leur soûl de bavardages avec les voisines ? que fera le marchand dans l'attente du chaland ? le travailleur, dans les fréquents jours de repos qu'il s'octroie ? bien peu de ces gens-là connaissent les caractères chinois, pas un peut-être n'est capable de lire un texte suivi. Mais il en est peu qui ne connaissent les caractères vulgaires, et les romans les ont pour lecteurs assidus.

Aussi le roman en langue chinoise est-il rare, n'étant pas compris des uns, étant dédaigné des autres ; il ne trouve sans doute pas d'autre public que les femmes du Palais, les femmes et les jeunes gens des classes élevées ; il existe une édition illustrée du ***San koẹ tchi*** (n° 755), on trouve aussi quelques autres romans chinois ; un fonctionnaire du XVIIe siècle, *Kim Tchyoun tchăik*(1) a écrit deux romans en langue chinoise, l'un est une allégorie transparente destinée à ramener le roi *Syouk tjong*(2) à de meilleurs sentiments à l'égard de la reine qu'il voulait répudier.

La plus grande partie des romans sont en langue vulgaire, ils ne portent jamais un nom d'auteur et rarement une date, les uns sont traduits ou imités du chinois, les autres sont originaux et se rapportent à

1. 金春澤. 2. 肅宗.

des faits connus de l'histoire chinoise et coréenne, ou sont des œuvres d'imagination sans aucun fondement historique : même parmi ces derniers, l'intrigue d'un grand nombre se passe en Chine, tant est bien établi l'ascendant de ce pays sur les esprits coréens ; d'ailleurs cette Chine des romans est toujours peu réelle, les anachronismes abondent et les personnages expriment sans cesse des idées coréennes nullement déguisées. Quel que soit le lieu de la scène, les traits communs de ces ouvrages sont nombreux et manifestes : les études de caractères sont nulles ; les personnages sont toujours les mêmes, étudiant qui devient docteur ou jeune guerrier qui repousse les ennemis, jeune fille douée de toutes les perfections physiques et morales, père qui s'oppose au bonheur des jeunes gens, méchant mandarin qui convoite la jeune fille et dont les calomnies sont démasquées, grand fonctionnaire bienfaisant, bonze versé dans l'art de la guerre et dans les sciences occultes : les mêmes types se retrouvent partout et deviennent vite de vieilles connaissances. L'intrigue est monotone : il s'agit d'arriver au mariage des jeunes gens, ou à la reconnaissance d'un fils longtemps perdu ; les évènements s'accumulent, guerres, rapts, naufrages, songes, signes miraculeux, calomnies, exils se succèdent sans trêve ; le seul intérêt est celui de la curiosité tenue en éveil, qui se demande comment pourra se débrouiller un écheveau aussi compliqué, et qui est souvent déçue par la maladresse du dénouement. Quand on a lu deux ou trois de ces productions, on les connaît toutes. On trouve parfois quelques descriptions de paysage assez fraîches, ou des traits de caractère heureusement saisis et qui ne sont pas dépourvus d'intentions satiriques : mais les descriptions sont toujours les mêmes et deviennent vite fastidieuses, et les traits de caractère s'amassent de façon exagérée, tournent à la grimace. Parfois l'intrigue prend une allure fantastique et a des péripéties assez imprévues ; mais de temps en temps les invraisemblances sont tellement grandes, le fil qui relie les personnages est si ténu, que l'ouvrage devient inférieur en intérêt aux plus faibles de nos contes moraux à l'usage des enfants.

Après les romans, la littérature populaire nous offre des chansons assez nombreuses, quelques-unes sont imprimées, la plupart se trouvent dans des volumes manuscrits, beaucoup ne sont écrites nulle part ; de noms d'auteur et de dates, il n'est pas question. Ces poésies se font remarquer par un vif sentiment de la nature, un réel talent de description, une teinte tantôt sentimentale, tantôt légèrement ironique ; l'amour et ses joies, le plaisir de l'ivresse, la fuite du temps, la brièveté de la vie sont les thèmes qui reviennent le plus souvent ; dans toutes ces pièces, même dans les plus vulgaires, les allusions aux choses de Chine, les réminiscences des formules de la poésie chinoise se rencontrent à chaque instant. J'ai essayé plusieurs fois de me faire expliquer les règles de la prosodie coréenne, mais tous ceux à qui je me suis adressé, n'avaient sur ce sujet que des idées fort vagues. Les chansons coréennes, m'ont-ils dit, sont de trois genres : les unes, courtes, sont divisées en strophes à peu près de longueur égale, souvent elles décrivent un petit tableau poétique et y ajoutent quelques réflexions morales ; d'autres, beaucoup plus longues, et sans divisions rhythmiques, renferment une suite de scènes reliées entre elles ; les unes et les autres sont toujours chantées par une personne seule, avec accompagnement de musique. Les complaintes, comportant un développement d'action, forment le troisième genre ; elles sont chantées avec accompagnement et mimées par deux ou trois baladins. Quant à la nature du vers coréen, elle est peu déterminée, puisqu'il n'y a ni quantité, ni rime, ni assonance, ni nombre fixe de syllabes : ce qui le distingue de la prose, c'est une certaine recherche d'expressions poétiques et d'images, c'est aussi que chaque vers forme une phrase, forcément courte, ne dépassant pas une vingtaine de syllabes, alors qu'en prose la phrase s'étend souvent sur plusieurs pages[1].

Tout le reste de la littérature indigène en langue vulgaire se compose de traductions : les trois livres canoniques reconnus en Corée, ***Yi king*** (nº 174), ***Chou king*** (nº 182) et ***Chi king*** (nº 188), existent, pour l'usage des étudiants, avec traduction coréenne ; des manuels populaires pour la correspondance, les rites funéraires, la divination, la médecine, des ouvrages plus importants, médicaux, taoïstes, bouddhistes, relatifs aux langues, à l'agriculture, à la morale, à l'éducation, contiennent aussi une partie coréenne : tantôt la prononciation des caractères difficiles est seule donnée en coréen, tantôt tout le texte est transcrit en *en moun*, parfois une traduction complète est jointe à la transcription, soit à la fin de chaque phrase, soit disposée côte à côte avec le chinois ; quelques-uns de ces volumes enfin sont uniquement en langue vulgaire. L'époque de ces différentes

1. Parmi les anciennes poésies dont je donne la liste au chap. I du liv. IV, plusieurs ont dû être écrites dans la langue du pays, mais elles ne se sont pas conservées. Dans les fêtes du Palais, on exécute une ou deux danses d'origine populaire, qui sont accompagnées de chansons en coréen : je n'ai pu trouver le texte de ces chansons.

traductions est rarement indiquée ; celles qui sont datées, sont presque toutes du XVe, du XVIe et du XIXe siècles.

L'introduction du catholicisme a donné naissance à une branche nouvelle de la littérature vulgaire ; la religion s'adressant à tous, les ouvrages religieux doivent être à la portée de tous, et c'est la langue vulgaire seule qui peut répondre à ces besoins nouveaux. Quelques ouvrages sont antérieurs à la persécution de 1839 : l'un existe en manuscrit à la Mission de Seoul, il porte la date de 1837 ; un autre est dû au noble chrétien Paul *Tyeng* qui périt dans la persécution de cette époque. L'ouvrage de Paul *Tyeng*, après avoir longtemps circulé en manuscrit, a été imprimé vers 1864 par les soins de Mgr. Daveluy : c'est dans cette seconde période que les ouvrages chrétiens commencent à devenir nombreux ; Mgr. Daveluy prépara des traductions de livres catholiques chinois et les fit imprimer ; ces travaux furent interrompus par la persécution de 1866, les planches gravées et la plupart des exemplaires tirés furent perdus. A partir de 1884, Mgr. Blanc put reprendre l'œuvre de son prédécesseur ; un peu plus tard, la Mission installa une imprimerie avec types mobiles qui a fonctionné sans arrêt jusqu'à ce jour. Quelques ouvrages ont aussi été imprimés par la Maison des Missions Étrangères qui est à Hong kong. Tous les livres catholiques, à une ou deux exceptions près, sont traduits ou abrégés du chinois ; la langue employée est le coréen vulgaire ; mais les termes techniques sont des expressions chinoises, simplement transcrites au moyen de lettres coréennes.

Les Missionnaires protestants américains, arrivés en Corée depuis l'ouverture du pays par les traités, ont publié un livre de cantiques, quelques traités religieux et quelques traductions des évangiles et des épîtres. Les missionnaires anglais ne sont venus qu'en 1890 ; j'ignore si, depuis mon départ de Seoul, ils ont imprimé quelques livres coréens.

Cette longue revue de la littérature coréenne nous a montré des œuvres peu originales, toujours imbues de l'esprit chinois, souvent de simples imitations ; encore, dans les richesses déconcertantes de la littérature chinoise, les Coréens ont fait un choix : la philosophie, qui a été lente à les conquérir, a su se les attacher et, avec les théories confucianistes, sont venus naturellement tous les genres qui se rattachent à cette conception sociale et morale, rites et administration, histoire, poésie savante et raffinée. En dehors du confucianisme, les Coréens n'ont cultivé des sciences que celles qui ont une utilité immédiate, médecine, astrologie, art de la guerre, langues des peuples voisins. Si des ouvrages chinois étrangers aux genres que je viens d'énumérer, ont été reproduits, ce sont des œuvres dont le but est pratique ; la littérature religieuse même, taoïste et bouddhiste, n'a pas d'autre raison d'être que le motif tout pratique de mettre en règle avec les esprits ceux auxquels le confucianisme, trop froid, ne suffit pas. Les œuvres d'imagination sont peu importantes par le nombre et la valeur, moins encore par l'estime qu'en font les lettrés. Le rôle de cette littérature a été surtout social et moral, conforme à l'idée confucianiste qui a peu à peu dominé tout le reste ; toute influence étrangère a donc été lentement éliminée, surtout dans ces derniers siècles, où la Corée s'est tenue enfermée en elle-même ; la notion de ce qui est extérieur aux frontières, s'est presque totalement perdue, tout le monde s'est réduit, pour le Coréen, à ce que contient son étroite péninsule ; de la Chine classique, il a conservé un grand souvenir accompagné d'une reconnaissance attendrie, mais il a oublié, dédaigné dans son for intérieur, la Chine actuellement existante. Le territoire resserré de la Corée est devenu, pour le lettré coréen, le centre du monde et lui-même se tient pour l'unique dépositaire de la doctrine ; l'ignorance et la vanité qui en résultent, dépassent l'attente : à entendre parler un Coréen, il semble parfois qu'on entende un de ces Grecs antiques, seuls civilisés au milieu des barbares et pour qui le monde commençait à la mer Égée et allait à peine jusqu'à la mer Ionienne ; mais la Grèce a joué un bien autre rôle dans le monde.

Telle qu'elle est cependant, bien inférieure à la littérature chinoise, à la littérature japonaise aussi qui a su conserver une part d'originalité malgré les emprunts faits à l'étranger, la littérature coréenne l'emporte de beaucoup sur ce qu'ont produit les Mongols, les Mantchous et les autres élèves de la Chine. Mieux qu'aucun d'eux, la Corée s'est assimilé les leçons reçues, a fait siennes les idées apprises, les a mises en pratique avec une rigueur, en a tiré des conclusions avec une logique que la Chine n'a pas connues ; le dévouement des sages coréens à leur théories, à leur foi, peut bien leur mériter une place d'honneur à côté des sages chinois : ils ont, en somme, créé une religion confucianiste qui n'existait pas en Chine, et plusieurs sont morts pour elle. Et dans l'histoire, les écrivains ont porté assez de simplicité, d'honnêteté, de critique impartiale pour avoir droit à un haut rang.

La clarté de l'esprit coréen apparaît dans la belle impression des livres, dans la perfection de l'alphabet, le plus simple qui existe, dans la conception des caractères mobiles où il a atteint le premier ; et je ne veux pas parler ici de toutes les connaissances, de tous les arts reçus de la Chine, développés et transmis aux Japonais. Le rôle de la Corée a été considérable dans la civilisation de l'Extrême Orient : si la situation y avait été analogue à celle de l'Europe, les idées et les inventions coréennes auraient remué tous les pays d'alentour ; mais les barrières élevées par l'orgueil de race et la conception de l'état, étaient plus hautes, le respect du passé imposait l'immobilité. Resserrée entre deux puissants voisins, remarquablement doués, l'un pour l'art et la guerre et l'organisation, l'autre pour toutes les branches de la littérature et pour les luttes de la vie pratique ; pays pauvre, à communications difficiles, la Corée, surtout depuis quelques siècles, n'a eu de rapports avec l'étranger que pour être pillée et asservie ; elle a vécu en elle-même, ses forces d'invention n'ont pas dépassé ses frontières, ses idées élevées, à l'étroit dans le royaume, se sont changées en ferments de discordes, elle a été déchirée par des partis, ces divisions ont arrêté tout progrès social : c'est ainsi que s'explique la triste situation actuelle. Les dons que ce peuple avait reçus, ont ainsi tourné contre lui-même et il n'a pu remplir son mérite et son génie, entravé par l'inclémence de la destinée.

Danse de *Tchye yong*, 處容舞 (1).

1. Tiré du *Tjin tchan eui kouei.*

NOTE SUR LES TRANSCRIPTIONS EMPLOYÉES

POUR LES

LANGUES CORÉENNE, CHINOISE, JAPONAISE ET SANSCRITE.

Pour la transcription de la langue coréenne, la méthode est toute tracée : à chaque lettre de l'alphabet coréen, substituer une lettre ou une combinaison de lettres, toujours la même ; c'est ce que je me suis efforcé de faire partout ; je n'ai eu, d'ailleurs, qu'à suivre l'exemple des Missionnaires de Corée, dont les beaux travaux[1] sont conformes à ce principe. Si je me suis écarté d'eux sur quelques points, c'est pour me tenir plus près de l'orthographe coréenne correcte, telle qu'elle est fixée par le *Tjyen oun ok hpyen* (nº 68) pour les caractères chinois, et par le Dictionnaire coréen-français où les mots sont écrits d'abord en lettres coréennes, pour la partie purement indigène de la langue.

J'ai donc résolument repoussé la lettre n ou l'absence de consonne pour transcrire la lettre ㄹ, *r*, du commencement des mots et j'ai partout gardé à ㅅ la transcription *s*, même quand cette lettre est finale et se prononce t ;

1. Dictionnaire coréen-français et Grammaire coréenne (voir Liste des principales références).

pour ㄹ finale, j'ai adopté, la notation *l* : la notation r eût été plus régulière, mais, à cause de la parenté phonétique de l et de r, ce point m'a semblé secondaire et je n'ai voulu me séparer que le moins possible du système employé par les ouvrages des Missions Étrangères. Je ne me suis éloigné sciemment qu'une seule fois de l'orthographe du *Tjyen oun ok hpyen* : c'est pour le caractère 廳, faussement écrit 청, *tchyeng*, alors que l'homophone 聽 est transcrit 텽, *htyeng*.

Pour les titres d'ouvrages écrits en lettres coréennes, quand je me suis trouvé en présence de mots écrits incorrectement, j'ai conservé l'orthographe du texte, en rétablissant l'orthographe correcte entre parenthèses.

Pour la prononciation, voir les indications données aux pages 5 et 6 du premier volume. Je n'ai à y ajouter que quelques remarques : *s* n'a jamais le son doux de z, *e* a un son voisin de o bref, *o* a toujours le son grave de ô, *ou* se prononce comme en français, *ă* est un a bref, *eu* a le même son qu'en français, mais un peu plus long ; *ai*, *ei*, *ăi* donnent è et é ; *oi* équivaut à peu près à eu ; les autres diphthongues se prononcent d'après leurs composantes, mais d'une seule émission de voix. La combinaison *oui* se prononce généralement comme en français et elle correspond à la finale chinoise ***oei*** ; parfois le son a dégénéré en ū, par exemple 吹, 취, *tchyoui*, prononcez tchū ; le son chinois étant ***tchhoei***, il semble bien qu'on ait affaire à un affaiblissement de la diphthongue primitive. Dans d'autres cas, cette combinaison remplace dans la langue vulgaire le simple *ou* de la prononciation correcte, ainsi 聚, correctement 츄 *tchyou*, s'écrit fréquemment 츄ㅣ, *tchyoui* et se prononce tchū ; on a là un affaiblissement analogue à celui qui a donné le son chinois ***tsiu*** du même caractère, qui rime avec des finales en ***ou*** (穌, ***sou***, et 雇, ***kou***).

Tous les mots transcrits du coréen sont imprimés en *italiques maigres*.

La question de la transcription est plus compliquée pour la langue chinoise : la prononciation a beaucoup varié depuis l'époque des plus anciens textes et elle diffère considérablement d'une province à une autre ; comme il n'y a pas d'alphabet, la langue étant purement idéographique, il semble qu'on n'ait pas de base où fonder une transcription raisonnée et qu'il ne reste qu'à écrire le son tel qu'on l'entend : rien n'est moins scientifique que ce procédé ; il a été suivi par un bon nombre de sinologues, non pas par tous, et il a abouti à la confusion connue de ceux qui ont, si peu que ce soit, étudié l'Extrême Orient. Cependant les Chinois ont pour les sons de leur langue une méthode orthographique, qu'ils ont inventée à l'époque où ils ont étudié le sanscrit, et qui repose sur la décomposition du son d'un caractère en initiale et finale, toutes les initiales et toutes les finales étant classées en tableaux réguliers ; le dictionnaire que l'on peut regarder comme faisant foi pour la langue chinoise, le ***Khang hi*** *tseu tien,* 康熙字典, donne pour chaque caractère la prononciation d'après ce système (反切, *fan tshie*). Ce n'est pas ici le lieu d'insister davantage, mais le lecteur, même ignorant du chinois, comprendra sans peine qu'il y ait là le moyen de déterminer une orthographe raisonnée, indépendante des variations locales et personnelles. On constate, de plus, que l'orthographe à laquelle on arrive de la sorte, est en accord avec celle qui se dégage de la prononciation du chinois au Japon, en Corée et en Annam, et ne diffère qu'insensiblement de celle qu'ont adoptée les anciens missionnaires français et des autorités telles qu'Abel Rémusat et Stanislas Julien.

En me servant pour les transcriptions que j'avais à faire, de l'orthographe indiquée par le ***Khang hi tseu tien,*** j'ai eu différents buts devant les yeux : employer le moins de lettres possible pour rendre chaque caractère, tout en conservant aux lettres ou combinaisons de lettres le son le plus voisin possible de celui qu'elles ont en français ; ne garder que les signes diacritiques strictement indispensables, chose d'autant plus nécessaire pour le chinois que l'on peut avoir à user des accents pour noter les tons ; transcrire d'une façon uniforme les initiales équivalentes et en agir de même pour les finales ; rester aussi le plus près possible de la prononciation usitée aujourd'hui pour la langue dite mandarine et qui est celle des gens instruits ; et enfin laisser la possibilité de noter, quand le besoin s'en fait sentir, une particularité de prononciation, telle que le ng mis dans le dialecte du nord avant presque toute voyelle initiale, ou une indication ayant un intérêt linguistique, telle que h à la fin des mots que les dialectes du sud et les prononciations étrangères terminent par k, t ou p.

La différence entre les sons chinois et les sons français étant fort grande, les explications fournies pour la prononciation des syllabes telles qu'elles sont transcrites, ne sauraient avoir qu'une valeur relative, sujette à toutes les incertitudes que je reproche à la transcription fondée uniquement sur l'ouïe. Je dois pourtant donner quelques notions, afin que ces syllabes représentent du moins un son approximatif au lecteur non sinologue.

Le principe étant que les lettres et combinaisons de lettres conservent leur valeur française, j'indique seulement les exceptions :

h soit seule, soit dans les combinaisons ***kh, ph, th, tchh, tsh,*** a un son guttural très voisin du ch dur allemand ; devant ***i*** seulement, ce son se rapproche de celui du ch doux, sans lui être tout à fait semblable. Dans les combinaisons indiquées ci-dessus, la valeur de l'h s'ajoute à celle de la consonne qui précède : ainsi ***kh*** équivaut à k + h.

k et ***kh,*** devant ***i,*** ont, dans les dialectes du nord, une valeur qui ne peut se noter en français ; en allemand elle pourrait s'écrire à peu près t + ch ainsi ***kin*** serait t/chin, khin serait t/ch/hin.

' dans les dialectes septentrionaux, équivaut à ng prononcé faiblement (comparer le sanscrit ṅ).

s a toujours le son dur et ne se prononce jamais comme z.

o devant une voyelle, donne à peu près le son du w anglais.

i ou *y* devant une voyelle, forme avec elle une diphthongue.

ng à la fin du mot, rend nasale la voyelle précédente ; ***fang*** se prononce comme fant de enfant, ***fong*** comme fond ; ***ing*** a approximativement le son du même groupe en allemand (ding) ; ***eng*** doit être entendu de la bouche d'un Chinois et ne peut se décrire.

n finale est toujours sonore (***chan*** = chane).

ạ équivaut à peu près à ea; les deux sons étant prononcés d'une seule émission de voix.

e se prononce é.

ẹ a un son voisin de e, eu, o : dans le groupe ***ẹn,*** il se rapproche de eu ; quand il est seul, il est un peu plus voisin de o.

o comme voyelle, a toujours le son grave de ô.

ai, ei, ao, eou, oẹ, ue se prononcent comme a + i, e + i, a + o, ẹ + ou, o + ẹ, u + e, mais d'une seule émission de voix.

Tous les mots transcrits du chinois sont imprimés en ***italiques grasses.***

La langue japonaise étant fréquemment écrite à l'aide d'un syllabaire, la transcription n'en offre pas de difficulté ;

il suffit, de chaque série de syllabes, de rapprocher une série aussi régulière que possible de syllabes françaises (par exemple か け き こ く, ka ke ki ko ku, etc.) et de mettre sous chaque signe du mot japonais la syllabe française correspondante. La prononciation moderne de つ (à peu près tsou) et de ち (à peu près allemand tchi) ne saurait faire obstacle à l'application de ce principe, puisque tous les faits linguistiques démontrent que ces deux syllabes appartiennent à la série ordinaire des dentales; dans la série des labiales, les variations de prononciation entre ha et va, は, entre hu (u) et fu, ふ, ne font pas non plus difficulté : il suffit de pôser que, dans les transcriptions du japonais, h a une valeur spéciale, qui la rapproche des labiales, et est remplacée, dans certains cas, par v ou f, par b (ぶ bu) ou par p (ぷ pu).

Il ne me reste qu'à donner quelques indications sur la valeur attribuée aux lettres, quand cette valeur s'écarte de celle qu'elles ont en français :

u se prononce ou ; il est presque muet à la fin des mots.

e se prononce é ; cette lettre correspond soit à エ, soit à ヱ ; ces deux caractères s'employant aujourd'hui indifféremment et se prononçant tantôt é, tantôt yé, la transcription sur ce point ne saurait être tout à fait fixe.

o a le son grave de ô, mais est bref.

s a toujours le son dur.

ti ち et tu つ se prononcent comme j'ai dit plus

haut ; les faibles correspondantes, di ぢ et du づ, ont le même son adouci.

h est une simple aspiration et appartient à la série labiale, comme je l'ai dit plus haut ; devant i, ひ, cette aspiration devient sifflante ; devant e, へ, elle ressemble parfois à y ; enfin, entre deux voyelles, elle disparaît souvent dans la prononciation et laisse place à la contraction des voyelles.

w a le son du w anglais devant a et o, わ, を ; devant i, ゐ, bien qu'il semble exister pour l'étymologie, il disparaît toujours, de sorte que cette lettre ne se distingue pas nettement de i, い.

oi, ui forment chacun deux syllabes.

ai, ei sont des diphthongues dont chaque partie doit s'entendre, bien qu'elles soient prononcées d'une seule émission de voix.

au, ou équivalent généralement à ō.

uu se prononce ou long.

tiya, tiyu, etc., diya, diyu, etc., valent tcha, tchou, etc., dja, djou, etc.

siya, siyu, etc., se prononcent comme cha, chou, etc.

ziya, ziyu, etc., équivalent, à Tōkyō, à dja, djou, etc.

eu se prononce yō.

deu se prononce djō.

seu se prononce chō.

tu devant une des consonnes dures k, t, p, s, s'assimile à cette consonne (kk, tt, pp, ss).

ku s'assimile au k qui le suit.

fu ou hu suivi de f ou h ou p, donne le groupe pp. n finale, devant une labiale, se transforme en m.

Pour la transcription du sanscrit, j'ai suivi le système si clair et si logique adopté par Bergaigne, dans son Manuel pour étudier la langue sanscrite.

Table pour le vin, 酒亭[1].

1. Tiré du *Tjin tchan eui kouei.*

LISTE

DES

PRINCIPALES RÉFÉRENCES.

ALLEN (Dr. H. N.).

Korean tales;

1 vol. in-8, Londres.

AMYOT.

Dictionnaire tartare-mantchou-français, publié par L. Langlès;

3 vol. in-4, Paris, 1789–1790.

ASTON (W. G.).

On Corean popular literature;

Transactions of the Asiatic Society of Japan, vol. XVIII.

Early Japanese history;

id. vol. XVI.

BERGAIGNE (ABEL).

Manuel pour étudier la langue sanscrite;

1 vol. in-8, Paris, 1884.

BRAMSEN (W.).

Japanese chronological tables;

1 vol. in-8, Tōkyō, 1880.

BUNYIU NANJIO (南條文雄).

A Catalogue of the Chinese translation of the Buddhist Tripitaka, etc.;

1 vol. in-4, Oxford, 1883.

BULLETIN DE LA SOCIÉTÉ DE GÉOGRAPHIE DE PARIS.

7e série, tome X, 1889.

CORDIER (H.).

Bibliotheca Sinica, dictionnaire bibliographique des ouvrages relatifs à l'Empire Chinois ;

2 vol. in-8, Paris, 1881–1885 ;

Supplément du même ouvrage ;

2 fascicules, 1893.

Essai d'une bibliographie des ouvrages publiés en Chine par les Européens au XVIIe et au XVIIIe siècles ;

1 vol. in-8, Paris, 1883.

CATALOGUS LIBRORUM VENALIUM IN ORPHANOTROPHIO TOU SAI WAI.

1 vol. petit in-8, Zi ka wei, 1889.

DALLET (CH.).

Histoire de l'Eglise de Corée, précédée d'une introduction sur l'histoire, les institutions, etc.;

2 vol. in-4, Paris, 1874.

DUHALDE (le P.).

Description de la Chine ;

4 vol. in-folio, Paris, 1735 (et diverses autres éditions).

EITEL (ERNEST J.).

Handbook of the Chinese Buddhism, 2e édition ;

1 vol. in-8, Hongkong, 1888.

Feng shwei, or the rudiments of natural science in China ;

1 vol. in-8, Londres, 1873.

GRIFFIS (W. E.).

Corea. The Hermit Nation ;

1 vol. in-8, Londres, 1882.

HOANG (P. PETRUS).

De Calendario Sinico et Europæo ; de Calendario Sinico variæ notiones, etc.;

1 vol. in-8, Zi ka wei, 1885.

HERVEY DE SAINT-DENYS (Marquis d').

Ethnographie des peuples étrangers à la Chine. Ma-touan-lin traduit pour la 1ère fois, etc. ;

2 vol. in-4, Genève, 1876-1883.

HARLEZ (C. DE).

Traduction partielle du Koe yu;

Journal Asiatique, nov. déc. 1893 et janvier février 1894; et Mémoires du Comité Sinico-japonais de la Société d'ethnographie, tome XIX, partie II, 1894.

JULIEN (STANISLAS).

Résumé des principaux traités chinois sur la culture des mûriers et l'éducation des vers à soie;

1 vol. in-8, Paris, 1837.

KLAPROTH (J.).

Aperçu général des trois royaumes;

1 vol. in-8, Paris, 1832.

LEGGE (JAMES).

The Sacred Books of China. The texts of Taoism, traduction;

2 vol. in-8, Oxford, 1891.

LOWELL (P.).

Chosen, the land of the Morning Calm;

1 vol. in-8, Boston, 1886.

MAYERS (W. F.).

The Chinese reader's manual;

1 vol. in-8, Changhai, 1874.

MILLOUÉ (L. de).

Feng shoui ou Principes de science naturelle en Chine, par Ernest J. Eitel, traduit de l'anglais ; Annales du Musée Guimet, I, Paris, 1880.

MISSIONNAIRES DE CORÉE DE LA SOCIÉTÉ DES MISSIONS ÉTRANGÈRES.

Dictionnaire coréen-français, contenant I partie lexicographique ; II partie grammaticale ; III partie géographique ;

1 vol. grand in-8, Yokohama, 1880.

Grammaire Coréenne ;

1 vol. grand in-8, Yokohama, 1881.

MÖLLENDORFF (P. G. von).

Essay on Manchu literature ;

China branch of the Royal Asiatic Society, XXIV, new series.

NOCENTINI (LUDOVICO).

Names of the old Corean sovereigns ;

China branch of the Royal Asiatic Society, XXII, new series.

OPPERT (E.).

A forbidden Land, voyages to Corea ;

1 vol. in-8, Londres, 1880.

PLAUCHUT (E.).

Le royaume solitaire ;

Revue des Deux Mondes, 15 février 1884.

PLAYFAIR (G. M. H.).

The Cities and Towns of China, a geographical dictionary;

1 vol. grand in-8, Hongkong, 1879.

ROSNY (L. de).

Sur les sources de l'histoire ancienne du Japon;

Congrès des Orientalistes, tome I, p. 217.

Les peuples de la Corée connus des anciens Chinois; Actes de la société d'Ethnographie, VII, 1873; p. 99.

Les Coréens;

Paris, 1886.

Traité de l'Education des vers à soie au Japon.

Sur la langue chinoise en Corée;

Cf. Congrès des Orientalistes, tome I, p.p. 148, 178, 184, 217, 219, 221, 225, 227, 229, 233, 235, 237, 239, 289, 291.

ROSS (Rev. J.).

History of Corea ancient and modern, etc.;

1 vol. in-8, Paisley, 1879.

SATOW (E.).

Transliteration of the japanese syllabary;

Transactions of the Asiatic Society of Japan, vol. VII.

On the early history of printing in Japan;
Transactions of the Asiatic Society of Japan, vol X, part I.

Further notes on movable types in Korea and early Japanese printed books;
Transactions of the Asiatic Society of Japan, vol. X, part II.

SCHERZER (F.).

Journal d'une mission en Corée, traduit par, etc.;
Dans les publications de l'École des Langues Orientales Vivantes, tome VII, 1 vol. in-8, Paris, 1878.

Tchao sien tche, Mémoire sur la Corée par un Coréen anonyme, traduit etc.;
1 vol. in-8, Paris, 1886 (extrait du Journal Asiatique).

SCOTT (JAMES).

English Corean Dictionary;
1 vol.. in-8, Seoul, 1891.

TREATIES AND CONVENTIONS BETWEEN THE EMPIRE OF JAPAN AND THE POWERS, TOGETHER WITH THE UNIVERSAL CONVENTIONS, REGULATIONS AND COMMUNICATIONS SINCE MARCH 1854;

Revised edition;
1 vol. grand in-8, Tōkyō, 1884.

Même ouvrage, vol. II, 1884-1888 ;
1 vol. grand in-8, Tōkyō, 1889.

TREATIES, REGULATIONS ETC., BETWEEN COREA AND OTHER POWERS, 1876-1889 ;
1 vol. in-4 Changhai, 1889 (Imperial Maritime Customs, III, Miscellaneous series, nº 19).

WYLIE (A.).
Notes on Chinese literature ;
1 vol. in-4, Changhai et Londres, 1867.

ZAKHAROV (I.).
Dictionnaire mantchou-russe ;
1 vol. in-4, St. Pétersbourg, 1875.

岡倉由三郎, おかくらよしさぶらう
OKAKURA YOSHISABURAU.
朝鮮の文學, ちやうせんのぶんがく
Tiyau sen no bun gaku.
Au sujet de la littérature coréenne ;
Article donnant des détails intéressants sur les livres et la littérature en langue vulgaire et reproduisant, avec traduction japonaise, plusieurs poésies populaires ;
(哲學雜誌, てつがくざつし, Tetu gaku zatu si, Revue de philosophie, 8e vol., nos 74 et 75, Tōkyō, avril et mai 1893).

四庫全書總目

Seu khou tsiuen chou tsong mou.

Catalogue général des ouvrages de la Bibliothèque Impériale (Cat. Imp.);

121 vol. in-12, Canton, 1868.

Ouvrage composé par ordre de l'Empereur, par une commission formée d'un grand nombre de fonctionnaires; achevé en 1790.

增補彙刻書目

Tseng pou oei kho chou mou.

Liste des ouvrages formant des collections, avec additions;

11 vol. in-18, Péking, 1875.

L'édition primitive renferme une introduction de ***Kou Sieou,*** surnom ***Lou 'ai,*** 顧脩菉厓, originaire de ***Thong tchhoan,*** 桐川, datée de 1799; cette introduction est reproduite dans l'édition dont je me suis servi.

大明會曲

Ta ming hoei tien.

Statuts de la dynastie des ***Ming;***

Ouvrage en 180 livres, publié par ordre impérial; 1509.

J'ai consulté une édition en 42 vol. in-8, formant 228 livres, datée de 1587.

李氏五種合刋

Li chi oou tchong ho khan.

Collection de cinq ouvrages de ***Li Tchao lo,*** 李兆洛;

Comprenant;

1º dictionnaire de géographie historique (Chine);

2º dictionnaire de géographie moderne (Chine);

3º atlas de géographie historique (Chine);

4º atlas de géographie moderne (Chine);

5º liste de noms de règne (Chine et pays voisins).

10 vol. in-8, Tientsin (?)

L'ouvrage est de 1837; il en existe une édition de 1888, avec préface de ***Li Hong tchang,*** 李鴻章.

知不足齋叢書

Tchi pou tsou tchai tshong chou.

Collection de ***Tchi pou tsou tchai;***

Publiée au XVIIIe siècle, par ***Pao Thing po,*** 鮑廷博, originaire de ***Hi*** au ***'An hoei,*** 安徽歙縣.

續彙刻書目

Siu oei kho chou mou.

Suite à la liste des ouvrages formant des collections;

11 vol. in-18; Péking, 1876;

Préface par l'auteur de l'ouvrage, ***Fou Yun long,*** surnom ***Meou yuen,*** originaire de ***Tẹ tshing,*** 德淸傅雲龍懋元.

說郛
Choẹ fou.

Recueil de morceaux divers ;

Ouvrage en 100 livres formé d'extraits d'ouvrages anciens ; publié par ***Thao Tsong yi,*** 陶宗儀, au commencement de la dynastie des ***Ming,*** 明 ; publié de nouveau en 1530 et complété par ***Yu Oen po,*** 郁文博 (Cat. Imp., liv. 123).

通商各國條約
Thong chang ko koẹ thiao yo.

Traités entre la Chine et les puissances étrangères ;

16 vol. in-8, Péking, imprimerie du Tsong li yamen, s.d.

通商約章類纂
Thong chang yo tchang lei tsoan.

Recueil méthodique des dispositions contenues dans les traités ;

20 vol. grand in-8, Tientsin, 1886.

Cet ouvrage a été composé sous la direction de ***Li Hong tchang,*** 李鴻章, qui y a mis une préface, avertissement de ***Siu Tsong liang,*** surnom ***Tsiao tchhen,*** originaire de ***Thong tchheng,*** 桐城徐宗亮椒岑.

集說詮眞
Tsi choẹ tshiuen tchen.

Veritas collectis textibus demonstrata ;

6 vol. in-8, par le P. Petrus Hoang ; Zi ka wei, 1880.

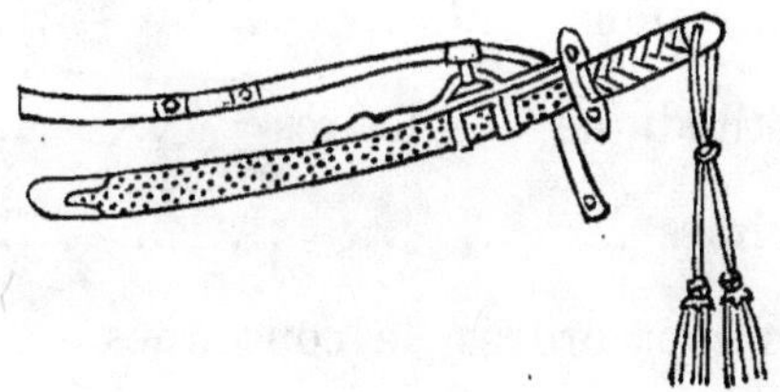

Sabre, 環刀 (1).

1. Tiré du *Tjin tchan ẹui kouei,*

LISTE DES TABLEAUX

PHONÉTIQUES, HISTORIQUES, GÉOGRAPHIQUES, ETC.

	Nos des ouvrages.
Syllabaire coréen transcription de la planche I..	1
Table de multiplication	1
Table des transformations phonétiques	1
Liste des principales particules du style des administrations	43
Tableau méthodique des lettres	47
Table des rimes	65
Tableau des sept ordres de consonnes	66
Tableau méthodique des lettres	66
Liste des principales particules du style classique	187
Liste des principales sortes de compositions littéraires	435
Table des insignes des divers rangs officiels...	1461
Liste des principales administrations	1462
Liste des compositions qui se font aux examens	1574
Liste des cinq châtiments...	1777

N°s des ouvrages.

Tableau chronologique des Rois de Ko rye (918–1392) 1863

Tableau des États et des Souverains jusqu'en 935 1864

Tableau chronologique des Rois de la dynastie régnante (à partir de 1392) 1910

Liste des huit chevaux du Roi *Htai tjo* (dynastie régnante) 2103

Liste des douze chevaux du Roi *Syei tjo* ... 2104

Liste des principales routes 2182

Liste des neuf mansions (九 宮, *kou koung*)... 2354, I

Tableau des points cardinaux, des trigrammes, des troncs (干, *kan*) et des branches (支, *tji*)... ... ... 2354, I

Liste des principaux esprits qui règlent les choses humaines ... ... 2354, I

Liste des principales conjonctures fastes et néfastes... 2354

Liste de conjonctures qui influent sur les actions humaines ... ... 2354, III

Liste des neuf astres-princes 2425

Tableau du rapport des horoscopes (pour les mariages) 2426

Règle des trois fléaux 2426

Nos des ouvrages.

Tableau des influences qui règlent la vie des hommes, d'après l'année de leur naissance 2426

Liste des huit provinces et des principales villes Index.

Liste des dix troncs célestes (天干, *htyen kan*) et des douze branches terrestres (地支, *ti tji*) ... ... Index.

Figure en terre de l'arête d'un toit, (像)[1].

1. Tiré du *Hoa syeng syeng yek eui kouei.*

LISTE DES ABRÉVIATIONS.

A. V.	Collection de M.A.Vissière.
B. R.	Bibliothèque Royale de Seoul.
Bibl. Nat.	Bibliothèque Nationale, fonds chinois.
Brit. M.	British Museum, Department of Oriental printed books and manuscripts.
C. P.	Collection de M. Collin de Plancy.
C. des Int.	Bibliothèque de la Cour des Interprètes, à Seoul.
Coll. Varat	Collection Varat, déposée au Musée Guimet, à Paris.
Coll. v. d. Gabelentz	Collection de M. G. von der Gabelentz, à Berlin.
Com. F. S.	Bibliothèque du Commissariat de France, à Seoul.
J. B.	Collection de M. J. Beauvais.
L. O. V.	Bibliothèque de l'École des Langues Orientales Vivantes, à Paris.

M. C.	Collection de l'auteur.
Miss. étr. Seoul	Bibliothèque de la maison des Missions Étrangères, à Seoul.

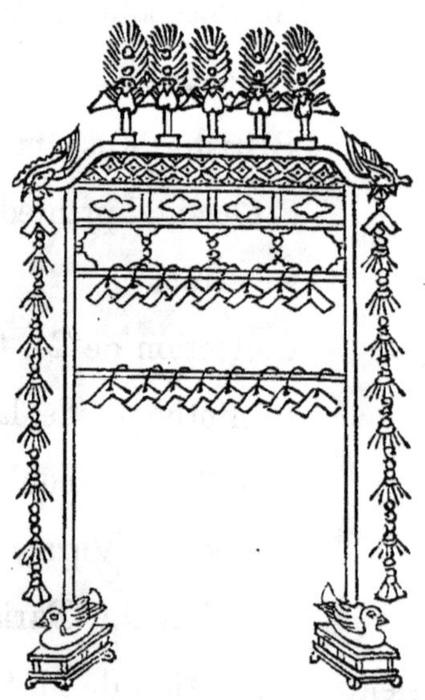

Instrument de musique, 編磬 (1).

1. Tiré du *Tjin tchan eui kouei.*

N.B.—Les numéros d'ordre en *italiques* sont ceux des ouvrages contenant des caractères coréens.

Les mots en *italiques maigres* sont transcrits du coréen ; les mots en ***italiques grasses*** sont transcrits du chinois.

BIBLIOGRAPHIE CORÉENNE

TABLEAU LITTÉRAIRE DE LA CORÉE.

LIVRE I : ENSEIGNEMENT.

교 회 부 けうくわいぶ 教 誨 部

CHAPITRE I : ÉDUCATION.

교 육 류 けういくるい 教 育 類

1. SYLLABAIRES CORÉENS.

I. Feuillets de 30 cm. sur 20 cm. ou environ.

L.O.V.—Col. Varat.

La disposition du syllabaire est celle qu'indique le tableau transcrit ci-contre : la première colonne à droite renferme les consonnes principales, qui sont désignées par des noms spéciaux, et la voyelle i ; la première rangée horizontale contient les images d'objets dont les noms ont la même lettre initiale que les syllabes rangées au-dessous.

(교 육 류) (きやういくるい) (教 育 類)

Etoile.	k ki-ek	n ni-eun	t ti-keut	r ri-eul	m mi-om	p pi-op	
Chien kai.	ka	kya	ke	kye	ko	kyo	kou
Papillon na-poni.	na	nya	ne	nye	no	nyo	nou
Coq tälk.	ta	tya	te	tye	to	tyo	tou
Clairon ra-pal.	ra	rya	re	rye	ro	ryo	rou
Cheval mäl.	ma	mya	me	mye	mo	myo	mou
Bateau päi.	pa	pya	pe	pye	po	pyo	pou
Cerf sasœum.	sa	sya	se	sye	so	syo	sou
Enfant a-häi.	a	ya	e	ye	o	yo	ou
Pied (mesure de longueur). tja.	tja	tjya	tje	tjye	tjo	tjyo	tjou
Fouet tchai.	tcha	tchya	tche	tchye	tcho	tchyo	tchou
Couteau hkal.	hka	hkya	hke	hkye	hko	hkyo	hkou
Pagode htap.	hta	htya	hte	htye	hto	htyo	htou
Oignon hpa.	hpa	hpya	hpe	hpye	hpo	hpyo	hpou
Soleil häi.	ha	hya	he	hye	ho	hyo	hou
Symbole des trigrammes. koai.	koa koue	toa toue	soa soue	oa oue	tjoa tjoue	tchoa tchoue	

(교회부) (きやうかいふ)

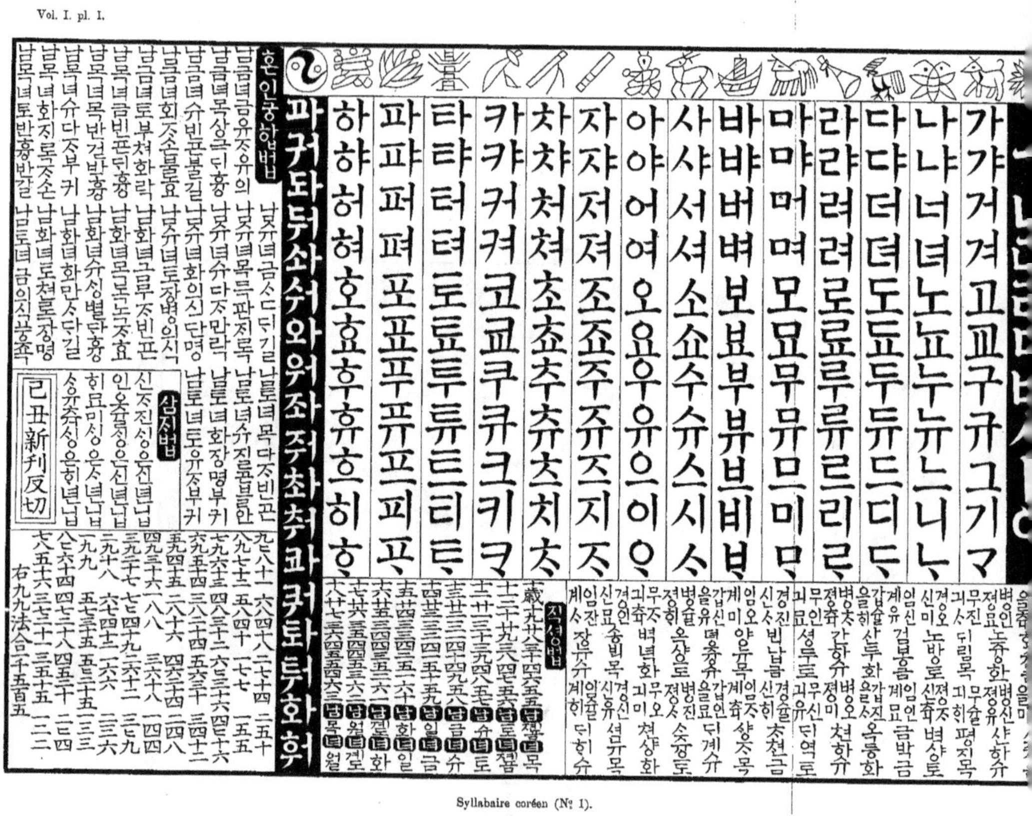

己丑新刊反切

가갸거겨고교구규그기ᄀᆞ
나냐너녀노뇨누뉴느니ᄂᆞ
다댜더뎌도됴두듀드디ᄃᆞ
라랴러려로료루류르리ᄅᆞ
마먀머며모묘무뮤므미ᄆᆞ
바뱌버벼보뵤부뷰브비ᄇᆞ
사샤서셔소쇼수슈스시ᄉᆞ
아야어여오요우유으이ᄋᆞ
자쟈저져조죠주쥬즈지ᄌᆞ
차챠처쳐초쵸추츄츠치ᄎᆞ
카캬커켜코쿄쿠큐크키ᄏᆞ
타탸터텨토툐투튜트티ᄐᆞ
파퍄퍼펴포표푸퓨프피ᄑᆞ
하햐허혀호효후휴흐히ᄒᆞ

과궈돠둬솨숴와워좌줘촤춰콰쿼톼퉈화훠

Syllabaire coréen (N° 1).

Sur ces syllabaires, on trouve en outre les divers renseignements astrologiques énumérés au 2e article "Syllabaires coréens," et la table de multiplication, 九九法, *kou kou pep :*

9×9=81	8×8=64	6×7=42	3×6=18	3×4=12
8×9=72	7×8=56	5×7=35	2×6=12	2×4= 8
7×9=63	6×8=48	4×7=28	1×6= 6	1×4= 4
6×9=54	5×8=40	3×7=21	5×5=25	3×3= 9
5×9=45	4×8=32	2×7=14	4×5=20	2×3= 6
4×9=36	3×8=24	1×7= 7	3×5=15	1×3= 3
3×9=27	2×8=16	6×6=36	2×5=10	2×2= 4
2×9=18	1×8= 8	5×6=30	1×5= 5	1×2= 2
1×9= 9	7×7=49	4×6=24	4×4=16	

Le total de la table de multiplication qui précède, est 1505.

Enfin quelques syllabaires portent des indications, telles que 己丑新刊反切, syllabaire gravé nouvellement en 1889.

La disposition est parfois un peu différente, mais les éléments sont toujours les mêmes.

II. Un seul de ces syllabaires est d'un aspect plus spécial :

1 feuille de 27 centimètres sur 23, en trois couleurs.

L.O.V.

En haut, dans des cercles, les caractères 黃耇無疆受天之慶 *hoang kou mou kang syou htyen tji kyeng*, "jusqu' à l'extrême vieillesse recevoir toujours la faveur du ciel." A la place de l'étoile, en tête de la colonne des lettres isolées, se trouvent les caractères 左忉, *tja to* (forme sigillaire) "à gauche est la peine" (?). A la fin, on lit, en caractères sigillaires : planche d'impression de la salle *Po moun*, 寶文堂板. Il n'y a ni la table de multiplication, ni les renseignements astrologiques.

III. Le Korean Repository, Décembre 1892, (En pan chyel, by the Editor) indique l'existence, dans une grande bonzerie proche de *Ouen san*, 元山, d'un ouvrage intéressant sur l'alphabet et l'emploi des lettres coréennes, et reproduit un fragment de cet ouvrage ; malheureusement la traduction qui y est jointe, est peu exacte et le titre de l'ouvrage n'est pas cité. De plus, le nom donné pour la bonzerie est *Să yek ouen*, 司譯院 (Cour des Interprètes) : j'imagine que la bonzerie en question n'est autre que celle de *Syek oang să*, 釋王寺.

Bien que ces feuilles soient très répandues, on ne se sert pas des syllabaires pour l'enseignement des filles et on interdit aux garçons de les regarder : ceux-ci, vers six ou sept ans, apprennent par cœur le *Tchyen tjă moun*, et quelques autres ouvrages analogues, sans les comprendre ; à quatorze ou quinze ans, ils lisent les classiques. Jamais la langue coréenne ne fait l'objet d'une étude spéciale et bien des lettrés la lisent difficilement. D'autre part, les gens du peuple et les femmes, pour la plupart, connaissent les caractères vulgaires, *en moun*, 諺文 (Cf. *E tjyei houn min tjyeng eum* pour l'historique de ces caractères).

On peut remarquer que les consonnes ㅈ *tj*, ㅊ *tch*, ㅋ *hk*, ㅌ *ht*, ㅍ *hp*, ㅎ *h*, n'ont pas de nom spécial. Les voyelles se désignent par leur son.

Les règles de la phonétique coréenne sont assez délicates et un grand nombre de consonnes se transforment, lorsqu'elles se rencontrent en présence, l'une à la fin, l'autre au commencement d'un mot ; ces règles s'appliquent même aux mots chinois, qui se trouvent en abondance dans la langue coréenne, et les rendent parfois difficilement reconnaissables à l'oreille.

n initiale tombe dans la prononciation ;

r initiale équivaut presque toujours à n, soit muette, soit prononcée ;

r finale a le son l (transcription l) ;

h est une simple aspiration, fort différente de la gutturale que l'on rend par h en transcrivant le chinois du nord ;

hk, tch, ht, hp équivalent à k + h, tj + h, t + h, p + h ;

sy se prononce comme s + h ;

k, t, p ont parfois le son de g, d, b ;

s finale se prononce t ;

k final, suivi de n initiale ou m initiale, se transforme en ng ;

k final et r initiale deviennent respectivement ng n ;

t final, suivi de n initiale ou m initiale, se transforme en n ;

t final et r initiale donnent n n ;

p final, suivi de k initial ou hk initial, se rapproche de k ;

p final, suivi de n initiale ou m initiale, se transforme en m ;
p final et r initiale donnent m n ;
ng final, suivi de tj initial ou tch initial, se transforme en ñ ;
ng final et r initiale donnent ng n ;
n finale, suivie de k initial ou hk initial, se rapproche de ng ;
n finale, suivie d'une voyelle initiale, se rapproche parfois de r ;
n finale et r initiale donnent l l ;
m finale, suivie de k initial ou hk initial, se rapproche de ng ;
m finale et r initiale donnent m n ;
l finale, suivie d'une voyelle, devient r ;
l finale et n initiale donnent l l ;
l finale et r initiale donnent l l.

2. 언 문 밧 침 법.

En moun pas tchim pep.

ALPHABET ET SYLLABAIRE EN LANGUE VULGAIRE.

1 vol. in-12, 17 feuillets.

L.O.V.—Coll. Varat.

Imprimé à Seoul par les Missions Étrangères, 1889, la 488e année de l'ère coréenne et la 15e de ***Koang siu***, 光緒.

A la fin de l'ouvrage, se trouve, comme exercice de lecture, l'histoire des sept frères et de leur mère condamnés aux supplices (voir Ancien Testament, Maccabées, II, chap. VII).

(교 회 부) (きやうかいぶ) (敎 誨 部)

天地玄黃宇宙洪荒日月盈昃辰宿列張寒來暑往秋收冬藏
閏餘成歲律呂調陽雲騰致雨露結為霜金生麗水玉出崑岡劍號巨闕珠稱

千字文
天地玄黃宇宙
洪荒日月盈昃
辰宿列張寒來
暑往秋收冬藏

一

閏餘成歲律呂
調陽雲騰致雨
露結為霜金生
麗水玉出崑岡
劍號巨闕珠稱

1er feuillet du *Tchyen tjă moun* (N° 3, I).

3. 千字文

Tchyen tjă moun (***Tshien tseu oen***).

LE LIVRE DES MILLE MOTS.

I. 1 vol. in-4, 17 feuillets.

L.O.V.—Coll. Varat.—Coll. v. d. Gabelentz.—C.P.—M.C.

Le quart supérieur de la page contient le texte, en caractères sigillaires imprimés en noir sur blanc; le reste de la page est noir et porte le même texte en blanc, en caractères cursifs, auprès de chacun desquels se trouve le caractère correct, en noir dans un rond blanc.

Ce volume a été calligraphié en 1597, 萬曆丁酉, à *Syek pong*, 石峯; il a été gravé de nouveau à *You tong*, 由洞, en 1847, 道光丁未; il est habituellement imprimé sur papier commun de format in-8.

Un exemplaire du *Tchyen tjă moun* que possède la Coll. Varat, porte les dates de 1597 pour l'œuvre du calligraphe et 1864, 同治甲子, pour la gravure; le lieu indiqué pour la gravure est *Mou kyo*, 武橋 (quartier de Seoul).

II. Une édition du *Tchyen tjă moun* est indiquée par le *Tong kyeng tjap keui*, comme imprimée à *Kyeng tjyou*, 慶州.

III. Autre édition: grand in-fol., avec préface royale datée de 1691, 崇禎紀元後六十四年辛未. A la fin du volume, se trouvent les indications suivantes: “écrit par ordre royal, par le Vice-Lieu-

" tenant-Colonel *Han Ho*, le — jour de la 1ère lune " de la 11e année ***Oan li*** (1583) " 萬曆十一年正月丨日副司果臣韓濩奉教書; "gravé " dans le Palais le — jour de la 7e lune de l'année " *sin tchyou*, 29e du règne" 二十九年辛丑七月丨日內府開刋; " gravé à nouveau en l'année " *kap syoul*," 甲戌重刋. Cette édition contient un texte explicatif sino-coréen.

IV. Autre édition : 1 vol in-4, 32 feuillets, s.l.n.d. L.O.V.—Coll. Varat.

Les caractères chinois, de 40 millimètres de hauteur, sont accompagnés : à droite, en haut, d'un rond blanc pour indiquer le ton égal, noir pour le ton ascendant, moitié blanc moitié noir pour le ton intermédiaire ; d'un cercle placé au-dessous où est figurée en coréen la prononciation chinoise ; au-dessous du caractère chinois, sur une ligne horizontale, on lit la prononciation sino-coréenne à gauche et le sens à droite.

Une note placée à la première page donne les explications qui précèdent ; on y a marqué en outre, en huit caractères anciens, le nom de l'auteur ***Tcheou Hing seu***, 周興嗣, et le pseudonyme du calligraphe, *Hak ko tang*, 學古堂.

V. Autre édition : 1 vol. in-4, 32 feuillets, s.l.n.d. L.O.V.

Les caractères chinois, de 30 millimètres de hauteur, sont suivis d'une explication en coréen, donnant à droite le son et à gauche la prononciation.

(교회부) (きやうかいぶ) (敎誨部)

Cet ouvrage a été introduit au Japon, en 285 de notre ère, par un lettré du Păik tjyei nommé *Oang In*, 王仁, (japonais 和邇, 和迩, *Wa ni*) (Cf. Congrès des Orientalistes, de Rosny, sur les sources de l'histoire ancienne du Japon ; tome I, p. 217) : il était donc dès lors connu en Corée. D'après la même communication, il existe un exemplaire d'une édition coréenne du *Tchyen tjă moun* à la Bibliothèque Nationale.

Voir aussi Grammaire de la langue coréenne, p.p. II et III ; Dallet, Introd, p. LXXVII (sous le nom de *Tchyen tjă kyeng*, 千字經) ; Cordier, 677–678.

4. 註解千字文

Tjou kăi tchyen tjă moun.

LE LIVRE DES MILLE MOTS AVEC COMMENTAIRES.

I. 1 vol. in-4, 43 feuillets.

L.O.V.

Les caractères, d'environ 30 millimètres de hauteur, sont accompagnés, à gauche en haut, d'un signe indiquant le ton ; à droite, du même caractère en forme sigillaire ; au dessous, de la prononciation et du sens, indiqués en lettres coréennes ; enfin d'une courte explication en caractères chinois. Dans les colonnes perpendiculaires, se trouve le commentaire des phrases en chinois.

Sur la première page, ou rappelle que ***Oou ti***, fondateur de la dynastie des ***Liang***, 梁武帝 (502–549), enjoignit à ***Tcheou Hing seu***, 周興嗣, de composer un livre avec mille caractères différents, sans en répéter un seul. ***Tcheou*** rédigea, en une seule nuit, ce traité élémentaire, mais il se trouva, le lendemain, que ses cheveux et sa barbe étaient devenus blancs.

Les caractères carrés et sigillaires de ce livre sont dus au pinceau de ***Chan Tcheng ming,*** 山徵明, qui vivait sous les ***Ming,*** 明 ; l'ouvrage a été copié par *Hong Htai oun* de *Nam yang,* 南陽洪泰運, et nouvellement gravé à *Koang htong,* 廣通 (quartier de Seoul) en l'automne de l'année *kap tjă,* 甲子, cent soixante-dix-sept ans après la 1ère année ***Tchhong tcheng,*** 崇禎 (1804) (note du dernier feuillet).

II. Autre édition, 1 vol. in-8 carré, 32 feuillets, s.l.n.d. L.O.V.

Les caractères, d'environ 30 millimètres de hauteur, sont accompagnés, à gauche en haut, des mêmes signes que dans l'édition précédente ; au dessous, à gauche, de la prononciation et, à droite, du sens indiqué en lettres coréennes. Plus bas, suit une explication en chinois ; dans les colonnes perpendiculaires, se trouve le commentaire des phrases en chinois. La première page porte la même note que le précédent, relativement à la composition de l'ouvrage.

5. 草千字

Tcho tchyen tjă.

LE *Tchyen tjă moun* EN CARACTÈRES CURSIFS.

Titre usuel donné à l'édition de cet ouvrage qui est indiquée au № 3, I.

(교회부) (きやうかいぶ) (敎誨部)

6. 草書千字

Tcho sye tchyen tjă.

LE *Tchyen tjă moun* EN CARACTÈRES CURSIFS.

Cité par le *Tong kyeng tjap keui.*

7. 類合

류합

Ryou hap.

VOCABULAIRE PAR ORDRE DE MATIÈRES.

1 vol. in-4, 22 feuillets, s.l.n.d.

L.O.V.—Coll. Varat (in-8 carré).—Coll. v.d. Gabelentz—C.P.

Cet ouvrage est employé pour l'instruction des enfants, conjointement avec le *Tchyen tjă moun.*—Caractères chinois de 25 millimètres, suivis de la prononciation à gauche et du sens à droite, indiqués au moyen des lettres coréennes.

Cf. Oppert, p. 156 ; Cordier, col. 736.

L'auteur, d'après Siebold, serait le Chinois *Ko Tsching dschang*, 郭成章, (***Koo Tchheng tchang.***)

8. 字會

ᄌᆞ회

Tjă hoi.

VOCABULAIRE PAR ORDRE DE MATIÈRES.

1 vol. grand in-8 (incomplet, manquent les feuillets 1, 2, une moitié du 3e et la fin à partir de la 2e moitié du feuillet 27).

L.O.V.

Caractères chinois de 20 millimètres de haut ; sous chaque caractère se trouvent la prononciation sino-coréenne, un ou deux sens en coréen et quelques explications en chinois.

9. 訓蒙字會

Houn mong tjă hoi.

VOCABULAIRE POUR L'INSTRUCTION DES ENFANTS.

Cité parmi les ouvrages coréens qui ont servi à la composition du manuel intitulé 交隣須知, Kau rin su ti, かうりんすち publié par le Gouvernement japonais pour l'étude de la langue coréenne (Cf. *Oa e ryou kăi*, note).

Auteur : *Tchoi Syei tjin*, 崔世珍, Interprète qui vivait sous *Syeng tjong* (Cf. *Htong moun koan tji*).

10. 直解童子習

Tjik kăi tong tjă seup.

L'ENSEIGNEMENT DES ENFANTS, AVEC COMMENTAIRES.

Ouvrage composé sous le règne de *Moun tjong* (Cf. *Tai tong oun ok*).

11. 續蒙求

Syok mong kou.

SUITE AU *Mong kou* (ÉDUCATION DES ENFANTS).

Cet ouvrage, en plusieurs dizaines de livres, a été composé par *Ryou Heui tchyoun*, 柳希春, surnom *In tjyoung*, 仁仲, nom littéraire *Mi am*, 眉巖,

(교회부) (きやうかいぶ) (敎誨部)

童蒙先習

天地之間萬物之衆厓 唯人伊 最貴爲尼

所貴乎人者隱 以其有五倫也羅 是故

奴 孟子伊 曰父子有親爲旀 君臣有義爲旀

夫婦有別爲旀 長幼有序爲旀 朋友有信是羅

爲時尼 人而不知有五常則其違禽獸伊

不遠矣里羅 然則父慈子孝爲旀 君義臣忠

爲旀 夫和婦順爲旀 兄友弟恭爲旀 朋友伊 輔

仁然後厓沙 方可謂之人矣里羅

童蒙先習 一

父子有親

父子隱 天性之親是羅 生而育之爲古 愛而

敎之爲旀 奉而承之爲古 孝而養之爲尼 飛 是

故奴 敎之以義方也爲 弗納於邪爲旀 柔聲

以諫也爲 不使得罪於鄕黨州閭爲尼 飛 苟

1er feuillet du *Tong mong syen seup* (N° 12).

originaire de Syen san, 善山, docteur sous *Tjyoung tjong* (Cf. *Tai tong oun ok*).

12. 童蒙先習

Tong mong syen seup.

PREMIERS ÉLÉMENTS À L'USAGE DES ENFANTS.

1 vol. in-4, 17 feuillets.

B.R.—L.O.V.—Coll. Varat.—Coll. v.d. Gabelentz —M.C.

Cet ouvrage, dû à *Kim An kouk*, 金安國, après une introduction sur le ciel, la terre et l'homme, expose les cinq relations sociales, 五倫, *o ryoun*, l'histoire chinoise et l'histoire coréenne, depuis les origines jusqu' à l'établissement des *Ming*, 明, et de la dynastie régnante de Tjyo syen. Dans le texte chinois; en gros caractères, sont intercalés des caractères chinois plus fins, qui représentent les particules de liaison usitées en sino-coréen ; ces particules sont à peu près les mêmes que celles dont la liste est donnée à propos du *Sye tjyen tai moun*.

13. 童蒙先習諺解
동몽션습언기

Tong mong syen seup en kăi.

PREMIERS ÉLÉMENTS À L'USAGE DES ENFANTS, AVEC TRADUCTION CORÉENNE.

1 vol. in-4, 30 feuillets.

B.R.—L.O.V.—Brit M.

Nouvellement gravé en 1797, 上之二十一年丁巳.

Traduction de l'ouvrage précédent : chaque caractère chinois est accompagné de la prononciation sino-coréenne ; les chapitres sont suivis d'une traduction coréenne.

A la dernière page, se trouve l'indication suivante, en caratères sigillaires : 疆圉大稀落 ? ? 上澣盡, sans doute pour 疆圉大荒落 ? ? 上澣盡, " achevé à la première décade de la ? lune de l'année *tyeng să* (1797) ; " au-dessous est un sceau portant cinq caractères : 胥 (?) 湀 ? ? 歸 (?).

14. 童蒙須知

Tong mong syou tji.

CONNAISSANCES NÉCESSAIRES POUR LES ENFANTS.

1 vol.

B.R.

Ouvrage imprimé dans le Kyeng syang to, 慶尙道, par ordre de *Kim An kouk*, 金安國, (Cf. *I ryoun hăing sil to*).

Postface de *Sye ai*, 西厓, pour une réédition.

15. 啓蒙翼傳

Kyei mong ik tjyen.

AIDE À LA TRADITION POUR L'ÉDUCATION DES ENFANTS.

4 vol.

B.R.

Postface de *Htoi kyei*, 退溪, pour une réédition.

(교회부) (きやうかいぶ) (敎誨部)

16. 啓蒙傳疑

Kyei mong tjyen eui.

TRADITION ET DOUTES SUR L'ÉDUCATION DES ENFANTS.

Ouvrage de *Htoi kyei*, 退溪, avec préface de l'auteur.

17. 擊蒙要訣

Kyek mong yo kyel.

CONSEILS IMPORTANTS POUR L'ÉDUCATION DES ENFANTS.

Par le lettré *Ryoul kok*, 栗谷.

18. 啓蒙集箋

Kyei mong tjip tjyen.

COLLECTION POUR L'ÉDUCATION DES ENFANTS.

2 vol.

B.R.

Ouvrage imprimé en caractères mobiles en 1772 (Cf. *Tjou tjă să sil*).

19. 發蒙篇

Pal mong hpyen.

PREMIÈRES LEÇONS POUR LES ENFANTS.

1 vol. in-4, 56 feuillets.

L.O.V.

Préface datée 1870, 崇禎五庚午, par *Im Hen hoi*, de *Sye ha*, 西河任憲晦 : cet ouvrage est dû à *Pak Să moun*, de *Syel syeng*, 雪城朴斯文, et a été imprimé par les soins de son fils *Pak Kyou tjin*, 朴奎鎭.

Autre préface de 1868, 崇禎後五戊辰, par *Pak Tjăi tchyel*, de *Syel syeng*, nom littéraire *Tchyo pou*, 雪城樵夫朴載哲.

Cet ouvrage est divisé en trois parties (principes généraux, les cinq relations sociales, paroles remarquables) et est suivi de deux suppléments sur la protection de l'enfance, 包蒙篇, *Po mong hpyen*, et sur les personnages extraordinaires, 怪民篇, *Koi min hpyen*.

Postface de 1868, 崇禎後五戊辰, signée *Hong Tjăi ken*, de *Tang syeng*, 唐城洪在健.

20. 今文啓蒙

Keum moun kyei mong.

MANUEL EN STYLE MODERNE POUR L'ÉDUCATION DES ENFANTS.

1 vol. grand in-8, 36 feuillets ; gravé en grands caractères fort élégants.

L.O.V.

Table.—Le 1er livre traite des choses qui nous entourent, des relations humaines, de la doctrine confucianiste et de la façon dont elle a été transmise depuis l'antiquité jusqu' à l'époque des ***Song,*** 宋 (960–1278), des principaux littérateurs et des différents travaux de l'homme. Le 2e livre expose l'histoire, depuis l'origine du monde jusqu' à la dynastie des ***Soci,*** 隋 (581–618) ; le 3e reprend aux ***Thang,*** 唐 (618), et s'étend jusqu' à la fondation de la dynastie des ***Song,*** 宋 (960). Un supplément assez considérable comprend l'histoire de la Corée depuis les origines les plus reculées jusqu' à la fondation de la dynastie actuelle (1392). Dans tout l'ouvrage, des notes placées dans la marge supérieure complètent les faits cités dans le texte principal, qui est rédigé en vers de quatre caractères. L'ouvrage se termine par des souhaits formulés pour le Roi ; par la note " gravé nouvellement à *Syo reung* en l'année *kyeng sin*," 庚申少陵新刊, et par un sceau gravé portant les quatre caractères *Moun in tjyeng rak*, 汶人鄭洛, " *Tjyeng Rak*, de *Moun*:" c'est vraisemblablement le nom de l'auteur.

21. 啓蒙篇諺解
계몽편언기

Kyei mong hpyen en kăi.

PREMIÈRES LEÇONS POUR LES ENFANTS, AVEC TRADUCTION CORÉENNE.

1 vol. in-4, 23 feuillets.

L.O.V.—Coll. Varat (in-8 carré, 27 feuillets).—Coll. v.d. Gabelentz.

L'ouvrage est divisé en cinq leçons, 篇 *hpyen*, intitulées préliminaire, 首, *syou* ; du ciel, 天, *htyen* ; de la terre, 地, *ti* ; des choses, 物, *moul* ; des hommes, 人, *in*.

La première leçon est un court résumé de l'ouvrage : " En haut, est le ciel et au-dessous, se trouve la terre. " Dans le ciel et sur la terre, il y a les hommes et les " dix mille choses. Le soleil, la lune et les étoiles " constituent le ciel ; les fleuves, les mers et les mon- " tagnes forment la terre. Les relations entre père et " fils, prince et sujet, frère aîné et frère cadet, mari et " femme, ami et ami, sont les fondements de la société.

“ L’est et l’ouest, le sud et le nord fixent les points “ cardinaux du ciel et de la terre. Le bleu, le jaune, “ le rouge, le blanc et le noir déterminent la couleur “ des choses ; par les cinq saveurs, acide, salé, âcre, “ doux, amer, on en reconnaît le goût; par les cinq “ notes, *koung*, 宮, *syang*, 商, *kak*, 角, *tchi* 徵, *ou*, 羽, “ on en distingue le son ; par les chiffres, 1, 2, 3, 4, “ 5, 6, 7, 8, 9, 10, 100, 1000, 10000, 100000, on en “ compte le nombre.”

Chaque caractère chinois est accompagné de sa prononciation sino-coréenne; les particules de liaison sont notées en coréen ; les paragraphes sont suivis de commentaires en langue coréenne.

22. 運掌

Oun tjyang.

Manuel de calcul.

2 vol. in-8, formant 3 livres; mss.

En sous-titre :

新編籌學啓蒙

Sin hpyen tjyou hak kyei mong.

Nouvel ouvrage pour l’enseignement du calcul aux enfants.

Auteur : *Tjyou Syei kel*, nom littéraire *Syong tyeng*, 松庭朱世傑.

23. 訓蒙排韻
훈 몽 비 운

Houn mong păi oun.

Phrases rimées pour l’instruction des enfants.

1 vol in-4, 30 feuillets, mss.

L.O.V.

Chaque caractère est accompagné, à droite, du sens et de la prononciation en lettres coréennes.

24. 啓蒙圖說

Kyei mong to syel.

DESSINS AVEC LÉGENDES POUR L'INSTRUCTION DES ENFANTS.

3 vol.

B.R.

25. 啓蒙段釋

Kyei mong tan syek.

EXPLICATIONS EN DIFFÉRENTS ARTICLES POUR L'ENSEIGNEMENT.

4 vol.

B.R.

26. 少年行

Syo nyen hăing.

ACTIONS DE L'ENFANCE.

1 vol. in-8, mss.

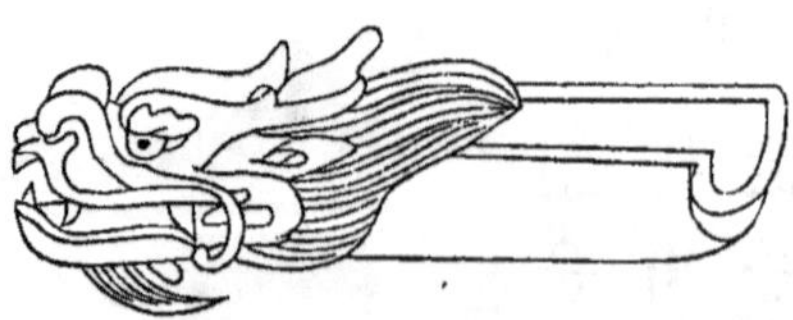

Gargouille en tête de dragon, 石螭頭.(1)

1. Tiré du *Hoa syeng syeng yek eui kouei.*

Chapitre II

MANUELS ÉPISTOLAIRES.

간독류 かんとくるい 簡牘類

27. 寒暄箚錄

Han houen tjap rok.

Modèles de lettres par *Han houen.*

3 vol. in-8, formant 5 livres.

Auteur : *Han houen*, 寒暄.

27bis 先輩手柬帖

Syen păi syou kan htyep.

Correspondances de lettrés.

8 vol.

B.R.

28. 阮堂尺牘

Ouen tang tchyek tok.

Modèles de lettres de *Ouen tang.*

L'auteur s'appelait *Kim*, 金, et vivait au milieu de ce siècle—Préface par *Nam Pyeng kil,* de *Eui san,* 宜山南秉吉, datée 1867, 丁卯.

(교회부) (きやうかいぶ) (教誨部)

29. 簡禮彙纂

Kan ryei houi tchan.

RECUEIL DES RITES DE LA CORRESPONDANCE.

1 vol. in-4, 65 feuillets, s.l.n.d.

L.O.V.—M.C.

Recueil de renseignements et de modèles de lettres pour toutes les circonstances de la vie.

Table.

1º Liste des Rois, Reines et principaux Princes de la dynastie actuelle, indiquant leurs dates de naissance, d'avènement, de mort, les noms et localités des tombeaux, depuis *Htai tjo* jusqu'au Roi actuel.

2º Abrégé des quatre rites, 四禮, *să ryei* (prise de la coiffure virile, mariage, funérailles, sacrifices) ; modèles de lettres se rapportant à ces cérémonies—Modèles de lettres pour annoncer que l'on a passé les examens, etc.—Règles à suivre en cas de deuil public.

3º Modèles de lettres pour chaque saison et pour chaque mois.—Noms élégants pour chaque saison, chaque mois, chaque jour—Poésies se rapportant à chaque période de l'année.—Renseignements astrologiques.—Règles à suivre pour les enveloppes, adresses, etc.—Règles pour les lettres adressées au père, à la mère, au frère aîné ou cadet, pour tous les degrés de parenté ; pour les différentes circonstances de la vie : félicitations, condoléances, anniversaires.—Réponses.

4º Conseils pour la lecture : liste des livres classiques avec indications les concernant ; noms différents qui les désignent.

5º Echanges de vers : divers modèles de poésies.

(간독류) (かんとくるい) (簡牘類)

6º Des études du lettré.

7º De la calligraphie—Noms élégants pour le pinceau, le papier, l'encre, l'encrier.

8º Du corps humain: noms élégants pour les différentes parties du corps.

9º Des vertus, 德, *tek* (intelligence, humanité, sagesse, droiture, fidélité, esprit de concorde) et des devoirs, 行, *hăing* (piété filiale, amitié, bienveillance, affection familiale, patience, pitié).

10º Des arts, 藝, *yei* (rites, musique, tir à l'arc, art de conduire les chars, calligraphie, calcul).

11º Du gouvernement, 政, *tjyeng* (nourriture, objets de commerce, sacrifices, travaux, instruction, justice, hospitalité, armée) et des affaires, 事, *să* (maintien, langage, regards, ouïe, pensée).

12º Du langage.

13º De la vérité et de l'erreur.—Les quatre sectes: secte de la raison, 道家, *to ka;* secte de la nature, 陰陽家, *eum yang ka*; secte de la loi, 法家, *pep ka*; secte de la charité universelle, 墨家, *meuk ka* (ainsi nommée de son maître, ***Mọ Ti,*** 墨翟; Mayers, I, 485; Cordier, 667, 1782–1783).

14º Des demandes d'emprunt.

15º Des banquets anniversaires.

16º Du mariage.

17º Félicitations à l'occasion d'une naissance.

18º Envoi de cadeaux.

19º Recommandations.

20º Prendre congé.

21º Maladie.

22º Mort.

(교 회 부) (きやうかいぶ) (敎 誨 部)

23º Funérailles.

24º Examens.

25º Nominations aux fonctions civiles—Liste des principales fonctions et noms littéraires pour les désigner.

26º Nominations aux fonctions militaires—Liste des fonctions, noms littéraires.

27º Gouverneurs de province.

28º Commandants de forteresse.

29º Généraux.

30º Magistrats de district—Noms littéraires des districts.

31º Condoléances à ceux qui sont accusés par les Censeurs.

32º Condoléances à ceux qui sont condamnés à l'exil.

33º Félicitations à ceux qui sont graciés.

34º Félicitations à ceux qui rentrent en fonctions.

35º Fêtes du Palais.

36º Deuils publics.

37º Suscription des lettres.

38º Pour demander un service.

Les Nºs 1 et 2 forment une sorte de supplément placé en tête; à partir du Nº 3 (12e feuillet), trois lignes en haut de chaque page sont consacrées à un recueil d'expressions élégantes expliquées en langage plus simple; ce recueil se termine sur une demi-feuille placée à la fin du volume.

30. 簡牘精要

Kan tok tjyeng yo.

PRINCIPES ESSENTIELS DE LA CORRESPONDANCE.

(간독류) (かんとくるい) (簡 牘 類)

1 vol. in-12 carré, 63 feuillets, impression grossière. B.R.—Com. Fr. Seoul.

Cet ouvrage est analogue au précédent, il ne contient pas les N°s 1 et 2.—J'en ai vu un exemplaire portant, à la dernière feuille, l'indication "nouvelle- "ment gravé à *Mou kyo*, à la 3e lune de l'année *eul* "*să*" 乙巳暮春武橋新板.

31. 簡牘抄

Kan tok tchyo.

EXTRAITS RELATIFS À LA CORRESPONDANCE.

1 vol. in-12, 48 feuillets, mss.

Ce volume, analogue aux précédents, contient quelques renseignements spéciaux : lettre pour inviter à un concours de tir à l'arc ; liste de dix localités qui sont des refuges sûrs en temps de guerre ; noms d'animaux en chinois et en coréen, noms des étoiles en chinois et en coréen ; noms des coups au jeu de dés ; noms des quartiers de Seoul, etc.

32. 簡牘會粹

Kan tok hoi syou.

PARTIES ESSENTIELLES DES RÈGLES DE LA CORRESPONDANCE.

1 vol. in-4, 68 feuillets.

Ouvrage analogue au *Kan tok tjyeng yo.*

33. 簡牘切要

Kan tok tjyel yo.

PRINCIPES NÉCESSAIRES DE LA CORRESPONDANCE.

1 vol.

(교회부) (きやうかいぶ) (敎誨部)

34. 簡式

Kan sik.

RÈGLES DE LA CORRESPONDANCE.

1 vol. in-8, 79 feuillets, mss.

35. 簡式類編

Kan sik ryou hpyen.

RECUEIL DES RÈGLES DE LA CORRESPONDANCE, RANGÉ PAR ORDRE DE MATIÈRES.

1 vol. in-8.

Auteur : *Tjyen Kyem ik*, 錢謙益, nom littéraire *Mok tjăi*, 牧齋, originaire de *Koang san*, 廣山.

36. 草簡牘

Tcho kan tok.

MODÈLES POUR LA CORRESPONDANCE EN CARACTÈRES CURSIFS.

1 vol. in-8, 38 feuillets.

Nouvellement gravé à *Mi tong*, 美洞, quartier de Seoul.

37. 候謝類輯

Hou sya ryou tjeup.

RECUEIL DE LETTRES POUR LES RELATIONS AMICALES, RANGÉ PAR ORDRE DE MATIÈRES.

1 vol. in-8, 74 feuillets.

Ouvrage analogue aux précédents ; " nouvellement gravé à *Mou kyo* " 武橋新刊.

(간독류) (かんとくるい) (簡牘類)

38. 周急

Tjyou keup.

SECOURS AUX GENS EMBARRASSÉS.

1 vol. in-8, 68 feuillets, mss.

Modèles de lettres.

39. 日用方

Il yong pang.

RECETTES D'USAGE JOURNALIER.

1 vol. in-16.

Modèles de lettres.

40. 언간독

En kan tok.

MANUEL ÉPISTOLAIRE EN LANGUE CORÉENNE.

1 vol. in-4, 32 feuillets.

L.O.V.—Brit. M.—Coll. v.d. Gabelentz.

Nouvellement gravé à *You tong*, 由洞, quartier de Seoul.

Modèles de lettres et de réponses à un fils, à un père, à un neveu, à un oncle, à un frère cadet, à un frère aîné, à un oncle maternel, à un beau-père, aux parents par alliance, à un vieillard.—Lettres où l'on annonce une réponse à date fixe ; pour inviter un ami à aller se promener au moment du printemps, à aller voir les lanternes le 8 de la 4e lune, à faire une excursion dans les montagnes en été, à venir s'amuser en automne.—Envoi d'étrennes avant le 1er de la 1ère lune ; lettres de jour de l'an ; félicitations pour la naissance d'un enfant, à quelqu'un qui vient d'être reçu docteur, à un ami devenu magistrat de district.— Lettres pour faire part d'un décès, pour demander des nouvelles d'un malade. Lettres de condoléances.

Modèles de lettres pour les femmes : la nouvelle mariée aux parents de son mari, père et mère, oncle, tante, frère, sœur, femme du frère, parents par alliance ; une femme à son gendre.—Lettres pour annoncer une naissance, pour prévenir du jour des sacrifices ; lettres à des amies ; condoléances pour un décès.

Lettres d'un inférieur à un supérieur.

Voici l'un de ces modèles, c'est la lettre qui accompagne les étrennes : " Comme le vent est très violent " et comme les nuages sont fort épais, le froid est " devenu des plus rigoureux. Par cette saison dure, " comment va mon frère ? je désire avoir de ses nou- " velles. Quant à moi, votre frère, étant très frileux, " je n'ai pas pu sortir de chez moi et j'ai manqué à " vous aller saluer le 30 de la 12e lune. Je vous envoie " cette lettre pour m'excuser et vous offre ces quelques " objets insignifiants : on ne saurait les qualifier du " nom d'étrennes, mais je vous prie de les accepter " comme gage de mon amitié. Comme l'année n'a plus " un seul jour à remplir, j'espère que vous passerez le " 1er de la nouvelle année en pleine paix."

41. 諺書簡帖

En sye kan htyep.

LIVRE EN PARAVENT CONTENANT DES MODÈLES DE LETTRES EN CORÉEN.

1 vol.
B.R.

(간독류) (かんとくるい) (簡牘類)

42. 通文套

Htong moun hto.

COLLECTION DE LETTRES.

1 vol. mss.

Modèles de lettres à l'usage des associations, corporations, communes, etc.

Pierre d'angle ornée de nuages sculptés, 雲刻大隅石.[1]

1. Tiré du *Hoa syeng syeng yek eui kouei.*

Chapitre III

MANUELS DIVERS.

입 문 류　　にふもんるい　　入 門 類

43. 儒胥必知

You sye hpil tji.

Connaissances nécessaires aux lettrés et aux commis de yamen.

1 vol. grand in-8, 56 feuillets.

L.O.V.—Coll. v.d. Gabelentz.

Cet ouvrage, sans date et sans nom d'auteur, est un recueil de modèles de pétitions, plaintes, notes, rapports, etc., adressés aux magistrats par des gens du peuple ou des valets de yamen : on y trouve des demandes en autorisation de placer des inscriptions sur une maison en l'honneur d'un fils respectueux ou d'une femme fidèle à la mémoire de son mari, des plaintes à propos de la construction d'un tombeau sur le terrain d'autrui, des accusations contre des gens qui ont tué leur bœuf, bien que n'étant pas bouchers, des lettres d'envoi de cadeaux mortuaires.

A la fin du volume se trouve une liste des principales particules de liaison employées dans le style

(입 문 류)　　(にふもんるい)　　(入 門 類)

semi-officiel des commis de yamen, 吏文, *ri moun*, 吏讀, *ri to* (pour *ri tok*) ; ces particules s'écrivent en caractères chinois, la prononciation coréenne est donnée au-dessous. Pour les particules du style classique, voir *Sye tjyen tai moun*. — C'est au célèbre lettré *Syel Tchong*, 薛聰, (VIIe siècle) que les auteurs coréens attribuent le mérite d'avoir le premier employé de la sorte des caractères chinois ; nous aurions donc dans la liste de ces particules la plus ancienne trace de la langue coréenne ; on remarquera que tantôt les caractères chinois sont pris dans une acception voisine de leur sens primitif, et tantôt ils fournissent approximativement le son du mot coréen ; parfois aussi, on ne retrouve en coréen ni le son ni le sens du caractère chinois. (Cf. N° 47).

Liste des principales particules du style des administrations.

Caractères.	Prononciation.	Sens.
良中	ahăi	sur, à
矣	eui	de
亦中	yehăi	parmi
是亦在	iyeken	id.
段貢	tantou	quant à
乙良	eul an	id.
導良	teutăiye	par suite de, conformément
乙用良	eulsyo-ă	id.
仍于	tjitjeuro	à cause de
除良	tere	sans faire (quelque chose)

(교 회 부) (きやうかいぶ) (敎 誨 部)

Caractères.	Prononciation.	Sens.
爲巴只	hătourok	jusqu'à
適音	matjam	juste au moment
始叱	piras	au commencement
初如	tchyohye	id.
新反	săiro-i	nouvellement
追于	tjos-tcho, tchyou-ou	de nouveau
更良	kasăi-a, tasi	id.
況旀	hămoulmye	à plus forte raison
尤于	te-ouk	id.
加于	te-ouk	id.
專亦	tjyenye	spécialement
這這	kaskas	complètement
流伊	heulni	excessivement
最只	antjăki, katjang	id.
必于	parok, pantăsi	certainement
并只	tamouki, aolna	ensemble
歧如	kareuhye	à part
惟只	aki, otjik	seulement
様以	yang-euro	comme si
爲只爲	hăki-am, hăki-oui	impératif respectueux
白齊	săltjyei	id.
爲白齊	hăsăltjyei	id.
是白有齊	isălpistjyei, isălyou-tjyei	id.
爲齊	hătjyei	impératif
耳亦	ttanye	fin d'une phrase (.)
是良尓	i-akeum	id.
有乎事	isi-anil	faire (auxiliaire à la fin d'une phrase)

(입문류) (にふもんるい) (入 門 類)

Caractères.	Prononciation.	Sens.
臥乎事	nouhonil	faire (auxiliaire final)
爲臥乎事	hănouhonil	id.
爲白乎事	hăsălhonil	id. (respectueux)
爲白臥乎事	hăsălnouhonil	id. id.
爲白有如乎事	hăsălpistahonil	id. id. (au passé)
是遣	iko	fin d'un membre de phrase (,)
爲白遣	hăsălko	id. (respectueux)
爲是遣	hăsiko	id.
爲旀	hămye	id.
爲乎旀	hăhomye	id.
爲白乎旀	hăsălhomye	id. (respectueux)
是白乎旀	isălhomye	id. id.
有	pis, you	marque du passé
是在果	ikyenkoa	id.
爲在	hăkyen	id.
爲白在果	hăsălkyenkoa	id. (respectueux)
爲白有在果	hăsălpiskyenkoa	id. id.
敎是白在果	isisălkyenkoa	id. id.
是沙	isă	ayant fait
乙沙	eulsă	id.
是良結	iratjye	ayant
爲良結	hăeulatjye	id.
爲白良結	hăsălatjye	id. (respectueux)
是如可	itaka	en faisant
爲如可	hătaka	id.
爲白如可	hăsăltaka	id. (respectueux)
爲白有如可	hăsălpistaka	id. id.

(교회 부) (きやうかいぶ) (敎誨部)

Caractères.	Prononciation.	Sens.
是良沙	i-asă	après avoir fait
是白良沙	isălasă	id. (respectueux)
爲白良沙	hăsălasă	id. id.
是去乙	ikeneul	s'il en est ainsi (suivi de pourquoi?)
是白去乙	isălkeneul	id. (respectueux)
爲去乙	hăkeneul	id.
爲有去乙	hăpiskeneul	id.
爲白去乙	hăsălkeneul	id. (respectueux)
爲白有去乙	hăsălpiskeneul	id. id.
敎是白去乙	isisălkeneul	id. id.
爲去等	hăketeun	si (conditionnel)
爲白去等	hăsălketeun	id. (respectueux)
是喩	intji	si (dubitatif)
是乎喩	ihontji	id.
爲喩	hăntji	id.
爲白乎喩	hăsălhontji	id. (respectueux)
爲白良喩	hăsălantji	id. id.
不喩	anintji	si (dubitatif et négatif)
及良	mistchye	quand
是乎等以	ihonteulro	parce que
是白乎等以	isălhonteulro	id. (respectueux)
爲有寘有等以	hăpistou-isinteulro	parce qu'il a dit
是良置	iratou	quoique
是白良置	isălatou	id. (respectueux)
爲良置	hăratou	id.
是乃	ina	id.
是白去乃	isălkena	id. (respectueux)

(입문류) (にふもんるい) (入 門 類)

Caractères.	Prononciation.	Sens.
是白乎乃	isălhona	quoique (respectueux)
爲去乃	hăkena	id.
是乎矣	ihoteu	quand même, bien que
爲乎矣	hăhoteu	id.
是如	ita	
是如乎	itahon	
是白去乎	isălkehon	
爲乎	hăhon	il dit, comme il dit, comme il fait; sert à citer des actes ou des paroles.
爲去乎	hăkehon	
是白昆	isălkoun	
爲昆	hăkoun	
是臥乎所	inouhonpa	
爲所	hănpa	c'est ce qu'il fait
爲乎所	hăhonpa	
是寘	itou	il dit
爲有寘	hăpistou	id.
是白寘有亦	isăltoupisye, isinye	voilà ce qu'il dit (resp.)
是乎味	ihonma	
爲乎味	hăhonma	il a dit qu'il ferait (promissif)
爲白臥乎味	hăsălnouhonma	
琵不喩	pounanintji	on ne sait si c'est tout, s'il n'y a pas davantage.
矣身	euisin	de moi
矣徒	euito	de nous
其矣	keu-eui	d'eux
他矣	tye-eui	id.
節	tji-oui, tjyel	votre (respectueux)
書房	syepang	vous, monsieur (terme général)

(교 회 부) (きやうかいぶ) (敎 誨 部)

Caractères.	Prononciation.	Sens.
先達	syental	vous, monsieur (en s'adressant à un bachelier)
進賜	naari	vous, monsieur (à un fonctionnaire supérieur en grade)
令監	ryengkam	vous, monsieur (en s'adressant à un haut dignitaire), V. E.
大監	taikam	
殿下	tyenha	(en s'adressant au Roi) V. M.
上監抹樓下	syangkam-manora	

(Les domestiques emploient tous ces même termes, en les faisant suivre du mot 主, *tjyou,* en coréen nim).

敎是	isi	daigner, vouloir bien
敎事	isă	id.
敎是事	isisă	id.
白	săl	marque le respect
白是	sălsi	id.
白等	sălteun	id.
向事	anil	marque la fin d'une communication
上下	tchaha	paiement fait par le gouvernement
捧上	pat-tcha	paiement fait au gouvernement
卜定	poktyeng	impôts spéciaux
尺文	tchyek-moun	reçu (du paiement des impôts)
侤音	tatjim	engagement pris avec clause pénale
白活	palkoal	plainte

(입 문 류) (にふもんるい) (入 門 類)

Caractères.	Prononciation.	Sens.
題音	tjyeikim	réponse du magistrat é-crite sur la plainte
流音	heulim	minute
帖字	htyeitjă	sorte de sceau
件記	kenkeui	liste
退伊	moulye	remettre, donner un délai
擬只	siki	commander, ordonner
役只	kyeki	s'occuper de
下手	hasyou	commencer
卜役	pok yek	service, emploi
舍音	maleum	gardien de rizières

44. 諺文譜

En moun po.

RECUEIL EN CORÉEN.

45. 解價式

Kăi ka sik.

MOYEN DE TROUVER LES PRIX.

1 vol. in-8, 15 feuillets, mss.

Tables pour trouver le prix d'une quantité donnée de marchandises, étant donné le prix de l'unité de mesure.

46. 규합총셔

Kyou hap tchyong sye.

LE GUIDE UNIVERSEL DE LA MÉNAGÈRE.

1 vol. in-8, 29 feuillets.

L.O.V.

(교회부) (きやうかいぶ) (教誨部)

Ouvrage coréen imprimé en la 1ère lune de la 8e année ***Thong tchi***, 同 治 (février 1869).

C'est un recueil de recettes : on indique notamment les jours heureux pour faire le vin, la manière de confectionner le soya instantanément, de griller les poissons, de conserver la viande, de la faire cuire, de pétrir le pain et les pâtisseries, de préparer les confitures, etc.; comment on doit empeser les vêtements de soie ; le moyen de chasser les insectes qui rongent la soie ou les livres ; les procédés pour rechercher l'esclave qui s'est enfui, le retrouver ou le faire revenir de lui-même au logis de son maître.

Nous donnerons ici deux de ces recettes :

Pour chasser les insectes qui rongent la soie : mettez-y des arêtes séchées d'anguille ; ou le 5e jour de la 5e lune, cueillez des feuilles de salade, faites-les sécher et placez-les dans votre armoire.

Pour faire revenir de lui-même l'esclave qui s'est enfui : prenez les vêtements de celui-ci, placez-les auprès du puits, aussitôt le fugitif reviendra. Ou encore, procurez-vous quelques cheveux de l'esclave, enroulez-les sur le rouet et faites tourner l'instrument ; à ce moment, l'esclave ne saura plus dans quelle direction il doit aller et reprendra la route de la maison. Ou bien, écrivez le nom de l'esclave sur un papier que vous attacherez en travers sous la poutre du toit, puis faites brûler la semelle d'un de ses souliers sur un feu d'herbes, l'esclave retournera chez son maître.—Si vous soupçonnez que votre esclave ait l'intention de s'enfuir, faites bouillir dans un chaudron sa ceinture et le lacet de sa robe, avec la corde

(입 문 류) (にふもんるい) (入 門 類)

qui sert à maintenir une charge sur le bât d'un cheval; et, à partir de ce moment, votre esclave abandonnera son projet.

Le songe du pied en or, 夢金尺.(1)

1. Tiré du *Tjin tchan eui kouei.*

Livre II

ÉTUDE DES LANGUES.

언어부 げんごぶ 言語部

Chapitre I : LANGUE CHINOISE.

한어류 かんごるい 漢語類

1ère Partie : OUVRAGES DIVERS.

47. 御製訓民正音

E tjyei houn min tjyeng eum.

La vraie prononciation enseignée au peuple, ouvrage composé par le Roi.

Ouvrage sur la transcription du chinois en lettres coréennes, composé par le Roi *Syei tjong ;* cité dans la postface et dans l'avertissement du *Sam oun syeng houi*, dans le *Tjin en tjip*, N° 162, dans le *Tai tong oun ok*.

Le *Moun hen pi ko*, liv. 51, fait l'historique de cet ouvrage et en reproduit presque intégralement la préface et le texte :

" En 1446, le Roi *Syei tjong* composa le *E* " *tjyei houn min tjyeng eum*. Le Roi, ayant re-

" marqué que tous les peuples avaient inventé des
" caractères pour noter chacun son dialecte, et que,
" seule, la Corée n'avait pas de caractères, forma
" vingt-huit lettres, 字母, *tjă mou*, auxquelles il
" donna le nom de caractères vulgaires, 諺文, *en*
" *moun ;* il fonda un bureau dans son palais et
" ordonna à *Tjyeng Rin tji*, 鄭麟趾, *Sin Syouk*
" *tjyou*, 申叔舟, *Syeng Sam moun*, 成三問, *Tchoi*
" *Hăng*, 崔恒, et autres de les écrire d'une façon
" définitive. Ces lettres ressemblent (comme figure)
" aux anciens caractères sigillaires ; elles sont divisées
" en sons initiaux, moyens et finaux. Bien que ces
" caractères soient peu nombreux, (l'ordre) en étant
" facile à intervertir, ils peuvent transcrire toutes les
" prononciations ; ils servent sans difficulté pour
" ce que les caractères ordinaires ne peuvent noter.
" L'Académicien chinois ***Hoang Tsan***, 黃瓚, étant
" alors exilé dans le ***Liao tong***, 遼東, *Syeng Sam*
" *moun* et autres reçurent l'ordre de l'aller voir et de
" prendre des informations sur la prononciation et les
" rimes ; ils allèrent au ***Liao tong*** et en revinrent en
" tout treize fois."

La préface de *Tjyeng Rin tji*, après quelques considérations générales, continue : " Autrefois *Syel*
" *Tchong*, 薛聰, du royaume de Sin ra créa l'écri-
" ture *ri tok*, 吏讀, (prononciation usuelle *nido* pour
" *rito*, cf. N° 43), qui est usitée jusqu'aujourd'hui
" dans les yamens et parmi le peuple. Mais elle se
" compose uniquement de caractères empruntés au
" chinois, qui sont durs (pour le style), dont le sens
" est étroit et dont l'usage, de plus, est inélégant et

“ mal établi ; ils ne peuvent pas rendre la dix-millième partie du langage.” *Tjyeng* fait ensuite l’éloge de l’invention royale, à l’aide de laquelle on expliquera les livres, on facilitera le jugement des procès, on pourra transcrire le bruit du vent, le cri de la grue, le chant du coq, l’aboiement du chien. Il ajoute que lui et ses collègues ont reçu l’ordre d’expliquer cette nouvelle écriture, de façon que, seulement en la regardant et sans maître, on la puisse comprendre.

Le *Moun hen pi ko* cite ensuite les paroles du Roi : “ La langue coréenne étant différente de la langue “ chinoise, les caractères chinois ne la rendent pas suffisamment. C’est pourquoi les gens du peuple désirent “ dire une chose et n’arrivent pas à exposer leurs “ sentiments : cela est fréquent. Ému de pitié, j’ai “ inventé vingt-huit caractères qui seront facilement “ appris de tous et serviront aux usages journaliers.”

Suit le tableau des lettres coréennes :

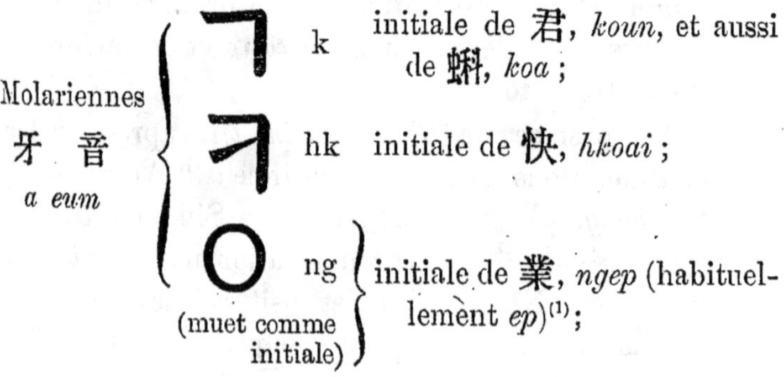

Molariennes
牙 音
a eum
ㄱ k initiale de 君, *koun*, et aussi de 蝌, *koa* ;
ㅋ hk initiale de 快, *hkoai* ;
ㅇ ng (muet comme initiale) initiale de 業, *ngep* (habituellement *ep*)[1] ;

1. Le *Sam oun syeng houi* écrit ici ᴏ̇ ; ce son s’est confondu avec O (voir gutturales).

(한 어 류) (かんごるい) (漢 語 類)

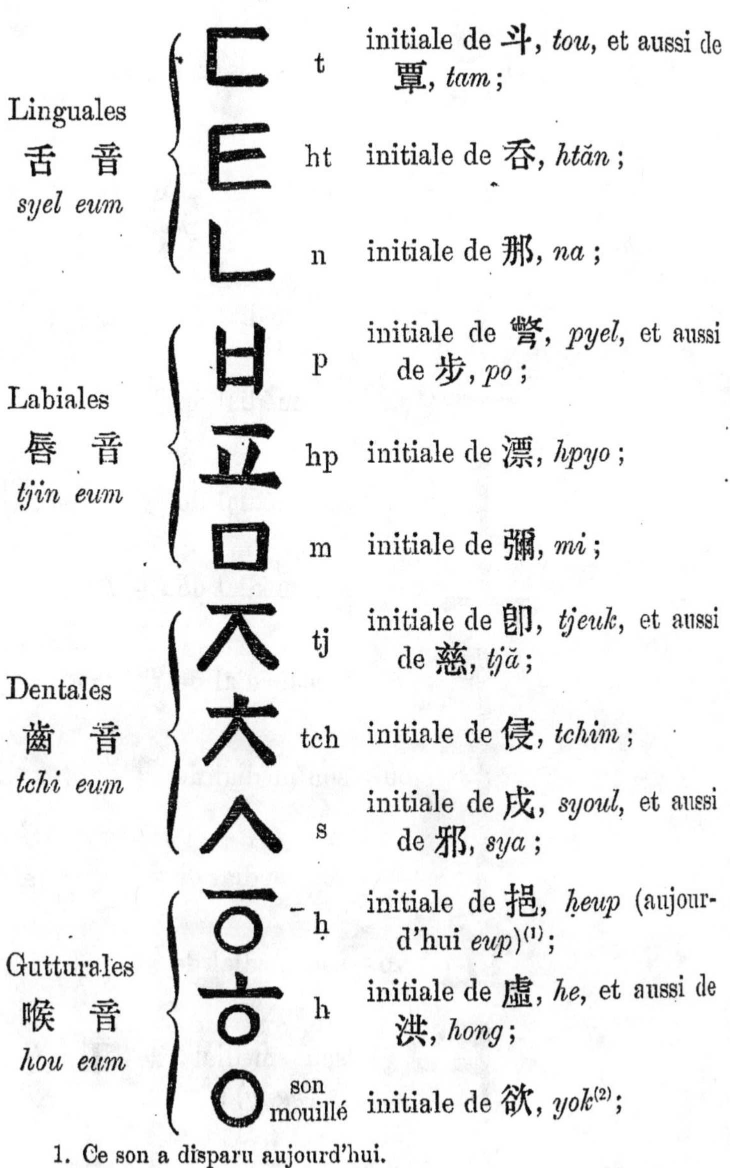

Classe	Lettre	Son	Valeur
Linguales 舌 音 *syel eum*	ㄷ	t	initiale de 斗, *tou*, et aussi de 覃, *tam* ;
	ㅌ	ht	initiale de 呑, *htăn* ;
	ㄴ	n	initiale de 那, *na* ;
Labiales 唇 音 *tjin eum*	ㅂ	p	initiale de 彆, *pyel*, et aussi de 步, *po* ;
	ㅍ	hp	initiale de 漂, *hpyo* ;
	ㅁ	m	initiale de 彌, *mi* ;
Dentales 齒 音 *tchi eum*	ㅈ	tj	initiale de 卽, *tjeuk*, et aussi de 慈, *tjă* ;
	ㅊ	tch	initiale de 侵, *tchim* ;
	ㅅ	s	initiale de 戌, *syoul*, et aussi de 邪, *sya* ;
Gutturales 喉 音 *hou eum*	ㆆ	ḥ	initiale de 挹, *ḥeup* (aujourd'hui *eup*)(1) ;
	ㅎ	h	initiale de 虛, *he*, et aussi de 洪, *hong* ;
	ㅇ	son mouillé	initiale de 欲, *yok*(2) ;

1. Ce son a disparu aujourd'hui.
2. Pratiquement confondu avec ng, ㆁ

(언 어 부) (げんごぶ) (言 語 部)

Semilinguale 半舌音 *pan syel eum*	ㄹ	r	initiale de 閭, *'rye* ;
Semidentale 半齒音 *pan tchi eum*	ㅿ	j	initiale de 穰, *jyang* (aujourd'hui *yang*)[1];
	ㆍ	ă	son médial de 呑, *htăn* ;
	ㅡ	eu	son médial de 卽, *tjeuk* ;
	ㅣ	i	son médial de 侵, *tchim* ;
	ㅗ	o	son médial de 洪, *hong* ;
	ㅏ	a	son médial de 覃, *tam* ;
	ㅜ	ou	son médial de 君, *koun* ;
	ㅓ	e	son médial de 業, *ngep* (*ep*) ;
	ㅛ	yo	son médial de 欲, *yok* ;
	ㅑ	ya	son médial de 穰, *jyang* (*yang*) ;

1. Son tombé en désuétude.

ㅠ you son médial de 戌, *syoul* ;

ㅕ ye son médial de 彆, *pyel* ;

Pour les finales, on se sert des mêmes caractères que pour les initiales.—Indications sur quelques principes d'orthographe.—" Le ton descendant, 去聲, " *ke syeng*, est marqué par un point à gauche ; le ton " montant, 上聲, *syang syeng*, par deux points; pour " le ton égal, 平聲, *hpyeng syeng*, il n'y a pas de " point. Pour le ton rentrant, 入聲, *ip syeng*, la " notation par points est la même, mais la prononcia- " tion est plus brève."

48. 東國正韻

Tong kouk tjyeng oun.

LES VRAIES RIMES CORÉENNES.

Ouvrage composé par ordre du Roi *Syei tjong*, (Cf. *Să kai tyeng tjip*).

49. 四聲通攷

Să syeng htong ko.

EXAMEN DES QUATRE TONS.

Ouvrage composé par ordre du Roi *Syei tjong*, par *Sin Syouk tjyou*, Prince de *Ko ryeng*, 高靈府院君申叔舟, d'après le ***Hong oou tcheng yun***, 洪武正韻 (Cf. Wylie, p. 9; Cat. Imp. liv. 42) : ce livre est simplement une liste de caractères donnant la prononciation chinoise vulgaire et la prononciation correcte, mais sans expliquer le sens (Cf. préface du *Să syeng htong kăi*).

50. 洪武正韻通考

Hong mou tjyeng oun htong ko.

EXAMEN COMPLET DU ***Hong oou tcheng yun,*** (voir ci-dessus).

Ouvrage cité par le *Tai tong oun ok* : il fut composé, par ordre du Roi, par *Sin Syouk tjyou*, 申叔舟, qui eut à ce sujet treize entrevues en Mantchourie avec l'Académicien chinois ***Hoang Tsan,*** 黃瓚 ; publié en 1461.

51. 譯語指南

Yek e tji nam.

BOUSSOLE DE LA TRADUCTION.

Cet ouvrage est cité par la préface du *Sin syek pak htong să* ; il parut avec une préface de *Sye Ke tjyeng*, 徐居正 : une phrase de cette dernière préface, rapportée dans celle du *Sin syek pak htong să*, exalte la haute intelligence du Roi *Syei tjong*, sous le règne duquel la langue coréenne fut employée, pour la première fois, dans les compositions littéraires.

52. 訓世評話

Houn syei hpyeng hoa.

EXTRAITS POUR L'INSTRUCTION.

1 vol.

C. des Int.

(한 어 류) (かんごるい) (漢 語 類)

Au commencement de la dynastie, ce livre fut imprimé en caractères mobiles (cf. *Tjou tjă să sil*), et fut perdu pendant les guerres. En 1682, un fonctionnaire de la Cour des Interprètes, *O Keuk heung*, 吳克興, en retrouva un exemplaire qu'il présenta au Roi. Cet ouvrage avait été compilé par *Ri Pyen syeng*, 李邊誠, qui, trouvant que le *Syo hak* n'était pas écrit dans la langue usuelle et que le *Pak htong să* et le *Ro keul tai* contenaient des expressions mongoles, choisit dans les livres taoïstes soixante-cinq articles, qu'il traduisit en chinois parlé: il présenta son travail au Roi qui en ordonna l'impression (Cf. *Htong moun koan tji* ; liv. 8, fol. 2).

53. 四聲通解

Să syeng htong kăi.

EXPLICATION DES QUATRE TONS, OUVRAGE COMPOSÉ PAR ORDRE ROYAL.

2 vol. in-4.

B.R.—C. des Int.—L.O.V.

Les planches d'impression de cet ouvrage sont conservées à la Cour des Interprètes (Cf. *Htong moun koan tji* ; liv. 8, fol. 7).

Préface de *Tchoi Syei tjin*, 崔世珍, fonctionnaire de la Cour des Dépêches, auteur de ce dictionnaire; cette préface est de 1517, 正德十二年歲舍丁丑. Elle rappelle le *E tjyei houn min tjyeng eum* et le *Să syeng htong ko*, composés par ordre du Roi *Syei tjong* : *Tchoi* s'est servi surtout de cette dernière œuvre.

Table des rimes.

Tables des initiales, d'après le ***Koang yun,*** 廣韻 (Cf. Wylie, p. 8 ; Cat. Imp., liv. 40 etc.) ; d'après le ***Yun hoei,*** 韻會 (Cf. Wylie, p. 9) ; d'après le ***Hong oou tcheng yun,*** 洪武正韻 (Cf. Wylie, p. 9 ; Cat. Imp., liv. 42).

Avertissement sur les initiales, médiales et finales.

Second avertissement, où l'auteur cite le ***Mong kou yun lio,*** 蒙古韻略, ouvrage qui fut composé sous la dynastie des ***Yuen,*** 元 (1260–1367), pour enseigner aux Mongols la prononciation du chinois et dont je n'ai pas trouvé mention dans Wylie, il serait dû au Tibétain Bachpa, 巴思巴 (Cf. Mayers, I, N° 532) ; le Catalogue de la Bibliothèque Impériale n'indique qu'un seul ouvrage de ce genre, mais le titre en est différent (蒙古字韻, ***Mong kou tseu yun,*** par 朱宗文, ***Tchou Tsong oen,*** cf. Cat. Imp., liv. 44). Voulant enseigner la prononciation chinoise de l'époque, l'auteur de "l'Explication des quatre tons" supprime les finales du ton rentrant, 入聲, *ip syeng* ; il est aussi obligé d'adopter quelques notations étrangères au coréen pour les consonnes ***f, o*** (de ***oen, oang*** etc.), ***ts, j,*** qui n'existent pas dans cette langue (Cf. tableau du *Sam oun syeng houi*).

Le dictionnaire est rangé suivant les initiales et, sous chaque initiale, suivant les tons et les prononciations, de telle sorte que la transcription coréenne n'est donnée qu'une fois pour tous les caractères qui se prononcent de même. Si les différents ouvrages chinois consultés ne sont pas d'accord, ce désaccord est indiqué. Chaque caractère est expliqué en langue chinoise.

(한어류) (かんごるい) (漢語類)

A la fin du second volume, se trouvent :

1º examen des différences entre l'ancienne prononciation chinoise et celle qui est usitée du temps de l'auteur ;

2º préface de la traduction du *Ro keul tai* et du *Pak htong să*, relative à la prononciation du chinois en Corée et en Chine, à la transcription en caractères coréens de la prononciation chinoise, à quelques notations employées dans les ouvrages cités (il manque deux feuillets à cette partie) ;

3º explication du changement de ton d'un certain nombre de caractères correspondant à un changement de sens.

54. 玉 篇

Ok hpyen.

Dictionnaire par radicaux.

Auteur : *Tchoi Syei tjin*, 崔 世 珍.

(Cf. *Htong moun koan tji* ; liv. 7, fol. 3, verso).

55. 老 朴 輯 覽

Ro pak tjeup ram.

Coup d'œil d'ensemble du vieux *Pak*.

Par *Tchoi Syei tjin*, 崔 世 珍.

Cet ouvrage a été réimprimé comme appendice au *Pak htong să en kăi*, en 1677.

56. 吏 文 輯 覽

Ri moun tjeup ram.

Coup d'œil d'ensemble sur le style des yamens.

Par *Tchoi Syei tjin*, 崔 世 珍.

Cf. *You sye hpil tji.*

(언 어 부) (げんごぶ) (言 語 部)

57. 譯語類解

Yek e ryou kăi.

VOCABULAIRE PAR ORDRE DE MATIÈRES (pour l'étude du chinois parlé).

2 vol. in-4.

C. des Int.—L.O.V.

Chaque caractère chinois est suivi : 1º d'une double prononciation, celle de Péking et celle de Nanking, figurées la première en lettres coréennes ordinaires, la seconde en groupes spécialement formés pour la représenter ; 2º d'une courte explication en coréen.

"En l'année 1682, le Conseiller Admirable *Min*, " 閔, ordonna à plusieurs fonctionnaires de la Cour " des Interprètes, *Sin I hăing*, 愼以行, *Kim Kyeng* " *syoun*, 金敬俊, et *Kim Tji nam*, 金指南, de " faire revoir cet ouvrage par deux Chinois, ***Oen Kho*** " ***chang***, 文可尙, et ***Tcheng Sien kia***, 鄭先甲. " Cette nouvelle édition fut gravée en l'année 1690, " aux frais de quelques mandarins de la même ad- " ministration. Les planches en sont conservées à la " Cour des Interprètes." (*Htong moun koan tji* ; liv. 8, fol. 7, 8).

La Bibliothèque Royale possède cette réédition et une autre en un volume.

58. 譯語類解補

Yek e ryou kăi po.

SUPPLÉMENT À L'OUVRAGE PRÉCÉDENT.

1 vol. in.-4, 63 feuillets.

B.R.—C. des Int.—L.O.V.—Coll. Varat.

(한 어 류) (かんごるい) (漢 語 類)

Il contient un certain nombre d'expressions, rangées dans le même ordre, et forme ainsi le complément du *Yek e ryou kăi*. Au dernier feuillet, se trouve une postface datée de 1775 et signée de *Kim Hong tchyel*, 金弘喆, Interprète : "Le *Yek e ryou kăi* ayant "été composé il y a une centaine d'années, par mon "grand-père, il était devenu nécessaire d'y faire des "additions. Le Grand Conseiller *Kim*, 金, m'ayant "enjoint de préparer un supplément, j'ai adopté pour "ce travail le plan de l'ouvrage primitif. Le livre "a été gravé et imprimé par ordre de ce haut di- "gnitaire." (Cf. *Htong moun koan tji*; liv. 8, fol. 8, 10).

59. 吏學指南

Ri hak tji nam.

GUIDE POUR LE STYLE DES YAMENS.

Ouvrage cité par le *Tong kyeng tjap keui.*
Cf. *You sye hpil tji.*

60. 略韻

Ryăk oun

RIMES ABRÉGÉES.

Ouvrage cité par le *Tong kyeng tjap keui.*

61. 正音指南

Tjyeng eum tji nam.

GUIDE DE LA PRONONCIATION CORRECTE.

Ouvrage cité par le *Pan kyei syou rok.*

62. 雅語指南

A e tji nam.

GUIDE DU LANGAGE ÉLÉGANT.

Ouvrage cité par le *Pan kyei syou rok.*

63. 華東正音通釋韻考

Hoa tong tjyeng eum htong syek oun ko.

DICTIONNAIRE EXPLICATIF PAR RIMES, DONNANT LES PRONONCIATIONS CHINOISE ET CORÉENNE CORRECTES.

I. 1 vol. grand in-8, formant 2 livres, 107 feuillets. L.O.V.

Préface datée de 1747, 丁卯, par *Pak Syeng ouen* de *Mil yang*, 密陽朴性源, auteur de l'ouvrage : il déplore l'incorrection de la prononciation usitée pour les caractères chinois en Corée et rappelle les travaux ordonnés par le Roi *Syei tjong*, (cf. Nos 47 et sqq.) ; il a préparé son dictionnaire en collaboration avec *Ri En yong*, 李彦容, et en se servant surtout du *Sam oun htong ko* et du *Să syeng htong kăi.*

Tableaux des lettres coréennes, des rimes et des initiales, analogues à ceux du *Sam oun syeng houi :* il existe entre ces deux dictionnaires quelques différences pour la figuration des sons chinois étrangers à la langue coréenne. Une partie des explications données dans le dernier tableau sont tirées du ***Yuen yin thong chi,*** 元音通釋, ouvrage non indiqué par le Catalogue Impérial.

Ce dictionnaire donne d'abord, parallèlement, les caractères aux trois premiers tons, en indiquant la prononciation chinoise, la prononciation coréenne et le sens ; les caractères au ton rentrant sont mis à part.

II. Autre édition d'un format un peu plus grand, 112 feuillets, formant 2 livres.

L.O.V.—C.P.

Titre en bleu ou en noir, au verso du 1er feuillet : au milieu, 正音通釋, en caractères *li*, 隷 ; à droite : "imprimé nouvellement en 1841," 辛丑新印, en caractères sigillaires ; à gauche : "planches gardées à la Bibliothèque Royale," 內閣藏板, en caractères sigillaires.

Préface en caractères semi-cursifs, composée par le Roi *Tjyeng tjong* en 1787, 予卽阼之十一年丁未, et suivie du sceau de la Bibliothèque Royale imprimé en noir.

Avertissement contenant le tableau des initiales.

Après le dictionnaire, en tout conforme à la première édition, se trouvent les tableaux des lettres coréennes et des rimes, ainsi que la préface de l'auteur.

III. Autre édition semblable à l'édition II : le titre est en noir et disposé différemment.

IV. Autre édition semblable aux deux précédentes : titre en noir, portant : "planches gardées à *Hpyeng yang*," (平壤) 箕營藏板 ; pas de préface royale.

L.O.V.

V. Édition sur beau papier identique à l'édition II, mais sans titre et sans préface de l'auteur ; formant 2 volumes.

L.O.V.

Ce dictionnaire existe à la Bibliothèque Royale.

(언어부) (げんごぶ) (言語部)

64. 三 韻 通 考

Sam oun htong ko.

DICTIONNAIRE COMPLET DES TROIS TONS.

Ouvrage cité par le *Hoa tong tjyeng eum htong syek oun ko.*

65. 增 補 三 韻 通 考

Tjeung po sam oun htong ko.

DICTIONNAIRE COMPLET DES TROIS TONS, ÉDITION AUGMENTÉE.

1 vol. in-4, 98 feuillets.

L.O.V.

Cet ouvrage, non daté, paraît être du XVIIe siècle: c'est un dictionnaire, où les caractères chinois sont très brièvement expliqués en chinois, sans aucune indication sur la prononciation coréenne. Les caractères aux trois premiers tons sont rangés sous 89 rimes; chaque page est divisée horizontalement en trois bandes, la première réservée à une rime de ton égal, 平聲, *hpyeng syeng*, la seconde à une rime de ton ascendant, 上聲, *syang syeng*, la troisième à une rime de ton descendant, 去聲, *ke syeng;* ces rimes sont les mêmes que celles qui sont actuellement en usage en Corée et en Chine:

平聲	1 東 tong	2 冬 tong	3 江 kang	4 支 tji
上聲	1 董 tong	2 腫 tjyong	3 講 kang	4 紙 tji
去聲	1 送 song	2 宋 song	3 絳 kang	4 寘 tji

(한 어 류) (かんごるい) (漢 語 類)

平聲	5 微 mi	6 魚 e	7 虞 ou	8 齊 tjyei
上聲	5 尾 mi	6 語 e	7 麌 ou	8 薺 tjyei
去聲	5 未 mi	6 御 e	7 遇 ou	8 霽 tjyei
平聲	9 佳 kai	10 灰 hoi		11 眞 tjin
上聲	9 蟹 hăi	10 賄 hoi		11 軫 tjin
去聲	9 泰 htai	10 卦 koai	10bis 隊 tăi	11 震 tjin
平聲	12 文 moun	13 元 ouen	14 寒 han	15 删 san
上聲	12 吻 moun	13 阮 ouen	14 旱 han	15 潸 san
去聲	12 問 moun	13 願 ouen	14 翰 han	15 諫 kan
平聲	16 先 syen	17 蕭 syo	18 肴 hyo	19 豪 ho
上聲	16 銑 syen	17 篠 syo	18 巧 kyo	19 皓 ho
去聲	16 霰 syen	17 嘯 syo	18 效 hyo	19 號 ho
平聲	20 歌 ka	21 麻 ma	22 陽 yang	23 庚 kyeng
上聲	20 哿 ka	21 馬 ma	22 養 yang	23 梗 kyeng
去聲	20 箇 kăi	21 禡 ma	22 漾 yang	23 敬 kyeng
平聲	24 青 tchyeng	24bis 蒸 tjeung	25 尤 ou	26 侵 tchim
上聲	24 迥 hyeng		25 有 you	26 寑 tchim
去聲	24 徑 kyeng		25 宥 you	26 沁 tchim
平聲	27 覃 tam	28 鹽 yem	29 咸 ham	
上聲	27 感 kam	28 琰 yem	29 豏 ham	
去聲	27 勘 kam	28 豔 yem	29 陷 ham	

Les caractères au ton rentrant, 入聲, *ip syeng*, sont rangés à part, sous 17 rimes, chaque catégorie au ton rentrant étant renvoyée à l'une des catégories précédemment citées :

(언 어 부) (げんごぶ) (言 語 部)

1	屋 *ok*	rentre sous	la rime	東 *tong.*
2	沃 *ok*	„	„	冬 *tong.*
3	覺 *kak*	„	„	江 *kang.*
4	質 *tjil*	„	„	眞 *tjin.*
5	物 *moul*	„	„	文 *moun.*
6	月 *ouel*	„	„	元 *ouen.*
7	曷 *hal*	„	„	寒 *han.*
8	黠 *hal*	„	„	删 *san.*
9	屑 *syel*	„	„	先 *syen.*
10	藥 *yak*	„	„	陽 *yang.*
11	陌 *măik*	„	„	庚 *kyeng.*
12	錫 *syek*	„	„	青 *tchyeng.*
13	職 *tjik*	„	„	蒸 *tjeung.*
14	緝 *tjeup*	„	„	侵 *tchim.*
15	合 *hap*	„	„	覃 *tam.*
16	葉 *yep*	„	„	鹽 *yem.*
17	洽 *hyap*	„	„	咸 *ham.*

On peut voir par ce tableau qu'à la muette finale (*k*, *l* pour t,[1] *p*) de la rime au ton rentrant, correspond toujours une nasale de même ordre (*ng*, *n*, *m*) dans la rime au ton égal sous laquelle elle se classe, et que la voyelle est la même de part et d'autre, sauf trois exceptions (11, 13, 14); encore la lettre *i* a-t-elle presque la même valeur que *eu* et le son *ăi* n'est-il que médiocrement éloigné de *e*.

A la fin du volume, sont données deux listes de rimes usitées précédemment et différant de celles qui sont indiquées ci-dessus.

1. La substitution de l finale au t final de l'ancienne prononciation chinoise, est constante en sino-coréen.

66. 三韻聲彙

Sam oun syeng houi.

DICTIONNAIRE RANGÉ SUR TROIS TONS.

3 vol. in-4.

B.R.—L.O.V.

1er volume : préface datée de 1751, 上之二十七年辛未, et signée *Kim Tjăi ro*, 金在魯, Président du Grand Conseil, etc.: "la prononciation "coréenne des caractères chinois s'étant peu à peu "modifiée, il serait désirable de la rapprocher de son "origine ; mais, si l'on consulte, pour établir la prononciation correcte, les divers dictionnaires chinois, "l'orthographe qu'ils emploient, 反切, *pan tjyel*, "interprétée à l'aide de la prononciation coréenne, "donne souvent un résultat inexact. Très frappé de "cette fâcheuse situation, quand il a été à la tête de "la Cour des Interprètes, *Kim Tjăi ro* a vivement "encouragé l'entreprise de *Hong Kyei heui*, nom "littéraire *Syoun po*, 洪啓禧純甫, Ministre de "l'Armée, qui, pendant de longues années, s'était "occupé d'un travail destiné à réformer la prononciation coréenne. Cet ouvrage, pour lequel *Kim* "*Tjăi ro* écrit la présente préface, a pour base la liste "des initiales, 字母, *tjă mou*, du ***Hong oou tcheng*** "***yun***, 洪武正韻, (Cf. Wylie, p. 9; Cat. Imp., liv. "42) et la transcription coréenne donnée par le *Să* "*syeng htong kăi*, № 53 ; dans la plupart des cas, "l'auteur s'est conformé à l'orthographe correcte, "parfois, pour différentes raisons, il a suivi l'usage "populaire, etc."

Avertissement, suivi de trois tableaux : 1º tableau des initiales du ***Hong oou tcheng yun,*** classant les initiales en sept ordres, 七音, *tchil eum,* qui correspondent aux cinq notes, 五音, *o eum,* et aux cinq éléments, 五行, *o hăing ;* chaque ordre renferme des lettres de quatre degrés : sonores, 全淸, *tjyen tchyeng ;* demi-sonores, 次淸, *tchă tchyeng ;* sourdes, 全濁, *tjyen tchak ;* neutres, 不淸不濁, *poul tchyeng poul tchak ;* pour chaque ordre et chaque degré, l'auteur donne en exemple un caractère chinois ayant l'initiale correspondante, la transcription coréenne de la prononciation chinoise et l'initiale coréenne séparée ; voir le tableau de la page suivante, qui contient les éléments essentiels du tableau renfermé dans le volume.

Cette classification des initiales ou consonnes diffère très peu de celle qui a été inventée par le bonze tartare ***Liao yi,*** 胡僧了義.

Un pareil système, imité de la classification des lettres de la langue sanscrite, est presque incompréhensible pour un Chinois ; et, quoiqu'il soit approprié au génie de la langue coréenne qui est alphabétique, il renferme plusieurs détails qui ne conviennent nullement à la prononciation coréenne du chinois, par exemple la classification des consonnes en sonores, demi-sonores et sourdes : aussi l'auteur est-il obligé d'avertir que les sourdes se prononcent tantôt comme les sonores, tantôt comme les demi-sonores ; les labiales légères (*f*, *w*), les dentales légères de la 1ère série (*tz*, *ts*, *tztz*), les dentales vraies de la 2e série (*ch*, *chch*), là gutturale *ḥ*, la dentilinguale *j* sont tout à fait étrangères

(한어류) (かんごるい) (漢語類)

Cinq notes 五 音 *'o eum.*	Sept ordres 七 音 *tchil eum.*	Sonores 全 淸 *tjyen tchyeng.*	Demi-sonores 次 淸 *tchă tchyeng.*	Sourdes 全 濁 *tjyen tchak.*	Neutres 不 淸 不 濁 *poul tchyeng poul tchak.*
角 *kak*	Molariennes 牙 音 *a eum*	見 kyen ᄀ k	溪 hki ᄏ hk	羣 kkyoun ᄁ kk	疑 ngi ᅌ ng
徵 *tchi*	Lingnales 舌頭音 *syel tou eum*	端 touan ᄃ t	透 hteuou ᄐ ht	定 tting ᄄ tt	泥 ni ᄂ n
羽 *ou*	Labiales lourdes 唇音重 *tjin eum tjyoung*	幫 pang ᄇ p	滂 hpang ᄑ hp	並 pping ᄈ pp	明 ming ᄆ m
	Labiales légères 唇音輕 *tjin eum kyeng*	非 fi ᄫ f		奉 ffoung ᄬ ff	微 wi ᄝ w
商 *syang*	Dentales légères 齒頭音 *tchi tou eum* (1ère série)	精 tzing ᅎ tz	淸 tsing ᅔ ts	從 tztzoung ᅏ tztz	
	id. (2e série)	心 sim ᄼ s		邪 ssye ᄽ ss	
	Dentales vraies 正齒音 *tjyeng tchi eum* (1ère série)	照 tjyao ᅐ tj	穿 tchyouan ᅕ tch	牀 tjtjoang ᅑ tjtj	
	id. (2e série)	審 chim ᄾ ch		禪 chchyen ᄿ chch	
宮 *koung*	Gutturales 喉 音 *hou eum*	影 ḥing ᅙ ḥ	曉 hyao ᄒ h	匣 hhya ᅘ hh	喩 you ᄋ son mouillé
半徵半商 *pan tchi pan syang*	Dentilinguales 半舌半齒 *pan syel pan tchi*				來 răi ᄅ r 日 ji ᅀ *j*

au coréen et l'auteur a pris, pour les représenter, des signes qui n'existent pas ou qui n'existent plus dans l'écriture habituelle (Cf. *E tjyei houn min tjyeng eum*).

2º Tableau des lettres coréennes classées méthodiquement.

Ce tableau est tiré du *E tjyei houn min tjyeng eum*, mais est disposé dans un autre ordre, conforme à l'ordre vulgaire, et ne contient pas les caractères ㅇ = son mouillé, ㆆ = *ḥ*, ㅿ = *j*, qui n'existent pas dans la prononciation coréenne.

3º Tableau des rimes des quatre tons avec indication de la finale et des diverses voyelles coréennes qui correspondent à chaque rime.

A la fin de l'avertissement, l'auteur déclare qu'il n'a pas essayé de rapprocher la prononciation coréenne de la prononciation chinoise moderne, sur deux points où celle-ci est manifestement incorrecte, pour les caractères au ton rentrant dont elle supprime la consonne finale, et pour les caractères où elle remplace la finale *m* par la finale *n*.

Les caractères sont rangés dans un ordre analogue à celui du *Tjeung po sam oun htong ko*. La prononciation coréenne est donnée en gros caractères en tête d'une série d'homophones ; les prononciations chinoises correspondantes sont indiquées au-dessous ; pour chaque caractère, le dictionnaire note le sens, l'initiale correspondante et renvoie à d'autres tons et à d'autres rimes, s'il y a lieu ; les deux parties (caractères aux trois premiers tons, caractères au ton rentrant) sont rangées de la même façon.

Le troisième volume contient les mêmes caractères que les deux premiers, mais rangés par clefs et avec de simples renvois aux rimes.

A la fin du deuxième volume, on trouve un cartouche renfermant l'inscription : "imprimé à l'Impri-

悉遵古本更加校正

御定奎章全韻

丁亥六月初一日辰時 咼洞新刊

Titre du *E tyeng kyou tjyang tjyen oun* (N° 67).

merie Royale à la 6e lune de l'an 1751," 辛未季夏芸閣開板, et une postface écrite la même année par l'auteur de l'ouvrage, *Hong Kyei heui*, 洪啓禧. Celui-ci dit qu'il s'était occupé de recherches sur la prononciation, sans songer à en publier le résultat : le Roi a donné le titre à son ouvrage, l'a fait graver par l'Imprimerie Royale et, l'auteur étant fort absorbé par ses fonctions de Ministre de l'Armée, *Tjyeng Tchyoung en*, 鄭忠彥, en a surveillé l'impression.

Une autre édition, moins bien imprimée que celle que je viens de décrire, porte, avant la postface, les indications : "imprimé à *Tai kou*, 大丘, à la 7e lune de l'année 1769," 己丑初秋嶺營開板 ; elle est d'ailleurs semblable à la première. Un exemplaire de chacune se trouve à l'Ecole des Langues Orientales.

67. 御定奎章全韻

E tyeng kyou tyang tjyen oun.

DICTIONNAIRE PAR RIMES, DE LA BIBLIOTHÈQUE ROYALE, COMPOSÉ PAR ORDRE ROYAL.

I. 2 vol. petit in-8.

L.O.V.

Titre au verso du premier feuillet (1er volume) : au milieu 御定奎章全韻 en caractères *li*, 隷 ; à droite : "édition primitive de la Bibliothèque Royale," 內閣原本, en caractères sigillaires ; à gauche : "gravé de nouveau à *You tchyen*, 1851," 由泉重刊辛亥, en caractères sigillaires. La première édition

(한어류) (かんごるい) (漢語類)

est postérieure au *Tjyeng eum htong syek*, N° 63, de 1787.

Préface non signée, non datée : jusque là les dictionnaires coréens rangeaient les caractères sur trois tons (平, *hpyeng*, 上, *syang*, 去, *ke*) et mettaient à part les caractères au quatrième ton (入 *ip*) ; le Roi *Tjyeng tjong* a prescrit, pour ce nouveau dictionnaire, d'ordonner les quatre tons parallèlement.—Bref historique des rimes : c'est dans les livres canoniques qu'il en faut chercher l'origine ; sous les ***Han***, 漢, tous les lettrés s'en servaient : c'est ainsi que ***Yang Hiong***, 楊雄 (53 av. J.C.—18 ap. J.C.) composa le ***Thai yuen king***, 太元經, et que ***Tsiao Kong***, 焦貢 (IIIe siècle) écrivit le ***Yi lin***, 易林. ***Chen Yo***, 沈約, (411–513) inventa le système des quatre tons ; les anciennes rimes, dont la prononciation avait changé, furent étudiées, dans le ***Yun pou***, 韻補, par ***Oou Yu***, 吳棫 (dynastie des ***Song***, 宋, 960–1278, cf. Wylie, p. 9) : elles différaient des rimes alors admises et furent appelées par lui rimes forcées, 叶韻, *hyep oun* ; ***Tchou Hi***, 朱熹, usa de la même méthode pour ses travaux sur le Livre des Odes et le ***Li sao***. Quant aux rimes fondées uniquement sur le son, *htong oun* 通韻, elles furent surtout employées à l'époque des ***Thang***, 唐.—Enfin cette préface annonce que le *Ok hpyen* vient d'être imprimé en caractères mobiles *sàing sàing*, 生生字, et *tjyeng ri*, 整理字 (Cf. *Tjou tjă să sil*).

Table des rimes ; le dictionnaire, divisé en deux parties, contient 13345 caractères ; chaque page est partagée en quatre bandes pour les quatre tons.

(언 어 부) (げんごぶ) (言 語 部)

A la fin du 2e volume, on trouve l'indication : "gravé de nouveau à *You tchyen*, à la 1ère lune de l'an 1851," 辛亥孟春由泉重刊.

II. Autre édition du même ouvrage, avec corrections.
1 vol. in-12, 76 feuillets.
L.O.V.—M.C.—Coll. v.d. Gabelentz.

Titre au verso du premier feuillet : au milieu, 御定奎章全韻, en caractères *li* 隷 ; à droite, "conforme à l'ancienne édition, avec corrections," 悉遵古本更加校正, *sil tjoun ko pon kyeng ka kyo tjyeng*, en caractères *li* 隷 ; à gauche, "gravé nouvellement à *Ya tong*, le 11 juillet 1887, à huit heures du matin," 丁亥六月初一日辰時冶洞新刊.

La préface est la même que celle de l'édition précédente : quelques phrases y sont ajoutées pour dire que c'est le Roi *Tjyeng tjong* qui a fait ranger les caractères du dictionnaire suivant les quatre tons et qui a chargé de ce travail le fonctionnaire *Tyeng Yak yong*, 丁若鏞. L'ouvrage contient 13347 caractères, un errata suit la table des rimes et il n'y a pas de date à la fin : il n'existe pas d'autres différences.

III. Autre édition avec corrections.
1 vol. grand in-8, 76 feuillets.
L.O.V.

Titre au verso du premier feuillet : au milieu, 御定奎章全韻, en caractères *li* 隷 ; à droite, "conforme à l'ancienne édition, revu," 悉依古本校正無訛, *sil eui ko pon kyo tjyeng mou oa* ; à gauche, "gravé à la bibliothèque *Mi yang*," 美陽書坊梓行.

Édition en tout semblable à la précédente.

(한 어 류) (かんごるい) (漢 語 類)

A la fin : "gravé à la 5e lune de l'année 1889," 己丑五月 | 日刋.

IV. Autre édition.

1 vol. in-4, 90 feuillets.

L.O.V.—Brit. M.—C.P.

Sans titre ; mais, pour tout le reste, conforme à l'édition I ; certains exemplaires sont imprimés sur grand papier fort, format in-folio. Des exemplaires de cette édition sont donnés, à l'issue des examens, aux candidats qui se sont distingués, sans mériter cependant d'être reçus.

Cet ouvrage se trouve à la Bibliothèque Royale.

68. 全韻玉篇

Tjyen oun ok hpyen.

DICTIONNAIRE PAR CLEFS.

I. 1 vol. in-4, 154 feuillets, formant 2 livres.

C.P.—Coll. v.d. Gabelentz.

Titre au verso du premier feuillet, avec encadrement : au milieu, 全韻玉篇, en caractères *li* 隷 ; à droite, "nouvellement gravé en 1879," 己卯新刋 ; à gauche, "planches conservées à la Cour des Explicateurs du Prince Héritier," 春坊藏板.

Table des 214 clefs.

Dans le dictionnaire, les caractères sont rangés par clefs et, sous chaque clef, d'après le nombre des traits des phonétiques ; pour chaque caractère, on trouve la prononciation coréenne, l'explication du sens en chinois et la rime à laquelle il appartient.

(언 어 부) (げんごぶ) (言 語 部)

II. Autre édition en 2 vol. in-4, sans titre, d'ailleurs semblable.

L.O.V.—M.C.

Cette édition a été reproduite par la phototypie à Changhai, en 1890 ; elle forme un vol. in-12, 153 feuillets.—C.P.

III. Autre édition en 2 vol. grand in-8, sur papier commun.

Brit. M.—M.C.

D'après la préface du *Kyou tjyang tjyen oun*, ce dictionnaire aurait été imprimé en caractères mobiles, sous le règne de *Tjyeng tjong* (Cf. *Tjou tjă să sil*).

69. 華音啓蒙

Hoa eum kyei mong.

LE CHINOIS PARLÉ ENSEIGNÉ AUX ENFANTS.

1 vol. in-4, 36 feuillets.

B.R.—L.O.V.

Préface datée de 1883, par *Youn Htai tjyoun*, 尹泰駿, Membre du Conseil Privé, Explicateur Royal, Annaliste. " Les ouvrages qui servaient pour l'étude " du chinois parlé, tels que le *Ro keul tai*, le *Pak* " *htong să* et le *Yek e ryou kăi* sont aujourd'hui trop " anciens et donnent une prononciation qui n'est plus " en usage. Ce livre, composé par *Ri Eung hen*, 李 " 應憲, est destiné à les remplacer. L'auteur, " sachant que je suis allé en Chine et que j'y ai appris " la langue du pays, m'a prié d'écrire cette préface."

Vingt-six feuillets sont consacrés à des dialogues en langue mandarine, divisés en deux parties. Suivent le *Tchyen tjă moun*, le *Păik ka syeng*, 百家姓, ou liste des noms de famille (cf. Cordier, 676, 1789), la liste des caractères cycliques, des vingt-huit constellations et des chiffres cardinaux, avec la prononciation chinoise actuelle transcrite en lettres coréennes.

L'ouvrage se termine par une liste de certains caractères pris dans le *Tchyen tjă moun* et le *Păik ka syeng*, avec la double prononciation, mandarine et commune, 正俗, *tjyeng syok*, qu'ils possèdent, transcrite en lettres coréennes.

Même ouvrage, contenant seulement la préface et les dialogues.

Coll. Varat.

70. 華音啓蒙諺解
화 인 지 멍 연 졔

Hoa in tji meng yen tjyei (transcription coréenne du son chinois ***Hoa yin khi mong yen kiai***).

Hoa eum kyei mong en kăi (prononciation sino-coréenne).

LE CHINOIS PARLÉ ENSEIGNÉ AUX ENFANTS, AVEC TRADUCTION CORÉENNE.

1 vol. in-4, 75 feuillets, formant 2 parties.

L.O.V.

Cet ouvrage contient les dialogues du volume précédent, avec la prononciation chinoise notée en lettres coréennes sous chaque caractère, et l'explication de chaque phrase en langue coréenne : ces explications sont écrites partie en caractères coréens, partie en caractères chinois.

(언 어 부) (げんごぶ) (言 語 部)

71. 華語類抄
화워루찬

Hoa youi rou tchao (transcription coréenne du son chinois **Hoa yu lei tchhao**).

Hŏa e ryou tchyo (prononciation sino-coréenne).

ÉLÉMENTS DE LA LANGUE CHINOISE.

1 vol. in-8, 60 feuillets, s.d.

L.O.V.—Brit. M.

Cet ouvrage est un vocabulaire chinois-coréen dont les mots sont rangés par ordre de matières. L'auteur anonyme indique, par une note placée au verso de la couverture, qu'il a dû adopter certaines combinaisons des lettres coréennes pour former de nouvelles, syllabes, qui lui permissent de reproduire plus exactement la prononciation des caractères usitée à Péking: c'est ainsi que pour, 道, ***tao,*** il emploie 다, *ta* et 오, *o* et enforme une syllabe, 닫, *tao,* etc.

72. 華語類抄

Hoa e ryou tchyo.

MANUEL POUR L'ÉTUDE DE LA LANGUE CHINOISE PARLÉE.

1 vol. in-8, 41 feuillets, s. l. n. d.

B.R.—L.O.V.

Ce volume contient :

1° *Tchyen tjă moun* ;

2° *Păik ka syeng,* 百家姓, le livre des cent familles (cf. N° 69);

3° les nombres, 算數, *san sou;*

4° liste des caractères qui se trouvent dans le *Tchyen tjă moun* et dans le livre des cent familles,

(한어류) (かんごるい) (漢語類)

avec la double prononciation mandarine et vulgaire, 華音正俗變異, *hoa eum tjyeng syok pyen i ;*

5º phrases chinoises avec prononciation et traduction en coréen, 華音啓蒙諺解, *hoa eum kyei mong en kăi ;*

6º vocabulaire, par ordre de matières, d'expressions concernant l'astronomie, les saisons, les administrations, la géographie, la botanique, etc.

Le même ouvrage existe avec prononciation et traduction.

73. 奎章字彙

Kyou tjyang tjă houi.

Dictionnaire, conforme au Dictionnaire de la Bibliothèque Royale.

1 vol. in-4, 100 feuillets, mss.

Mis. Étr. Seoul.

Dictionnaire chinois-coréen, disposé d'après la prononciation coréenne des caractères chinois.—Composé par Mgr. Blanc.

74. 整理字譜

Tjyeng ri tjă po.

Recueil des caractères *tjyeng ri.*

1 vol. in-8.

Vocabulaire par ordre de clefs : la prononciation est notée à l'aide d'homophones chinois.—Indication du ton.

Cf. *Tjou tjă să sil.*

75. 奎韻府

Kyou oun pou.

RECUEIL DES RIMES, D'APRÈS LA BIBLIOTHÈQUE ROYALE.

1 vol. mss.

Dictionnaire en langue chinoise, par un Coréen.

76. 芸閣唐字藪

Oùn kak tang tjă sou.

RÉPERTOIRE DES CARACTÈRES CHINOIS DE L'IMPRIMERIE ROYALE.

1 vol.

B.R.

77. 文字類輯

Moun tjă ryou tjeup.

DICTIONNAIRE D'EXPRESSIONS RANGÉES PAR ORDRE DE MATIÈRES.

1 vol. in-8, 59 feuillets.

B.R.

Cet ouvrage est un simple répertoire sans aucune explication.

78. 玉叢

Ok tchong.

LA COLLECTION DE JADE.

2 vol. in-4, mauvaise impression.

Dictionnaire d'expressions par ordre de matières.

(한어류) (かんごるい) (漢語類)

79. 語錄解

E rok kăi.

DICTIONNAIRE DES TERMES DIFFICILES.

1 vol. in-4, 42 feuillets, mss.

L.O.V.

Ce volume explique en coréen les termes employés dans les romans écrits en chinois, spécialement ceux du roman intitulé *Syou ho tji*, qui sont notés livre par livre.

80. 華東叶音通釋

Hoa tong hyep eum htong syek.

DICTIONNAIRES DES RIMES FORCÉES EN CHINOIS ET EN SINO-CORÉEN.

1 vol.

B.R.

81. 大廣益會玉篇

Tai koang ik hoi ok kpyen.

GRAND DICTIONNAIRE AUGMENTÉ, PAR ORDRE DE CLEFS.

30 vol. grand in-4, formant en tout 210 feuillets.

Ouvrage cité par M. Satow comme imprimé en Corée (History of printing in Japan ; Transactions of the Asiatic Society of Japan, vol. 10, part I).

(언 어 부) (げんごぶ) (言 語 部)

82. 物名俚語拾陸條目之類
물명리어십륙됴목지류

Moul myeng ri e sip ryouk tyo mok tji ryou.

VOCABULAIRE CHINOIS PAR ORDRE DE MATIÈRES, DIVISÉ EN SEIZE SÉRIES, AVEC LA TRADUCTION EN LANGUE VULGAIRE.

1 vol. grand in-8, 14 feuillets, mss.
L.O.V.
Autre : 1 vol. in-8 carré, 12 feuillets.
Mis. Étr. Seoul.

La couverture du dernier exemplaire porte le titre d'un autre ouvrage, *Hto tyeng sin kyel tchyo*, 土亭神訣抄.

2e PARTIE

OUVRAGES SPÉCIAUX À LA COUR DES INTERPRÈTES.

83. 直解小學

Tjik kăi syo hak.

LE *Siao hio'* AVEC EXPLICATION.

Anciennement employé dans les examens des candidats aux fonctions d'Interprète pour le chinois ; supprimé du programme avant 1744.

Cf. *Htong moun koan tji*, liv. 2, fol. 2 ; *Tai tyen hoi htong*, liv. 3, fol. 13.

(한어류) (かんごるい) (漢語類)

84. 老乞大
Ro keul tai.

Ce titre n'est explicable ni en chinois ni en coréen.

Ouvrage employé aux examens de chinois (cf. *Htong moun koan tji*, liv. 2, fol. 2; *Tai tyen hoi htong*, liv. 3, fol. 13); les planches en sont conservées à la Cour des Dépêches (Cf. *Htong moun koan tji*, liv. 8, fol. 7).

85. 重刊老乞大
Tjyoung kan ro keul tai.
RO KEUL TAI, GRAVÉ DE NOUVEAU.

1 vol. in-fol., 46 feuillets.
B.R.—L.O.V.
Dialogues en chinois parlé, sans traduction ni transcription coréenne. A la fin de l'ouvrage, deux feuilles donnent la liste des fonctionnaires qui ont surveillé l'impression.

86. 重刊老乞大諺解
Tjyoung kan ro keul tai en kăi.
RO KEUL TAI, GRAVÉ DE NOUVEAU, AVEC EXPLICATION CORÉENNE.

2 vol. in-4.
B.R.—L.O.V. (2e volume seul).
1er volume, 54 feuillets; le 2e volume, contenant des dialogues en chinois, avec double prononciation,

a 62 feuillets ; la prononciation à droite, figurée en lettres coréennes usuelles, est celle du nord (Péking); celle qui est à gauche, figurée en lettres coréennes modifiées pour représenter des sons non en usage en Corée, est celle de Nanking.

87. 老乞大諺解

Ro keul tai en kăi.

Ro keul tai, avec explication coréenne.

2 vol.

Par *Tchoi Syei tjin*, 崔世珍.

“ La bibliothèque de la Cour des Interprètes en “ possède un exemplaire, qui lui a été donné par “ le Roi et qui fut imprimé, sur le rapport du Con- “ seiller admirable *Tjyeng*, 鄭, au moyen de types “ mobiles en cuivre, en l'année 1670 ” (Cf. *Htong moun koan tji*, liv. 8, fol. 8).

Le catalogue de la Bibliothèque Royale mentionne le même livre, avec l'indication : 5 *kouen*, 卷 ; c'est sans doute le présent ouvrage (2 vol.) réuni au № 89 (3 vol.).

88. 新釋老乞大

Sin syek ro keul tai.

Le Ro keul tai, nouvelle traduction.

1 vol.

C. des Int.

En 1763, l'Interprète *Pyen Hen*, 邊憲, a revu cet ouvrage et l'Imprimerie Royale a fait graver les planches.

(한어류) (かんごるい) (漢語類)

89. 新釋老乞大諺解

Sin syek ro keul tai en kăi.

LE RO KEUL TAI, NOUVELLE TRADUCTION AVEC EXPLICATION CORÉENNE.

3 vol.

C. des Int.

" Les planches en sont conservées par la Cour des " Interprètes. L'ouvrage fut revu en 1763 par un fonc- " tionnaire de la même administration, nommé *Pyen* " *Hen*, 邊憲, et gravé par les soins de l'Imprimerie " Royale." (Cf. *Htong moun koan tji*, liv. 8, fol. 8 et 10).

90. 朴通事

Pak htong să.

L'INTERPRÈTE *Pak*.

Ouvrage employé aux examens de chinois (Cf. *Htong moun koan tji*, liv. 2, fol. 2; *Tai tyen hoi htong*, liv. 3, fol. 13).—Des planches gravées à une époque inconnue, sont conservées à la Cour des Interprètes (Cf. *Htong moun koan tji*, liv. 8, fol. 7).

91. 朴通事諺解

Pak htong să en kăi.

L'INTERPRÈTE *Pak*, AVEC EXPLICATION CORÉENNE.

3 vol.

Par *Tchoi Syei tjin*, 崔世珍, Interprète sous le règne de *Syeng tjong*.

" Les planches sont conservées par la Cour des " Interprètes dont la bibliothèque possède un exem- " plaire en trois volumes donné par le Roi. En l'an

"1677, le Grand Conseiller *Kouen*, 權, adressa un "rapport à *Syouk tjong*, et enjoignit, en conséquence, "aux fonctionnaires de la dite Cour, *Pyen Syem*, "邊暹, et *Pak Syei hoa*, 朴世華, de faire graver "les planches à leurs frais. Cette édition contient "en appendice le *Ro pak tjeup ram*, expliqué." (Cf. *Htong moun koan tji*, liv. 8, fol. 7).

A la Bibliothèque Royale, se trouve un exemplaire en un volume, sans doute plus ancien que le précédent.

92. 新釋朴通事

Sin syek pak htong să.

L'INTERPRÈTE *Pak*, NOUVELLE TRADUCTION.

1 vol. in-4, 68 feuillets.

C. des Int.—L.O.V.

La préface indique que, la langue chinoise s'étant modifiée, les livres dont on se servait précédemment ne peuvent plus être employés pour apprendre à la parler ; parmi ces anciens livres, elle mentionne le *Yek e tji nam*, le premier livre qui fut composé en bon coréen : "jusque là, les ouvrages à l'usage des "Interprètes étaient très défectueux ; aussi *Sye Ke* "*tjyeng*, 徐居正, a dit avec raison que l'intelli-"gence du roi *Syei tjong* est supérieure à celle de "tous les rois, puisque c'est lui qui est l'inven-"teur du coréen (始製諺文)."

Dialogues en chinois parlé, sur toutes sortes de sujets : la langue diffère légèrement de la langue mandarine telle qu'on l'emploie aujourd'hui.

A la fin, liste des fonctionnaires et interprètes qui ont revu l'ouvrage et en ont surveillé l'impression, en

1765, à *Hpyeng yang*, 平壤 : trois d'entre eux se sont spécialement occupés de la transcription coréenne, parmi eux ne figure pas *Kim Tchyang tjo*, 金昌祚 (voir № 93). Pour cet ouvrage, il existe, à la Cour des Interprètes, des planches qui ont été gravées à une époque qu'on ne saurait préciser (Cf. *Htong moun koan tji*, liv. 8, fol. 7).

93. 新釋朴通事諺解

Sin syek pak htong să en kăi.

L'INTERPRÈTE PAK, NOUVELLE TRADUCTION AVEC EXPLICATION CORÉENNE.

3 vol.

C. des Int.

Les planches sont conservées par la Cour des Interprètes. L'ouvrage a été revu par des fonctionnaires de cette administration, au nombre desquels est cité *Kim Tchyang tjo*, 金昌祚, et gravé en 1765, à *Hpyeng yang*, 平壤 (Cf. *Htong moun koan tji*, liv. 8, fol. 8 et 10).

94. 新編勸化風俗南北雅曲五倫全備記

Sin hpyen kouen hoa hpoung syok nam peuk a kok o ryoun tjyen pi keui (***Sin pien khiuen hoa fong sou nan pẹ ya khiu oou loẹn tsiuen pei ki***).

OUVRAGE NOUVELLEMENT COMPOSÉ POUR RAPPELER AU RESPECT DES CINQ RELATIONS SOCIALES, AVEC DES CHANSONS FAITES SUR LE MODÈLE DE CELLES DU NORD ET DU MIDI, DESTINÉES À RÉFORMER LES MŒURS.

4 vol. in-4, formant 4 livres.

L.O.V.

B.R. 5 vol.

(언어부) (げんごぶ) (言語部)

Première préface signée ***Yu seou,*** 愚叟, désignation équivalant à l'anonyme : ce personnage, ayant été frappé, en assistant à une représentation théâtrale à Nanking, de l'immoralité des pièces de théâtre, a voulu composer une comédie morale ; il l'a écrite en langage vulgaire pour la rendre accessible au peuple et l'a entremêlée de chansons, suivant la méthode usitée.

Deuxième préface non signée, indiquant ***Tchhen Kou ling,*** 陳古靈, magistrat du district de ***Sien kiu,*** 仙居, au ***Tchẹ kiang,*** 浙江, comme auteur de cette comédie morale.

L'ouvrage commence par un prologue, où l'auteur, s'adressant au public, lui expose les principes des cinq relations, *o ryoun*, 五倫, lui indique le but qu'il cherche à atteindre et l'invite à écouter en silence.

Suivent vingt-sept scènes, à trois, quatre, cinq personnages ; elles sont tirées de la vie ordinaire d'une famille. Parmi les personnages, les plus importants sont le frère aîné et le cadet, ***Oou loẹn Tsiuen,*** 伍倫全, et ***Oou loen Pei,*** 伍倫備 : leurs noms signifient la "totalité des cinq relations" et la "préparation aux cinq relations" et indiquent suffisamment le genre allégorique adopté par l'auteur. Chaque scène se termine par une morale en quatre vers.

Cet ouvrage n'est mentionné ni par Wylie, ni par le Catalogue Impérial : avant 1744, il a été adopté en Corée par la Cour des Interprètes pour l'étude de la langue chinoise parlée, il a été ensuite supprimé des examens (Cf. *Tai tyen hoi htong*, liv. 3, fol. 13 ; *Htong moun koan tji*, liv. 2, fol. 2 et 3). Le *Htong moun koan tji*, liv. 8, fol. 7, dit que la Cour possède,

(한어류) (かんごるい) (漢語類)

pour l'impression du *O ryoun tjyen pi* des planches dont la date de gravure n'est pas connue : ces planches sembleraient donc remonter au moins à la première moitié du XVIIe siècle.

Le catalogue de la Bibliothèque Royale indique de cet ouvrage un exemplaire en cinq volumes.

95. 五倫全備諺解

O ryoun tjyen pi en kăi.

EXPLICATION COMPLÈTE DES CINQ RELATIONS AVEC TRADUCTION CORÉENNE (traduction de l'ouvrage précédent).

8 vol. (sans doute le présent ouvrage avec le précédent).

C. des Int.

L'ouvrage fut revu en l'année 1720 par les Interprètes et présenté au Roi.

Outre les ouvrages cités sous les Nos 83-95, l'examen pour la langue chinoise porte sur les Classiques, *Să sye*, et sur le *Kyeng kouk tai tyen*, qui sont traduits oralement.

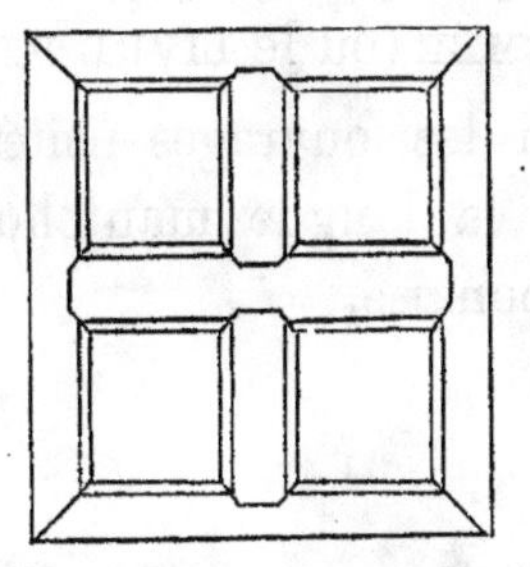

Balustrade en pierre, 懸欄.[1]

1. Tiré du *Hoa syeng syeng yek eui kouei.*

CHAPITRE II

LANGUE MANTCHOUE.

청 어 류 しんごるい 清 語 類

96. 千 字 文 (ou 千 字, d'après le *Tai tyen hoi htong*, liv. 3, fol. 13).

Tchyen tjă moun (ou *Tchyen tjă*).

LE LIVRE DES MILLE MOTS (ou les MILLE MOTS).

Cité parmi les ouvrages employés en 1469 dans les examens de mantchou et perdus pendant les guerres.

Pour ce livre et les suivants, jusqu'au № 157, cf. *Tai tyen hoi htong*, liv. 3, fol. 13, d'après le *Kyeng kouk tai tyen*; cf. aussi *Htong moun koan tji*, liv. 2, fol. 3, et liv. 7, fol. 20.

97. 兵 書 (ou 天 兵 書, d'après le *Tai tyen hoi htong*).

Pyeng sye (ou *Htyen pyeng sye*).

LE LIVRE DE L'ARMÉE (ou le LIVRE DE L'ARMÉE CHINOISE).

Cité parmi les ouvrages usités en 1469 dans les examens sur la langue mantchoue; perdu pendant l'invasion japonaise.

98. 小 兒 論

Syo ă ron.

CONVERSATIONS AVEC DES ENFANTS.

(청 어 류) (しんごるい) (清 語 類)

1 vol. in-4, 13 feuillets, disposé à l'européenne (de gauche à droite).

B.R.—C. des Int.—L.O.V. (fac-similé d'un exemplaire prêté par M. *Pyen Ouen kyou*, 卞元圭, Interprète).

Cité parmi les ouvrages employés en 1469 pour l'examen de mantchou, maintenu sur le programme; corrigé, au XVIIe siècle, par *Sin Kyei am*, de *Hpyeng san*, 平山申繼黯, Interprète de mantchou; ce personnage avait étudié dix ans en Mantchourie, par ordre du Grand Conseiller, *O Youn Kyem*, 吳允謙.

Les fonctionnaires de la Cour des Interprètes, *Ri Syei man*, 李世萬, et autres ont écrit cet ouvrage; en l'an 1703, on a ordonné aux Interprètes de mantchou, *Pak Tchyang you*, 朴昌裕, et cinq autres, de le faire imprimer à leurs frais en caractères mobiles et on l'a déposé dans la section de mantchou de la Cour des Interprètes.

Texte mantchou, avec prononciation juxtalinéaire en lettres coréennes et traduction à la fin des phrases, contenant des dialogues entre Confucius et des enfants.

99. 新釋小兒論

Sin syek syo ă ron.

CONVERSATIONS AVEC DES ENFANTS, NOUVELLE TRADUCTION.

1 vol.

C. des Int.

Gravé à la Cour des Interprètes en l'an 1777; revu par l'Interprète supérieur de mantchou, *Kim Tjin ha*, 金振夏.

100. 三歲兒

Sam syei ă.

L'ENFANT DE TROIS ANS.

Cité parmi les ouvrages usités en 1469 dans les examens sur la langue mantchoue; perdu pendant l'invasion japonaise.

101. 自侍衛

Tjă si oui.

(Ce titre est difficilement explicable par le chinois ou le coréen; peut-être y faut-il voir la transcription d'un mot mantchou).

Cité parmi les ouvrages usités en 1469 dans les examens sur la langue mantchoue; perdu pendant l'invasion japonaise.

102. 八歲兒

Hpal syei ă.

L'ENFANT DE HUIT ANS.

1 vol. in-4, 13 feuillets.

B.R.—C. des Int.—L.O.V. (fac-similé d'un exemplaire prêté par M. *Pyen Ouen kyou*, 卞元圭, Interprète).

Cité parmi les ouvrage employés en 1469 dans les examens de mantchou et maintenu sur le programme; corrigé au XVIIe siècle par *Sin Kyei am*, 申繼黯.

Les fonctionnaires de la Cour des Interprètes *Ri Syei man*, 李世萬, et autres ont écrit cet ouvrage; en 1703, on a ordonné aux Interprètes de mantchou,

(청어류) (しんごるい) (淸語類)

Pak Tchyang you, 朴裕昌, et cinq autres, de le faire imprimer à leurs frais en caractères mobiles et on l'a déposé à la section de mantchou.

Texte mantchou avec prononciation juxtalinéaire en lettres coréennes et traduction à la fin des phrases : à l'époque des ***Han***, 漢, (206 av. J.C.—220 ap. J.C.) l'Empereur appela tous les lettrés pour converser avec eux ; un jour, parmi les cinq mille lettrés qui étaient réunis, il aperçut un enfant de huit ans et lui demanda ce qu'il voulait ; l'enfant répondit qu'il était venu, comme les autres, pour s'entretenir des affaires de l'Etat et dépassa tous les assistants par la sagesse de ses reparties.

A la page finale : nouvellement gravé en la 9e lune de l'année *tyeng you*, 丁酉, 42e de ***Khien long***, 乾隆 (1736-1795) ; *Kim Tjin ha*, 金振夏, Interprète, a surveillé l'impression et *Tjyang Tjăi syeng*, 張再成, Interprète, a écrit les caractères ; l'exemplaire décrit ici est donc de la deuxième édition (cf. No 103).

103. 新釋八歲兒

Sin syek hpal syei ă.

L'ENFANTS DE HUIT ANS, NOUVELLE TRADUCTION.

1 vol.

C. des Int.

Gravé par la Cour des Interprètes, en l'an *tyeng you*, 丁酉, de ***Khien long***, 乾隆, (1777).

(언어부) (げんごぶ) (言語部)

104. 去化 (ou 巨化).

Ke hoa.

(Titre inexplicable en chinois et en coréen ; à rapprocher du mantchou "gekhu," oiseau).[1]

Cité parmi les ouvrages usités en 1469 dans les examens sur la langue mantchoue, corrigé par *Sin Kyei am*, 申繼黯 ; en l'année *kap tjă*, 甲子, de **Khang hi**, 康熙, (1684), on reconnut que les expressions employées dans ce livre avaient vieilli et on le raya du programme.

105. 七歲兒

Tchil syei ă.

L'ENFANT DE SEPT ANS.

Cité parmi les ouvrages usités en 1469 dans les examens sur la langue mantchoue ; perdu pendant l'invasion japonaise.

106. 仇難

Kou nan.

(Titre probablement transcrit du mantchou "gunan", bœuf de trois années ?)

Cité parmi les ouvrages usités en 1469 dans les examens sur la langue mantchoue, corrigé par *Sin Kyei am*, 申繼黯, rayé du programme en 1684.

1. Pour ce rapprochement et les suivants, je me suis servi du Dictionnaire mantchou-russe de Zakharov, St. Pétersbourg, 1875, et du Dictionnaire tartare-mantchou-français par M. Amyot, publié par Langlès, Paris, 1789–1790.

(청어류) (しんごるい) (清語類)

107. 十 二 諸 國

Sip i tjye kouk.

LES DOUZE ÉTATS FEUDATAIRES.

Cité parmi les ouvrages usités en 1469 dans les examens sur la langue mantchoue, perdu pendant l'invasion japonaise.

108. 貴 愁

Koui tchou.

(Titre probablement transcrit du mantchou "gudju", corde, étai, ou "kutchu", ami, camarade ?)

Cité parmi les ouvrages usités en 1469 dans les examens sur la langue mantchoue, perdu pendant l'invasion japonaise.

109. 吳 子

O tjă.

LE LIVRE DE **Oou tseu** (cf. *Mou kyeng tchil sye tjou kăi*, 5º).

Cité parmi les ouvrages usités en 1469 dans les examens sur la langue mantchoue, perdu pendant l'invasion japonaise.

110. 孫 子

Son tjă.

LE LIVRE DE **Soen tseu** (cf. *Mou kyeng tchil sye tjou kăi*, 4º).

Cité parmi les ouvrages usités en 1469 dans les examens sur la langue mantchoue, perdu pendant l'invasion japonaise.

(언 어 부) (げんごぶ) (言 語 部)

111. 太公尙書
Htai kong syang sye.
LE LIVRE DE ***Thai kong.***

Cité parmi les ouvrages usités en 1469 dans les examens sur la langue mantchoue, corrigé par *Sin Kyei am,* 申繼黯, rayé des programmes en 1684.— Peut-être cet ouvrage n'est-il autre que le ***Lou thao*** de ***Kiang Thai kong,*** 姜太公 (cf. *Mou kyeng tchil sye tjou kăi,* 1º).

112. 新飜老乞大
Sin pen ro keul tai.
LE RO KEUL TAI NOUVELLEMENT TRADUIT.

Employé pour les examens de mantchou à partir de 1684 (cf. *Htong moun koan tji,* liv. 2, fol. 3).

Cf. Nos 84 et sqq.

113. 老乞大
Ro keul tai.
LE RO KEUL TAI.

Planches écrites par *Ri Syei man,* 李世萬, et autres fonctionnaires de langue mantchoue ; imprimé aux frais de *Pak Tchyang you,* 朴昌裕, et autres interprètes, en 1703, à l'aide de caractères mobiles. (Cf. *Htong moun koan tji,* liv. 8, fol. 7).

114. 新釋淸語老乞大
Sin syek tchyeng e ro keul tai.
LE RO KEUL TAI EN MANTCHOU, TRADUCTION NOUVELLE.

8 vol. in-4.

C. des Int.

(청어류) (しんごるい) (淸語類)

Les volumes sont disposés et paginés à l'européenne, c'est-à-dire qu'ils s'ouvrent de gauche à droite ; toutefois, dans le 1er volume, la page première étant à gauche, la préface, en deux feuillets, se trouve à droite, c'est à dire à la fin.

Cette préface rappelle que l'étude de la langue mantchoue est indispensable pour les Coréens : des deux livres employés pour l'apprendre, le *Sam yek tchong kăi* a été traduit d'un texte (mantchou), il ne contient donc pas d'erreurs ; quant à l'autre, qui est le *Ro keul tai*, il fut composé après la guerre de 1636, par les Coréens qui avaient été prisonniers en Mantchourie : cet ouvrage contient donc beaucoup de fautes ; en 1760, l'Interprète *Kim Tjin ha*, 金振夏, se rendit à *Hoi nyeng*, 會寧, et demanda à un secrétaire mantchou de ***Ning kou tha***, 寧古塔, la prononciation, le sens et l'orthographe ; il refit le même travail, l'année suivante, avec un autre secrétaire mantchou, et constata l'accord des deux versions. En conséquence, cette nouvelle traduction a été imprimée en 1765 à *Hpyeng yang*, 平壤, par ordre du Conseiller *Hong Kyei heui*, 洪啓禧, qui a écrit la préface.

Dialogues mantchous, accompagnés de la prononciation juxtalinéaire en coréen et d'une glose coréenne à la fin de chaque phrase.

Le dernier volume est disposé comme le premier ; à la fin se trouve un document en mantchou, occupant deux feuillets, et la liste des fonctionnaires qui ont collaboré à l'ouvrage.

(언 어 부) (げんごぶ) (言 語 部)

故로 음이더되여라
내 쳔쳔이 기드려 네ᄂᆞᆫ
더러 구츄 터 암차머

아랴캬머 야부러 쟈가더 튼투 지머 괴다하

투타피 지머 오피 져옴애 비 얼허셔머
호벗이셔

우바더 이신지하 어무 구츄
놀엇지ᄀᆞᆺ여 괴온다
이제거의반ᄃᆞᆯ이어

셔 터 혼토혼 빠 하미카 비머 애누 터너

에셔낫노라 시 어러 바 이쳐 더 쥬라피 싱예셔나
내이ᄃᆞᆯ초싱 베이ᄃᆞᆯ초

清語老乞大卷之一 一

쥬라파 셔셔낫ᄂᆞ다 비 어러 빠 이쳐 더 쥬라카
네언제王京의

거넘비 ᄒᆞ여가노라 시 아탕기 왕 징 치
내皇城으로向

압시 거넘비 로가ᄂᆞ다 비 거문 허쳔 이 바루
이제어ᄃᆡ

챤한 왕 깅 치 지허 로셔왓노라 터
내朝鮮王京으

암바 아거 시 애비치 지허 뒤로셔온다 바
큰형아네어

清語老乞大卷之一

115. 三譯總解

Sam yek tchong kăi.

EXTRAITS DU ***San koẹ tchi,*** TRADUITS ET EXPLIQUÉS.

Cité parmi les ouvrages employés pour l'examen de mantchou depuis 1684; écrit par les fonctionnaires de la Cour des Interprètes *Ri Syei man,* 李世萬, et autres ; imprimé en 1703, en caractères mobiles, aux frais des Interprètes *Pak Tchyang you,* 朴昌裕, et cinq autres.

116. 重刊 (ou 新釋) 三譯總解

Tjyoung kan (ou *sin syek*) *sam yek tchong kăi.*

EXTRAITS DU ***San koẹ tchi,*** TRADUITS ET EXPLIQUÉS ; GRAVÉS À NOUVEAU (OU NOUVELLE TRADUCTION).

10 vol. in-4, disposés à l'européenne (de gauche à droite).

B.R.—C. des Int.

A la fin du premier volume, préface, avertissement et liste des fonctionnaires qui se sont occupés de l'impression.

Cet ouvrage contient des extraits du ***San koẹ tchi,*** traduits en mantchou, avec prononciation juxtalinéaire coréenne et traduction coréenne à la fin des phrases.

Préface en deux feuillets, par *Ri Tam,* 李湛 : la langue mantchoue est, pour les Coréens, la plus importante de toutes les langues ; autrefois on se servait, pour l'étudier, du *Ro keul tại,* du *Sam Yek tchong kăi* et d'autres ouvrages ; mais la publication en étant déjà ancienne, beaucoup d'exemplaires en

(청 어 류) (しんごるい) (清 語 類)

ont été perdus, les phrases, les explications, les prononciations ne sont plus conformes à celles d'aujourd'hui. Dans ces circonstances, l'Interprète *Kim Tjin ha*, 金振夏, a commencé par corriger le *Ro keul tai*, avec l'aide de secrétaires mantchous et l'a fait imprimer en 1765. Ensuite, il a corrigé le *Sam yek tchong kăi* et a complété l'ouvrage. Le Grand Conseiller *Kim Roi kok*, 金賴谷, a donné une somme d'argent pour le faire imprimer et a fait surveiller par l'auteur l'exécution du travail, Le sieur *Tjyang Tjăi syeng*, 張再成, a écrit et gravé le texte.—Préface écrite en l'année 1774.

Suit une note : le Gouvernement a établi la Cour des Interprètes pour enseigner les langues de tous les peuples ; autrefois on y étudiait le *nye tjin*, ***niu tchen***, 女眞, le nom de cette section a été récemment remplacé par l'expression *tchyeng*, ***tshing***, 淸 (mantchou). Comme la langue mantchoue est enseignée depuis longtemps en Corée, beaucoup d'erreurs se sont glissées dans les livres. Depuis l'année 1636, on se sert toujours de cette langue pour les lettres officielles et les conversations, mais on en est venu à ne plus se comprendre. Le Directeur général de la Cour des Interprètes et Grand Conseiller, *O Tchyou htan*, 吳楸灘, a choisi l'Interprète *Sin Kyei am*, 申繼黯, et l'a chargé plusieurs fois d'accompagner les envoyés coréens en Chine ; cet Interprète a pu corriger le *Hpal syei ă* et quatre autres volumes. En l'année 1680, le Conseiller admirable *Min Ro pong*, 閔老峯, étant devenu Directeur de la Cour, pensa que les livres précédemment corrigés par *Sin Kyei am*, n'étaient pas

(언 어 부) (げんごぶ) (言 語 部)

suffisamment utiles. Il ordonna aux Interprètes *Tchoi Hou tchăik*, 崔厚澤, *Ri Tjeup*, 李濈, *Ri Eui păik*, 李宜白, de les corriger de nouveau ; il supprima le *Ke hoa*, le *Kou nan*, et le *Syang sye*, N° 111, et fit faire des extraits du ***San koe tchi***, en mantchou, pour en faire le *Sam yek tchong kăi* ; il fit aussi traduire le *Ro keul tai* de chinois en mantchou : de la sorte, les livres étudiés maintenant pour apprendre la langue mantchoue sont au nombre de 20 volumes, en y comprenant les vieux textes du *Hpal syei ă* et du *Syo ă ron*. En 1703, l'Interprète *Pak Tchyang you*, 朴昌裕, et autres obtinrent de faire graver ces volumes à leurs frais et les Interprètes supérieurs, *O Tyeng hyen*, 吳延顯, et *Ri Eui păik*, 李宜白, surveillèrent l'impression. On acheva le travail en moins de dix mois ; on appelle ces volumes "Explication générale de la langue mantchoue," *Tchyeng e tchong kăi*, 清語總解.—Cette note est de la 5e lune de l'année 1764 et ne porte pas de signature.

Liste des fonctionnaires qui ont surveillé l'impression.—1ère édition gravée en la 9e lune de l'année *kyou mi*, 癸未, la 42e de ***Khang hi***, 康熙 (1703).—2e édition gravée en la 39e année de ***Khien long***, 乾隆, *kap o*, 甲午, en la 9e lune (1774).

117. 同文類集

Tong moun ryou tjip.

VOCABULAIRE CORÉEN ET MANTCHOU PAR ORDRE DE MATIÈRES.

1 vol.

C. des Int.

(청어류) (しんごるい) (清語類)

En l'an 1691, les Interprètes de mantchou *Ri Hăi*, 李海, *O Syang tchăi*, 吳相采, et *Tjyeng Man tjyei*, 鄭萬濟, ont fait graver à leurs frais les planches de cet ouvrage, elles sont conservées dans la section de mantchou.

Cf. Mollendorf, № 33 (?)

118. 同文類解

Tong moun ryou kăi.

ENCYCLOPÉDIE PAR ORDRE DE MATIÈRES EN CORÉEN ET MANTCHOU, AVEC EXPLICATIONS.

2 vol.

B.R.—C. des Int.

En 1748, l'Interprète supérieur de mantchou, *Hyen Moun hăng*, 玄文恒, a revu cet ouvrage, dont les planches ont été gravées par le bureau de l'impression ; elles sont conservées à la section de mantchou.

119. 漢淸文鑑

Han tchyeng moun kam.

DICTIONNAIRE CHINOIS-MANTCHOU.

15 vol. in-4.

L.O.V.

Avertissement.

Table : ce dictionnaire est rangé méthodiquement, les caractères et expressions sont répartis en trente-six séries, subdivisées elles-mêmes en chapitres ; à côté de l'expression chinoise, se trouve, en caractères coréens, la prononciation chinoise ; suivent : des explications en chinois, le sens en coréen, la traduction en

漢(한)清(칭)文(운)鑑(걈)卷(권)一(이)

天(텬)部(부) 一類

天(텬)文(운)類(뤼) 七則

天(텬) 하놀 압카 우머시던、투먼、쟈 카버얼。버헝거 ○上(샹)天(텬) ㅣㅣ

덜기 압카 투먼、쟈 카버얼。버허버、 죠리머、기수러헝거 ○蒼(창)天(텬) ㅣㅣ

뇨혼 압카 압개、보쵸버、죠리 머기수러헝거 ○清(칭)天(텬) 뭙은하놀

경견 압카 투기、숙둔、아쿠、우머 시볼。호、거투권、압카 ○天(텬)氣(키)清(칭)肅(수)

秋天寥廓貌 암카 붇더훈 보로리、오머압개보 쵸、석서훈、오죠롱거 晨(천)光(광)

漢清文鑑 卷一 天文 一

새벽 빗 울던 아린、쟈카라、옹고로、루치 러얼。던、버울。던、사붐비숨비 ○晨(천)光(광)現(햔)

出(츄) 새벽빗 나다 울더거 울。던、투 치커 ○東(둥)方(방)明(밍) 동트다

아린 쟈카라하 압카、거러러、옹고로、덜기、얼기、치、경견、얼。 던、투치빙압카、아、린일。가부머、사부하 ○

黑(허)朧(룽)朧(룽) 曉色朦朧貌 발훈 슈라머 걸시벌시、이、옹고로콘、이、

어린 ○黎(레)明(밍) 昧爽 걸시 벌시 미카어린 거러머하 ○天(텬)亮(량)

하놀 붉다 거러거 압카、경 견、오호 ○天(텬)大(다)亮(량) 하놀채 붉다 거훈

거러거 거러거 우머시、거러거 ○黃(황)昏(훈) ㅣㅣ 걸헌 무겨머 슌도시 빙발훈、

오머、하미 카、어린 ○天(텬)晩(완) 저무 다 얌지하 시 슌、도 카 ○昏(훈)暮(무)

mantchou, avec prononciation notée en caractéres coréens, et des explications écrites en caractères coréens, mais non pas en langue coréenne.

Le quinzième volume contient des suppléments aux différentes séries et la liste des membres de la Cour des Interprètes, qui ont composé et écrit cet ouvrage, en ont surveillé et corrigé l'impression; malheureusement cet intéressant dictionnaire n'est pas daté, il paraît être du XVIIIe siècle.

Les quatre ouvrages suivants sont d'origine chinoise; mais comme ils se trouvent conservés à la Cour des Interprètes, je les indique ici, afin de compléter la liste des livres qui servent en Corée à l'étude du mantchou.

滿漢四書

Man han să sye (*Man han seu chou*).

LES QUATRE LIVRES CLASSIQUES, EN MANTCHOU ET EN CHINOIS.

10 vol.

C. des Int.

En l'an 1700, l'Interprète de mantchou *Tchoi Htăi syang*, 崔台相, les a achetés dans une boutique de Péking et les a présentés au Roi.

Cf. Mollendorf, N° 48.

漢滿同文

Man han tong moun (*Man han thong oen*).

VOCABULAIRE MANTCHOU-CHINOIS.

En l'an 1701, l'Interprète de chinois *Kim You keui*, 金有基, a acheté cet ouvrage dans une boutique de Péking.

滿漢節要

Man han tjyel yo (*Man han tsie yao*).

ÉLÉMENTS MANTCHOUS CHINOIS.

6 vol.

C. des Int.

(청·어 류) (しんごるい) (清 語 類)

En l'an 1705, l'Interprète de mantchou *Ri Syek tjăi*, 李碩材, a acheté cet ouvrage dans une boutique de Péking et l'a présenté au Roi.

Cf. Mollendorf, Nos 70, 98 (?)

滿漢類集

Man han ryou tjip (*Man han lei tsi*).

VOCABULAIRE MANTCHOU-CHINOIS PAR ORDRE DE MATIÈRES.

7 vol.

C. des Int.

Acheté à Péking avec le précédent.

Gargouille, 吐首.(1)

1. Tiré du *Hoa syeng syeng yek eui kouei*.

Chapitre III

LANGUE MONGOLE.

몽어류 もうごるい 蒙語類

120. 王可汗

Oang ka han.

(Transcription du mongol, peut-être pour " *Oang* khan," le chef suprême).[1]

Cité parmi les livres employés en 1469 pour l'examen de mongol et perdu pendant les guerres.

121. 守城事鑑

Syou syeng să kam.

Le miroir de la défense de la ville.

1 vol.

C. des Int.

Figure dans les livres indiqués pour l'examen de mongol en 1469.

En l'an 1690, on ordonna aux Interprètes de mongol *Pak Tong yel*, 朴東說, *Pak Tong yem*, 朴東琰, et *Tchoi Tek man*, 崔德萬, de faire graver à leurs frais les planches, qui furent conservées dans la section de mongol.

1. L'explication proposée ici, comme celles que l'on rencontrera plus loin, sont dues à l'obligeance de M. Cahun.

(몽어류) (もうごるい) (蒙語類)

122. 御史箴

E să tchim.

CRITIQUES DU CENSEUR.

1 vol.

C. des Int.

Figure dans les livres indiqués pour l'examen de mongol en 1469.

Gravé en 1690 avec le précédent ; planches conservées à la section de mongol.

123. 高難

Ko nan.

(Transcrit du mongol, peut-être "ghunan," variété de cheval).

Cité parmi les ouvrages employés en 1469 pour l'examen de mongol et perdu pendant les guerres.

124. 加屯

Ka toun.

(Transcrit du mongol, comparer "khatoun," reine, princesse).

Cité parmi les ouvrages employés en 1469 pour l'examen de mongol et perdu pendant les guerres.

125. 皇都大訓

Hoang to tai houn.

LES GRANDS ENSEIGNEMENTS DE LA CAPITALE.

Cité parmi les ouvrages employés en 1469 pour l'examen de mongol et perdu pendant les guerres.

(언 어 부) (げんごぶ) (言 語 部)

126. 老乞大

Ro keul tai.

LE RO KEUL TAI.

(Titre sans doute transcrit du mongol).

Employé aux examens de mongol en 1469 et perdu pendant les guerres.

Cf. Nos 84 et sqq., 112 et sqq.

127. 新飜老乞大

Sin pen ro keul tai.

NOUVELLE TRADUCTION DU RO KEUL TAI.

Cité parmi les livres employés pour l'examen de mongol depuis l'année 1684.

128. 蒙語老乞大

Mong e ro keul tai.

LE RO KEUL TAI EN MONGOL.

8 vol. in-4, disposés à l'européenne (de gauche à droite)

B.R.—C. des Int.

Texte mongol avec transcription juxtalinéaire en coréen, et traduction à la fin des phrases ; sans préface.

Planches gravées en 1741, aux frais des Interprètes de mongol *Ri Tchoi tai*, 李最大, et autres ; conservées à la section de mongol.

129. 孔夫子

Kong pou tjă.

CONFUCIUS.

1 vol.

C. des Int.

Employé en 1469 pour l'examen de mongol ; gravé en 1690 avec les N°s 121 et 122.

130. 帖月眞吐

Htyep ouel tjin hto.

(Titre transcrit du mongol, peut-être nom de montagne).

Cité parmi les ouvrages employés en 1469 pour l'examen de mongol et perdu pendant les guerres.

131. 高安

Ko an.

(Titre transcrit du mongol sans doute pour "kaan, khan," le roi).

Cité parmi les ouvrages employés en 1469 pour l'examen de mongol et perdu pendant les guerres.

132. 伯顏波豆

Păik an hpa tou.

(Titre transcrit du mongol, pour "beg Apatou," le chef Apatou ?).

1 vol.

C. des Int.

Employé en 1469 pour l'examen de mongol; gravé en 1690 avec les N°s 121, 122, 129.

133. 待漏院記

Tăi rou ouen keui.

MÉMOIRES DE LA SALLE OÙ L'ON ATTEND L'HEURE (DE L'AUDIENCE).

1 vol.

C. des Int.

Employé en 1469 pour l'examen de mongol ; gravé en 1690 avec le précédent.

134. 貞觀政要

Tjyeng koan tjyeng yo.

PRINCIPES DE GOUVERNEMENT DES ANNÉES ***Tcheng koan*** (627-649).

Cité parmi les ouvrages employés en 1469 pour l'examen de mongol et perdu pendant les guerres.

L'ouvrage du même titre, en 10 vol., que possède la Bibliothèque Royale, est probablement l'ouvrage historique chinois, relatif au gouvernement au commencement de la dynastie des ***Thang***, 唐. (Cf. Wylie, p. 26 ; Cat. Imp., liv. 51).

135. 速八實章記

Sok hpal sil tjyang keui.

MÉMORIAL DE ?

(*Sok hpal sil tjyang* semble transcrit du mongol).

Cité parmi les ouvrages employés en 1469 pour l'examen de mongol et perdu pendant les guerres.

136. 何赤厚羅

Ha tjyek hou ra.

(Titre transcrit du mongol ; la terminaison "ra" indique, en mongol, des mots d'origine sanscrite).

Cité parmi les ouvrages employés en 1469 pour l'examen de mongol et perdu pendant les guerres.

(몽어류) (もうごるい) (蒙語類)

137. 巨里羅

Ke ri ra.

(Titre transcrit du mongol ; voir ci-dessus).

Cité parmi les ouvrages employés en 1469 pour l'examen de mongol et perdu pendant les guerres.

138. 捷解蒙語

Tchyep kăi mong e.

EXPLICATION DE LA LANGUE MONGOLE.

4 vol. in-4, disposés à l'européenne.

C. des Int.—L.O.V. (fac-similé de l'exemplaire de la Cour des Interprètes, prêté par M. *Pyen Ouen kyou*, 卞元圭).

Texte mongol avec prononciation juxtalinéaire en lettres coréennes et traduction à la fin des phrases ; figure parmi les ouvrages usités en 1744 dans les examens de mongol.—Recommandations pour l'étude de la langue mongole, dialogues.

Planches gravées en 1737 aux frais des Interprètes de mongol *Ri Syei hyo*, 李世烋, et autres (cf. *Htong moun koan tji*, liv. 8, fol. 8).

139. 蒙語類解

Mong e ryou kăi.

VOCABULAIRE MONGOL PAR ORDRE DE MATIÈRES.

2 vol.

C. des Int.—L.O.V.

3 vol.

B.R.

(언어부) (げんごぶ) (言語部)

En l'an 1768, l'Interprète supérieur de mongol, *Ri Ek syeng*, 李億成, a revu cet ouvrage et la Cour des Interprètes a fait graver les planches, qui sont conservées dans la section de mongol ; introduit vers cette époque dans les examens de mongol.

140. 蒙學史要

Mong hak să yo.

ELÉMENTS DE L'HISTOIRE DE L'ÉTUDE DU MONGOL.

1 vol.

B.R.

Brûle-parfum, 香爐.(1)

1. Tiré du *Tjin tchan eui kouei.*

Chapitre IV

LANGUE JAPONAISE.

와 어 류　　わごるい　　倭語類

141. 伊路波

I ro hpa (japonais "I ro ha," いろは).

Syllabaire japonais.

Ouvrage cité comme employé en 1469 dans les examens pour la langue japonaise et abandonné en 1678.

142. 消息

Syo sik (japonais "Siyau soku," しやうそく).

Manuel épistolaire.

Cité parmi les ouvrages usités en 1469 dans les examens sur la langue japonaise et exclu du programme en l'année 1678.

143. 書格

Sye kyek (japonais "Siyo kaku," しよかく).

Manuel de calligraphie.

Cité parmi les ouvrages usités en 1469 dans les examens sur la langue japonaise et exclu du programme en l'année 1678.

(언 어 부)　　(げんごぶ)　　(言 語 部)

144. 老乞大

Ro keul tai.

LE RO KEUL TAI (cf. Nº 126).

Employé aux examens de japonais en 1469 et exclu du programme en 1678.

145. 童子教

Tong tjă kyo (japonais "Dou zi kiyau", どうじきやう).

INSTRUCTION DES ENFANTS.

Cité parmi les ouvrages usités en 1469 dans les examens sur la langue japonaise et exclu du programme en l'année 1678. Ce livre était employé au Japon pour l'instruction élémentaire : il est peut-être dû au célèbre bonze "Kou bahu dai si", 弘法大師, こうはふだいし, ou "Kou kai", 空海, こうかい, qui vivait au VIIIᵉ siècle.

146. 雜語

Tjap e (japonais "Zatu go", ざつご).

HISTOIRES MÉLANGÉES.

Cité parmi les ouvrages usités en 1469 dans les examens sur la langue japonaise et exclu du programme en l'année 1678.

147. 本草

Pon tcho (japonais "Hon sau", ほんさう).

BOTANIQUE.

Cité parmi les ouvrages usités en 1469 dans les examens de japonais et exclu du programme en 1678.

(왜 어 류) (わごるい) (倭 語 類)

148. 議論

Eui ron (japonais "Gi ron", ぎろん).

DISCUSSIONS.

Cité parmi les ouvrages usités en 1469 dans les examens sur la langue japonaise et exclu du programme en l'année 1678.

149. 通信

Htong sin (japonais "Tuu sin", つうしん).

CORRESPONDANCE OFFICIELLE.

Cité parmi les ouvrages usités en 1469 dans les examens sur la langue japonaise et exclu du programme en l'année 1678.

150. 鳩養物語

Kou yang moul e (japonais "Kiu yau mono gatari", きうやうものがたり).

HISTOIRE DE L'ÉLEVAGE DES PIGEONS (?)

Cité parmi les ouvrages usités en 1469 dans les examens sur la langue japonaise et exclu du programme en l'année 1678.

151. 庭訓往來

Tyeng houn oang răi (japonais "Tei kun wau rai", ていくんわうらい).

ÉCHANGE DE LETTRES.

Cité parmi les ouvrages usités en 1469 dans les examens sur la langue japonaise et exclu du programme en l'année 1678.

(언 어 부) (げんごぶ) (言 語 部)

Cet ouvrage, encore usité au Japon, est dû à "Fudi vara no Aki hira", 藤原明衡, ふぢはらのあきひら; il en existe plusieurs exemplaires japonais à l'École des Langues orientales.

152. 應永記

Eung yeng keui (japonais "Ou ei ki", をうゑいき).
MÉMORIAL DE LA PÉRIODE OU EI (1394–1427).

Cité parmi les ouvrages usités en 1469 dans les examens sur la langue japonaise et exclu du programme en l'année 1678.

153. 雜筆

Tjap hpil (japonais "Zatu hitu", ざつひつ).
MÉLANGES.

Cité parmi les ouvrages usités en 1469 dans les examens sur la langue japonaise et exclu du programme en l'année 1678.

154. 富士

Pou să (japonais "Fu zi", ふじ).
(LA MONTAGNE ?) FU ZI (富士山 ou 不二山).

Cité parmi les ouvrages usités en 1469 dans les examens sur la langue japonaise et exclu du programme en l'an 1678.

155. 捷解新語

Tchyep kăi sin e.
NOUVEAU MANUEL POUR L'EXPLICATION (DE LA LANGUE JAPONAISE).

(왜 어 류) (わごるい) (倭 語 類)

10 vol. in-4.

C. des Int.—L.O.V.

Ouvrage employé à partir de 1678 pour les examens de japonais.—La bibliothèque de la Cour des Interprètes en possédait deux exemplaires, d'après le *Htong moun koan tji*. Cette administration conservait également les planches pour l'impression de l'ouvrage.

156. 改修捷解新語

Kăi syou tchyep kăi sin e.

NOUVEAU MANUEL POUR L'EXPLICATION DE LA LANGUE JAPONAISE, AVEC CORRECTIONS.

12 vol.

C. des Int.

157. 重刊捷解新語

Tjyoung kan tchyep kăi sin e.

NOUVEAU MANUEL POUR L'EXPLICATION DE LA LANGUE JAPONAISE, GRAVÉ DE NOUVEAU.

12 vol. in-4, formant 10 livres.

C. des Int.—L.O.V.

1er volume, liv. I : préface (4 feuillets) du *Tjyoung kan tchyep kăi sin e*, datée de la 11e lune de l'année *sin tchyou*, 辛丑 (décembre 1781) et signée de *Ri Tam*, 李湛, Membre du Conseil du Gouvernement. —Avertissement du *Kăi syou tchyep kai sin e*, № 156, (fol. 5 à 7).—Dialogues entre fonctionnaires coréens et japonais : première entrevue. Visite à bord d'un bateau japonais pour demander le but de sa venue (30 fol.).

쇼우가이신고다이시

せうかいんこたいし

捷解新語第四

Titre du *Tchyep kăi sin e* (N° 157).

2e volume, liv. II : causerie en buvant le thé, en prenant une collation. Examen des objets destinés au Roi (26 fol.).

3e volume, liv. III : banquet offert à *Tong răi*, 東萊, à l'envoyé japonais, etc. (33 fol.).

4e volume, liv. IV : examen des marchandises (cuivre et étain) apportées par les Japonais (35 fol.).

5e volume, liv. V : départ de l'envoyé coréen ; il arrive à *Tăi ma to*, 對馬島 (japonais "Tu sima", つしま) (22 fol.).

6e volume, liv. VI : entretien avec le Prince de *Tăi ma to* ; départ pour *Kang ho*, 江戶 (japonais "Ye do", ゑど) (31 fol.).

7e volume, liv. VII : le Prince de *Tchyouk tjyen*, 筑前 (japonais "Tiku zen", ちくぜん) vient attendre l'envoyé. Arrivée à Ye do, visite au *Tai koun*, 大君 (關白, *koan păik*, japonais "kuwan paku", くわんはく) (21 fol.).

8e volume, liv. VIII : l'envoyé refuse les cadeaux. Il repart pour *Tai hpan*, 大坂 (japonais "Oho saka", おほさか). Le Prince de *Tăi ma to* l'invite à un banquet et lui fait ses adieux (27 fol.).

9e volume, liv. IX : danses. Echanges de politesses. Provinces et districts du Japon (19 fol.).

10e volume, liv. X (1ère partie) : modèles de lettres : premières entrevues, rendez-vous pour boire le thé; envoi de cadeaux (15 fol.).

11e volume, liv. X (2e partie) : correspondance relative à la présentation des cadeaux au Roi, et au banquet; remerciements; lettres à échanger à l'arrivée et au départ d'un bateau japonais (22 fol.).

(와어류) (わごるい) (倭 語 類)

12e volume, liv. X (3e partie) : lettres pour rappeler l'interdiction de faire le commerce du cuivre et de l'étain, pour demander le grain et le bois nécessaires au ravitaillement des bateaux, pour l'échange de politesses et de félicitations (17 fol.).—Syllabaires "kata kana" 片假名, カタカナ, et "hira kana" 平假名, ひらかな, avec prononciation coréenne, et portant pour chaque caractère japonais la syllabe "man yehu kana" d'où il est tiré—Syllabaire "hira kana" avec la finale n, ん, ajoutée à chaque caractère et la prononciation coréenne.—Combinaisons de syllabes "hira kana" avec prononciation coréenne.—Syllabaire "man yehu kana" 萬葉假名, 万[illegible] え[illegible] régulier, carré et cursif, avec prononciation coréenne ; plusieurs formes sont données pour chaque syllabe.—Différentes formes cursives de mots et terminaisons fréquents en japonais, avec transcription coréenne et traduction—Syllabaire "kata kana" rangé par ordre d'initiales ; syllabaire "kata kana" par ordre de finales, avec explications sur la prononciation (8 fol.).

La disposition typographique est la suivante : chaque page est divisée en quatre colonnes ; dans chacune des colonnes, la première ligne à droite est la prononciation coréenne, au centre le texte japonais (hira kana), à gauche le sens représenté par des lettres coréennes et quelquefois par des caractères chinois.

Liste (1 fol.) des neuf fonctionnaires de la Cour des Interprètes qui ont collaboré à la nouvelle édition de cet ouvrage, publiée en l'année *mou tjin*, 戊辰

(언 어 부) (げんごぶ) (言 語 部)

(1748) ; parmi eux figurent *Tchoi Hak ryeng*, 崔鶴齡, et *Tchoi Syou in*, 崔壽仁, dont on retrouvera plus loin les noms.

Liste (1 fol.) des six fonctionnaires de la même administration chargés de surveiller la réédition de l'année *sin tchyou*, 辛丑 (1781).

La préface et l'avertissement de cet ouvrage fournissent sur les différentes éditions des détailes précieux, que nous complèterons au moyen du *Htong moun koan tji*, (liv. 2, fol. 3 et sqq., liv. 7, fol. 20, liv. 8, fol. 7 et sqq.,) et du *Tai tyen hoi htong*, (liv. 3, fol. 13). Pendant la guerre de l'année *im tjin*, 壬辰 (1592), un fonctionnaire de la Cour des Interprètes, *Kang Ou syeng*, 康遇聖, originaire de *Tjin tjyou*, 晉州, fut fait prisonnier et emmené en captivité au Japon, où il resta pendant dix ans : il y apprit la langue et, quand il revint dans son pays, il composa le *Tchyep kăi sin e*, publié en 10 volumes en l'année 1618, 萬曆戊午. Ce livre fut employé depuis lors pour l'enseignement du japonais ; mais, par le fait que les Coréens se transmettaient les uns aux autres leur connaissance de ce langage, la prononciation s'altéra de telle sorte que, lorsqu'on eut l'occasion de converser avec des Japonais, on ne parvint pas à se comprendre. En même temps, la langue japonaise s'était modifiée et beaucoup d'expressions contenues dans ce livre, n'étant plus en usage, étaient devenues inintelligibles. Une nouvelle édition était nécessaire. En l'année 1670, le Conseiller admirable *Tjyeng Yang hpa*, 鄭陽坡, adressa un rapport au Roi sur ce sujet et

(와 어 류) (わごるい) (倭 語 類)

l'ouvrage, transcrit par *An Sin houi*, 安愼徽, fut imprimé en caractères mobiles en l'année 1676. Dans cette réimpression, on ne conserva que les expressions employées alors et on supprima toutes celles qui avaient vieilli : par suite, on en changea les huit ou neuf dixièmes. De plus, dans l'ancienne édition, on avait écrit auprès des caractères japonais la prononciation coréenne, et l'explication était placée à la suite des phrases ; on reconnut que ce système manquait de clarté et, dans le nouveau livre, on mit au centre le texte japonais, à gauche la traduction, à droite la prononciation. De plus, le dixième volume ayant été considérablement augmenté, on dut le diviser en trois cahiers. En l'année 1700, le magistrat de police *Pak Syei yeng*, 朴世英, fit graver le même ouvrage à Quelpaërt, *Tjyei tjyou*, 濟州. En l'année 1747, les Interprètes *Tchoi Hak ryeng* et *Tchoi Syou in*, qui accompagnaient l'envoyé coréen au Japon, emportèrent cet ouvrage avec eux et, grâce aux renseignements que les Japonais leur fournirent, ils purent y faire de nouvelles corrections. L'ouvrage, sous le titre de *Kăi syou tchyep kăi sin e*, fut imprimé par ordre du Gouvernement à l'Imprimerie Royale, en l'année 1748. La prononciation qui y était figurée, était correcte : toutefois les caractères japonais n'avaient pas été corrigés. Quelques années après, *Tchoi Hak ryeng* fut chargé d'une mission officielle à *Tong răi* et pria les Japonais de lui procurer des types de caractères de Oho saka, 大坂, et de Ye do, 江戸. Grâce à cette comparaison, il parvint à modifier les caractères inexactement reproduits : l'ouvrage était devenu parfait. *Tchoi* le fit réimprimer à ses frais en caractères mobiles. Les exemplaires en étant devenus introuvables, le Conseiller admirable, *Kim Păik kok*, 金栢谷, qui fut à la tête de la Cour des Interprètes pendant dix ans, se préoccupa de le faire réimprimer. Un sieur *Kim Hyeng ou*, 金亨禹, le fit alors graver sur planches, conformément, à l'édition en caractères mobiles, sous le titre de *Tjyoung kan tchyep kăi sin e*, en l'année 1781.

Le *Tchyep kăi sin e* est le seul ouvrage employé pour les études de japonais depuis 1678 et figure sur le programme des examens à l'exclusion de tous lse autres livres mentionnés dans ce chapitre.

158. 捷解新語文釋

Tchyep kăi sin e moun syek.

TEXTE ET EXPLICATION DU *Tchyep kăi sin e*, № 155.

4 vol.

B.R.

159. 倭語類解

Oa e ryou kăi.

LA LANGUE JAPONAISE EXPLIQUÉE, PAR ORDRE DE MATIÈRES.

2 vol.

B.R.

Cité parmi les ouvrages coréens qui ont servi à la composition du manuel intitulé 交隣須知, "Kau rin su ti", かうりんすち publié en 1881 par le Gouvernement japonais pour l'étude de la langue

(와어류) (わごるい) (倭語類)

coréenne.[1]—C'est, d'après M. Oppert (A forbidden Land, p. 156) de ce livre et du *Ryou hap*, (transcrit par lui Lui ho, suivant la prononciation chinoise) que M. Hoffmann se servit pour composer un dictionnaire coréen, reproduit en appendice dans l'ouvrage de M. Oppert, p.p. 335 à 349. Ce dernier auteur ajoute que le *Oa e ryou kăi* (transcrit Wei ju lui kiai) " fut écrit en Corée pour permettre " aux indigènes d'apprendre le japonais et fut pu-" blié au Japon sans date ni préface : il semble " très probable que ce fut le seul ouvrage composé " dans ce but. Comme il y a déjà plusieurs siècles " qu'il a été imprimé, on peut supposer qu'il date " du temps des invasions japonaises." A l'encontre de ces assertions, il nous paraît que le *Oa e ryou kăi* est un ouvrage coréen, car s'il avait été imprimé au Japon, on n'aurait pas employé dans le titre, pour désigner ce pays, le caractère 倭, *oa*, qui est considéré comme injurieux. De plus, il est tenu pour coréen par l'auteur du " Kau rin su ti ", qui l'a eu sous les yeux pour la composition de son livre. Enfin on a vu, par la liste qui précède, que les livres coréens pour l'étude du japonais ont été plus nombreux que M. Oppert ne le soupçonnait. Au sujet de sa date, nous sommes également d'avis qu'elle

1. Cet ouvrage en 3 vol. in-8, est dû au Japonais "Urase Yoku", 浦瀬裕, うらせよく, qui l'a composé pour le Ministère des Affaires Etrangères de Tōkyō ; il a été revu par différents Coréens, entre autres *Kim Syou heui*, 金守喜 ; l'auteur s'est servi, pour son travail, de différents autres livres coréens : *Sye kyeng en kăi, Si kyeng en kăi, Să sye en kăi, Tjyen oun ok hpyen, Houn mong tjă hoi, Tchyen tjă moun.*

doit être fort ancienne : en effet, le *Htong moun koan tji*, dont les indications bibliographiques ne remontent pas au-delà de ***Khang hi***, 康熙 (1662–1722), ne signale pas cet ouvrage parmi ceux qui ont été imprimés par la Cour des Interprètes et la bibliothèque de cette administration n'en possède pas d'exemplaire

160. 長語

Tjyang e (japonais "Naga gatari" (?) ながゞたり).

LONGUE HISTOIRE.

Cet ouvrage fut composé, au XVIIIe siècle, pour l'étude de la langue japonaise par *Hong Syoun myeng*, 洪舜明, surnom *Syou kyeng*, 水鏡, Interprète, qui y travailla avec le Japonais "Ame no mori Aduma", 雨森東, あめのもりあづま: d'après la préface du "Kau rin su ti", ce dernier, nommé aussi "Ame no mori Hau siyu", 雨森芳洲, あめのもりはうしゆ, fut chargé par "Sou", 宗, prince de Tu sima, 對馬島, dont il était le sujet, de faire un ouvrage pour l'étude du coréen ; il y travailla dans les périodes "Hau ei", 寶永, はうゑい (1704–1710) et "Siyau toku", 正德, しやうとく (1711–1715) ; il donna à son ouvrage le nom de "Kau rin su ti", 交隣須知, かうりんすち.[1]

Cf. *Htong moun koan tji*, liv. 7, fol. 30.

1. Avant cette époque, on cite, pour l'étude du coréen, le "Rin go tai hau", 隣語大方, りんごたいはう, dû à "Fuku yama", 福山, ふくやま : cet ouvrage a été réimprimé en 1873, par les soins de "Urase Yoku", 浦瀬裕, en 3 volumes ; il se trouve à la Bibliothèque de Tōkyō.

(와어류) (わごるい) (倭語類)

161. 類解

Ryou kăi.

EXPLICATION PAR ORDRE DE MATIÈRES.

Ouvrage du même auteur que le précédent, composé dans les mêmes conditions.

Cf. *Htong moun koan tji*, liv. 7, fol. 30.

Peut-être le même ouvrage que le *Oa e ryou kăi.*

Instrument de musique, 敔.(1)

1. Tiré du *Tjin tchan eui kouei.*

Chapitre V

LANGUE SANSCRITE.

범어류　　ぼんごるい　　梵語類

162. 眞言集

Tjin en tjip.

Recueil de textes sanscrits.

1 vol. in-4, 115 feuillets, formant 2 livres.

Préface pour la réimpression de cet ouvrage, datée de 1777, 乾隆丁酉, par le bonze *You il*, 有一, élève de *Păik am*, 白岩; celui-ci, avec *Ryong am*, 龍岩, son maître de langue sanscrite, a composé cet ouvrage, en se servant du *Sam oun syeng houi* et s'appuyant sur les principes de l'orthographe coréenne, tels qu'ils ont été posés par le Roi *Syei tjong*, dans le *Houn min tjyeng eum*.

Avertissement, par le bonze *Ryong am tjeung syouk*, 龍岩增肅, sur l'alphabet et l'orthographe de la langue sanscrite.

Table des initiales, d'après le ***Hong oou tcheng yun*** (cf. № 49) et table des lettres coréennes : ces deux tableaux reproduisent ceux du *Sam oun syeng houi*.

Table des caractères sanscrits dans la forme lanza, avec prononciation indiquée en chinois et en coréen.

Un feuillet de planches, avec souhaits pour le royaume et pour le bouddhisme.

Table des matières : l'ouvrage renferme différents textes bouddhiques, surtout des invocations, "dhāraṇī", 陁羅尼, *htarani*, en langues coréenne, chinoise et sanscrite ; ces trois textes sont en colonnes juxtaposées.

L'avant-dernier feuillet, verso, contient quelques phrases exprimant des souhaits pour le roi, le royaume et la religion.

Au dernier feuillet, liste des bonzes qui se sont occupés de l'impression et indications de lieu et de date : " gravé de nouveau à la bonzerie de *Man yen*, " dans la montagne de *Ra han*, district de *Hoa syoun*, " province orientale de *Tjyen ra* ; écrit par *Tjyeng* " *Eum*, résidant à *San san*, à la 4e lune de l'année "1777", 乾隆四十二年丁酉四月｜日全羅左道和順地羅漢山萬淵寺重刋蒜山寓客鄭崟書.

163. 梵書 ou 眞言集

Pem sye ou *Tjin en tjip*.

CARACTÈRES SANSCRITS OU RECUEIL DE TEXTES SANSCRITS.

1 vol. mss., petit in-8, 17 feuillets.

L.O.V. (exemplaire provenant de la bonzerie de *Pong ouen*, 奉元寺, près de Seoul).

Sur la garde de la couverture, on lit que le bonze *Kyeng en*, de la bonzerie de *Po koang*, dépendant de la bonzerie de *Sin kyei*, dans la montagne de *Keum kang*, district de *Ko syeng*, province de *Kang ouen*, 江原道高城郡金剛山神溪寺普光庵學人京彥禪師, a écrit ce volume en 1884, 光緖十年甲申.

(언어부) (げんごぶ) (言語部)

Alphabet sanscrit, exemples et explications pour la formation des syllabes ; la prononciation est indiquée en chinois et en coréen.

Supplément : diverses prières et invocations sanscrites.

164. 秘密敎

Pi mil kyo.

LES ENSEIGNEMENTS MYSTÉRIEUX.

Cf. livre VIII, chap. II, 4e partie, *Pi mil kyo.*

Pour les ouvrages renfermant des textes sanscrits, voir aussi Bouddhisme (liv. VIII, chap. II), spécialement la 4e partie.

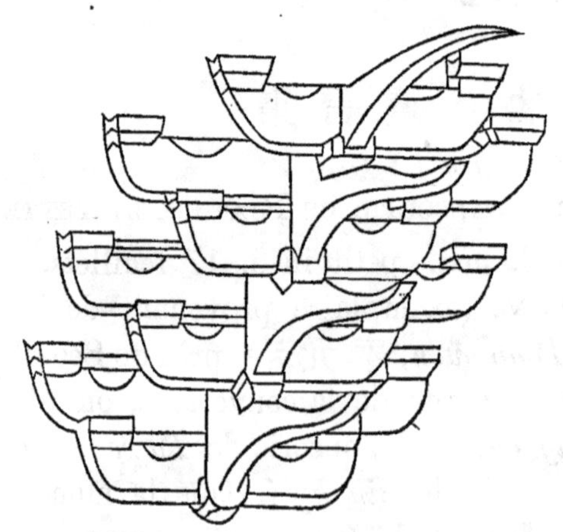

Corbeau à éperons placé sous la saillie du toit, 包.[1]

1. Tiré du *Hoa syeng syeng yek eui kouei.*

Livre III

CONFUCIANISME.

유교부 　 じゆきやうぶ 　 儒敎部

Chapitre I

LIVRES CANONIQUES ET CLASSIQUES.

경서류 　 けいしよるい 　 經書類

Au VIIe siècle, d'après *Ma Toan lin*, 馬端臨, le Păik tjyei possédait déjà les Cinq Livres Canoniques, 五經, *oou king*, *o kyeng*; en 650, d'après le même auteur, la reine de Sin ra envoya à l'Empereur une pièce de vers, qui contenait de nombreuses expressions tirées du *Chou king*.

Une traduction des Neuf Livres Canoniques, 九經, *kieou king*, *kou kyeng*, (易, *Yek*, Nos 174 et sqq.; 書, *Sye*, Nos 182 et sqq.; 詩, *Si*, Nos 188 et sqq.; 周禮, *Tjyou ryei*, No 190; 禮記, *Ryei keui*, Nos 190 et sqq.; 春秋, *Tchyoun tchyou*, Nos 196 et sqq.; 孝經, *Hyo kyeng*, Nos 222 et sqq.; 論語, *Ron e*, Nos 212 et sqq.; 孟子, *Măing tjă*, Nos 217 et sqq.) en langue du Sin ra, est attribuée à *Syel Tchong*, 薛聰, surnom *Tchong tji*, 聰智, nom posthume *Hong you hou*, 弘儒侯, qui vivait sous le règne du Roi *Sin moun*; elle aurait été faite en 693.

En 864, d'après le *Moun hen pi ko*, le Roi de Sin ra se rendit au Collége des Lettrés et fit expliquer les Livres Canoniques en sa présence; en 880, les Livres Canoniques (周易, *Tjyou yek*, Nos 174 et sqq.; 尙書, *Syang sye*, Nos 182 et sqq.; 毛詩, *Mo si*, Nos 188 et

(유교부) 　 (じゆきやうぶ) 　 (儒敎部)

sqq.; 禮記, *Ryei keui*, Nos 190 et sqq.; 春秋左傳, *Tchyoun tchyou tja tjyen*, Nos 196 et sqq.; 孝經, *Hyo kyeng*, Nos 222 et sqq.) et les Trois Historiens, 三史, *Sam să*, (c'est-à-dire 史記, *Să keui;* 前漢書, *Tjyen han sye;* 後漢書, *Hou han sye*) formaient la base de l'instruction dans le royaume de Sin ra. A cette époque, vivait *Tchoi Tchi ouen*, 崔致遠, qui alla étudier en Chine et y devint fonctionnaire.

Htai tjo, de Ko rye, s'occupa de propager le confucianisme. En 983, le docteur *Im Syeng ro*, 任成老, rapporta de Chine l'image de Confucius, les dessins des vases sacrés et l'éloge des soixante-douze Sages.

Kim Ryang kam, 金良鑑, originaire de *Koang tjyou*, 光州, docteur en 1051, se rendit en Chine en 1074, 熙寧甲寅, et y fit des dessins du temple de Confucius. Ce lettré coréen a pour nom posthume *Moun an*, 文安 (le renseignement est tiré du *Tong kouk moun hen rok*).

Le *Moun hen pi ko* rapporte à l'an 1091 l'établissement au Collége des Lettrés de peintures représentant les soixante-douze Sages: ce fait eut lieu vraisemblablement au retour de *Kim Ryang kam*.

En 1056, le Roi avait fait imprimer les Neuf Livres Canoniques (voir ci-dessus), les Histoires des ***Han***, 漢, des ***Tsin***, 晋, et des ***Thang***, 唐, et des ouvrages de philosophes, historiens, littérateurs, médecins, astrologues, géographes, calculateurs, juristes : un exemplaire de chaque ouvrage fut donné à chacune des principales écoles du royaume.

Tchoi Tchyoung, 崔冲, docteur sous *Mok tjong*, Grand Gouverneur, fonda neuf écoles supérieures, 九齋, *kou tjăi*, où l'on exposait les doctrines de Confucius ; il était originaire de *Tai nyeng* dépendant de *Hăi tjyou*, 海州大寧 ; il avait pour surnom *Ho yen*, 浩然, nom posthume *Moun hen*, 文憲 ; on l'avait surnommé le Confucius coréen, 海東孔子.

An You, 安裕, premier postnom *Hyang*, 珦, nom littéraire *Hoi hen*, 晦軒, était originaire de *Syoun heung*, 順興, docteur sous *Ouen tjong* ; devenu membre du Grand Conseil, il s'efforça de développer le confucianisme, il enrichit le Collége des Lettrés, fonda le Conseil de l'Enseignement, se procura des livres en Chine. Il a pour nom posthume *Moun syeng*, 文成, et est compté au nombre des Sages coréens.

(경서류) (けいしょるい) (經書類)

Păik I tjyeng, 白頤正, élève du précédent, alla ensuite étudier en Chine ; il compléta l'œuvre confucianiste de son maître ; originaire de *Ram hpo*, 藍浦, nom littéraire *I tjăi*, 彝齋, il fut fait Prince de *Syang tang*, 上黨君.

Ou Tchak, 禹倬, surnom *Htyen tjyang*, 天章, originaire de *Tan san*, 丹山, fut élève de *Hoi hen*; il continua aussi la tradition de son maître.

Pour les disciples de ces Sages, voir liv. IV, chap. II, et *Kouk tang păi ẹ*, *Ya eun en hăing rok*, etc.

Sur les Livres Canoniques et Classiques, cf. Cordier, col. 639-664, 1769-1779 ; Wylie, p.p. 1-8 ; Cat. Imp., liv. 1-39.

1ère Partie

COLLECTIONS GÉNÉRALES.

165. 經書音解

Kyeng sye eum kăi.

Les livres canoniques et classiques, prononciation et explication.

Ouvrage cité par le *Tai tong oun ok* comme préparé par ordre de *Syei tjong*.

166. 三經四書正文

Sam kyeng să sye tjyeng moun.

Texte sans notes des trois livres canoniques et des quatre classiques.

10 vol. in-folio, fort belle impression.

(유교부) (じゆきやうぶ) (儒教部)

Cette édition a été imprimée en caractères mobiles en 1772 (cf. *Tjou tjă să sil*) ; une réimpression a été gravée en 1820, 庚辰新刊內閣藏板, les planches en sont conservées à la Bibliothèque Royale.

Les Trois Livres Canoniques, en Corée, sont le *Yek kyeng*, 易經, le *Sye kyeng*, 書經, et le *Si kyeng*, 詩經; les Quatre Classiques sont, comme en Chine, le *Tai hak*, 大學, le *Tjyoung yong*, 中庸, le *Ron e*, 論語, et le *Măing tjă*, 孟子.

167. 三經四書大全

Sam kyeng să sye tai tjyen.

ÉDITION COMPLÈTE (AVEC NOTES ET COMMENTAIRES) DES TROIS LIVRES CANONIQUES ET DES QUATRE CLASSIQUES.

Imprimée en caractères mobiles (cf. *Tjou tjă să sil*).

168. 經書正音

Kyeng sye tjyeng eum.

LIVRES CANONIQUES ET CLASSIQUES, AVEC PRONONCIATION CORRECTE.

16 vol. in-folio.

B.R.—C. des Int.

Edition notant la prononciation chinoise correcte en caractères coréens; faite par les soins de l'Interprète *Ri Syeng pin*, 李聖彬, et présentée, au Roi en 1734, 雍正甲寅.

(경셔류) (けいしよるい) (經書類)

Le *Htong moun koan tji* donne des volumes de cette édition, la liste suivante :

Ron e, 論語 .... 2 vol.
Măing tjă, 孟子 .... 3 „
Tjyoung yong, 中庸, et *Tai hak*, 大學 1 „
Si kyeng, 詩經 .... 3 „
Sye kyeng, 書經 .... 2 „
Tchyoun tchyou, 春秋 ....2 „

169. 經書解義

Kyeng sye kăi eui.

EXPLICATION DES LIVRES CANONIQUES ET CLASSIQUES.

Citée par le *Tong kouk htong kam tyei kang*. Commentaires de *Hong Ye ha*, 洪汝河.

170. 經書口訣

Kyeng sye kou kyel.

ENSEIGNEMENTS ORAUX D'APRÈS LRS LIVRES CANONIQUES ET CLASSIQUES.

Ouvrage cité par le *Tong kouk htong kam tyei kang*. Commentaires du même auteur.

171. 詩書易義

Si sye yek eui.

SENS DES TROIS LIVRES CANONIQUES.

Ouvrage servant de modèle pour les compositions des examens.

172. 十三經注疏

Sip sam kyeng tjou sou.

LES TREIZE LIVRES CANONIQUES AVEC COMMENTAIRES.

Les Treize Livres Canoniques comprennent, outre les neuf ouvrages indiqués plus haut: les deux commentaires de ***Kong yang,*** 公羊, postnom ***Kao,*** 高 (Mayers, I, 290) et de ***Kou liang,*** 穀梁, postnom ***Chou,*** 淑 (Mayers, I, 282), sur le *Tchyoun tchyou;* le *Eui ryei,* (№ 195) et le *I a.*

173. 五經百篇

O kyeng păik hpyen.

CENT PAGES TIRÉES DES CINQ LIVRES CANONIQUES.

5 vol. in-folio, formant 5 livres.

L.O.V.

Cet ouvrage, imprimé en superbes caractères de 25 millimètres de haut, est le plus beau spécimen que j'aie vu, de la typographie coréenne; il ne porte aucune indication de date. Il contient des extraits du ***Yi king,*** du ***Chou king,*** du ***Chi king,*** du ***Tchhoen tshieou*** et du ***Li ki,*** (textes sans commentaires), plus deux préfaces de ***Tchou Hi,*** 朱熹; quelques notes très brèves se trouvent dans la marge supérieure.

La Bibliothèque Royale possède un ouvrage intitulé de même et formant 8 volumes.

(경서류) (けいしよるい) (經書類)

2e Partie

LIVRE DES TRANSFORMATIONS.

174. 易解

Yek kăi.

Le *Yi king* (Livre des Transformations) avec explications.

Edition citée par le *Tai tong oun ok :* les explication sont de *Youn En i*, 尹彦頤, de *Hpa hpyeng*, 坡平, docteur sous *In tjong*, de Ko rye, fonctionnaire ; nom littéraire *Keum kang ke să*, 金剛居士, nom posthume *Moun kang*, 文康.

175. 周易注疏

Tjyou yek tjou sou.

Le *Yi king* avec commentaires.

Imprimé en caractères mobiles (cf. *Tja tjyen*).

176. 周易衷翼解

Tjyou yek tchyoung ik kăi (***Tcheou yi tchong yi kiai***).

Explication du ***Yi king*** par ***Tchong yi.***

12. vol. in-8.

Cet ouvrage, sur papier coréen, paraît cependant avoir été imprimé en Chine.

Préface de 1804, 嘉慶九年, par ***Liang Oang cheng,*** 梁汪泩, auteur de l'explication.

177. 周易傳義大全

Tjyou yek tjyen eui tai tjyen.

GRANDE ÉDITION DU TEXTE ET DES EXPLICATIONS DU ***Yi king.***

14 vol. in-4.

B.R.

Avertissement. Préface de ***Tchheng Yi,*** 程頤, et de ***Tchou Hi,*** 朱熹.

24 livres avec commentaires.

A la fin du dernier volume: 歲庚午仲春開刊, "gravé à la 2e lune de l'année *kyeng o* (1870, ?)" —Sceau avec caractères sigillaires: 全州府河慶龍藏版, "planches conservées par *Ha Kyeng ryong* (?) de *Tjyen tjyou*".

Cet ouvrage est généralement joint au *Tjyou yek en kăi.*

178. 周易集解

Tjyou yek tjip kăi.

COLLECTION DES EXPLICATIONS DU ***Yi king.***

2 vol.

B.R.

179. 周易諺解

쥬역언기

Tjyou yek en kăi.

LE ***Yi king*** AVEC TRADUCTION CORÉENNE.

I. 5 vol. in-4, formant 9 livres.

B.R.—Coll. v. d. Gabelentz.

Cet ouvrage, désigné souvent sous le nom de *Yek kăi* (vulgaire *hăi*), 易解, 역히, contient le texte chinois avec une explication en coréen après chaque caractère ; le 5e volume porte la mention : gravé en l'année *kyeng tjin*, 庚辰 (1880 ?), planches conservées à la Bibliothèque Royale.

II. Autre édition, 5 vol. in-4.

L.O.V.

Sceau imprimé semblable à celui du *Tjyou yek tjyen eui tai tjyen.*

180. 增删卜易

Tjeung san pok yek.

Le *Yi king* et la divination, ouvrage corrigé.

In-8, mss., 5 livres (?)

181. 倦翁易圖

Kouen ong yek to.

Figures pour le *Yi king*, par *Kouen ong.*

Postface de *Sye ai* 西厓.

3e Partie

LIVRE DES HISTOIRES.

182. 尙書

Syang sye.

Le ***Chou king*** (Livre des Histoires).

Cité par le *Tong kyeng tjap keui* comme imprimé à *Kyeng tjyou,* 慶州.

183. 書傳

Sye tjyen.

Le ***Chou king.***

10 vol. in-4.

Miss. Étr. Seoul.

Trente-deux tableaux avec figures, relatifs aux généalogies, sciences, rites, coutumes, etc., d'après le ***Chou king.***

Préface par ***Tshai Tchhen,*** 蔡沉, surnom ***Tchong me,*** 仲默, (1167–1230), élève de ***Tchou Hi,*** 朱熹 (*Mayers,* I, 748), d'après l'édition duquel est faite l'édition coréenne. A la dernière feuille du 10e volume, se trouvent les indications : 庚辰新刋內閣藏版, "nouvellement gravé en l'année *kyeng* "*tjin* (1880 ?) planches conservées à la Bibliothèque "Royale".

Un ouvrage répondant à cette description est indiqué dans un catalogue publié chez M. Leroux, éditeur, en 1876.

184. 尙書大傳

Syang sye tai tjyen.

Le ***Chou king***, texte.

2 vol. petit in-8, mss.

L.O.V.

Titre au verso du 1er feuillet du 1er volume, reproduisant le titre de l'ouvrage imprimé ; au milieu 尙書大傳 en caractères ***li***, 隷 ; à gauche "gravé "au printemps de l'année 1800", 嘉慶庚申春刊; à droite, "les planches sont conservées à la maison ***Ai*** "***ji***", 愛日艸廬藏板.

Préface datée de 1756, 乾隆丙子, signée ***Lou Kien tsheng***, de ***Tẹ tcheou***, 德州盧見曾; seconde préface, non datée, par ***Lou Oen tchhao***, 盧文弨: ce texte du ***Chou king***, diffère du texte généralement admis ; il a été conservé à ***Tẹ tcheou*** et revu avec soin par ***Soen Tshing tchhoan***, surnom ***Tchi lou***, 孫晴川之騄, originaire de cette localité; l'auteur de la préface prétend en suivre la trace jusqu'au vieillard ***Fou cheng***, 伏生 (Mayers, I, 47).

Examen des variantes.

Texte des 4 livres, avec les notes de ***Tcheng Khang tchheng***, 鄭康成, postnom ***Hiuen***, 玄 (127–200 de l'ère chrétienne ; Mayers, I, 59).

Appendices.

185. 尙書諺吐

Syang sye en hto.

LE ***Chou king*** AVEC LES PARTICULES DE LIAISON EN CORÉEN.

Cité par le *Tong kyeng tjap keui.*

186. 書傳諺解
서뎐언기

Sye tjyen en kăi.

LE ***Chou king*** AVEC TRADUCTION CORÉENNE.

5 vol. in-4, formant 5 livres.

L.O.V.—Brit. M.—Coll. v. d. Gabelentz.

Communément désigné en Corée sous le nom de *Sye kăi* (vulgaire *hăi*) 書解, 서히; chaque caractère du texte chinois est suivi d'une explication en coréen.

Nouvellement gravé en l'année *kyeng tjin,* 庚辰 (1880 ?), les planches sont conservées à la Bibliothèque Royale.

187. 書傳大文

Sye tjyen tai moun.

TEXTE DU ***Chou king.***

1 vol. in-4, 67 feuillets, formant 2 livres.

L.O.V.

Texte avec quelques notes, mais sans commentaires; dans la marge supérieure, sont placés des caractères indiquant les particules de liaison que l'on emploie pour la récitation en sino-coréen ; cette édition est faite à l'usage de ceux qui se présentent aux examens de récitation.

Liste des principales particules employées dans le style classique.

Caractères.	Prononciation.	Sens.	
是	i	marque le nominatif	
阿	a	id.	vocatif
乙	eul	id.	accusatif
奴 乙奴	ro eul ro	id.	instrumental, ablatif
厓 ou 厂	ei	id.	datif, locatif
矣	eui	id.	génitif
爲亽 ou 爲羅 扵多	hăra eta	id.	impératif
爲小西	hăsyosye	id.	(respectueux)
爲奴亽	hănora	fin d'une phrase où le verbe est à la première personne (.)	
是乙士尼亽 亽 背女 是奴多 爲飛隱多 ou 爲乙卩多 爲刀多 奴小是多	i-eulsăinira ra ttanye irota hănănta hătota rosyo-ita	fin de phrase (.)	
奴時是多 爲時多	rosi-ita hăsita	id.	(respectueux)

(유교부) (じゆきやうぶ) (儒教部)

Caractères.	Prononciation.	Sens.
尼	ni	fin d'une phrase au passé (.) (groupe)
尼亽	nira	
爲尼亽	hănira	
尼是多	ni-ita	id. (respectueux)
爲里亽	hărira	fin d'une phrase au futur à la première personne (.) (groupe)
乎里亽	horira	
爲里是多	hări-ita	id. (respectueux)
伊里亽 ou 乁里亽	irira	fin d'une phrase au futur à la troisième personne (.)
古	ko	et ou fin d'un membre de phrase (;) (groupe)
旀	mye	
五	o	
爲古	hăko	
爲旀	hămye	
是旀	imye	
是五	i-o	
尼五	ni-o	
是沙	isă	
爲時古	hăsiko	id. (respectueux) (groupe)
爲時旀	hăsimye	
爲乙尼	hănani	fin d'un membre de phrase (,)
爲里旀	hărimye	futur suivi d'un (;)
巨伊	hkei	marque du causal
面	myen	si (conditionnel) (groupe)
是面	imyen	
爲面	hămyen	
於等 ou 於ホ	eteun	

(경 서 류) (けいしょるい) (經 書 類)

Caractères.	Prononciation.	Sens.
爲時面	hăsimyen	si (respectueux)
於時等	esiteun	
爲也	hăya	comme, étant, ayant
爲舍	hăsă	id. (respectueux)
乙士	eulsă	pendant que ou participe présent
里乙士	ri-eulsă	
時乙士	si-eulsă	id. (respectueux)
忽	hol	sur le point de
忽ホ	holteun	
乎尼	honi	comme, puisque
是尼	ini	
爲尼	hăni	
爲奴尼	hănoni	
爲多小尼	hătasyoni	
奴小尼	rosyoni	
於乙	enăl	
於尼	eni	
是言是	i-eni	
爲時尼	hăsini	id. (respectueux)
於時尼	esini	
乎大	hotai	bien que
乎卩大	hontai	
爲卩大	hăntai	
刀	to	
爲也道	hăyato	
亽道	rato	
是於乙	i-enăl	
爲時大	hăsitai	id. (respectueux)

Caractères.	Prononciation.	Sens.
爲舍大	hăsătai	bien que (respectueux)
爲申大	hăsintai	
扵時乙	esinăl	
爲也沙	hăyasa	après avoir fait
五沙	osa	
亽沙	rasa	
是五沙	i-osa	
爲時沙	hăsisa	id. (respectueux)
爲加尼	hăteni	il faisait autrefois, mais...
爲難大	hănantai	il fait (marquant l'étonnement et suivi d'une interrogation)
爲那	hăna	cependant
扵尼臥	eni-oa	d'autre part
温	on	à plus forte raison
扵ホ	eteun	
扵時ホ	esiteun	id. (respectueux)
奴論	roron	de préférence
果	koa	et (entre des substantifs)
臥	oa	
扵那	ena	ou
卩	eun	quant à
難 ou 乙卩	nan	
臥是	oai	oui
乎卩地	honti	si dubitatif avec le passé
爲論地	hănonti	id. futur
五	o	interrogation (?)
可	ka	
底 ou 广	tye	

(경 셔 류) (けいしよるい) (經 書 類)

Caractères.	Prononciation.	Sens.
乎里呰	hori-itko	id. (respectueux)
五爲旀	ohămye	pour citer des paroles et continuer ensuite la phrase
爲尼是多	hăni-ita	pour citer ce que l'on fait ou dit soi-même
爲乙尼是多	hănăni-ita	pour citer ce que les autres font ou disent

Pour les particules du style des yamens, voir *You sye hpil tji.*

4e Partie

LIVRE DES ODES.

188. 詩經諺解
시경언기
Si kyeng en kăi.
LE ***Chi king,*** (LIVRE DES ODES) AVEC TRADUCTION CORÉENNE.

7 vol. in-4, formant 20 livres.

L.O.V.—Coll. v. d. Gabelentz.

Communément désigné en Corée sous le titre de *Si kăi* (vulgaire *hăi*), 詩解, 시히. Chaque caractère du texte chinois est suivi d'une explication en coréen. Les 22 premiers feuillets du premier volume sont consacrés à un vocabulaire des expressions chinoises difficiles à comprendre, qui s'y trouvent expliquées en coréen.

Nouvellement gravé en l'année *kyeng tjin*, 庚辰 (1880 ?), les planches sont conservées à la Bibliothèque Royale.

189. 詩傳諺解
시젼언ᄒᆡ
Si tjyen en kăi.

Sans doute le même ouvrage que le précédent, désigné sous ce titre dans le Catalogue de la Bibliothèque Royale.

7 vol.

5e Partie

LIVRES DES RITES.

190. 三禮儀 ou 南溪禮說
Sam ryei eui ou *Nam kyei ryei syel.*
Les trois rituels ou Paroles de *Nam kyei* sur les rites.

Auteur: *Pak Syei tchăi*, 朴世采, nom posthume *Moun syoun*, 文純.

Les trois Rituels sont le *Ryei keui*, le *Eui ryei* et le *Tjyou ryei* (**Tcheou li,** 周禮, Rites des **Tcheou**).

191. 禮記日抄

Ryei keui il tchyo.

LE *Li ki* (MÉMORIAL DES RITES), AVEC EXTRAITS DES AUTEURS POUR LES EXPLICATIONS JOURNALIÈRES.

Cet ouvrage, cité par le *Tai tong oun ok*, est de *E Hyo tchyem*, 魚孝瞻.

192. 禮記集說大全

Ryei keui tjip syel tai tjyen (***Li ki tsi choẹ ta tsiuen***).

GRANDE ÉDITION DU ***Li ki*** AVEC EXPLICATIONS.

15 vol. in-4 formant 3 livres.

B.R. 18 vol.

Préface de 陳澔, ***Tchhen Hao***, qui vivait sous la dynastie des ***Yuen***, 元 (1260–1368).

Avertissement, liste des commentaires.

Cette édition est conforme à l'édition chinoise donnée, par ordre impérial, par ***Hou Koang***, 胡廣, surnom ***Koang ta***, 光大, 1370–1418 (cf. *Mayers*, I, 187).

A la fin du dernier volume, se trouve l'indication: 戊申季春嶺營新刋, "nouvellement gravé en "l'année *mou sin* (1848 ?), à la 3e lune, au Camp du "Gouverneur de *Kyeng syang*, 慶尙".

193. 禮記

Ryei keui.

LE ***Li ki.***

In-18 carré, édition assez grossière, non datée.

194. 禮記諺讀

례 기 언 독

Ryei keui en tok.

LE *Li ki,* AVEC LECTURE CORÉENNE.

5 vol.
B.R.

195. 新刊儀禮圖解

Sin kan eui ryei to kăi (***Sin khan yi li thou kiai***).

LE ***Yi li*** (RITUEL) AVEC PLANCHES ET EXPLICATIONS, NOUVELLEMENT GRAVÉ.

16 vol. in-folio.

Les quatre premiers volumes renferment : une préface de 1536, signée ***Liu Nan,*** 呂相; un rapport, présenté à l'Empereur par ***Tchou Hi,*** 朱熹, lors de l'achèvement de sa révision des trois rituels; une préface de ***Kia Kong yen,*** 賈公彥, Académicien sous les ***Thang,*** 唐 ; une autre préface par ***Tchhen Phou,*** de ***Ning tẹ,*** 寧德陳普; tables pour le texte et les figures ; texte seul.

Les volumes cinq à quinze renferment, en dix-sept livres, le texte avec commentaires et planches. Dans le dernier volume, se trouvent une série de passages des Classiques et des commentateurs pour servir de références, ainsi qu'une postface, de l'année *pyeng sin,* 丙申 (1536), par *Han Năi tong,* 漢内童, Précepteur du Prince Héritier.

6e Partie

PRINTEMPS ET AUTOMNE.

196. 春 秋

Tchyoun tchyou (***Tchhoeṇ tshieou***).

Le ***Tchhoeṇ tshieou*** (printemps et automne ou les annales du royaume de ***Lou***, 魯).

10 vol. in-4.

B.R.

Édition conforme à celle de ***Tchou Hi***, 朱熹, avec préface par ***Hou chi***, 胡氏, postnom ***'An koeṇ***, 安國, 1074–1138 (cf. Mayers, I, 189).

197. 春 秋 集 傳 大 全

Tchyoun tchyou tjip tjyen tai tjyen.

Grande édition du texte et des commentaires du ***Tchhoeṇ tshieou***.

18 vol. in-4.

Impression en caractères mobiles paraissant dater du règne de *Tjyeng tjong.*

198. 左 傳

Tja tjyen (***Tso tchoan***).

Commentaire de ***Tso*** (sur le ***Tchhoeṇ tshieou***).

10 vol. in-4.

Auteur : ***Tso Khicou ming,*** 左邱明 (Mayers, I, 744).

Préface de ***Tou Yu,*** 杜預, 222–284 (Mayers, I, 684) ; deuxième préface, qui semble être par le même auteur et est postérieure à l'an 280 de notre ère, 泰康元年.

Avertissement : le Roi *Syen tjo* avait ordonné de publier les Livres Canoniques et les Classiques, mais le travail ne put être achevé. La présente édition est conforme à celle qui a été donné dans les années ***Khai tchheng,*** 開成 (836–840).

Tableaux chronologiques, carte géographique, index méthodique, généalogies, index des noms de pays et des noms d'hommes.

Texte

A la fin : liste de la Commission chargée de l'impression et historique détaillé des caractères mobiles ; le présent ouvrage a été imprimé en 1796 二十年丙辰.

Cf. *Tjou tjă să sil.*

199. 胡傳春秋

Ho tjyen tchyoun tchyou.

COMMENTAIRE DE ***Hou*** SUR LE ***Tchhoẹn tshieou.***

24 vol.

B.R.

Cité par le *Tong kyeng tjap keui.*

Auteur : ***Hou 'An koẹ,*** 胡安國.

7e Partie

LIVRES CLASSIQUES.

200. 四書集註

Să sye tjip tjou.

Les ***Seu chou*** (livres classiques), avec commentaires.

Édition de la fin du Ko rye, citée par le *Tai tong oun ok*; elle fut donnée d'après l'édition de ***Tchou Hi***, 朱熹, sur la proposition de *Kouen Pou*, 權溥.

201. 四書廣註

Să sye koang tjou.

Les ***Seu chou*** avec commentaires.

20 vol. in-4.
B.R.
Impression en caractères mobiles (cf. *Tjou tjă să sil*).

202. 四書

Să sye.

Les ***Seu chou.***

In-18.
Édition assez grossière, non datée.

203. 四書栗谷諺解
〻셔률곡언ᄀᆡ
Sa sye ryoul kok en kăi.
TRADUCTION CORÉENNE DES COMMENTAIRES DE *Ryoul kok* SUR LES ***Seu chou.***

13 vol.
B.R.
Auteur : *Ri I*, 李珥.

204. 四書直解
Să sye tjik kăi.
EXPLICATION DES ***Seu chou.***

15 vol.
B.R.

205. 大學
Tai hak.
LE ***Ta hio*** (GRANDE DOCTRINE).

I. 1 vol. in-8.
Préface par le roi *Yeng tjong*, datée de 1758, 戊寅.
II. Autre édition citée par le *Tong kyeng tjap keui.*

206. 大學補遺
Tai hak po you.
LE ***Ta hio*** AVEC SUPPLÉMENT.

Cité par le *Tong kyeng tjap keui.*

207. 大學章句補遺

Tai hak tjyang kou po you.

LE ***Ta hio*** PAR ARTICLES AVEC SUPPLÉMENT.

Auteur : *Ri En tyek*, 李彥迪.

208. 大學指南中庸指南

Tai hak tji nam tjyoung yong tji nam.

GUIDE (POUR L'INTELLIGENCE) DU ***Ta hio***, ET DU ***Tchong yong***. (cf. N°s 210 et sqq.).

1 vol. in-8 (relié à l'européenne).

Brit. M. 15202, C 25.

Texte et commentaire de ces deux livres classiques; l'impression est grossière, peut être a-t-elle été faite en caractères mobiles.

Autre titre : 大學通指中庸章句, *Tai hak htong tji tjyoung yong tjyang kou.*

209. 大學諺解
대학언ᄒᆡ

Tai hak en kăi.

LE ***Ta hio*** AVEC TRADUCTION CORÉENNE.

1 vol. in-4 en 10 chapitres, 32 feuillets.

B.R.—L.O.V.—Brit. M.—Coll. v. d. Gabelentz.

Communément appelé *Tai kăi* (vulgaire *hăi*) 大解, 대ᄒᆡ ; chaque caractère est expliqué séparément en coréen.

Nouvellement gravé en l'année *kyeng tjin*, 庚辰 (1880 ?), planches conservées à la Bibliothèque Royale.

210. 中庸

Tjyoung yong (***Tchong yong***).

LE ***Tchong yong*** (INVARIABLE MILIEU).

I. Édition citée par le *Tong kyeng tjap keui*.

II. Édition en caractères sigillaires, citée par le *Tjyen oun pyen ram*.

211. 中庸諺解

즁용언기

Tjyoung yong en kăi.

LE ***Tchong yong*** AVEC TRADUCTION CORÉENNE.

I. 1 vol. in-4 en 33 chapitres, 61 feuillets.
B.R.—L.O.V.—Brit. M.—Coll. v. d. Gabelentz.
Communément désigné en Corée sous le nom de *Yong kăi* (vulgaire *hăi*) 庸解, 용히 ; chaque caractère du texte chinois est suivi d'une explication en coréen.
Nouvellement gravé en l'année *kyeng tjin*, 庚辰 (1880 ?), planches conservées à la Bibliothèque Royale.

II. Autre édition du même format et avec disposition des pages identique. Elle semble être du siècle dernier et porte la date *kyeng o*, 庚午 (1750 ?) A la dernière page, se trouve un sceau portant les huit caractères suivants : 全州府河慶龍藏板, " planches conservées par *Ha Kyeng ryong* (?) à *Tjyen* " *tjyou* ".

212. 論語大全

Ron e tai tjyen.

GRANDE ÉDITION DU ***Loẹn yu*** (ENTRETIENS ET DISCUSSIONS).

7 vol.
B.R.

213. 論語

Ron e

LE ***Loẹn yu.***

Édition indiquée par le *Tong kyeng tjap keui.*

214. 論語諺解
론어언기

Ron e en kăi.

LE ***Loẹn yu*** AVEC TRADUCTION CORÉENNE.

4 vol. in-4, formant 4 livres.
B.R.—L.O.V.—Coll. v. d. Gabelentz.

Communément désigné sous le nom de *Ron kăi* (vulgaire *Non hăi*) 論解, 논히 ; chaque caractère chinois est suivi d'une explication en coréen.

Nouvellement gravé en l'année *kyeng tjin*, 庚辰 (1880 ?), planches conservées à la Bibliothèque Royale.

215. 論語新義

Ron e sin eui.

NOUVELLE EXPLICATION DU ***Loẹn yu.***

Citée par le *Tai tong oun ok*, composée par *Kim Yen*, 金緣, pour le Roi *Yei tjong*, alors Prince Héritier.

216. 論語集註

Ron e tjip tjou.

LE ***Loẹn yu*** AVEC COLLECTION DES COMMENTAIRES.

2 vol. in-folio (reliure européenne), ayant formé 4 vol. coréens (incomplet, livres 6 à 14).

Bibl. Nat., fonds chinois, 2140.

Impression peu élégante.

217. 孟子

Măing tjă.

LE ***Meng tseu*** (MENCIUS).

Édition citée par le *Tong kyeng tjap keui.*

218. 孟子大全

Măing tjă tai tjyen.

GRANDE ÉDITION DE ***Meng tseu.***

4 vol. in-8, formant 4 livres.

Vieille impression, sans date.

219. 孟子集註大全

Măing tjă tjip tjou tai tjyen.

GRANDE ÉDITION DE ***Meng tseu*** AVEC COMMENTAIRES.

7 vol. in-4, formant 8 livres.

B.R.—L.O.V.—Coll. v. d. Gabelentz.

Vie de ***Meng tseu*** par ***Tchou Hi,*** 朱熹, et commentaires du même.

Cet ouvrage est en général réuni au suivant; ils ont été mentionnés ensemble dans les Mémoires de la Société Sinico-japonaise, 1888, VII, p. 236.

220. 孟子諺解

밍ᄌ 언기

Măing tjă en kăi.

LE ***Meng tseu*** AVEC TRADUCTION CORÉENNE.

7 vol. in-4, formant 14 livres.

L.O.V.—Brit. M.—Coll. v. d. Gabelentz.

Désigné en Corée par l'expression *Măing kăi* (vulgaire *hăi*) 孟解, 밍히; chaque caractère chinois est suivi de l'explication coréenne.

Nouvellement gravé en l'année *kyeng tjin,* 庚辰 (1880 ?), planches conservées à la Bibliothèque Royale.

221. 元宗大王御筆孟子大文

Ouen tjong tai oang e hpil măing tjă tai moun.

TEXTE DU ***Meng tseu,*** TRANSCRIT PAR LE ROI *Ouen tjong.*

2 vol.

B.R.

8e PARTIE

LIVRE DE LA PIÉTÉ FILIALE, ETC.

222. 孝經大義

Hyo kyeng tai eui.

EXPLICATION DU ***Hiao king*** (CANONIQUE DE LA PIÉTÉ FILIALE).

1 vol.
B.R.
Postface de *Sye ai*, 西厓.
Cf. Cordier, 854–855 ; 1894–1895.

223. 孝經

Hyo kyeng.

LE ***Hiao king.***

Édition indiquée par le *Tong kyeng tjap keui.*

224. 孝經諺解
효경언기

Hyo kyeng en kăi.

LE ***Hiao king*** AVEC TRADUCTION CORÉENNE.

1 vol. grand in-8, 27 feuillets.
L.O.V.

Sous chaque caractère du texte chinois, se trouve la prononciation sino-coréenne, les particules de liaison sont indiquées en coréen ; chaque paragraphe est suivi d'un commentaire en langue coréenne.

225. 別敘孝經

Pyel sye hyo kyeng.

ANNEXE AU ***Hiao king.***

1 vol.

Cet ouvrage traitait de la naissance et de la vie de Confucius et de ses principaux disciples ; il fut offert à l'Empereur par les envoyés du Ko rye en 951, 廣順元年, avec les deux suivants ; ***Ma Toan lin,*** 馬端臨, qui rapporte le fait, ajoute qu'aucun de ces ouvrages ne traite de matières qui puissent être dites canoniques : ne les ayant pas vus moi-même, je les range ici uniquement à cause de leur titre.

226. 越王孝經

Ouel oang hyo kyeng.

LE ***Hiao king*** DU PRINCE DE ***Yue.***

1 vol.

Réponse aux questions de ce prince.

Cf. № 225.

227. 越王孝經新義

Ouel oang hyo kyeng sin eui.

LE ***Hiao king*** DU PRINCE DE ***Yue,*** NOUVELLE EXPLICATION.

8 vol.

Cf. № 225.

(유교부) (じゆきやうぶ) (儒教部)

228. 爾雅

I a.

COMMENTAIRE SUR LE ***Eul ya*** (RÉPERTOIRE LEXICOGRAPHIQUE).

Ce commentaire est de *Kyei Tek hăi*, 桂德海.
Cf. Wylie, p. 8 ; Cat. Imp. liv. 40.

Tête d'animal fantastique, 獸面.(1)

1. Tiré du *Hoa syeng syeng yek eui kouei.*

CHAPITRE II

OUVRAGES SUR CONFUCIUS.

성젹류　　せいせきるい　　聖蹟類

Cf. Cordier, 282–284 ; 1603–1605.

229. 標題句解孔子家語

Hpyo tyei kou kăi kong tjă ka e (***Piao thi kiu kiai khong tseu kia yu***).

ENTRETIENS DOMESTIQUES DE CONFUCIUS, AVEC COMMENTAIRES ET NOTES MARGINALES.

1 vol. in-4 (reliure européenne), en 3 livres ; le 1er feuillet du 1er livre et le 1er feuillet du 3e livre sont manuscrits.

Brit. M. 15201, C 13.

Bonne impression ancienne, en caractères un peu grêles, de formats différents pour le texte et les commentaires ; notes imprimées dans la marge supérieure. Les lignes verticales qui séparent les colonnes du texte, ne vont pas jusqu' à l'encadrement de la page, ce qui a permis à M. Satow, puis à M. E. Plauchut (le Royaume Solitaire, Revue des Deux Mondes, 15 février 1884, p. 894 ; voir aussi Corea, the Hermit nation, p. 67) de dire que cet ouvrage a été imprimé en caractères mobiles : l'aspect des lignes en question ne me paraît pas absolument probant, surtout puisqu'à la fin du 3e livre, on trouve les mentions suivantes : "gravé en 1317, par ***Tchhen Chi fou,*** à la librairie "***Tsing yi***", 延祐丁巳陳實夫刻于精一書舍; cette formule n'est, à ma connaissance, employée que pour la gravure d'une planche. De plus il n'est pas possible de faire remonter jusqu' à 1317 une impression en caractères mobiles, puisque la date de l'invention de ce procédé est explicitement fixée à 1403 par divers textes (cf. *Tjou tjă să sil*). Les Coréens se sont bornés ici, comme souvent ailleurs, à reproduire intégralement une édition chinoise, sans ajouter la date de la réimpression.

Le commentaire est de ***Oang Koang meou,*** surnom ***King yeou,*** nom littéraire ***Yeou thang,*** 猷堂王廣謀景猷.

Postface sur la vie de Confucius ; liste des images du Saint ; biographie, généalogie ; culte qui lui a été rendu dans le royaume de ***Lou,*** 魯, dans l'Empire et même sous les ***Kin,*** 金, jusqu' à la date de 1309, 至大二年[1] ; figures relatives à ce culte.

A la fin de la table des matières, on trouve l'indication : "gravé au Collége ***Tshang yen,*** à l'automne "de l'an 1324", 泰定甲子秋蒼巖書院刊行; la rédaction même indique qu'il ne s'agit pas d'une réimpression ; c'est donc que la gravure, commencée en 1317, a été achevée en 1324, ce qui réduit à néant

1. On peut remarquer que, l'ouvrage étant postérieur à 1309, il est bien invraisemblable qu'il ait été publié en Chine, puis réimprimé en Corée en 1317.

(성 적 류) (せいせきるい) (聖 蹟 類)

l'hypothèse de l'impression en caractères mobiles remontant à 1317.

Cf. Wylie, p. 66, et Cat. Imp. liv. 91 et 95.

230. 孔子家語

Kong tjă ka e (***Khong tseu kia yu***).

ENTRETIENS DOMESTIQUES DE CONFUCIUS.

3 vol. petit in-8, impression grossière.

B.R. 2 vol.

Ouvrage coréen portant à tort le titre ci-dessus.

Préface non signée et non datée (époque des ***Han***, 漢 ?)

Abrégé du ***Khong tseu kia yu***, avec notes.

Liste de 62 disciples de Confucius.

Histoire du Sage, d'après le ***Khong tseu kia yu***.

Tableaux chronologiques et généalogiques, tableaux de noms posthumes et de fonctions relatifs à Confucius ; temples élevés en son honneur, prières qui lui sont adressées, rites de son culte, d'après les Statuts des ***Ming*** (***Ta ming hoei tien***, 大明會典).

Liste des lettrés célèbres chinois et coréens.

A la fin du volume : gravé en *kap tjă*, 甲子, (1864 ?), à *Htai in*, 泰仁, par *Pak Tchi you*, 朴致維.

231. 孔子通紀

Kong tjă htong keui (***Khong tseu thong ki***).

VIE DE CONFUCIUS.

1 vol. in-4, 123 feuillets,

B.R.—L.O.V.

Préface de 1501, 弘治十四年辛酉, par l'Académicien ***Lieou Choei,*** 劉瑞 ; autre préface de la même année par ***Sie To,*** 謝鐸.

Avertissement.

Note explicative par ***Yu Phan fou,*** 虞潘府, datée de 1503, 弘治癸亥.

Cet ouvrage, composé par ***Yu Phan fou,*** originaire du ***Koang tong,*** 廣東, est la vie de Confucius disposée année par année.

A la fin du volume, note sur l'impression coréenne : "gravé à *Tjyang syeng*, en 1625, à la 10e lune" 天啓五年十月丨日長城縣開刋.

232. 闕里誌

Kouel ri tji (***Khiue li tchi***).

NOTICE SUR ***Khiue li.***

40 vol.

B.R.

L'Ecole des Langues Orientales possède le 1er volume, formant 1 livre (in-folio, 38 feuillets).

Première préface par ***Li Tong yang,*** de ***Tchhang cha,*** 長沙李東陽, Grand Chancelier, Président du ministère de la Guerre, etc.: ***Khiue li*** est l'endroit où a vécu Confucius, un temple en son honneur, qui s'y trouvait, a été réédifié en 1504, 弘治甲子 ; le présent ouvrage a été composé par ordre de l'Empereur à cette occasion ; la préface est de 1505, 弘治乙丑.

Seconde préface de la fin de la même année, rédigée après la mort de l'Empereur ***Hiao tsong*** des ***Ming,***

明孝宗, qui a régné pendant les années ***Hong tchi,*** 弘治 (1488-1505), par ***Siụ Yuen*** de ***Tchhang tcheou,*** 長洲徐源, Gouverneur du ***Chan tong,*** 山東 : l'ouvrage a pour sujet tous les documents relatifs à Confucius, temples, stèles, objets du culte, rites, etc.

Ce premier livre se compose uniquement de figures représentant : Confucius dans différents circonstances de sa vie (6 pages) ; la topographie du royaume de ***Lou,*** 魯 (10 pages) ; le temple de ***Khiue li,*** sous les ***Song,*** 宋, les ***Kin,*** 金, et les ***Ming,*** 明 (12 pages) ; les objets rituels, instruments de musique, danses rituelles (37 pages).

La dernière page donne la date de l'impression coréenne : 丙午, *pyeng o* (1546 ?) ; elle indique aussi les noms du dessinateur et du graveur, vraisemblablement de l'édition primitive : ***'An Tsong kien,*** 安宗儉, et ***Oen King choẹn,*** 文景淳.

233. 聖蹟圖

Syeng tjyek to (***Cheng tsi thou***).

PLANCHES RELATIVES À L'HISTOIRE DE CONFUCIUS.

1 vol. in-folio, 53 feuillets.

B.R.

Ce volume paraît avoir été imprimé d'abord sur une bande continue de papier coréen, qui a été montée ensuite sur fort papier japonais ; les huit premiers feuillets contiennent un titre en caractères sigillaires : 聖蹟之圖 ; une notice datée de 1592, 萬曆二十年, et signée ***Tchang Ying teng,*** 張應登, juge provincial du ***Chan tong,*** 山東, Explicateur impérial ; une notice sur Confucius, d'après ***Seu ma Tshien***, 司馬遷, et ***Tchou Hi***, 朱熹, et deux autres notices, qui ne donnent pas de renseignements sur l'origine de l'ouvrage. Les quarante-cinq autres feuillets comprennent des dessins représentant diverses circonstances de la vie de Confucius.

Le volume est incomplet.

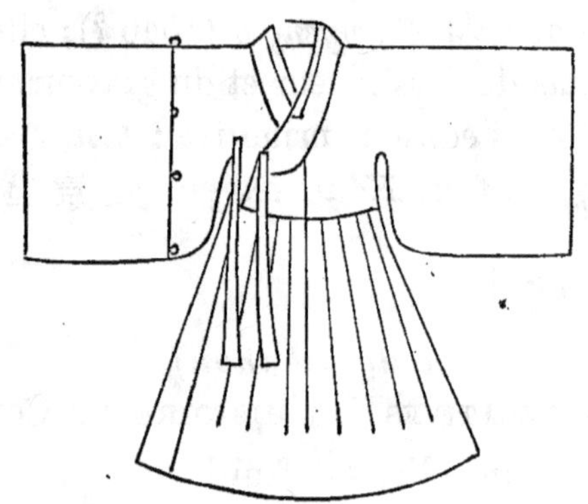

Vêtement de dessous en gaze bleue, 藍紗貼裏.(1)

1. Tiré du *Tjin tchan eui kouei.*

Chapitre III

PHILOSOPHIE CLASSIQUE.

유 가 류　　じゆかるい　　儒 家 類

1ère Partie

OUVRAGES CHINOIS.

Cf. Cordier, 664, etc, 1780, etc.

234. 小學大全

Syo hak tai tjyen.

Grande édition du *Siao hio* (Petite Doctrine).

5 vol.

B.R.—Coll. v. d. Gabelentz.

Auteur : ***Tchou Hi,*** 朱熹.

Cet ouvrage est très apprécié en Corée et y sert pour l'éducation des enfants.

Cf. Wylie, p. 68 ; Catalogue Impérial, liv. 40 et 41 ; Cordier, 674.

(유 교 부)　　(じゆきやうぶ)　　(儒 教 部)

235. 訓義小學

Houn eui syo hak.

LE *Siao hio*, ÉDITION DITE POUR L'INSTRUCTION.

4 vol.

B.R.

L'expression *houn eui* désigne des éditions imprimées en caractères mobiles au XVᵉ siècle ; cf. *Htong kam kang mok*.

Imprimé en 1429.

236. 訓義小學諺解

Houn eui syo hak en kăi.

LE *Siao hio* AVEC TRADUCTION CORÉENNE, ÉDITION DITE POUR L'INSTRUCTION.

4 vol.

B.R.

237. 小學集說

Syo hak tjip syel.

LE *Siao hio* AVEC COLLECTION DES COMMENTAIRES.

I. 1 vol. in-4 (reliure européenne), formant 6 livres.

Brit. M. 15229, D 2.

Cette belle édition, qui paraît avoir été imprimée en caractères mobiles, a été faite par ordre royal, par *Tjyeng You*, de *Syoun an*, 淳安程愈, et *Ri Kam*, de *Tjyei nyeng*, 濟寧李鑑 ; préface par le premier de ces deux personnages, datée de 1486, 成化二十二年丙午.

Avertissement, table, discours, etc.

(유가류) (じゆかるい) (儒家類)

II. 1 vol. grand in-4 (reliure européenne).
Brit. M. 15229, D 3.
Reproduction grossière de l'édition précédente.

238. 口訣小學
Kou kyel syo hak.
LE ***Siao hio*** EXPLIQUÉ ORALEMENT.

Cité par le *I ryoun hăing sil to.*

239. 小學
Syo hak.
LE ***Siao hio.***

6 vol. in-4.

Édition assez ancienne, non datée; postface de *Syeng Hon,* 成渾.

240. 御製小學諺解
어졔쇼학언기
E tjyei syo hak en kăi.
LE ***Siao hio*** AVEC TRADUCTION CORÉENNE, AVEC PRÉFACE ROYALE.

I. 5 vol. in-4, formant 6 livres.
B.R.—L.O.V.—Brit. M.

Communément désigné en Corée sous le nom de *Syo kăi,* (vulgaire *hăi*) 小解, 쇼히. Chaque caractère est suivi de la prononciation figurée en lettres coréennes, les paragraphes sont accompagnés d'un commentaire en coréen.

Le 1er volume est précédé d'une préface en chinois et en coréen, écrite en la 2e lune de l'année *kap tjă,*

甲子 (mars 1744), par le roi *Yeng tjong*, qui y recommande la lecture de ce livre. Suit un avertissement où le même souverain explique en quoi cette réimpression diffère de la précédente. Dans cette dernière (dont les planches avaient été gravées en l'année *mou in*, 戊寅, sans doute 1698), se trouvaient, avec la traduction du texte, des commentaires destinés à faciliter l'intelligence des caractères chinois; mais l'ouvrage étant trop volumineux, *Yeng tjong* a fait supprimer une grande partie des annotations: celles qui étaient indispensables pour élucider les passages difficiles à comprendre, ont été seules conservées. On a reproduit ensuite, avec une traduction, la dissertation et l'exposé que ***Tchou Hi***, 朱熹, a composés le 1er jour de la 3e lune de l'année 1187, 淳熙丁未, et a placés en tête de son ouvrage.

II. Il a été publié du même ouvrage une édition, avec une traduction sans doute nouvelle, imprimée en caractères mobiles en 1797 (cf. *Tjou tjă să sil*).

241. 小學

Syo hak.

LE ***Siao hio.***

10 vol. in-4, 5 pour le texte chinois, 5 pour la traduction coréenne.

Préface écrite en 1814, 甲戌, par ordre royal, par *Ri Tek syeng*, 李德成, Ministre de la Guerre.

Autre préface écrite en 1744, 甲子, par ordre royal, par *Hong Pong tjo*, 洪鳳祚.

(유가류) (じゆかるい) (儒家類)

Avertissement par *Im Tyeng*, 任珽, Secrétaire au Ministère de la Guerre, pour l'édition de 1814: cette édition est conforme à l'édition " d'instruction" de la Salle Royale *Syen tjyeng*, 宣政殿訓義, gravée en 1429 (voir plus haut, nº 235).

Avertissement de l'édition de 1429.

Table.

Texte et commentaires de ***Tchou Hi***, 朱熹.

A la fin du 6º livre, se trouve l'indication : " gravé " nouvellement à *Mou kyo* au 1er mois de 1744", 甲子孟春武橋新刊.

Postface non datée par *Syeng Hon*, de *Tchyang nyeng*, 昌寧成渾.

2º postface, non datée, de *Ri Hăng pok*, 李恒福.

242. 太極圖說

Htai keuk to syel (***Thai ki thou choe***).

FIGURES DU ***Thai ki*** (PRINCIPE PRIMORDIAL) AVEC LÉGENDES.

Ouvrage cité par le *Tong kyeng tjap keui*, compris dans le *Syeng ri tai tjyen sye*.

Auteur: ***Tcheou Toẹn yi***, 周敦頤.

Cf. Cordier, 669.

243. 皇極經世書

Hoang keuk kyeng syei sye (***Hoang ki king chi chou***).

ÉCRITS TRADITIONNELS SUR LE CANONIQUE DU PRINCIPE PRIMORDIAL.

Cet ouvrage, avec le *Tong să po hpyen*, forme 9

volumes à la Bibliothèque Royale ; il se trouve dans la collection *Syeng ri tai tjyen sye.*

Auteur : ***Chao Yong,*** 邵雍.

Cf. Wylie, p. 69 ; Cat. Imp., liv. 108.

244. 皇極經世書註解

Hoang keuk kyeng syei sye tjou kăi.

LE ***Hoang ki king chi chou*** AVEC COMMENTAIRES.

Cité par le *Tai tong oun ok ;* commentaire de *Ri Să,* 李斯.

245. 四書或問

Să sye hok moun (***Seu chou hoẹ oen***).

QUESTIONS SUR LES ***Seu chou.***

Auteur : ***Tchou Hi,*** 朱熹.

246. 大學衍義

Tai hak yen eui (***Ta hio yen yi***).

DÉVELOPPEMENT DU ***Ta hio.***

12 vol. in-folio, formant 43 livres.

L.O.V.

Cet ouvrage, dû à ***Tchen Tẹ sieou,*** 眞德秀, nom littéraire ***Si chan,*** 西山, Académicien, Président du Ministère du Cens sous l'Empereur ***Li tsong*** des ***Song,*** 宋理宗 (1225-1264), est l'illustration, par des exemples historiques, des doctrines du ***Ta hio*** (cf. Wylie, p. 69 ; Cat. Imp., liv. 92).

Il est précédé d'une préface, de deux rapports et d'une dédicace à l'Empereur ; ces quatre pièces sont de ***Tchen Tẹ sieou*** et portent la date de 1234, 端

平元年. L'édition coréenne est faite d'après une édition chinoise de 1527, 嘉靖六年, et reproduit, en tête du 1er volume, une préface composée par l'Empereur, qui rappelle la prédilection pour cet ouvrage de ***Thai tsou,*** fondateur de la dynastie des ***Ming,*** 明太祖 (1368–1398).

L'impression coréenne a été faite à l'aide de caractères mobiles en métal, comme le prouve, outre l'aspect des caractères et encadrements, la présence, à la fin du 12e volume, de trois postfaces qui indiquent les origines de ce procédé (cf. *Tjou tjă să sil*).

247. 性理大全書

Syeng ri tai tjyen sye (***Sing li ta tsiuen chou***).
GRAND RECUEIL DE PHILOSOPHIE NATURELLE.

40 vol. in-folio, 70 livres.

B.R.—L.O.V.

Cité par le *Tong kyeng tjap keui,* le *I ryoun hăing sil to.*

Cette compilation fut achevée en 1415, 永樂十三年, par ***Hou Koang,*** 胡廣, sur ordre de l'Empereur.

L'édition coréenne, non datée, est la reproduction de la chinoise.

Préface écrite par l'Empereur, liste des auteurs dont un ou plusieurs traités sont compris dans la collection ; liste des membres de la Commission d'impression ; dédicace de présentation ; table.

Cet important recueil, en 229 livres, renferme d'abord des traités complets de ***Tcheou tseu,*** 周

子 (cf. nº 326) ; ***Tchang tseu,*** 張子 (cf. nº 327); ***Chao tseu,*** 邵子 (cf. nº 327) ; ***Tchou tseu,*** 朱子 (cf. nº 327) ; ***Tshai Yuen ting,*** 蔡元定 (surnom ***Ki thong,*** 季通, 1135-1198 ; cf. Mayers, I, 754 a) ; ***Tshai Tchhen,*** 蔡沉 (surnom ***Tchong mẹ,*** 仲默, nom littéraire ***Kieou fong,*** 九峯, 1167-1230 ; cf. Mayers, I, 748) ; en tout 26 livres. Le reste de l'ouvrage étudie, d'après les anciens auteurs depuis l'époque des ***Han,*** 漢, diverses questions de philosophie, telles que la raison, 理氣, *ri keui* ; les esprits, 神鬼, *sin koui* ; la philosophie naturelle, 性理, *syeng ri* ; les chefs de la doctrine, 道統, *to htong* ; les sages, 聖賢, *syeng hyen*, etc.

Cf. Wylie, p. 69 ; Cat. Imp., liv. 93.

2e Partie

OUVRAGES CORÉENS.

248. 誡百寮書

Kyei păik ryo sye.

Livre des défenses faites aux Ministres.

Cité par le *Tai tong oun ok.*

Htai tjo de Ko rye composa cet ouvrage pour l'instruction des fonctionnaires et *In tjong* ordonna à chacun d'eux d'en avoir une copie.

(유가류) (じゆかるい) (儒家類)

249. 心要

Sim yo.

PRINCIPES NÉCESSAIRES AU CŒUR.

Cités par le *Tai tong oun ok.*

Ri Tjă hyen, 李資玄, surnom *Tjin tjyeng,* 眞精, nom littéraire *Heui i tjă,* 希夷子, originaire de *In tjyou,* 仁州, qui vivait retiré à la montagne *Tchyeng hpyeng,* 淸平山, présenta cet ouvrage, comme règle de conduite, au roi *Yei tjong* de Ko rye.

250. 孝行錄

Hyo hăing rok.

RECUEIL D'ACTES DE PIÉTÉ FILIALE.

Cité par le *Tai tong oun ok.*

Auteur : *Kouen Pou,* 權溥, qui vivait à l'époque de *Tchyoung ryel ;* il composa cet ouvrage avec son fils *Tjyoun,* 準, et avec *Ri Tjyei hyen,* 李齊賢; l'ouvrage fut revu sous le régne de *Syei tjong.*

Cf. ci-dessous, *Sam kang hăing sil to.*

251. 心氣理篇

Sim keui ri hpyen.

TRAITÉ DE L'INTELLIGENCE, DU SOUFFLE ET DE LA RAISON.

1 vol.

B.R.

Auteur : *Tjyeng To tjyen,* 鄭道傳.

252. 三綱行實

Sam kang hăing sil.

BELLES ACTIONS DUES À L'OBSERVATION DES TROIS DEVOIRS FONDAMENTAUX.

1 vol.
B.R.

253. 三綱行實圖

Sam kang hăing sil to.

PLANCHES FIGURANT LES BELLES ACTIONS DUES À L'OBSERVATION DES TROIS DEVOIRS FONDAMENTAUX.

3 vol. in-folio, illustrés de 107 gravures.
L.O.V.

I. Texte sino-coréen avec traduction coréenne en marge. Imprimé en 1434 par ordre du roi *Syei tjong*, avec types mobiles en cuivre.

1er vol : Préface datée de la 6e lune de la 7e année *Siuen te*, 宣德, et composée par *Kouen Tchăi*, 權採, Académicien, Bibliothécaire royal, sur ordre du Souverain. " Notre Roi, y est-il dit, a ordonné de " réunir les belles actions de ceux qui se sont dis- " tingués par leur dévouement envers leur prince, " leur piété filiale, ou leur fidélité conjugale. Le " Second Directeur de la Bibliothèque Royale, *Syel* " *Syoun*, 偰循, a été chargé de mettre en ordre les " exemples qu'on a relevés dans les ouvrages chinois, " et coréens. Après avoir fait dessiner les gravures, " on a rédigé le texte, auquel on a ajouté des poésies " et des éloges. La plupart des vers qui accom-

" pagnent les récits relatifs à la piété filiale, sont dus " à l'Empereur ***Thai tsong oen hoang ti,*** 太宗 " 文皇帝[1] (***Yong lo,*** 永樂 1403–1424); les éloges " qui suivent, écrits par *Ri Tjyei hyen,* 李齊賢, " fonctionnaire coréen, ont été extraits d'un livre " publié par mon aïeul *Pou,* 溥, sous le titre de *Hyo* " *hăing rok.* Les autres poésies et éloges sont l'œuvre " d'autres mandarins (dont la préface ne nous donne " pas les noms). Le titre a été choisi par Sa " Majesté, qui a enjoint de faire imprimer l'ouvrage " par l'administration préposée à la fonte des carac- " tères."

Table : piété filiale.

2e vol., table : fidélité conjugale.

3e vol., table : dévouement envers le prince.

II. Une édition fut publiée dans le *Kyeng syang to,* 慶尙道, par le gouverneur *Kim An kouk,* 金安國, vers 1518, avec le *I ryoun hăing sil to.*

III. Une édition du même ouvrage, publiée sous le règne de *Yeng tjong,* contient une postface qui est reproduite dans le *O ryoun hăing sil to:* elle a été rédigée par *Youn Hen kyei,* 尹憲桂, gouverneur de la province de *Hpyeng an,* 平安, vers 1726. Ce fonctionnaire fit graver les planches de cet ouvrage qui était peu répandu dans sa province, " après avoir " corrigé la traduction coréenne qu'il ne trouvait " pas suffisamment claire."

1. La désignation posthume de ***Thai tsong*** été remplacée, en 1538, par celle de ***Tchheng tsou,*** 成祖.

S'il faut en croire l'auteur anonyme du *Tjyo syen tji*, le *Sam kang hăing sil to* serait un livre des plus anciens. "Sous les plus anciennes dynasties,[1] "comme sous la dynastie actuelle, on a réuni, dans "un recueil appelé *Sam kang hăing sil*, le récit des "belles actions par lesquelles se sont illustrés les "sujets fidèles à leur souverain, les fils pieux et les "veuves fidèles à la mémoire de leur mari. Ce livre "est traduit en langue vulgaire ; il est distribué "partout, aussi bien à l'intérieur qu'à l'extérieur de "la Capitale, de telle façon que, dès l'âge le plus "tendre, les enfants des deux sexes ne peuvent "ignorer les beaux traits de vertu qui y sont relatés". (Traduction Scherzer, p.p. 40, 41).

Nous avons traduit par "fidèles à la mémoire de leur "mari" l'expression 烈女, *ryel nye*, que M. Scherzer rend par "les veuves qui n'ont pas voulu survivre à "leur époux": il est en effet question, dans le *Sam kang* de plusieurs femmes qui ont témoigné, sans se suicider, de leur ferme volonté de ne pas se remarier. D'autre part, nous avons remplacé "cet ouvrage est "traduit en toutes les langues" par "est traduit en "langue vulgaire": 方言, *pang en*, étant usité en Corée pour désigner la langue coréenne.

1. En dépit de cette assertion, il est à remarquer que ***Ma Toan lin***, 馬端臨, dans la partie de son ouvrage relative aux Peuples Orientaux, cite d'assez nombreux livres offerts à la Cour de Chine par les ambassades coréennes, mais ne parle pas d'un livre de ce genre. Vraisenblablement, s'il avait été publié avant le XIIIe siècle, nous en trouverions une mention dans les œuvres de cet historien, ou du moins il indiquerait combien les peuples de la péninsule se distinguaient par l'observation des trois relations.

(유가류) (じゆかるい) (儒家類)

254. 續三綱行實

Syok sam kang hăing sil.

SUITE AUX BELLES ACTIONS DUES À L'OBSERVATION DES TROIS DEVOIRS FONDAMENTAUX.

1 vol.
B.R.

255. 孝行錄

Hyo hăing rok.

RECUEIL D'ACTES DE PIÉTÉ FILIALE.

Cf. *Sam kang hăing sil to, Tong kyeng tjap keui* et *Hyo hăing rok* (nº 250).

Édition modifiée par *Syel Syoun*, 偰循, par ordre du Roi *Syei tjong*.

256. 孝順事實

Hyo syoun să sil.

RÉCITS SUR LA PIÉTÉ FILIALE ET LA SOUMISSION.

Cf. *Tjou tjă să sil.*

257. 入學圖說

Ip hak to syel.

L'ENTRÉE DANS LA SCIENCE, DESSINS ET TRAITÉ.

Cité par le *Tai tong oun ok.*

Ouvrage philosophique de *Kouen Keun*, 權近.

Cf. *Yang tchon tjip.*

258. 五經淺見錄

O kyeng tchyen kyen rok.

Opinions superficielles sur les Cinq Livres Canoniques.

Ouvrage du même auteur, cité par le *Tai tong oun ok.*

259. 自解

Tjă kăi.

Explication naturelle.

Ouvrage du même auteur, cité par le *Tai tong oun ok.*

260. 作聖圖

Tjak syeng to.

L'acquisition de la sainteté, dessins.

Auteur : *Kouen Tchăi*, 權採, fils de *Kouen Ou*, 權遇.

13 figures pour expliquer les deux principes, la raison, le souffle, la forme, etc.

261. 五倫錄

O ryoun rok.

Traité des cinq relations.

Ouvrage de *Ryang Syeng tji*, 梁誠之, cité par le *Tai tong oun ok.*

(유가류) (じゆかるい) (儒家類)

262. 三綱事略

Sam kang să ryak.

ABRÉGÉ DES TROIS DEVOIRS FONDAMENTAUX.

Cité par le *Tai tong oun ok.*

Même auteur que ci-dessus.

263. 諭善書

You syen sye.

CONSEILS MORAUX.

Ouvrage cité par le *Tai tong oun ok*, composé par le même auteur, par ordre de *Syei tjo;* renfermant des exemples de vertu tirés des livres classiques et des historiens chinois et coréens.

264. 大學衍義輯略

Tai hak yen eui tjeup ryak.

ABRÉGÉ DE L'EXPLICATION DU ***Ta hio.***

13 vol.

B.R.

Daprès le *Tai tong oun ok*, l'auteur est *Ri Syek hyeng*, 李石亨 ; à distinguer de l'ouvrage de même titre indiqué au liv. 95 du Cat. Imp.

265. 訓子五說

Houn tjă o syel.

CINQ PRÉCEPTES POUR MES FILS.

Ouvrage cité par le *Tai tong oun ok*, composé par *Kang Heui măing*, 姜希孟, pour l'instruction de ses fils : il leur recommande de ne pas voler, de ne pas être comme les serpents qui mordent, de tendre toujours vers le bien comme on cherche à arriver jusqu'au sommet d'une montagne, de développer leur intelligence et d'observer la propreté.

266. 內訓

Năi houn

CONSEILS POUR LES FEMMES.

Cités par le *Tai tong oun ok*, composés par la Reine *In syou*, 仁粹王后, femme de *Tek tjong ;* ces conseils sont divisés en sept articles, relatifs au langage et à la conduite, à la piété filiale et aux relations avec la famille du mari, aux cérémonies du mariage, aux devoirs conjugaux, aux devoirs maternels, à l'esprit de concorde, à l'économie.

267. 經綸大軌

Kyeng ryoun tai kouei.

LES GRANDES LIGNES DES PRINCIPES MORAUX.

50 vol.

Ouvrage inachevé de *Syeng Kyen*, 成俔, cité par le *Tai tong oun ok.*

268. 浮休子談論

Pou hyou tjă tam ron.

CONVERSATIONS DE *Pou hyou tjă.*

6 vol.

Ouvrage du même auteur, cité par le *Tai tong oun ok; Pou hyou tjă* est un nom littéraire de l'auteur.

269. 忠恕札

Tchyoung sye tchal.

TRAITÉ DE LA LOYAUTÉ ET DE LA CHARITÉ.

Cité par le *Tai tong oun ok.*

Ouvrage en vers; composé, par ordre royal, par *Son Syoun hyo*, 孫舜孝, au sujet des cinq relations.

270. 居家儀

Ke ka eui.

RÉGLEMENT DOMESTIQUE.

Ce réglement, cité par le *Tai tong oun ok*, fut composé par le lettré *Han houen*, 寒暄, pour sa maison.

271. 庸學註疏

Yong hak tjou so.

COMMENTAIRES SUR LE **Tchong yong** ET LE **Ta hio.**

Cités par le *Tai tong oun ok.*

Auteur : *Tjyeng Ye tchyang*, 鄭汝昌, surnom *Păik ouk*, 伯勗, nom littéraire *Il tou*, 一蠹, originaire de *Ha tong*, 河東, élève de *Tchyem hpil*, 佔畢, docteur en 1490, Académicien en 1498, exilé à *Tjyong syeng*, 鍾城, mis à mort en 1504 ; réhabilité par *Tjyoung tjong*, nom posthume *Moun hen*, 文獻. Ses ouvrages furent brûlés par sa famille, lors de la persécution de 1498.

272. 主客問答

Tjyou kăik moun tap.

DIALOGUE DE L'HÔTE ET DU VISITEUR.

Cité par le *Tai tong oun ok.*

Par le même auteur que ci-dessus.

273. 進修雜著

Tjin syou tjap tjye.

MÉLANGES SUR LE PERFECTIONNEMENT MORAL.

Cités par le *Tai tong oun ok.*

Même auteur que ci-dessus.

274. 二倫行實

I ryoun hăing sil.

BELLES ACTIONS PRODUITES PAR L'OBSERVATION DES DEUX RELATIONS.

1 vol.

B.R.

275. 二倫行實圖

I ryoun hăing sil to.

PLANCHES FIGURANT LES BELLES ACTIONS DUES À L'OBSERVATION DES DEUX RELATIONS SOCIALES.

1 vol. in-folio, avec planches, traduction coréenne dans la marge supérieure.

B.R.—Brit. M.

Cet ouvrage fut rédigé par ordre du roi *Tjyoung tjong*, en 1518, et parut avec une préface par *Kang*

Hon, 姜渾, de *Tjin tchyen*, 晋川, datée de 1518, 正德戊寅 : “Le Président du Conseil Privé, *Kim* “*An kouk*, 金安國, signala au Roi l'utilité qu'aurait “un pareil ouvrage et s'engagea à l'écrire. Mais, “nommé gouverneur de la province de *Kyeng syang*, “慶尙, il ne put poursuivre ce projet. Il chargea “alors *Tjo Sin*, 曹伸, Secrétaire de la Cour des “Interprètes de le rédiger, puis de le traduire en “coréen et de faire graver des planches pour l'illus-“trer dans le genre du *Sam kang hăing sil to*. “L'ouvrage fut imprimé dans le district de *Kim* “*san*, 金山.” *Kim An kouk* fit en outre imprimer dix autres ouvrages de morale populaire : *Tong mong syou tji*, *Kou kyel syo hak*, *Syeng ri tai tjyen sye*, *En kăi tjyeng syok*, *En kăi rye si hyang yak*, *En kăi nong sye*, *En kăi tjam sye*, *En kăi tchang tjin pang*, *En kăi pyek on pang*, dans les cinq districts de *Kyeng tjyou*, 慶州, de *An tong*, 安東, etc. Ce magistrat, pendant son administration, ne manqua jamais de porter à la connaissance du Trône les actes dignes d'éloges accomplis par des fils respectueux et des veuves fidèles à la mémoire de leur mari.

Cf. *O ryoun hăing sil to*.

276. 諺解正俗

En kăi tjyeng syok.

MANUEL TRADUIT EN CORÉEN POUR RÉFORMER LES MŒURS (DES GENS DES CAMPAGNES).

Cité dans la préface du *I ryoun hăing sil to*.

(유교부) (じゆきやうぶ) (儒教部)

277. 警民編

Kyeng min hpyen.

CONSEILS DE MORALE ADRESSÉS AU PEUPLE.

1 vol.

B.R.

Auteur : *Kim Tjyeng kouk*, 金正國.

Ouvrage cité par le *Tai tong oun ok*, en 13 chapitres, relatifs aux devoirs de l'homme dans les différentes circonstances de la vie (prince et parents, frères et sœurs, voisins, querelles, patrimoine, épargne, fraude, débauche, vols et meurtres, maître et esclave).

278. 鬼神論

Koui sin ron.

SUR LES ESPRITS.

Ouvrage de *Nam Hyo on*, 南孝温.

Cité par le *Tai tong oun ok.*

279. 心性論

Sim syeng ron.

SUR LE CŒUR ET LES SENTIMENTS.

Ouvrage du même auteur, cité par le *Tai tong oun ok*.

280. 鬼神死生論

Koui sin să săing ron.

SUR LES ESPRITS, LA VIE ET LA MORT.

Ouvrage de *Sye Kyeng tek*, 徐敬德.

Cité par le *Tai tong oun ok.*

(유가류) (じゆかるい) (儒家類)

281. 原理氣太虛說

Ouen ri keui htai hé syel.

SUR LA RAISON PRIMORDIALE, LE SOUFFLE ET LE CIEL.

Ouvrage de *Sye Kyeng tek*, 徐敬德.
Cité par le *Tai tong oun ok*.

282. 進修楷範

Tjin syou kăi pem.

LA RÈGLE DU PERFECTIONNEMENT.

3 vol.

Ouvrage cité par le *Tai tong oun ok*.

Auteur : *Ryou Oun*, 柳雲, surnom *Tjyong ryong*, 從龍, nom littéraire *Hăng tjăi*, 恒齋, originaire de *Moun hoa*, 文化, docteur en 1504 ; Grand Censeur en 1519, il se fit remarquer par son courage pour défendre les lettrés persécutés ; il fut dégradé.

Son ouvrage, en 15 chapitres, est un cours de morale pratique pour toutes les relations des hommes entre eux.

283. 天命圖說

Htyen myeng to syel.

LA VOLONTÉ CÉLESTE, DESSINS ET LÉGENDES.

Ouvrage de *Tjyeng Tchyou ran*, 鄭秋巒, cité par le *Tai tong oun ok*, composé de dix articles sur la volonté céleste, la raison, le souffle, les cinq éléments, la nature, etc.; revu ensuite par *Htoi kyei*, 退溪.

第一太極圖

○此所謂無極而太極也即陰陽
而指其本體不雜乎陰陽而為言
耳◎此○之動而陽靜而陰也中
○者其本體也☽者☾之根也☾
者☽之根也 此陽變陰合而
生水火木金土也

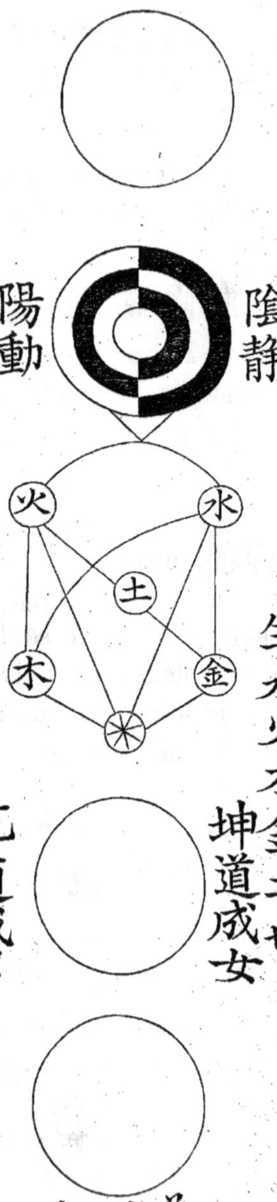

陽動 陰靜

火 水 土 木 金

坤道成女

乾道成男

萬物化生

☼此無極二五所以妙合而無間
也○此乾男坤女以氣化者言也各
一其性而男女一太極也○此萬物
化生以形化者言也各一其性而
萬物一太極也

聖學圖 一

Figure explicative du *Htai keuk* (*Syeng hak sip to tjap tjă*, N° 284).

第一太極

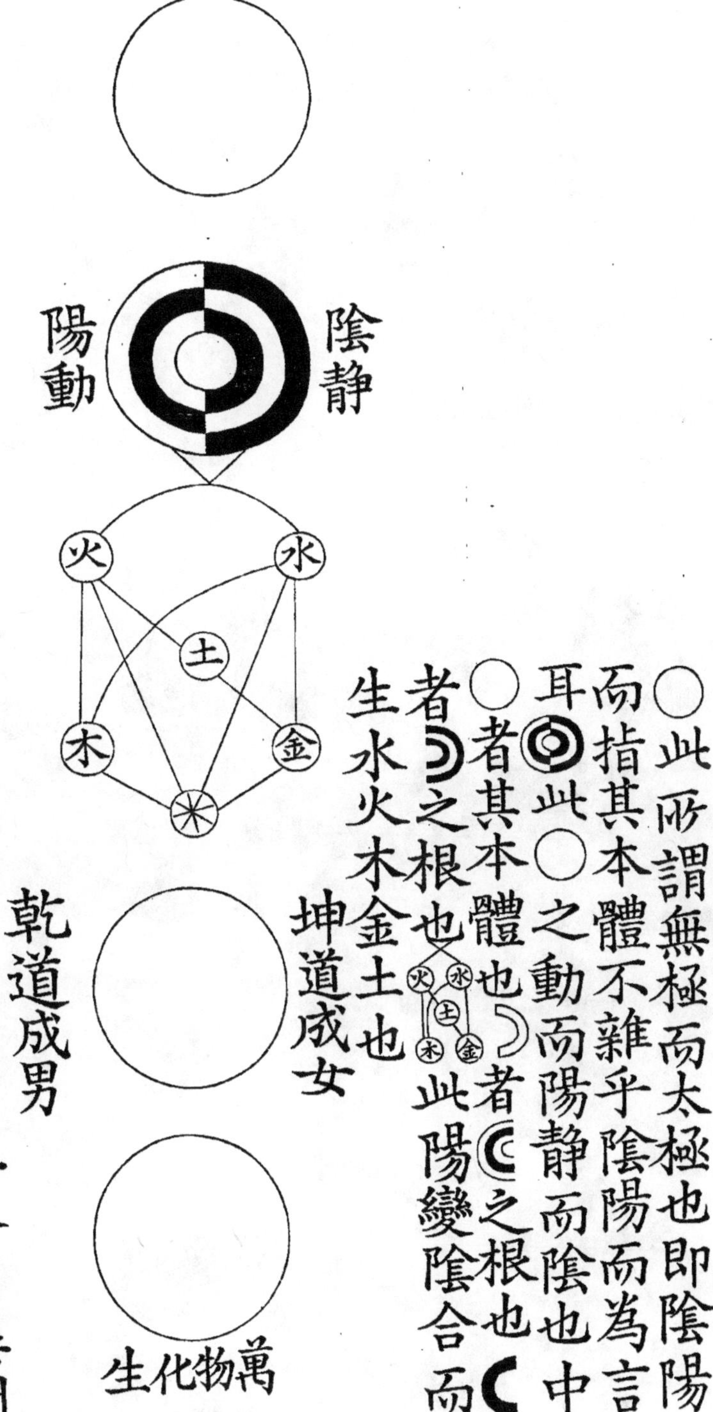

○此所謂無極而太極也即陰陽而指其本體不雜乎陰陽而為言耳◎此○之動而陽靜而陰也中○者其本體也☽者◎之根也☾者☽之根也☾此陽變陰合而生水火木金土也

○此無極二五所以妙合而無閒也○乾男坤女以氣化者言也各一其性而男女一太極也○萬物

Figure explicative du *Htai keuk* (*Syeng hak sip to tjap tjă*, N° 284).

284. 聖學十圖劄子

Syeng hak sip to tjap tjă.

DIX DESSINS RELATIFS À LA PHILOSOPHIE ET AU CONFUCIANISME ; AVEC RAPPORT AU ROI SUR LE MÊME SUJET.

I. 1 vol. grand in-folio.

Brit. M. 15103, E 13.

Cité par le *Tai tong oun ok*, œuvre de *Htoi kyei*, 退溪.

Figures pour expliquer le grand extrême *htai keuk*, 太極, le ***Ta hio***, le ***Siao hio***, la psychologie, etc.; derrière chaque planche, légendes explicatives.

Le rapport final forme deux feuillets, il est écrit par l'auteur de l'ouvrage et daté de 1568, 隆慶二年.

II. Je possède de cet ouvrage une édition postérieure, imprimée sur papier grossier, elle forme un volume in-folio, 111 feuillets, et renferme, à la fin, un long rapport qui ne se trouve pas dans l'édition primitive.

285. 理學通錄

Ri hak htong rok.

LIVRE COMPLET DE PHILOSOPHIE.

Ouvrage du même auteur, cité par le *Tai tong oun ok*.

285bis 退陶先生自省錄

Htoi to syen săing tjă syeng rok.

TRAITÉ SUR LA CONNAISSANCE DE SOI-MÊME, PAR *Htoi to.*

1 vol. in-folio, 75 feuillets.

M.C.

(유가류) (じゆかるい) (儒家類)

Je ne connais que le 1er volume de cet ouvrage et ce volume ne renferme aucune indication propre à faire connaître l'étendue totale du livre.

Préface par l'auteur, datée de 1558, 嘉靖戊午. —Premier livre de l'ouvrage : correspondance de *Htoi kyei*, 退溪, avec différents lettrés, relative à des sujets philosophiques et entremêlée de pièces de vers.—A la fin : " gravé dans le district de *Ra tjyou*, " dans l'hiver de l'année 1585", 萬曆十三年乙酉冬羅州牧開刋.

286. 兩先生四七理氣往復書

Ryang syen săing să tchil ri keui oang pok sye.

CORRESPONDANCE DES DEUX LETTRÉS SUR LES DEUX PRINCIPES, LA RAISON ET LE SOUFFLE.

5 vol.

B.R.

Lettres de *Ri Hoang*, 李滉, et de *Keui Tai seung*, 奇大升.

287. 性理書

Syeng ri sye.

LIVRE DE PHILOSOPHIE NATURELLE.

Postface par *Htoi kyei*, 退溪.

288. 九經衍義

Kou kyeng yen eui.

DÉVELOPPEMENT DES NEUF ARTICLES (du *Tchong yong*).

5 vol. in-4.

B.R. 9 vol.

Auteur : *Ri En tyek*, 李彥迪 ; il composa ce livre, alors qu'il était en exil, et le présenta au Roi.

Préface par l'auteur de l'ouvrage.

Postface, datée de 1583, 萬曆十一年, par *Ryou Syeng ryong*, 柳成龍.

289. 中庸九經衍義別集

Tjyoung yong kou kyeng yen eui pyel tjip.

SUITE AU DÉVELOPPEMENT DES NEUF ARTICLES DU ***Tchong yong.***

4 vol. in-4.

Édition non datée, assez mal imprimée ; avec notes.

Auteur : *Ri En tyek*, 李彥迪.

290. 求仁錄

Kou in rok.

TRAITÉ SUR LA VERTU D'HUMANITÉ.

2 vol.

B.R.

Cité par le *Tai tong oun ok.*

Ouvrage du même auteur, rapportant des paroles et des actes des sages chinois et coréens.

291. 明心寶鑑

Myeng sim po kam.

LE MIROIR PRÉCIEUX DE LA CONNAISSANCE DU CŒUR.

1 vol. grand in-8, 28 feuillets.

B.R.

Extraits des classiques et des philosophes.

(유 가 류) (じゆかるい) (儒 家 類)

A la fin : "gravé par *Son Keui tjo*, de *Htai in*, au "printemps de 1664" 崇禎後甲辰春泰仁孫基祖開刋.

Peut-être est-ce la reproduction d'un ouvrage chinois qui porte le même titre.

Cf. Cordier, 833.

292. 種德新編

Tjyong tek sin hpyen.

NOUVEAU TRAITÉ SUR LES RÉCOMPENSES RÉSERVÉES À LA VERTU.

1 vol. in-4, 85 feuillets formant 3 livres.

B.R.—L.O.V.

Exemples tirés des histoires chinoises.

Préface de l'auteur *Kim Youk*, nom littéraire *Tjăm kok*, 金堉潛谷, Grand Conseiller sous *Hyo tjong*, datée de 1704, 甲申.

Postface de la même date, signée *Syek sil san in*, 石室山人; ce personnage a été prisonnier en Mantchourie en 1644, 甲申.

293. 種德新編諺解

Tjyong tek sin hpyen en kăi.

NOUVEAU TRAITÉ SUR LES RÉCOMPENSES RÉSERVÉES À LA VERTU, TRADUCTION CORÉENNE.

2 vol.

B.R.

(유교부) (じゆきやうぶ) (儒教部)

294. 御製自省編

E tjyei tjă syeng hpyen.

SUR LA CONNAISSANCE DE SOI-MÊME.

Ouvrage composé par le Roi en 1746 ; cité par le *Keui nyen ă ram.*

295. 御製警世問答

E tjyei kyeng syei moun tap.

DIALOGUES SUR DES CONSEILS DE MORALE.

Ouvrage composé par le Roi en 1763 ; cité par le *Keui nyen ă ram*

296. 敦孝錄

Ton hyo rok.

RECUEIL SUR LA PIÉTÉ FILIALE.

23 vol. in-4, formant 5 livres.

B.R.—*Kyeng mo koung*, 景慕宮.

Préface composée par le Roi en 1783, 踐阼之七年癸卯, écrite par *Ri Pyeng mo*, 李秉模, Gouverneur du *Kyeng syang to*, 慶尙道.

Préface de 1761, 崇禎紀元後三辛巳, par *Pak Syeng ouen*, de *Eung tchyen*, 凝川朴聖源, Précepteur du Prince Héritier, auteur de l'ouvrage.

Avertissement.

La préface royale de cet ouvrage forme aussi un volume séparé à la Bibliothèque Royale.

(유가류) (じゆかるい) (儒家類)

297. 五倫行實

O ryoun hăing sil.

BELLES ACTIONS PRODUITES PAR L'OBSERVATION DES CINQ RELATIONS.

4 vol.
B.R.

298. 五倫行實圖

O ryoun hăing sil to.

PLANCHES FIGURANT LES BELLES ACTIONS PRODUITES PAR L'OBSERVATION DES CINQ RELATIONS.

Texte chinois et traduction coréenne.
5 vol. in-4, en 5 livres, avec 150 planches.
L.O.V.—Brit. M.—Coll. v. d. Gabelentz.
Impression royale faite au moyen de types mobiles, 1859.

1er vol.: préface composée par le roi *Tchyel tjong*, en la 10e lune de l'année, *keui mi*, 己未 (octobre 1859), et respectueusement calligraphiée par *Kim Pyeng hak*, 金炳學, Président du Ministère des Fonctionnaires, Grand Compositeur des deux Académies: "L'ouvrage intitulé *Sam kang hăing sil*, qui fut " publié par ordre du Roi *Syei tjong*, ne traitait que " de la fidélité, que doivent témoigner les sujets à " leur Souverain, des devoirs des enfants envers leur " parents et de la vertueuse conduite des veuves qui " ne se remarient pas. Sous le régne de *Tjyoung*

" *tjong*, en 1518, on rédigea, sous le titre de *I ryoun* " *hăing sil*, un livre où il était question des relations " entre les vieillards et les jeunes gens et des rela- " tions entre amis. Ces deux traités ont été en usage " pendant plusieurs siècles. C'est le Roi *Tjyeng* " *tjong*, qui, en 1797, les réunit en un seul ouvrage " sous le titre de *O ryoun hăing sil*. Bien que ces " cinq régles fondamentales soient basées sur la " morale naturelle, le peuple tend à les oublier et il " est du devoir du prince de les lui rappeler. C'est " pourquoi j'ai ordonné d'en graver à nouveau les " planches, celles qui avaient servi jusqu'ici, ayant " été détruites dans un incendie, l'année dernière, " (1858), et de réimprimer ce livre pour le répandre " parmi mes sujets."

Suit un décret daté du 1er jour de la 1ère lune de la 21e année de *Tjyeng tjong* (28 janvier 1797), relatif à la publication des ouvrages suivants, imprimés à l'occasion du soixantième anniversaire de la Reine mère :

Syo hak,
O ryoun hăing sil,
Hyang eum tjyou ryei,
Hyang yak.

Préface du *O ryoun hăing sil to*, par *Ri Man syou*, 李晩秀, Compositeur de la Bibliothèque Royale, Membre du Conseil Privé, etc.

Préface de la 1ère édition du *Sam kang hăing sil to*.

Postface de l'édition du même ouvrage publiée sous le Roi *Yeng tjo*.

Préface de la 1ère édition du *I ryoun hăing sil to*.

(유가류) (じゆかるい) (儒家類)

Liste des fonctionnaires chargés de la révision de l'ouvrage et de la surveillance de l'impression.

Table du 1er vol.: traité des relations entre les parents et leurs enfants.

2e vol., table : Relations entre le Souverain et les sujets.

3e vol., table : Relations entre les époux.

4e vol., table : Relations entre frères.

5e vol., table : Relations entre amis.

A la fin de cet ouvrage, est placée une note relative aux impressions en caractères mobiles ; elle nous apprend que l'édition du *O ryoun hăing sil to* fut imprimée en 1797, avec les caractères fondus quatre ans auparavant et nommés *tjyeng ri tjă*, 整理字.

Cf. *Tjou tjă să sil.*

299. 軍人要訣

Koun in yo kyel.

CONSEILS IMPORTANTS AUX SOLDATS.

1 vol. in-12, 4 feuillets, mss.

Ces conseils ont rapport aux rites, à la justice, à l'humanité, à la bravoure, à la prudence et à la loyauté ; rédigés en 1887 par le Général *Han Kyou syel*, 韓圭卨, pour les soldats du camp de *Tjang oui*, 壯衛營, ils ont circulé en manuscrit : une copie en existe au Commissariat de France à Seoul, une autre à la Mission catholique de cette même ville.

300. 忠孝錄

Tchyoung hyo rok.

RECUEIL SUR LA LOYAUTÉ ET LA PIÉTÉ FILIALE.

1 vol. in-8, 18 feuillets, mss.

Auteur: *Tjo Syou tcho*, nom littéraire *Tjyeng kok*, 靜谷曹守初.

301. 不自棄文

Poul tjă ki moun.

COMPOSITION SUR L'ATTENTION À SOI-MÊME.

Citée par le *Tong kyeng tjap keui.*

302. 庸學指南

Yong hak tji nam.

GUIDE POUR LES GENS SIMPLES ET POUR LES GENS INSTRUITS.

Cité par le *Tong kyeng tjap keui.*

303. 北學議

Peuk hak eui.

SUR LA QUESTION D'ÉTUDIER EN CHINE.

2 vol.

B.R.

Préface par *Yen am*, 燕巖.

304. 聖學圖

Syeng hak to.

PRINCIPES DE PHILOSOPHIE AVEC FIGURES.

1 vol. in-12, 5 feuillets, mss.

(유가류) (じゆかるい) (儒家類)

305. 삼 강 명 힝 록
三 綱 明 行 錄

Sam kang myeng hăing rok.

ACTIONS ÉCLATANTES DUES À L'OBSERVATION DES TROIS PRINCIPES.

Ouvrage en coréen.

J'ai trouvé le titre de cet ouvrage, comme du suivant et de plusieurs romans (cf. liv. IV, chap. III) dans une liste manuscrite, que je dois à l'obligeance de quelques Coréens.

306. 기 벽 연 의
開 闢 演 義

Kăi pyek yen eui.

EXPLICATION DU DÉBROUILLEMENT DU CHAOS (?).

Ouvrage en coréen (liste manuscrite).

Muraille en pierres découpées, 玲瓏墻.(1)

1. Tiré du *Hoa syeng syeng yek eui kouei.*

Livre IV

LITTÉRATURE.

문묵부 ぶんぼくぶ 文墨部

Chapitre I : POÉSIE.

시가류 しかるい 詩歌類

1ère Partie

POÉSIES CHINOISES.

Cf. Cordier, 825, etc., 1172, etc.

307. 懷沙賦騷註

Hoi sa pou so tjou.

Commentaire sur le ***Li sao.***

1 vol.

Cité par le *Tai tong oun ok.*

Commentaire de *Kim Si seup,* 金時習.

Sur le ***Li sao,*** 離騷, et son auteur ***Khiu Yuen,***

屈原, ou ***Khiu Phing,*** 屈平 (IVe siècle av. l'ère chrétienne), cf. Mayers, I, 326.

Cf. Wylie, p. 181 ; Cat. Imp., liv. 148 ; Cordier, 828, 1873, 284.

308. 風騷軌範

Hpoung so kouei pem.

IMITATIONS DES ***Koe fong*** ET DU ***Li sao.***

2 vol.

Ouvrage cité par le *Tai tong oun ok ;* les ***Koe fong,*** 國風, sont la première partie du ***Chi king.***

Collection d'odes en vers antiques, composées par les poétes chinois depuis la dynastie des ***Han,*** 漢, jusqu'à la fin de celle des ***Yuen,*** 元 (de 206 av. l'ère chrétienne jusqu'à 1368). Cette collection a été rassemblée par *Syeng Kyen,* 成俔.

309. 陶淵明

To yen myeng.

(POÉSIES DE) ***Thao Yuen ming.***

2 vol. grand in-4.

Édition gravée sur planches en 1583, d'après M. Satow (History of printing in Japan ; Transactions of the Asiatic Society of Japan, vol. X, part I, may 1882).

L'auteur a pour surnom ***Yuen liang,*** 元亮, et pour second postnom ***Tshien,*** 潛 (365–427).

Cf. Mayers, I, nos 713 et 715.

(문묵부) (ぶんぼくぶ) (文墨部)

310. 靖節先生集

Tjyeng tjyel syen săing tjip (***Tsing tsie sien cheng tsi***).

COLLECTION DES ŒUVRES DU LETTRÉ ***Tsing tsie.***

1 vol. (reliure européenne) formant 10 livres.

Brit. M. 15324, C 7.

Superbe impression en caractères mobiles sur papier mince ; les quatre premiers livres sont sur papier jaune, le reste est sur papier blanc.

Préface de 1469, 成化己丑, par ***Hia Hiuen*** de ***Thien thai,*** 天台夏塤.

Préface de 1480, 成化十六年龍集庚子, par ***Tcheou Ting,*** de ***Kia ho,*** 嘉禾周鼎. Les commentaires sont de ***Li Hoan,*** de ***Lou ling,*** 廬陵李煥. Après la table, on trouve une préface par ***Thong,*** Prince Impérial ***Tchao ming*** des ***Liang,*** 梁昭明太子統, le portrait du lettré ***Tsing tsie*** et une table généalogique ; les œuvres sont suivies de la biographie de l'auteur, ***Thao Yuen ming,*** 陶淵明.

Le volume que j'ai vu, est une reproduction coréenne de l'édition chinoise, comme l'indique la postface de *Tjyeng You kil*, 鄭惟吉, écrite par ordre royal en 1583, 萬曆十一年.

311. 八家詩選

Hpal ka si syen.

CHOIX D'ODES DE HUIT AUTEURS.

Cité par le *Tai tong oun ok.*

Le Grand Prince de *An hpyeng*, 安平大君, troisième fils du Roi *Syei tjong*, avec plusieurs autres lettrés, réunit, sous ce titre, des poésies des auteurs suivants :

(시 가 류) (しかるい) (詩 歌 類)

Li Pẹ, 李白, surnom ***Thai pẹ,*** 太白, nom littéraire ***Tshing lien,*** 青蓮 (699-762),

Cf. Mayers, I, 361 ; Cordier, 285, 1605 ;

Tou Fou, 杜甫, surnom ***Tseu mei,*** 子美, 712-770,

Cf. Mayers, I, 680 ; Cordier, 289 ;

Oei Ying oou, 韋應物, nom littéraire ***Tchhou yong,*** 楚容, magistrat de ***Sou tcheou,*** 蘇州, il vivait à la fin du VIIIe siècle ;

Lieou Tsong yuen, 柳宗元, surnom ***Tseu heou,*** 子厚, 774-819,

Cf. Mayers, I, 419 ;

'Eou yang Sieou, 歐陽修, surnom ***Yong chou,*** 永叔, 1017-1072,

Cf. Mayers, I, 529 ;

Oang Oei, 王維, surnom ***Mo khie,*** 摩詰, 699-759,

Cf. Mayers, I, 827 ;

Sou Chi, 蘇軾, surnom ***Tseu tchạn,*** 子瞻, nom littéraire ***Tong pho,*** 東坡, 1036-1101,

Cf. Mayers, I, 623 ; Cordier, 287, 1606 ;

Hoang Thing kien, 黃廷堅, surnom ***Lou tchi,*** 魯直, nom littéraire ***Chan kou,*** 山谷, 1045-1105,

Cf. Mayers, I, 226.

Voir aussi Cordier, 828, etc.

312. 箋註唐賢絕句三體詩法

Tjyen tjou tang hyen tjyel kou sam htyei si pep (***Tsien tchou thang hien tsiue kiu san thi chi fa***).

QUATRAINS DE TROIS GENRES, PAR DES LETTRÉS DE L'ÉPOQUE DES ***Thang*** (618-906), ÉDITION AVEC NOTES.

(문묵부) (ぶんぼくぶ) (文墨部)

1 vol. in-folio (reliure européenne), en 20 liv. Brit. M. 15324, E 6.

Cette édition est imprimée sur un papier jaune mince, analogue à celui d'ouvrages du XVIIIe siècle ; elle est la simple réimpression d'une édition chinoise.

Préface de 1305, 大德九年乙巳, par le vieillard de la montagne ***Tseu yang***, 紫陽山虛叟.

Table des matières. Notices géographiques et historiques sur l'époque des ***Thang***.

Ce choix de poésies a été fait par ***Tcheou Pi***, de ***Oen yang***, surnom ***Pẹ khiang***, 汶陽周弼伯弜.

313. 增註唐賢三體詩

Tjeung tjou tang hyen sam htyei si.

Odes de trois genres par des lettrés de l'époque des ***Thang***, édition avec notes et augmentée.

Cet ouvrage est cité par M. Satow (History of printing in Japan, Transactions of the Asiatic Society of Japan, vol. X, part I, may 1882) : une édition coréenne de ce livre aurait été imitée, au XIIIe ou au XIVe siècle, par les imprimeurs japonais.

Les trois genres de poésie, dont il est question, sont probablement ceux qui sont appelés *o ko*, ***oou kou***, 五古 ; *tchil ko*, ***tshi kou***, 七古, et *tjap ryoul*, ***tsa liu***, 雜律. Dans le premier genre, ***oou kou***, vers antiques de cinq caractères, et dans le second, ***tshi kou***, vers antiques de sept caractères, la strophe se compose de quatre vers, les changements de rimes sont permis d'une strophe à l'autre; dans le troisième genres, ***tsa liu,*** vers mêlés, la longueur des vers n'est pas la même pour toute les strophes. D'une façon générale, la rime n'existe que pour les vers de rang pair et, dans les vers antiques, le ton des caractères qui ne riment pas, n'est soumis presque à aucune règle.

Cf. Cat. Imp., liv. 187, 三體唐詩, ***San thi thang chi.***

Peut-être cet ouvrage est-il simplement le même que le précédent.

314. 唐音精選

Tang eum tjyeng syen (***Thang yin tsing siuen***).

CHOIX DE POÉSIES DE L'ÉPOQUE DES ***Thang.***

5 vol. grand in-8.

Reproduction de deux ouvrages chinois.

Le premier, en un livre, renfermé dans le 1er volume, est intitulé *Tang si si eum tjeup tjou,* 唐詩始音輯註, ***Thang chi chi yin tsi tchou,*** Collection des anciennes poésies de l'époque des ***Thang,*** avec commentaires; ce recueil est dû à ***Yang Pẹ khien,*** de ***Siang tchheng,*** au ***Ho nan,*** 河南襄城楊伯謙, postnom ***Chi hong,*** 士弘, qui y a joint une préface; les commentaires sont de ***Tchang Tchen,*** de ***Sin kan,*** au ***Kiang si,*** 江西新淦張震; préface et avertissement.

Le second ouvrage, par les mêmes auteurs, forme 8 livres (vol. II à V); il est intitulé *Tang si tjyeng eum tjeup tjou,* 唐詩正音輯註, ***Thang chi***

tcheng yin tsi tchou, Collection des poésies régulières de l'époque des ***Thang.***

Cf. Cat. Imp., liv. 188, 唐音, ***Thang yin :*** l'ouvrage chinois est divisé d'une façon différente.

315. 七言長篇 ou 唐詩長篇

Tchil en tjyang hpyen ou *Tang si tjyang hpyen.*

POÈMES DE L'ÉPOQUE DES ***Thang,*** EN VERS DE SEPT CARACTÈRES.

2 vol. grand in-8.

L'expression *tjyang hpyen* indique un poème formé d'un assez grand nombre de strophes de quatre vers.

316. 唐詩

Tang si (***Thang chi***).

ODES CHOISIES DE L'ÉPOQUE DES ***Thang.***

I. 1 vol. in-folio, 66 feuillets, mss.
L.O.V.

Les recueils manuscrits de ce genre se rencontrent fréquemment, soit sous ce titre, soit sous celui de *Tang eum,* 唐音. Les planches pour imprimer un ouvrage portant ce dernier titre, se trouvent à *Kyeng tjyou,* 慶州, d'après le *Tong kyeng tjap keui.*

II. D'autres recueils manuscrits sont intitulés *Tchil kyeng,* 七景.

1 vol. in-4, 67 feuillets.
L.O.V.

(시 가 류) (しかるい) (詩 歌 類)

317. 唐律

Tang ryoul (***Thang liu***).

VERS RÉGULIERS DE L'ÉPOQUE DES ***Thang.***

1 vol. petit in-8, mss., 32 feuillets.

On appelle vers réguliers des vers de cinq ou sept caractères (*o ryoul*, 五律; *tchil ryoul*, 七律), où le ton de chaque caractère est fixé par des règles strictes; ces vers ont, de plus, la même rime aux vers impairs dans toute la pièce, les strophes sont de quatre vers et le nombre des strophes est fixé.

318. 三隱詩

Sam eun si (***San yin chi***).

ODES DE TROIS BONZES.

2 vol. in-8.

Auteurs: ***Han chan tseu,*** 寒山子, bonze en qui s'incarna Mañjuçrī, 文殊, pendant la période ***Tcheng koan,*** 貞觀 (627-649), à ***Thai tcheou,*** dans le ***Tchẹ kiang,*** 浙江台州;

Fong kan, 豐干, bonze qui découvrit la personnalité du précédent;

'Ai tseu, 愛子.

Préface par ***Liu Khieou yin,*** 閭丘胤, fonctionnaire de la même époque que les auteurs.

A la fin du 2e volume, se trouve une postface par le lettré coréen *Ok pong*, 玉峯: en l'année *kyeng o*, 庚午, il trouva un exemplaire de cet ouvrage à la bonzerie de *Tjyeng yang* du *Keum kang san*, 金剛山正陽菴, il le fit réimprimer en l'année *kap syoul*, 甲戌.

Cf. Cat. Imp., liv. 149, 寒山子詩集, ***Han chan tseu chi tsi.***

319. 御定杜陸千選

E tyeng tou ryouk tchyen syen.

MILLE POÉSIES CHOISIES DE ***Tou*** ET DE ***Lou,*** IMPRIMÉES PAR ORDRE ROYAL.

4 vol. in-folio, formant 8 livres.

B.R. 9 vol.

Postface non signée, de la 23e année du règne, 聖上光御之二十有三年, peut-être 1799.

Poésies de ***Tou Fou,*** 杜甫, et de ***Lou Koei mong,*** 陸龜蒙: ce dernier vivait aussi sous les ***Thang,*** nom littéraire 天隨, ***Thien soei.***

Impression en caractères mobiles.

320. 杜詩撰註

Tou si tchan tjou.

ÉDITION COMMENTÉE DES POÉSIES DE ***Tou Fou,*** 杜甫.

Citée par le *Tai tong oùn ok* comme préparée par ordre de *Syei tjong.*

321. 杜氏七言律

Tou si tchil en ryoul (***Tou chi tshi yen liu***).

VERS RÉGULIERS DE SEPT CARACTÈRES, PAR ***Tou Fou,*** 杜甫.

1 vol. in-8, 158 feuillets ; impression commune et papier grossier.

(시 가 류) (しかるい) (詩 歌 類)

Brit. M. 15324, C 4.

Préface de 1434, 宣德九年, par ***Hou Ying,*** 胡濙, Ministre des Rites à Péking; deux autres préfaces non datées, par deux Grands Chanceliers, ***Yang Chi khi,*** 楊士奇, et ***Yang Ying,*** 楊榮.

Postface de 1443, 正統八年歲在癸亥, par ***Lin Tshing,*** 林淸; autre postface sans date, du Grand Chancelier ***Hoang Oei,*** 黃惟.

Table.

Le texte est annoté par ***Yu Tsi,*** 虞集.

L'édition coréenne a été gravée à partir de la 1ère lune de 1470, 成化六年庚寅春正月, par ordre du préfet de *Tchyeng tjyou,* 淸州; elle contient une postface de 1471, 成化紀元之七年辛卯, par *Kim Nyou,* 金紐.

Liste des fonctionnaires qui se sont occupés de cette impression.

322. 讀杜詩遇得

Tok tou si ou teuk (***Tou tou chi yu tẹ***).

LECTURES TIRÉES DES ODES DE ***Tou Fou,*** 杜甫.

3 vol. in-4 (reliure européenne), formant 18 livres.

Brit. M. 15324, E 4.

Ce recueil est dû à ***Yang Chi khi,*** de ***Lou ling,*** 盧陵楊士奇, qui y a mis une préface et une postface datée de 1382; postface de 1434, 宣德九年歲在甲寅, par le Grand Chancelier ***Hoang Oei,*** de ***Yong kia,*** 永嘉黃惟.

Avertissement, introduction, biographie du poète, poésies choisies.

(문 묵 부) (ぶんぼくぶ) (文 墨 部)

Postface pour une réédition de 1457, 天順元年, par ***Tchou Hiong,*** nom littéraire ***Oei ki,*** 朱熊維吉, originaire du ***Kiang nan,*** 江南.

L'édition coréenne paraît avoir été gravée en 1501, 弘治辛酉.

323. 杜律

Tou ryoul.

VERS RÉGULIERS DE ***Tou Fou,*** 杜甫.

1 vol. in-8, mss., 34 feuillets.

324. 增刊校正王狀元集諸家註分類東坡先生詩

Tjeung kan kyo tjyeng oang tjang ouen tjip tjye ka tjou poun ryou tong hpa syen săing si (***Tseng khan kiao tcheng oang tchoang yuen tsi tchou kia tchou fen lei tong pho sien cheng chi***).

POÉSIES DE ***Sou Chi,*** 蘇軾, AVEC TOUS LES COMMENTAIRES DES DIVERS AUTEURS MIS EN ORDRE PAR LE DOCTEUR ***Oang;*** ÉDITION REVUE ET CORRIGÉE.

3 vol. in-4 (reliure européenne).

Brit. M. 15324, C 1.

Ponctué par ***Lieou Tchhen oong,*** 劉辰翁.

Il n'y a ni préface ni indication de date.

325. 須溪先生評點簡齋詩集

Syou kyei syen săing hpyeng tyem kan tjăi si tjip (***Siu khi sien cheng phing tien kien tchai chi tsi***).

RECUEIL DES POÉSIES DE ***Kien tchai,*** PONCTUÉES PAR LE LETTRÉ ***Siu khi.***

(시가류) (しかるい) (詩歌類)

1 vol. in-8 (reliure européenne), formant 15 livres.

Brit. M. 15324, C 5.

B.R. 5 vol.

Impression en grands caractères fort élégants, faite à l'aide de types mobiles ; M. Satow cite cet ouvrage (History of printing in Japan, Transactions of the Asiatic Society of Japan, vol. X, part I, may 1882), qui est suivi d'une postface relative à l'invention des caractères mobiles (cf. *Tjou tjă să sil*).

Préface de ***Lieou Tchhen oong,*** surnom ***Siu khi,*** 須溪劉辰翁, originaire de ***Lou ling,*** 廬陵.

Table des 15 livres.

Postface de *Ryou Heui tchyoun*, 柳希春, datée de 1544, 嘉靖二十三年甲辰 : "Le Grand Con-"seiller *Syong Rin syou*, 宋麟壽, ayant retrouvé "une édition de cet ouvrage dans le *Tjyen ra*, 全"羅, en 1543, confia au sous-préfet *Ryou să*, 柳泗, "le soin de le faire réimprimer ; cette tâche vient "d'être menée à bonne fin." Un autre fonctionnaire, *Ri Să hpil*, 李士弼, s'est aussi occupé de l'impression de cet ouvrage.

L'auteur, ***Tchhen,*** 陳, avait pour postnom ***Yu yi,*** 與義, pour nom littéraire ***Kien tchai;*** il vivait sous les ***Song,*** 宋, au XIIe siècle.

Cf. Cat. Imp., liv. 156, 簡齋集, ***Kien tchai tsi.***

326. 濂洛七言

Ryem rak tchil en (***Lien lo tshi yen***).

POÉSIES EN VERS DE SEPT CARACTÈRES DE ***Lien*** ET DE ***Lo.***

(문 묵 부) (ぶんぼくぶ) (文 墨 部)

2 vol.

B.R.

Ryem kyei, 濂溪, ***Lien khi,*** est la rivière de ***Nan tchhang,*** 南昌, au ***Kiang si,*** 江西, où ***Tcheou Toẹn yi,*** 周敦頤, surnom ***Mao chou,*** 茂叔, mort en 918 (Mayers, I, 73), a été magistrat. *Rak yang,* 洛陽, ***Lo yang,*** au ***Ho nan,*** 河南, est la patrie des deux frères ***Tchheng : Tchheng Hao,*** 程顥, surnom ***Pẹ choẹn,*** 伯淳, nom littéraire ***Ming tao,*** 明道 (1032-1085) et ***Tchheng Yi,*** 程頤, surnom ***Tcheng chou,*** 正叔, nom littéraire ***Yi tchhoan,*** 伊川, nom posthume ***Tcheng kong,*** 正公 (1033-1107) (Cf. Mayers, I, 107 et 108 ; Cordier, 669).

327. 濂洛風雅

Ryem rak hpoung a (***Lien lo fong ya***).

Compositions en poésie et en prose de ***Lien*** et de ***Lo***.

2 vol. petit in-8.

Cf. *Ryem rak tchil en* ; outre les auteurs indiqués à ce dernier article, il faut citer : ***Tchang Tsai,*** 張載, surnom ***Tseu heou,*** 子厚, (1020-1067 ; Mayers, I, 37) ; ***Chao Yong,*** 邵雍, surnom ***Yao fou,*** 堯夫, nom posthume ***Khang tsie,*** 康節 (1011-1077 ; Mayers, I, 594) et ***Tchou Hi,*** 朱熹, surnoms ***Yuen hoei,*** 元晦, et ***Tchong hoëi,*** 仲晦, noms littéraires ***Hoei 'an,*** 晦菴, ***Tseu yang thang,*** 紫陽堂, etc., nom posthume ***Oen li kong,*** 文理公 (1130-1200 ; Mayers, I, 79 ; Cordier, 668-669, 1784-1785).

Préface de 1296, 丙申元貞二年, par ***Khang***

(시 가 류) (しかるい) (詩 歌 類)

Liang choei, 康良瑞. Préface de la réédition coréenne, composée par *Pak Syei tchăi,* 朴世采, datée de 1678, 崇禎紀元後五十一年.

Cf. Cat. Imp., liv. 191 : l'auteur de la compilation est ***Kin Li siang,*** 金履祥 ; la date de 1296 est donnée sous la forme 至元丙申.

328. 朱子詩集

Tjyou tjă si tjip.

COLLECTION DES POÉSIES DU SAGE ***Tchou.***

Citée par le *Tong kyeng tjap keui.*

Auteur : ***Tchou Hi,*** 朱熹.

329. 鼓吹編

Ko tchyoui hpyen (***Kou tchhoei pien***).

RECUEIL DE CHANTS.

1 vol. in-8, formant 3 livres, impression grossière paraissant ancienne.

Brit. M. 15324, B 5.

Collection de poésies chinoises faites sous les ***Song,*** 宋 (960–1278) et les ***Ming,*** 明 (1368–1644).

Cf. Cat. Imp., liv. 191, 鼓吹續編, ***Kou tchhoei siu pien.***

330. 詩藪

Si sou (***Chi seou***).

COLLECTION DE POÉSIES DES DIVERSES ÉPOQUES.

Rassemblée par ***Hou Ying lin,*** du ***Tong yue*** ou ***Tchẹ kiang,*** 浙江東越胡應麟.

L'auteur, surnommé ***Yuen choei,*** 元瑞, originaire de ***Lan khi hien,*** 蘭谿縣, vivait à la fin du XVIe siècle.

331. 類苑叢寶

Ryou ouen tchong po.

LE TRÉSOR DU JARDIN (POÉTIQUE ?).

30 vol.

B.R.

Cité par le *Ryouk tyen tyo ryei,* livre VI, folio 8, verso, comme employé aux examens.

Peut-être faut-il rapprocher cet ouvrage du ***Lei yuen,*** 類苑, recueil poétique en 120 livres, publié par ***Tchang Tchi siang,*** 張之象, sous la dynastie des ***Ming,*** 明 (1368-1644).

332. 夢觀詩稿

Mong koan si ko (***Mong koan chi kao***).

ODES DU LETTRÉ ***Mong koan.***

1 vol. in-4, formant 3 livres.

Auteur : ***Li Thing tchou,*** du ***Kiang yin,*** 江陰李廷柱 (province du ***Kiang sou,*** 江蘇).

Préface de 1859, 咸豐己未, par ***Li Joen yi,*** de ***Choen tchheng*** (au ***Kiang sou***) 蕈城李閏益.

Postface de la même date par ***Li Chang yi,*** 李尙益, fils de l'auteur.

(시가류) (しかるい) (詩歌類)

333. 五詩別裁

O si pyel tjăi (***Oou chi pie tshai***).

NOUVEAU CHOIX DE VERS DE CINQ DYNASTIES.

Poésies des ***Thang,*** 唐, ***Song,*** 宋, ***Yuen,*** 元, ***Ming,*** 明, et ***Tshing,*** 淸, (618-906, et de 960 jusqu'à l'époque de l'auteur).

L'auteur de la compilation est ***Chen Te tshien,*** 沈德潛, nom littéraire ***Koei yu,*** 歸愚, originaire de ***Tchhang tcheou,*** 長洲, au ***Kiang sou,*** 江蘇, qui vivait au XVIIIe siècle.

334. 五言絕句

O en tjyel kou (***Oou yen tsiue kiu***).

QUATRAINS DE VERS DE CINQ CARACTÈRES.

1 vol. in-12, impression grossière.

Quatrains choisis d'auteurs chinois célèbres.

Imprimé en 1870, 庚午, à *Tong hyen,* 銅峴, quartier de Seoul.

Les quatrains se font soit en vers antiques, soit en vers réguliers.

335. 聯句

Ryen kou.

POÉSIES.

1 vol. mss.

L'expression *ryen kou* désigne une pièce dont chaque vers est fait par un auteur différent.

(문묵부) (ぶんぼくぶ) (文墨部)

336. 聯珠詩格

Ryen tjyou si kyek.

POÉSIES.

Imprimées à *Kyeng tjyou*, 慶州, d'après le *Tong kyeng tjap keui.*

L'expression *ryen tjyou si kyek* indique des vers de quatre et six caractères disposés alternativement ; il y a des exemples de pièces de ce genre non rimées ; habituellement elles sont rimées et la rime porte sur les vers pairs.

337. 古詩諺解

Ko si en kăi.

VERS ANTIQUES AVEC TRADUCTION CORÉENNE.

5 vol.
B.R.

338. 文林錄

Moun rim rok.

COPIES DE COMPOSITIONS.

1 vol. mss.
Recueil de vers de cinq caractères.

339. 百聯抄解

Păik ryen tchyo kăi.

CHOIX DE DISTIQUES, AVEC EXPLICATION.

Cf. *Tong kyeng tjap keui.*

(시가류) (しかるい) (詩歌類)

340. 詩法入門

Si pep ip moun.

PRINCIPES DE VERSIFICATION.

1 vol. in-8, 56 feuillets, mss.

341. 家則

Ka tjeuk.

MODÈLES DE FAMILLE.

1 vol. in-8, 56 feuillets, mss.

Modèles de poésies pour la préparation des examens.

2e PARTIE

POÉSIES CHINOISES COMPOSÉES EN CORÉE.

Les Coréens, pour la poésie officielle et savante, ont calqué exactement la poésie chinoise; quelques-uns ont assez bien imité le modèle pour que leurs œuvres aient été appréciées même en Chine (Cf. *Syo hoa tjip*).

Outre ceux de leurs poètes, dont les œuvres sont indiquées plus bas, on peut citer, d'après le *Tai tong oun ok :*

Ri Kyen kan, 李堅幹, nom littéraire *San hoa syen săing*, 山花先生, originaire de *Syeng san*, 星山, il arriva aux fonctions de Ministre du Cens, vraisemblablement avant le XIIIe siècle;

Youn Ye hyeng, 尹汝衡, qui vivait à la fin de la dynastie de Ko rye;

Tjo Kyei pang, 曹繼芳, de *Tchyang san*, 昌山, docteur sous *Tchyoung ryel*, Compositeur Royal.

(문 목 부) (ぶんぼくぶ) (文 墨 部)

Parmi les poésies les plus anciennes composées par des Coréens, on peut citer les pièces suivante (cf. *Tai tong oun ok*), dont quelques-unes ont dû être en langue coréenne.

太平頌
Htai hpyeng syong.

Éloge de la paix, en 10 distiques, composé par la Reine de Sin ra *Tjin tek*, à l'occasion de sa victoire sur le Păik tjyei, et envoyée par elle à l'Empereur.

平陳頌
Hpyeng tjin syong.

Éloge pour la soumission de *Tchhen*, 陳, composé par le Roi de Păik tjyei, *Oui tek*, pour féliciter l'Empereur (dynastie des *Soei*, 隋, 581-618) de sa victoire sur la dynastie des *Tchhen* (557-587).

會蘇曲
Hoi so kok.

Chanson de *Hoi so*, composée à propos de l'exclamation "*hoi so*", qui accompagnait une danse populaire du Sin ra.

憂息曲
Ou sik kok.

Chanson de la fin de la tristesse, composée par le Roi de Sin ra *Noul tji*, pour le retour de son frère, qui était allé dans le Ko kou rye et au Japon.

繁花曲
Pyen hoa kok.

Chanson des fleurs, que le Roi de Sin ra *Kyeng ăi* fit chanter au kiosque *Hpo syek*, 鮑石亭.

禪雲山曲
Syen oun san kok.

Chanson de la montagne où l'on regarde les nuages, chantée par une femme de *Tjyang sa*, 長沙, au Păik tjyei, en attendant son mari parti pour la guerre.

(시 가 류) (しかるい) (詩 歌 類)

麥穗歌
Măik syou ka.

Chant des épis de blé, attribué au légendaire *Keui tjă*, 箕子, qui l'aurait composé en voyant transformé en champ de blé l'emplacement de la capitale des *Yin*, 殷 (1766–1122).

黃鳥歌
Hoang tyo ka.

Chant de l'oiseau jaune, à l'aide duquel le Roi du Ko kou rye *Ryou ri* aurait apaisé la querelle de ses deux concubines.

陽山歌
Yang san ka.

Chant de *Yang san*, composé à l'époque de *Htai tjong* de Sin ra, pour déplorer la mort du général *Kim Heum oun*, 金歆運, tué à *Yang san*, dans une expédition contre le Păik tjyei.

八齋歌
Hpal tjăi ka.

Chant des huit Cabinets (齋, Cabinet, pour 宰, Conseiller Royal) : chanson satirique contre les réformes administratives de *Myeng tjong* de Ko rye.

岳陽歌
Ak yang ka.

Chant de *Ak yang*, chant populaire sur la mort du Roi *Tchyoung hyei* survenue à *Ak yang*.

踏山歌
Tap san ka.

Chant de géoscopie, composé par le bonze *To sin*, 道詵, quand il indiqua l'emplacement où s'élèverait plus tard la nouvelle capitale, *Han yang*, 漢陽, ou Seoul.

長漢城歌
Tjyang han syeng ka.

Chant de *Tjyang han syeng*, chanté par les habitants du Sin ra, lorsqu'ils eurent repris cette ville.

余那山歌
Ye na san ka.

Chant de la montagne *Ye na:* un lettré du Sin ra, qui demeurait sur cette montagne, ayant réussi aux examens, composa cette chanson; elle devint de rigueur dans les réjouissances qui suivent les succès des candidats. Le texte ajoute que "*ye na*" en coréen indique le chantonnement de l'homme qui lit et que le nom de la montagne fait allusion aux lectures de ce lettré.

342. 詩選
Si syen.
CHOIX DE POÉSIES.

Cité par le *Tai tong oun ok.*

Cette compilation fut faite par ordre du Roi *Eui tjong*, qui fit rechercher les poésies coréennes dans tout le Royaume.

La Bibliothèque Royale possède un ouvrage en 7 volumes, intitulé "Poésies antiques choisies par le "Roi", 王選古詩, *Oang syen ko si;* peut-être est-ce le même ouvrage.

343. 賢十抄詩
Hyen sip tchyo si.
ODES DE LETTRÉS REMARQUABLES.

Citées par le *Tai tong oun ok.*

Ce recueil, fait vers la fin de la dynastie de Ko rye, contient dix pièces célèbres de chacun des poètes qui y sont cités; les poètes dont les œuvres ont été mises à contribution, sont ceux de la dynastie des *Thang*, 唐, et quelques Coréens du Sin ra: *Tchoi*

Tchi ouen, 崔致遠; *Pak In pem*, 朴仁範, docteur en Chine sous les ***Thang***; *Tchoi Seung ou*, 崔承祐, docteur en Chine en 894; *Tchoi Koang you*, 崔匡裕, qui voyagea en Chine. Chaque poésie est accompagnée de commentaires.

Le *Tong kyeng tjap keui* cite un ouvrage imprimé à *Kyeng tjyou*, 慶州, sous le titre de *Sip tchyo si*, 十抄詩: serait-ce le même ?

344. 選粹

Syen syou.

MORCEAUX CHOISIS.

Cités par le *Tai tong oun ok*.

Collection de poésies en plusieurs volumes; due à *Kim Kyeng tji*, 金敬之 (époque de *Mok eun*, 牧隱).

345. 三韓龜鑑

Sam han koui kam.

MODÈLES DE CORÉE.

Recueil de poésies et autres œuvres coréennes, cité par le *Tai tong oun ok*; cette compilation est de *Tjyo Oun eul*, 趙云仡.

346. 國朝詩正聲集

Kouk tjyo si tjyeng syeng tjip.

COLLECTION D'ODES DE LA DYNASTIE AVEC PRONONCIATION CORRECTE.

8 vol.

B.R.

(문 묵 부) (ぶんぼくぶ) (文 墨 部)

347. 國朝詩別裁
Kouk tjyo si pyel tjăi.
NOUVEAU CHOIX D'ODES DE LA DYNASTIE.

30 vol.
B.R.

348. 國朝樂章
Kouk tjyo ak tjyang.
HYMNES DE LA DYNASTIE.

1 vol.
B.R.

Le *Moun hen pi ko*, liv. 44 à 48, reproduit le texte d'un grand nombre de ces hymnes.

En 1115, le Roi de Ko rye décida qu'on emploierait les hymnes suivants, lors des sacrifices au Temple des Ancêtres :

1º 太定之曲, *Htai tyeng tji kok*, Chant de la fondation immense, en l'honneur de *Htai tjo ;*

2º 紹聖之曲, *Syo syeng tji kok*, Chant de la continuation sainte, en l'honneur de *Hyei tjong ;*

3º 興慶之曲, *Heung kyeng tji kok*, Chant de la prospérité exaltée, en l'honneur de *Hyen tjong ;*

4º 嚴安之曲, *Em an tji kok*, Chant de la paix majestueuse, en l'honneur de *Tek tjong ;*

5º 元和之曲, *Ouen hoa tji kok*, Chant de la concorde vertueuse, en l'honneur de *Tjyeng tjong ;*

6º 大明之曲, *Tai myeng tji kok*, Chant de la vaste clarté, en l'honneur de *Moun tjong ;*

7º 翼善之曲, *Ik syen tji kok*, Chant de la bonté diligente, en l'honneur de *Syoun tjong;*

8º 淸寧之曲, *Tchyeng nyeng tji kok*, Chant de la tranquillité pure, en l'honneur de *Syen tjong;*

9º 重光之曲, *Tjyoung koang tji kok*, Chant de l'éclat renouvelé, en l'honneur de *Syouk tjong*.

En 1362, ces neuf chants furent remplacés par neuf autres, consacrés à *Htai tjo*, *Hyei tjong*, *Hyen tjong*, *Ouen tjong*, *Tchyoung ryel oang*, *Tchyoung syen oang*, *Tchyoung syouk oang*, *Tchyoung hyei oang* et *Tchyoung mok oang;* en 1366, un autre hymne fut dédié à la Princesse *Houi eui*, 徽懿公主[1]. En 1370, un hymne nouveau fut composé pour les sacrifices au Temple des Ancêtres; chacune des seize strophes correspondait à l'une des parties de la cérémonie; le texte de cet hymne est incomplet; comme les précédents, il se compose de vers antiques de quatre caractères.

Sous la dynastie actuelle, en 1432, on adopta pour ces mêmes sacrifices un hymne analogue aux premiers de la dynastie de Ko rye (huit strophes de quatre vers); il fut remplacé en 1463 par un hymne fort long et de forme compliquée (strophes de longueur variable, vers de cinq ou de quatre caractères). *Syen tjo* voulut en employer un nouveau; mais, si la poésie en fut faite, on ne put obtenir aucun résultat pour la musique. *In tjo* en 1625, *Hyo tjong* en 1650, *Hyen tjong* en 1664, *Syouk tjong* en 1700 s'occupèrent aussi de cette partie des cérémonies. *Yeng tjo* enfin, en 1742,

1. Je n'ai pu déterminer qui est cette Princesse.

dirigea de ce côté son infatigable activité et rétablit, disent les compilateurs du *Moun hen pi ko*, les règles anciennes ; mais le texte adopté alors pour le Temple des Ancêtres n'est pas reproduit dans leur ouvrage.

Le *Moun hen pi ko* cite ensuite les hymnes que l'on chante, sous la dynastie actuelle, lors des divers sacrifices qui sont offerts aux esprits ; ces poésies ont été composées sous *Htai tjo* ou sous *Syei tjong*, mais on ignore les noms des auteurs :

10° 社稷樂章, *Sya tjik ak tjyang*, Hymne aux Dieux Protecteurs de l'État ;

11° 風雲雷雨樂章, *Hpoung oun roi ou ak tjyang*, Hymne aux Esprits du Vent, des Nuages, du Tonnerre et de la Pluie ;

12° 先農樂章, *Syen nong ak tjyang*, Hymne aux Premiers Laboureurs ;

13° 先蠶樂章, *Syen tcham ak tjyang*, Hymne à l'Inventrice de l'élevage des vers à soie ;

14° 雩祀樂章, *Ou să ak tjyang*, Hymne du sacrifice aux Esprits des Cinq Éléments ;

15° 文宣王樂章, *Moun syen oang ak tjyang*, Hymne à Confucius (trois strophes y furent ajoutées en 1689) ;

16° 原廟樂章, *Ouen myo ak tjyang*, Hymne pour les sacrifices offerts aux ancêtres royaux dans la salle *Moun syo*, 文昭殿 (composé en 1432 ; le *O ryei eui* contient un texte de cet hymne plus complet que celui qui est cité par le *Moun hen pi ko*) ;

17° Hymnes *Tjeup heui*, 緝熙, en l'honneur de *Ik tjo ; Tchya tchya*, 嗟嗟, en l'honneur de *To tjo ;*

O ho, 嗚呼, en l'honneur de *Hoan tjo ; Tchya tchya*, 嗟嗟, en l'honneur de *Htai tjo ; Heui heui*, 噫嘻, en l'honneur de *Tyeng tjong ; In myeng*, 仁明, en l'honneur de *Htai tjong ; Keûm myeng*, 欽明, en l'honneur de *Syei tjong ; Să tjyei*, 思齊, en l'honneur de la Reine *Syo hen*, 昭憲王后, femme de *Syei tjong ; E hoang*, 於皇, en l'honneur de la Reine *Hyen tek*, 顯德王后, femme de *Moun tjong ; E mok*, 於穆, en l'honneur de *Tek tjong*, etc. Ces hymnes sont, pour la plupart, désignés par leurs premiers mots.

18° 納氏歌, *Nap si*[1] *ka*, Chant de l'invasion, 旗麾歌, *Keui houi ka*, Chant des étendards, et 鼓進金退歌, *Ko tjin keum htoi ka*, Chant de la charge et de la retraite, en usage dans les sacrifices à l'Esprit des bannières, *Tok tjyei*, 纛祭.

Les chants pour les grandes audiences royales et les fêtes du Palais ont été fixés dès le commencement de la dynastie, sous *Htai tjo* et *Htai tjong*.

19° Hymnes à propos de l'audience au Palais Impérial (*keun htyen*, 覲天), et de la remise du décret (*syou myeng myeng*, 受明命), lors du voyage que *Htai tjong* fit en Chine avant son avènement.

20° 金尺詞, *Keum tchyek să*, Chant du pied en or : ce poème, ainsi que les suivants, est chanté aux banquets royaux ; celui-ci doit son origine à un songe

1. Je n'ai pu trouver quelle peuplade désigne l'expression *Nap si ;* il s'agit vraisemblablement de quelques-unes de ces tribus du nord de la Corée, restées barbares et insoumises jusqu'au XVIe siècle.

de *Htai tjo*, premier roi de la dynastie, alors simple fonctionnaire : un esprit lui apparut et lui remit un pied en or ciselé, en lui prédisant son élévation ; une danse mimique fut composée, sous *Syei tjong*, en mémoire de ce fait.

21º 賀聖明詞, *Ha syeng myeng să*, Chants de félicitations.

22º 聖澤詞, *Syeng tchăik să*, Chant au sujet des bienfaits impériaux.

23º 文德曲, *Moun tek kok*, Chant de la vertu civile.

24º 隆安之樂, *Ryoung an tji ak*, et 休安之樂, *Hyou an tji ak*, Hymnes de la paix.

25º 受寶籙之樂, *Syou po rok tji ak*, Hymne des livres précieux, faisant allusion aux livres mystérieux qui furent offerts par un bonze à *Htai tjo*, avant son avènement ; cet hymne a été composé par *Tjyeng To tjyen*, 鄭道傳.

26º 文明之曲, *Moun myeng tji kok*, Chant de l'éclat pacifique (des premiers Rois de la dynastie).

27º 武烈之曲, *Mou ryel tji kok*, Chant de la gloire militaire (des premiers Rois).

28º 荷皇恩之樂, *Ha hoang eun tji ak*, Hymne au sujet des bienfaits des Empereurs **Ming**, 明, qui ont soutenu la dynastie actuelle.

29º 龍飛御天歌, *Ryong pi e htyen ka*, Hymne du dragon qui monte au ciel (cf. *Ryong pi e htyen ka*, liv. VI, chap. II, 4º p.).

30º 保太平歌詞, *Po htai hpyeng ka să*, Hymne de la paix maintenue, et

31º 定大業歌詞, *Tyeng tai ep ka să*, Hymne

(시가류) (しかるい) (詩歌類)

de la fondation du royaume, composés en 1434; des danses y furent jointes en 1463.

32º 養老宴樂歌, *Yang ro yen ak ka*, Hymne pour les banquets offerts aux vieillards.

33º 大射樂章, *Tai sya ak tjyang*, Hymne pour la cérémonie du tir à l'arc, composé en 1476.

34º 親耕樂章, *Tchin kyeng ak tjyang*, Hymne pour la cérémonie du labourage royal, composé en 1474.

35º 親蠶樂章, *Tchin tcham ak tjyang*, Hymne pour la cueillette des feuilles de mûrier, composé en 1476.

36º 觀刈樂章, *Koan yei ak tjyang*, Hymne pour la cérémonie de la récolte, composé en 1746.

37º 尊號樂章, *Tjon ho ak tjyang*, Hymnes pour la présentation des noms honorifiques.

38º les différents hymnes qui accompagnent l'exécution de l' "Offrande de la pêche de longévité", 獻仙桃, *hen syen to*; cette représentation mimique date de la dynastie de Ko rye et tire son origine des légendes chinoises.

39º 彤雲映彩色詞, *Tong oun yeng tchăi săik să*, Hymne des nuages rouges et éclatants, chanté tandis qu'on exécute la "Danse de la longévité", 壽延長, *syou yen tjyang*, qui est mentionnée pour la première fois sous *Syeng tjong* de Ko rye.

40º les hymnes pour la danse des "Cinq Immortels "montés sur des moutons", 五羊仙, *o yang syen*; cette danse remonte à l'époque des ***Thang***, 唐.

41º 抛毬樂, *Hpo kou ak*, Hymnes du jeu de balles, accompagnant une danse du même nom, qui a été introduite dans le Ko rye à l'époque des **Song,** 宋.

42º Hymne pour la "Terrasse des lotus", 蓮花臺, *ryen hoa tăi:* la danse ainsi désignée date de la dynastie de Ko rye ; les danseuses, en vêtements rouges, ont des fleurs de lotus dans leur coiffure, ces fleurs s'ouvrent et laissent voir un chapeau de coquillages.

Les ouvrages sur les cérémonies du Palais (*Tjyeng ri eui kouei ; Tjin tchan eui kouei*), citent encore d'autres hymnes et d'autres danses que ne mentionne pas le *Moun hen pi ko:*

43º Hymne pour la "Danse des cigognes", 鶴舞, *hak mou:* deux danseuses, costumées en cigognes à l'aide d'une carcasse de bambou couverte de plumes, vont ouvrir des fleurs, d'où sortent de jeunes garçons; généralement la danse des lotus (42º) suit celle-ci.

44º Hymne pour la "Danse des manches pointues", 尖袖舞, *tchyem syou mou.*

45º Hymne pour la "Danse du précieux banquet "de l'éternel printemps", 長春寶宴之舞, *tjyang tchyoun po yen tji mou:* cette danse date de l'époque des **Song,** 宋.

46º Hymnes pour les danses appelées *hyang pal,* 響鈸, *hyang ryeng,* 響鈴, *a păik,* 牙拍 : les deux premières danses datent de la cour des **Thang,** 唐, la troisième se rencontre seulement sous les **Song,** 宋; les danseuses portent des grelots ou des clochettes qu'elles agitent en mesure.

47º Hymne pour la "Danse de la majesté de

"Bouddha", 寶相舞, *po syang mou:* cette danse date de l'époque des ***Thang,*** 唐 ; elle rappelle l'éloge de Bouddha et de Mahākāçyapa, 大迦葉, chanté par *Toun ryoun ma,* 屯崙摩, Roi des Kinnara, 緊陀羅 (pour 緊那羅 ?).

48º Hymne pour la "Danse où l'on cueille les "pivoines", 佳人剪牧丹, *kai in tjyen mok tan* (datant de l'époque des ***Song,*** 宋).

49º Hymne pour la "Danse du tambour", 舞鼓, *mou ko:* cette danse, introduite à la cour de Ko rye par *Ri Kon,* 李混, est imitée d'une danse appelée ***phi oou,*** 鞞舞, mentionnée à l'époque des ***Han,*** 漢 ; les danseuses frappent sur un tambour placé au milieu d'elles.

50º Hymne pour la "Danse du chant du loriot au "printemps", 春鶯囀, *tchyoun ăing tjyen:* une seule danseuse l'exécute, sur une natte dont elle ne doit pas dépasser le bord ; cette danse a été inventée au temps de ***Kao tsong*** des ***Thang,*** 唐高宗, (650-683).[1]

1. Il faut encore citer les danses suivantes :

船遊樂, *syen you ak,* air du bateau en marche : une sorte de bateau léger, orné de fleurs et de banderolles, est disposé sur des rouleaux, les danseuses, partagées en escouades, le font mouvoir à l'aide de cordes ; cette danse remonterait au temps du Sin ra ; on l'accompagne d'une chanson partie en chinois, partie en coréen, dont le texte n'est pas donné.

關東舞, *koan tong mou,* danse du *Koan tong* (*Kang ouen to,* 江原道), accompagnée d'une chanson en langue vulgaire, originaire de cette province ; cette danse a été introduite au Palais par le Grand Conseiller *Tjyeng Tchyel,* nom littéraire *Syong kang,* 松江鄭澈, (époque de *Syen tjo*).

處容舞, *tchye yong mou,* danse de *Tchye yong ;* d'après les tradi-

Cf. *E tjyei tjă koung tjyou kap tjin tchan ak tjyang* et *Hoa syeng pou tjin tchan syen tchyang ak tchyang;* voir aussi liv. V, chap. I, 2e, 3e et 4e parties, passim, et, en particulier, les ouvrages intitulés Cérémonial, *Eui kouei*.

349. 列朝詩

Ryel tjyo si.

ODES COMPOSÉS SOUS LES DIFFÉRENTS ROIS.

30 vol.

B.R.

350. 皇華集

Hoang hoa tjip.

COLLECTION DE POÉSIES RELATIVES AUX MISSIONS CHINOISES.

25 vol. in-8, impression en caractères mobiles.

30 vol. B.R.

Ouvrage cité par le *Tai tong oun ok*, le *Htong moun koan tji*.

Ces poésies sont celles qui ont été faites par les fonctionnaires chinois envoyés en Corée et par les fonctionnaires coréens chargés de les recevoir.

Cf. Cat. Imp., liv. 192: un ouvrage en 3 vol. portant ce titre, a été publié par ordre du Roi

tions, il existait, dans le royaume de Sin ra, un esprit du nom de *Tchye yong*, le peuple chantait et dansait pour l'honorer; cette danse est exécutée par cinq danseuses masquées.

劍器舞, *kem keui mou*, danse des couteaux; les danseuses portent un costume militaire et simulent un combat.

Tjyoung tjong, à la suite de la mission de ***Thang Kao***, 唐皐; cet ouvrage renferme une préface du Grand Conseiller *Nam Kon*, 南袞, datée de 1522, et une autre de la même date par *Ri Hăing*, 李荇.

Un autre ouvrage en 13 vol., avec le même titre, renferme des poésies relatives aux missions de 1457, 1458, 1459, 1460, 1464, 1476, 1488, 1492, 1521, 1537.

351. 成王皇華集

Syeng oang hoang hoa tjip.

COLLECTION DE POÉSIES RELATIVES AUX MISSIONS CHINOISES DU RÉGNE DE *Syeng tjong*.

Préface de *Htoi kyei*, 退溪.

352. 東槎集

Tong sa tjip.

COLLECTION DE POÉSIES FAITES PAR DES ENVOYÉS.

Ouvrage formant trois parties, cité par le *Tai tong oun ok*.

Poésies faites sur les mêmes rimes par les personnages suivants :

Thang Kao, 唐皐, Envoyé chinois qui vint en Corée en 1521, 正德辛巳, accompagné de ***Chi Tao***, 史道;

Ri Hăing, 李荇, fonctionnaire coréen chargé de recevoir les précédents;

Kong Yong khing, 龔用卿, Envoyé chinois (1537, 嘉靖丁酉), accompagné de ***Oou Hi meng***, 吳希孟;

Hoa Tchha, 華察, Envoyé chinois (1539, 己亥), accompagné de ***Sie Thing tchhong,*** 薛廷寵;

So Syei yang, 蘇世讓, chargé de recevoir les deux missions précédentes.

353. 海東遺珠

Hăi tong you tjyou.

Poésies inédites de Corée.

Recueil postérieur à la guerre contre les Mantchous, cité par le *Htong moun koan tji.*

354. 昭代風謠

Syo tăi hpoung yo.

Poésies populaires (en chinois).

2 vol. in-4.

B.R.—L.O.V.

Introduction par *Ri Eui hyen,* 李宜顯.

Préface datée de 1737, 丁巳, par *O Koang oun,* de *Yak san,* 藥山吳光運.

Seconde introduction, portant la même date, par *Tjo Myeng kyo,* 曹命敎, Sous-directeur au Ministère des Fonctionnaires.

Seconde préface, de la même année, par *Youn Koang eui,* de *Hpa hpyeng,* 坡平尹光毅, fonctionnaire de la Cour des Explicateurs du Prince Héritier.

Troisième introduction, non datée, par *Ko Si en,* de *Syong ak,* 松岳高時彥.

Table des auteurs de ces poésies, indiquant leurs surnoms, noms littéraires et ajoutant parfois quelques détails biographiques : ces auteurs étaient, pour la plupart, des gens du peuple.

L'ouvrage comprend neuf livres et trois suppléments, suivis de deux postfaces : la première, de 1737, est due à *O Koang oun*. La seconde, par *Tchoi Kyěng keum*, de *Oan san*, 完山崔景欽, porte la date de 1858 : elle nous permet de fixer la date de la première édition de l'ouvrage, faite sous le Roi *Yeng tjong*.

Cet ouvrage est imprimé avec des types mobiles tout à fait semblables à ceux du *Moun hen pi ko*.

355. 昭代續選

Syo tăi syok syeñ.

SECOND RECUEIL DE POÉSIES POPULAIRES (EN CHINOIS).

Recueil fait en 1797, par les soins de *Tjyang Kon* 張混, indiqué par l'ouvrage suivant ; peut-être le même qui est mentionné au catalogue de la Bibliothèque Royale sous le titre de 風謠續選, *Hpoung yo syok syen*, 3 vol.

356. 風謠三選

Hpoung yo sam syen.

TROISIÈME RECUEIL DE POÉSIES POPULAIRES (EN CHINOIS).

3 vol. in-4, formant 7 livres.

B.R.

Préface de 1857, 上之八年丁巳, par *Tjyeng Ouen yong*, de *Tong răi*, 東萊鄭元容, Président du Conseil du Gouvernement.

(문 묵 부) (ぶんぼくぶ) (文 墨 部)

Seconde préface, de la même année, par *Tjyo Tou syoun*, de *Yang tjyou*, 楊州趙斗淳.

Troisième préface, de la même date, par *Youn Tyeng hyen*, nom littéraire *Tchim kyei*, 梣溪居士尹定鉉.

Choix de poésies faites par des gens du peuple.

Postface de *Tjyang Tji ouen*, de *Ok san*, 玉山張之琬, mentionnant les deux premiers recueils du même genre (n°s 354 et 355) et disant que celui-ci est dû à *Ryou Tja ken*, 劉左建, et *Tchoi Kyeng keum*, 崔景欽.

357. 東人詩話

Tong in si hoa.

CRITIQUE DES POÉSIES DE CORÉE.

Citée par le *Tong kyeng tjap keui.*

358. 海東樂府

Hăi tong ak pou.

COLLECTION DE POÉSIES DE CORÉE.

1 vol.

B.R.

Cf. *Si rim ak pou.*

359. 東儷選百首

Tong rye syen păik syou.

CHOIX DE CENT POÉSIES DE CORÉE.

1 vol. in-8, mss.

(시가류) (しかるい) (詩歌類)

360. 詩同人
Si tong in.
POÉSIES FAITES EN COMMUN PAR DIVERS AUTEURS.

1 vol.

361. 詩私草
Si să tcho.
COPIES CURSIVES DE POÉSIES.

1 vol.

362. 賦同人
Pou tong in.
VERS LIBRES FAITS EN COMMUN PAR DIVERS AUTEURS.

1 vol.

On donne le nom de *pou* à un genre de poésie dont les strophes ont un nombre de vers différent, les unes pouvant-être très longues et les autres très courtes ; chaque strophe est formée de vers égaux entre eux, plus ou moins longs que ceux des strophes voisines ; chaque strophe est construite sur une seule rime.

363. 賦私草
Pou să tcho.
COPIES CURSIVES DE VERS LIBRES.

1 vol.

(문 묵 부) (ぶんぼくぶ) (文 墨 部)

364. 百年草

Păik nyen tcho.

L'HERBE DE CENT ANNÉES.

Poésie par un auteur coréen.

365. 箕雅

Keui a.

POÉSIES DE CORÉE.

2 vol.
B.R. 3 vol. in-8.
L'exemplaire que j'ai vu, semble dater du XVIIe siècle.
Recueil de poésies de différents auteurs coréens.

366. 大東詩選

Tai tong si syen.

CHOIX DE POÉSIES DE CORÉE.

6 vol.
B.R.

367. 玉堂才調集

Ok tang tjăi tyo tjip.

COLLECTION DE POÉSIES REMARQUABLES DES COMPOSITEURS ROYAUX.

10 vol.

(시가류) (しかるい) (詩歌類)

368. 性靈集

Syeng ryeng tjip.

COLLECTION DE POÉSIES D'IMAGINATION.

1 vol. ?

Cf. Cat. Imp., liv. 180, 性靈稾, ***Sing ling kao*** (?)

369. 玲瓏集

Ryeng rong tjip.

COLLECTION DE POÉSIES TRÈS SOIGNÉES.

6 vol. in-12, mss.

Cette collection renferme des poésies chinoises d'auteurs chinois et d'auteurs coréens.

370. 小華集

Syo hoa tjip.

COLLECTION POÉTIQUE DE LA CORÉE.

Citée par le *Tai tong oun ok.*

Auteurs : *Pak In ryang*, 朴寅亮, surnom *Tăi htyen*, 代天, nom posthume *Moun ryel*, 文烈, originaire de *Tjyouk tjyou*, 竹州, docteur sous le régne de *Moun tjong;* envoyé en Chine.

Kim Keun, 金覲, de *Kyeng tjyou*, 慶州, père de *Kim Pou sik*, 金富軾; envoyé en Chine avec le précédent dans les années ***Hi ning***, 熙寧, (1068-1077).

Ces poésies furent imprimées en Chine.

(문묵부) (ぶんぼくぶ) (文墨部)

371. 瓜亭樂府

Koa tyeng ak pou.

CHANTS DE *Koa tyeng.*

Cités par le *Tai tong oun ok.*

Tjyeng sye, 鄭敍, de *Tong răi,* 東萊, disgracié par le Roi *Eui tjong,* se retira dans un kiosque qu'il appela *Koa tyeng,* et chanta sa tristesse en s'accompagnent sur le *keum,* 琴 (sorte de guitare).

372. 東都三百韻詩

Tong to sam păik oun si.

ODE SUR *Kyeng tjou,* 慶州, (TROIS CENTS DISTIQUES DE LA MÊME RIME).

Poésie citée par le *Tai tong oun ok.*

Auteur : *O Syei tjăi,* 吳世才, surnom *Tek tjyen,* 德全, originaire de *Ko hpyei,* 高敞, docteur sous *Myeng tjong.*

373. 龍樓集

Ryong rou tjip.

COLLECTION POÉTIQUE DE *Ryong rou.*

Citée par le *Tai tong oun ok.*

Vers composés par le Roi *Tchyoung ryel,* quand il était Prince Héritier, et par l'Académicien *Kim Kou,* 金坵, surnom *Tchă san,* 次山, originaire de *Pou nyeng,* 扶寧, docteur sous *Heui tjong,* nom posthume *Moun tjyeng,* 文貞.

374. 太古遺音

Htai ko you eum.

POÉSIES DE *Htai ko.*

6 vol.

B.R.

Ce bonze célèbre était originaire de *Hong tjyou*, 洪州, il s'appelait *Hong Po ou*, 洪普愚; né en 1301, 大德五年, il occupa une haute position à la cour de plusieurs Rois de Ko rye et mourut en 1382, 壬戌.

375. 快軒雜

Hkoai hen tjap.

MÉLANGES DU LETTRÉ *Hkoai hen.*

Poésies, citées par le *Tai tong oun ok*, de *Kim I hyen*, 金台鉉, surnom *Poul keui*, 不器, originaire de *Koang san*, 光山, docteur sous *Tchyoung ryel*, fonctionnaire, nom posthume *Moun tjyeng*, 文正.

376. 貌山選集

Mo san syen tjip.

CHOIX DES POÉSIES DE *Mo san.*

Cité par le *Tai tong oun ok.*

Auteur : *Tchoi Hăi*, 崔瀣.

377. 小樂府

Syo ak pou.

PETIT RECUEIL DE POÉSIES.

Ouvrage de *Ri Tjyei hyen*, 李齊賢.

Cité par le *Tai tong oun ok.*

378. 長巖曲

Tjyang am kok.

LA CHANSON DE *Tjyang am.*

Citée par le *Tai tong oun ok.*

Elle fut composée par le vieillard de *Tjyang am*, 長巖老人, pour réprimander *Tou Yeng tchyel*, 杜英哲, qui se désolait de son exil; elle a fait l'objet d'une poésie de *Ri Tjyei hyen*, 李齊賢.

379. 犬墳曲

Kyen poun kok.

LA CHANSON DU TOMBEAU DU CHIEN.

Citée par le *Tai tong oun ok.*

Composée par *Kim Kai in*, 金蓋仁, qui avait eu la vie sauvée par son chien.

380. 關東瓦注集

Koan tong oa tjou tjip.

UNE MAISON DU *Kang ouen to*, 江原道.

Poésies et compositions en prose, citées par le *Tai tong oun ok*, écrites par *An Tchyouk*, 安軸, surnom *Tang tji*, 當之, nom littéraire *Keun tjăi*, 謹齋, originaire de *Heung tjyou*, 興州, docteur sous *Tchyoung syen*, docteur en Chine, membre du Grand Conseil, nom posthume *Moun tjyeng*, 文貞, il fut magistrat de *Kang reung*, 江陵.

(시가류) (しかるい) (詩歌類)

381. 鐵城聯芳集

Htyel syeng ryen pang tjip.

COLLECTION DE POÉSIES DE LA VILLE DE *Htyel syeng.*

1 vol.

B.R.

Auteurs : 1º *Ri Am,* 李嵒, surnom *Ko oun,* 古雲, nom littéraire *Hăing tchon,* 杏村, originaire de *Htyel syeng ;* son premier postnom était *Koun kăi,* 君侅; docteur sous le règne de *Tchyoung syen ;* nom posthume *Moun tjyeng,* 文貞;

2º *Ri Kang,* 李岡, surnom *Să pi,* 思畀, nom littéraire *Hpyeng tjăi,* 平齋, premier postnom *Kang syo,* 綱少, nom posthume *Moun kyeng,* 文敬, fonctionnaire du royaume de Ko rye; fils du précédent;

3º *Ri Ouen,* 李原, surnom *Tchă san,* 次山, nom littéraire *Yong hen,* 容軒, né à *Ko syeng,* 固城, docteur sous *Sin Ou,* Grand Conseiller de *Syei tjong,* nom posthume *Syang hen,* 襄憲 ; fils du précédent.

382. 學吟集

Hak eum tjip.

COLLECTION DE POÉSIES D'UN DÉBUTANT.

Citée par le *Tai tong oun ok.*

Auteur : *Min Să hpyeng,* 閔思平, surnom *Htan pou,* 坦夫, nom littéraire *Keup am,* 及菴, docteur sous *Tchyoung syouk,* membre du Grand Conseil, nom posthume *Moun on,* 文温.

Cette collection fut publiée avec des préfaces de l'auteur, de *Ri Săik,* 李穡, et de *Ha Ryoun,* 河崙.

383. 遁村詩

Ton tchon si.

ODES DE *Ton tchon.*

Citées par le *Tong kyeng tjap keui.*
Auteur : *Ri Tjip*, 李集.

384. 錦南雜題

Keum nam tjap tyei.

POÉSIES DIVERSES DE *Keum nam.*

Citées par le *Tai tong oun ok.*

Composées par *Tjyeng To tjyen*, 鄭道傳, envoyé en disgrâce à *Hoi tjin*, de *Keum syeng*, 錦城會津.

385. 石磵略

Syek kan ryak.

CHOIX DE POÉSIES DE *Syek kan.*

Cité par le *Tai tong oun ok.*

Auteur : *Tjyo Oun eul*, 趙云仡, originaire de *Hpoung yang*, 豐壤, docteur sous *Kong min*; il vécut quelque temps retiré à *Ro eum*, 露陰, où il prit le surnom de *Syek kan rou ha ong*, 石磵樓霞翁; il fut gouverneur de province sous *Sin Ou* et servit aussi la dynastie actuelle.

386. 應製詩

Eung tjyei si.

ODES FAITES PAR L'EMPEREUR, PAR LES FONCTIONNAIRES CHINOIS ET PAR L'ENVOYÉ CORÉEN.

(시 가 류) (しかるい) (詩 歌 類)

Citées par le *Tai tong oun ok.*

Composées lors de la mission à Péking de *Kouen Keun,* 權近, dans les années ***Hong oou,*** 洪武 (1368-1398).

387. 慶壽詩集

Kyeng syou si tjip.

COLLECTION DE POÉSIES EN L'HONNEUR DE LA LONGÉVITÉ.

Citée par le *Tai tong oun ok.*

Collection de quarante-neuf pièces offertes sous *Syei tjong* à *Ri Tjyeng kan,* 李貞幹, surnom *Ko pou,* 固夫, originaire de *Tjyen eui,* 全義, nom posthume *Hyo tjyeng,* 孝靖, alors âgé de quatre-vingts ans, et à sa mère, qui avait cent deux ans.

388. 大東詩話

Tai tong si hoa.

CRITIQUE POÉTIQUE CORÉENNE.

Formant deux parties.

Citée par le *Tai tong oun ok.*

Auteur : *Sye Ke tjyeng,* 徐居正.

389. 大言小言

Tai en syo en.

PAROLES GRANDES ET PETITES.

Poésies de *Kim si seup,* 金時習.

Citées par le *Tai tong oun ok.*

(문묵부) (ぶんぼくぶ) (文墨部)

390. 端宗大王御製詩帖

Tan tjong tai oang e tjyei si htyep.

VERS COMPOSÉS PAR LE ROI *Tan tjong.*

1 vol. en paravent.

B.R.

391. 應製詩註

Eung tjyei si tjou.

POÉSIES FAITES EN RÉPONSE À DES POÉSIES DU ROI, AVEC COMMENTAIRES.

Auteur : *Kouen Ram,* 權擥.

392. 適菴詩稿

Tchyek am si ko.

POÉSIES DE *Tchyek am.*

Ce lettré nommé *Tjo Sin,* 曹伸, était frère illégitime du lettré *Măi kyei,* 梅磎; il était interprète à l'époque ***Tchheng hoa,*** 成化 (1465-1488) et fut envoyé en mission en Chine et au Japon.

393. 青丘風雅

Tchyeng kou hpoung a.

POÉSIES DE CORÉE.

7 vol.

Citées par le *Tai tong oun ok.*

Auteur : *Kim Tjong tjik,* 金宗直.

(시 가 류) (しかるい) (詩 歌 類)

394. 東都樂府

Tong to ak pou.

RECUEIL DE POÉSIES DE *Kyeng tjyou*, 慶州.

Cité par le *Tai tong oun ok.*

Même auteur que ci-dessus.

395. 風雅

Hpoung a.

POÉSIES.

2 vol.

Auteur : *Syeng Kyen*, 成俔.

Ouvrage cité par le *Tai tong oun ok.*

396. 草堂雅覺

Tcho tang a kak.

POÉSIES DE *Tcho tang.*

2 vol.

B.R.

Auteur : *Kang Kyeng sye*, 姜景敍.

397. 草堂聚奎

Tcho tang tchyou kyou.

POÉSIES DE *Tcho tang.*

4 vol.

B.R.

Cf. ci-dessus.

(문 묵 부) (ぶんぼくぶ) (文 墨 部)

398. 草堂詩餘

Tcho tang si ye.

DERNIÈRES ODES DE *Tcho tang.*

22 vol.

B.R.

Cf. ci-dessus.

399. 大東詩林

Tai tong si rim.

COLLECTION DE POÉSIES DE CORÉE.

Plus de 70 vol.

Ouvrage cité par le *Tai tong oun ok.*

Auteur : *Ryou Heui ryeng*, 柳希齡, surnom *Tjă han*, 子罕, nom littéraire *Mong oa*, 夢窩, originaire de *Tjin tjyou*, 晉州, docteur sous *Tjyoung tjong.*

400. 詩林樂府

Si rim ak pou.

COLLECTION DE POÉSIES FAITES POUR ÊTRE CHANTÉES.

Citée par *Tai tong oun ok.*

Même auteur que ci-dessus.

Le nom de *ak pou* s'applique en réalité à des collections de poésies de tous genres, et spécialement de poésies morales.

401. 大東聯珠詩格

Tai tong ryen tjyou si kyek.

POÉSIES DE CORÉE.

(시가류) (しかるい) (詩歌類)

Citées par le *Tai tong oun ok.*
Même auteur que ci-dessus.
Sur ce genre de poésies, voir *Ryen tjyou si kyek.*

402. 淸江詩話
Tchyeng kang si hoa.
CRITIQUE POÉTIQUE DE *Tchyeng kang.*
Citée par le *Htong moun koan tji.*
Auteur : *Ri Tjyei sin,* 李濟臣.

403. 風詠亭詩
Hpoung yeng tyeng si.
VERS DU *Hpoung yeng tyeng.*
Auteur : *Kim Kyei tjin,* 金季珍.
Postface par *Htoi kyei,* 退溪.

404. 遊題金季珍詩
You tyei kim kyei tjin si.
VERS FAITS EN SE PROMENANT, POUR METTRE EN TÊTE DES POÉSIES DE *Kim Kyei tjin.*
Auteur : *Tjyou Kyeng,* 周景.
Postface par *Htoi kyei,* 退溪.

405. 泗水李氏壽瑞詩編
Să syou ri si syou syou si hpyen.
POÉSIES DE *Ri Syou syou,* DE *Să syou.*
Postface par *Htoi kyei,* 退溪.

(문 묵 부) (ぶんぼくぶ) (文 墨 部)

406. 漁灌圖詩

E koan to si.

POÉSIES ET DESSINS DE *E koan.*

Postface par *Htoi kyei*, 退溪.

407. 正氣歌

Tjyeng keui ka.

CHANT DE L'ESPRIT DE DROITURE.

Cité par le *Htong moun koan tji*, antérieur à la fin du XVIIe siècle.

Le titre est emprunté à ***Oen Thien siang***, 文天祥, Ministre qui vivait sous la dynastie des ***Song***, 宋; surnoms ***Li chan***, 履善, et ***Song choei***, 宋瑞; il résista courageusement à l'invasion mongole (1236–1282; cf. Mayers, I, 854).

408. 安南使臣唱和集

An nam sã sin tchyang hoa tjip.

COLLECTION DE POÉSIES FAITES SUR LES MÊMES RIMES (PAR *Tji pong*, 芝峯) ET PAR L'ENVOYÉ ANNAMITE (À PÉKING).

1 vol.

B.R.

Auteur : *Ri Syou koang*, 李晬光; postface par *Tjyeng Sã sin*, 鄭士信.

409. 象村和陶詩

Syang tchon hoa to si.

ODES FAITES PAR LE LETTRÉ *Syang tchon* SUR DES RIMES DE ***Thao Yuen ming,*** 陶淵明.

1 vol.

B.R.

Auteur : *Sin Keum*, 申欽.

410. 韓客巾衍集

Han kăik keun yen tjip.

COLLECTION DE POÉSIES CONSERVÉES PAR UN CORÉEN.

1 vol. petit in-8, 31 feuillets, mss.

Auteur : *Ri Tek mou*, 李德懋, surnom *Mou koan*, 懋官, originaire de *Oan san*, 完山.

Préface de 1777, 乾隆四十二年丁酉, par ***Phan Thing yun,*** de ***Hang tcheou,*** 杭州潘庭筠, Secrétaire de la Grande Chancellerie à Péking.

411. 御製慈宮周甲進饌樂章

E tjyei tjă koung tjyou kap tjin tchan ak tjyang.

HYMNE COMPOSÉ PAR LE ROI POUR LE BANQUET DONNÉ À L'OCCASION DU 60e ANNIVERSAIRE DE LA PRINCESSE, SA MÈRE.

Cf. *Kouk tjyo ak tjyang* et nos 1297, 1298.

412. 華城府進饌先唱樂唱

Hoa syeng pou tjin tchan syen tchyang ak tchyang.

CHANTS AVEC ET SANS ACCOMPAGNEMENT AU BANQUET DE *Syou ouen*, 水原.

Cf. *Hoa syeng syeng yek eui kouei*, *Kouk tjyo ak tjyang* et n° 1301.

413. 永安國舅奉和睿製周甲日賜時韻帖

Yeng an kouk kou pong hoa yei tjyei tjyou kap il să si oun htyep.

VERS COMPOSÉS PAR LE PRINCE HÉRITIER, SUR DES RIMES DONNÉES, À L'OCCATION DU 60e ANNIVERSAIRE DE LA NAISSANCE DU PRINCE DE *Yeng an*, BEAU-PÈRE DU ROI.

1 vol. en paravent.

B.R.

Le Prince de *Yeng an* était beau-père de *Syoun tjo.*

414. 斐然錄

Pi yen rok.

VERS ÉLÉGANTS.

1 vol. in-8, formant 3 livres.

Préface de 1857, 咸豐七年, par *Tchoi Ri hoan*, 崔理煥.

Les vers sont de *Tjyang Tji ouen*, de *Ok san*, 玉山張之琬.

415. 覃揅齋詩藁

Tam yen tjăi si ko.

POÉSIES DE *Tam yen tjăi.*

2 vol. in-8.

Préface de 1867, 丁卯, par *Nam Pyeng kil*, 南秉吉.

Auteur: *Kim Tjyeng heui*, de *Ouel syeng*, 月城金正喜.

(시 가 류) (しかるい) (詩 歌 類)

416. 藕船詩

Ou syen si.

POÉSIES DE *Ou syen.*

1 vol. in-12, 31 feuillets, mss.

Date : 1879, 己卯 ; l'auteur, m'a-t-on affirmé, est un Interprète actuellement vivant.

417. 成忠文李忠簡遺詩

Syeng tchyoung moun ri tchyoung kan you si.

ODES DE *Syeng,* NOM POSTHUME *Tchyoung moun,* ET DE *Ri,* NOM POSTHUME *Tchyoung kan.*

1 vol.

B.R.

418. 南嶽唱酬

Nam ak tchyang syou.

POÉSIES DE *Nam ak,* SUR DES RIMES NOUVELLES ET SUR D'ANCIENNES RIMES.

Citées par le *Tong kyeng tjap keui.*

419. 菱洋詩集

Reung yang si tjip.

COLLECTION DES ODES DU LETTRÉ *Reung yang.*

Mss.

Préface de *Yen am,* 燕巖.

(문묵부) (ぶんぼくぶ) (文墨部)

420. 楓嶽堂集

Hpoung ak tang tjip.

COLLECTION DES ŒUVRES DE *Hpoung ak tang.*

Mss.

Poésies du bonze *Po in*, 普印.

421. 蜋丸集

Rang hoan tjip.

COLLECTION DES ŒUVRES DE *Rang hoan.*

Mss.

Auteur : *Tjă hpai*, 子珮.

Préface de *Yen am*, 燕巖.

422. 冬履集

Tong ri tjip.

COLLECTION DES ŒUVRES DU LETTRÉ *Tong ri.*

1 vol. in-8, 59 feuillets, mss.

Poésies, avec préface de l'auteur.

423. 神遊草

Sin you tcho.

BROUILLONS (DE POÉSIES ET COMPOSITIONS FAITES LORS DES) APPARITIONS DES ESPRITS DES ANCÊTRES.

1 vol. in-12, 25 feuillets, mss.

Auteur : *Syek ong*, 石翁.

Outre les pièces indiquées dans cette 2e partie, en trouvera quelques autres poésies coréennes, soit pièces officielles ou dédicaces, soit traités en vers, placées dans les chapitres auxquels elles se rapportent par le sujet.

(시가류) (しかるい) (詩歌類)

3e Partie

POÉSIES COREENNES.

424 歌曲源流

Ka kok ouen ryou.

La source et le ruisseau des chansons.

1 vol. in-4, 115 feuillets, mss.

L.O.V.

Préface par *Neung Kăi tjăi*, 能改齊, faisant brièvement l'historique de la chanson en Chine : les anciennes chansons chinoises ne sont autres que les poésies du ***Chi king ;*** lors de la décadence des ***Tcheou,*** 周 (IIIe siècle avant notre ère), les chansons des pays de ***Tcheng,*** 鄭 (***Ho nan,*** 河南), et de ***Oei,*** 衛 (sud du ***Tchi li,*** 直隷), obtinrent une grande vogue et se perpétuèrent sous les ***Han,*** 漢 (206 av. l'ère chrétienne à 220 après) : ce sont elles que l'on trouve dans les recueils littéraires, dans l'histoire des ***Tsin,*** 晉, et dans les recueils, de musique ancienne, ***Kou yo fou,*** 古樂府. Aux IVe et Ve siècles, l'influence tartare fit abandonner peu à peu l'ancienne musique chinoise ; sous l'Empereur ***Oou ti*** des ***Tcheou,*** 周武帝 (560–577), on commença à faire des vers chinois destinés à être accompagnés par le ***phi pha,*** 琵琶 (guitare à quatre cordes d'origine septentrionale) : c'est cette musique qui s'est peu à

(문묵부) (ぶんぼくぶ) (文墨部)

peu répandue, et a presque fait oublier l'ancienne musique chinoise.

Indications sur la direction de la voix, la prononciation des mots, l'attitude du corps pour celui qui chante.

Liste des chansons contenues dans l'ouvrage.

Règles à suivre pour frapper le tambour d'accompagnement.

Ces chansons sont écrites en caractères coréens, les expressions sino-coréennes étant notées en caractères chinois : c'est, à ma connaissance, le seul ouvrage où l'on ait employé ce mélange des deux écritures. Ces chansons sont, pour la plupart, dues à de hauts fonctionnaires coréens, quelques-unes remontent à la dynastie de Ko rye, d'autres sont du siècle dernier.

Toutes ces chansons sont du genre appelé *si tyo*, 詩調, elles sont assez brèves, formées parfois de trois ou quatre vers ; les plus longues sont divisées, par le sens et par la musique, en strophes de trois vers. Le vers coréen n'a ni rime ni quantité, le nombre des syllabes varie approximativement ; entre douze et vingt, chaque phrase ou membre de phrase forme un vers : la recherche des expressions poétiques, la brièveté de la phrase, qui n'a qu'une vingtaine de syllabes, au lieu de plusieurs pages, et une certaine cadence sont les seules différences entre la prose et la poésie. Les chansons de ce genre s'accompagnent avec la flûte, les instruments à cordes et le tambour.

Les chansons dites *ka să*, 歌詞, sont beaucoup plus longues et ne sont pas divisées en strophes, l'accompagnement est analogne à celui des précédentes. Il y a encore les *tjap ka*, 雜歌, sortes de complaintes chantées, parfois mimées par un ou même deux personnages : la mesure est marquée par le tambour. Les chansons des deux derniers genres ne sont chantées que par des bateleurs.

425. 남 훈 태 평 가
南 薰 太 平 歌

Nam houn htai hpyeng ka.

LES CHANSONS DE LA PAIX À *Nam houn.*[1]

1 vol. in-4, 28 feuillets.

L.O.V.—Coll. v. d. Gabelentz.

Gravé à *Syek tong*, 石 洞 (quartier de Seoul) en 1863 (?) 癸亥.

Les caractères coréens sont employés dans ce volume pour les expressions sino-coréennes, ce qui rend l'intelligence du texte difficile, même pour les Coréens.

Un certain nombre de ces chansons sont tirées du recueil précédent ; d'autres sont du genre *ka să*, 歌詞. Je citerai la suivante :

春 眠 曲

Tchyoun myen kok (feuillet 24).

Le sommeil au printemps.

“Je me suis éveillé très tard en un jour de prin-
“temps et j'ai ouvert ma fenêtre de bambou : au dehors,

1. *Nan hiun*, en sino-coréen *Nam houn*, est le nom d'un palais de l'Empereur *Choen*, 舜 (2255–2205) ; l'auteur anonyme compare la paix qui règne en Corée, à la tranquillité du palais impérial.

" les fleurs épanouies retiennent les papillons, qui ne " les quittent qu'à regret ; les saules de la montagne, " rangés le long du ruisseau, se penchent au-dessus de " ses méandres. J'ai bu deux ou trois tasses de vin " non fermenté, et ma rêverie m'emporte aux jardins " des saules en fleurs : je vais sur un cheval blanc " harnaché d'or, les fleurs parfumées tombent sur mes " vêtements, et la lumière de la lune baigne la cam- " pagne ; parfois je me repose, et parfois je me pro- " mène : mes pas sont ceux d'un homme ivre.

" Dans une maison aux tuiles bleues et aux colon- " nes rouges, je vois une jeune femme au corsage rouge, " avec une jupe bleue : je pousse à demi la fenêtre et " la charmante enfant lève vers moi son visage en " riant, j'entre auprès d'elle et, assis sur un tapis de " soie, je chante :

" Je sens un vif amour pour toi : si tu meurs, tu " deviendras une fleur et je serai un papillon ; même " après le printemps, nous ne nous séparerons pas. " Mais ce souhait se réalisera-t-il ? L'amour n'est " pas épuisé que déjà il faut se quitter : l'oiseau se " baigne dans le fleuve et n'y laisse pas de trace, le " papillon est emporté par la tempête."

" Je veux partir, et je reviens près d'elle : déjà le " soleil est au-dessous de l'horizon, mon cheval hennit " d'impatience ; faut-il donc la laisser ?

" Hélas ! la femme est une ennemie : mon cœur est " pris par elle, je ne saurais plus vivre ; mon âme est " abattue et le courage me manque. En vain, je ferme " solidement ma fenêtre et je cherche le sommeil : tou- " jours, son visage, délicat comme une fleur, brillant

“ comme la lune, se forme devant mes yeux ; je crois “ voir le mur de sa maison et sa fenêtre de soie. “ Maintenant l’aube paraît : la rosée, sur la feuille de “ nénuphar, est pareille à la larme tombée de ses “ yeux, quand nous nous sommes quittés.

“ Pendant trois veilles, le sommeil me fuit ; à la “ quatrième veille, je m’endors et je revois en rêve “ celle à qui je pense : je veux lui dire la peine qui “ m’accable ; mais, avant d’avoir parlé, je me suis “ réveillé ; je croyais voir encore près de moi son “ visage rose et ses tempes de jade : mais mon œil ne “ découvre que les nuages et les montagnes qui me “ barrent l’horizon. La lune qui brille, éclaire nos “ deux cœurs : mais la mer qui nous sépare, refuse de “ porter les bateaux.

“ Je ne puis la voir et le temps fuit comme le cours “ d’un ruisseau ; hier, les fleurs de la deuxième lune “ étaient encore rouges, les voilà tombées sur le sol, “ et l’automne est proche. Voici des oies sauvages “ qui passent en criant, peut-être m’apportent-elles “ des nou velles de la bien-aimée ; mais je n’entends “ plus que la pluie qui tombe des nuages.

“ Séparation douloureuse dont le terme est ignoré ! “ Combien je voudrais être la lune qui, du haut de “ la montagne, éclaire sa maison ! ou le bois de sa “ guitare, pour reposer sur son sein ! Quand la mer “ deviendrait la terre, quand mon cœur serait desséché “ et n’aurait plus de larmes, aurais-je jamais assez dit “ la désolation de ma vie ?

“ Allons, j’ai repris courage : désormais, je ne veux “ chercher que la renommée et les fonctions ”.

(문 묵 부) (ぶんぼくぶ) (文 墨 部)

Comme exemple du genre *si tyo*, 詩調, je citerai les strophes suivantes tirées du recueil *Ka kok ouen ryou*, feuillet 36 :

“ Quel est le chanteur, sinon le coucou ? Quelle est “ la verdure, sinon le bosquet de saules ? Au village “ des pêcheurs, quelques maisons se cachent dans la “ fumée du soir. Une cigogne blanche, qui a perdu “ sa compagne, est errante sous les derniers rayons.

“ Le ciel s’obscurcit sur la plaine immense des “ vagues : je vais au pont des saules échanger pour du “ vin les poissons que je tiens enfilés à une corde. Un “ étranger vient me parler des destins de l’humanité ; “ mais je lui montre en riant la lune qui vogue au-“ dessus des roseaux empanachés : je m’enivre au bord “ de l’eau et je ne songe pas au temps qui s’écoule.

“ Les hommes d’autrefois ne reviennent plus à ***Lo*** “ ***yang***, 洛陽,[1] et ce sont d’autres hommes qui res-“ pirent la brise parfumée ; chaque année les fleurs “ sont semblables, chaque année les hommes sont “ différents : si les fleurs sont toujours semblables, “ pleurons sur la fragilité des hommes !

“ Au temps où le vent printanier est tiède, je veux “ me transformer en papillon tigre (papilio machao), “ je veux rechercher les parfums de toutes les fleurs : “ il n’est au monde rien de comparable à ces délices”.

L’auteur de cette petite pièce est *Pak Hyo koan*, surnom *Kyeng hoa*, nom littéraire *Oun să*, 朴孝寬字景華號雲史.

1. Ancienne capitale de la Chine.

(시가류) (しかるい) (詩歌類)

On peut voir par ces deux exemples combien la poésie coréenne s'inspire de la poésie chinoise.

426. 奇詞總錄

Keui să tchong rok.

RECUEIL DE POÉSIES MERVEILLEUSES.

1 vol. in-4, 42 feuillets, mss.

L.O.V.

Poésies coréennes en vers de huit syllabes non rimés ; elles ne sont pas destinées à être chantées. L'auteur est un habitant de *Yong ho*, 蓉湖, qui les a écrites en l'année 1883 (?) 癸未.

427. 원달고가

Ouen tal ko ka.

CHANSON DES OUVRIERS QUI TASSENT LA TERRE (POUR LES FONDATIONS D'UNE MAISON).

1 vol. petit in-8, 14 feuillets, mss.

L.O.V.

Cette chanson populaire est naturellement en coréen et contient cependant beaucoup d'allusions aux choses chinoises ; elle est formée de strophes irrégulières, comprenant chacune une phrase plus ou moins longue et séparées par huit ou dix syllabes dépourvues de sens, qui sont une sorte d'harmonie imitative : elle a été écrite sous la dictée d'ouvriers qui ont travaillé, en 1890, au Commissariat de France, à Seoul.

(문묵부) (ぶんぼくぶ) (文墨部)

" Camarades, le temps est beau aujourd'hui ; nous
" tasserons bien la terre.

" Heï, heï y ri ; heï, heï ya.

" Nous allons en montant et en descendant, aux
" endroits trop bas, nous frapperons doucement ; nous
" aplanirons les endroits trop hauts en frappant très
" fort.

" Heï, heï y ri ; heï, heï ya.

" Nous ne gagnons que deux ligatures et demie[1]
" par jour : pourrons-nous avec cette somme nourrir
" notre famille ? o o, heï, heï ya.

" Lorsque nos parents nous ont élevés, heï, heï y
" ri, ils nous ont fait apprendre les caractères chinois,
" avec l'espoir que nous deviendrions plus tard des
" fonctionnaires ; même, ils nous les ont enseignés tous
" les jours ; mais nous n'avions pas d'aptitudes et nous
" n'avons pas profité de ces leçons ; heï, heï y ri ; de
" sorte que nous sommes devenus des ouvriers et que
" nous vendons nos chansons pour cinquante grosses
" sapèques, heï, heï y ri, heï ya ;

" Si aujourd'hui nous tassons bien la terre, demain
" nous la tasserons encore mieux (parce que nous
" serons plus habitués à ce travail), heï, heï y ri ;

" Si demain nous travaillons mieux, peut-être le
" maître nous donnera-t-il une récompense. Mais
" qu'il nous la donne ou non, il faut soulever haut
" les bâtons et frapper très fort, o o, y ri, heï ya.

" Le jour est long et il fait très chaud ; le temps

1. Deux ligatures et demie se composent de cinquante sapèques.

" du repos est encore éloigné, nous ne nous sentons " plus aucune force, nous avons faim. Comment " pourrons-nous terminer notre journée ?

" Frappons vite et soulevons rapidement nos bâtons " pour tasser le sol, o o, y ri ; heï, heï ya ; ha ha, " heï yo, heï heï.

" Après avoir reçu ce soir cinquante grosses sapè- " ques, nous achèterons du riz, du bois, de l'huile et du " tabac ; après quoi, il ne nous restera pas même une " sapèque pour acheter les accessoires qu'on mange " avec le riz. Comment ferons-nous? quoi qu'il en " soit, il faut soulever les bâtons et frapper fort.

" Quand les feuilles de bambous sont agitées par le " vent, on croirait entendre la rumeur de cent mille " hommes.

" Les fleurs de nénuphar, mouillées par la pluie, " sont aussi jolies que les trois mille servantes royales " lorsqu'elles se baignent.

" Dans la montagne de *Kou-ouel*, l'herbe reverdit " au printemps.(1)

" Du pavillon de *O kyeng*, la lumière du soleil " paraît rouge, le soir.(2)

" La pierre qui est là-bas, c'est l'endroit où *Kang* " *Htai kong*(3) pêchait le poisson. Pendant les quatre- " vingts premières années de sa vie, il vivait dans la " pauvreté : chaque jour, il portait son chapeau de jonc " penché sur la tête et il plaçait dans l'eau sa ligne qui " n'avait ni fil ni hameçon ; il attendait ainsi la venue

1. 九月山, province de *Hoang hăi*, 黃海.
2. 五更樓, pavillon célèbre situé en Chine.
3. 姜太公.

(문묵부) (ぶんぼくぶ) (文墨部)

" de l'Empereur *Moun oang*[1] Quant à nous, il nous " faut travailler encore et attendre (comme *Kang* " attendait *Moun oang*).

" L'an dernier, le temps a été favorable, la récolte " abondante ; la pluie est tombée à propos et le vent " a été propice. Cette année sera également bonne : " si la moisson est belle, nous pourrons nous rassassier " et nos ventres se rempliront, notre dos aura chaud " (nous aurons de bons vêtements), et nous serons très " heureux.

" Réunissons tous nos efforts, tassons et soulevons " nos bâtons, tassons fort et vite.

" Lorsqu'on a bâti la terrasse de *Kim hpo tăi*[2] dans " le district de *Kang neung*[3], le pavillon de *Sam* " *il hpo*[4] dans le district de *Ko syeng*[5], la bonzerie " de *Nak sang*[6] dans district de *Yeng yang*[7], le kios- " que de *Yen koang*[8] dans la ville de *Hpyeng yang*[9], " il aurait été curieux d'aller là-bas, pour voir si les " ouvriers de ces époques-là tassaient le sol de la " même façon que nous. Soulevons les bâtons, tassons " fortement les endroits hauts.

" Puisque manger des légumes, boire de l'eau fraîche

1. *Oen oang* des *Tcheou*, 周文王.
2. Pour *Kyeng hpo tăi*, 景浦臺 (?) au *Kang ouen*, 江原.
3. 江陵 ; vulgaire pour *Kang reung*.
4. 三日浦 au *Kang ouen*.
5. 高城.
6. Vulgaire pour *Rak san*, 洛山寺.
7. 英陽.
8. Vulgaire pour *Ryen koang*, 練光亭.
9. 平壤.

" et se coucher les bras sous la tête, sont les privilèges " des grands personnages (c'est-à-dire des gens heu- " reux, qui ne travaillent pas et peuvent manger, boire " et dormir à leur goût), alors mangeons des légumes, " buvons de l'eau et tassons le sol (ce qui nous pro- " curera de l'argent et nous permettra de devenir aussi " de grands personnages). Soulevons nos bâtons et " frappons fortement.

" Si nous évitons de niveler les endroits hauts, nous " serons comme le vieux tigre de la montagne aux " dix mille sommets. Il avait pris un chien très gros " et l'avait emporté dans son repaire ; mais comme il " n'avait plus de dents, il ne put le manger et dut " se contenter de le lécher (couvrir son corps de sa " salive). Frappons fortement.

" Où vont donc toutes les sapèques ? Certes, elles ne " viennent pas chez nous ; peut-être ont-elles oublié " le chemin de nos maisons.

" Ce soir, cinquante grosses sapèques tomberont dans " notre escarcelle, avec la rapidité de la foudre. Soule- " vons nos bâtons, frappons et aplanissons les endroits " hauts.

" Là-bas, où se trouve un pavillon au milieu des " saules, les archers et les danseuses s'amusent et font " de la musique.

" Pendant ce temps-là, il nous faut mettre nos " mouchoirs sur nos têtes[1], soulever de lourds bâtons, " secouer nos reins et tasser les endroits hauts. Tas- " sons, tassons !

1. Pour nous protéger du soleil.

(문묵부) (ぶんぼくぶ) (文墨部)

“ On dit que *I Htai păik*[1], qui aimait beaucoup “ boire, monta, quand il fut devenu vieux, sur le dos “ d’une baleine et partit pour le ciel.

“ *Han Sin*[2], qui fut l’homme le plus célèbre du “ monde entier, était très pauvre dans sa jeunesse et “ demandait l’aumône aux passants.

“ Comment de petites gens comme nous pourraient- “ elles chanter leurs louanges? y o tcha, y o tcha. “ Tassons fortement, ol ha; heï, heï y ri; heï, heï “ ya; ha ha, heï yo; heï eï, heï; heï, heï you; heï, “ heï o ya.

“ Bien, bien, nous travaillons tous les jours, c’est “ pourquoi nous ne nous sommes pas aperçus que le “ temps passe: n’est-ce pas aujourd’hui le 8 de la 4e “ lune (fête de Bouddha)? Comme nous ne pouvons “ pas gravir la montagne aux dix mille pics, aller à “ l’ombre des arbres qui reverdissent pour nous “ amuser à la balançoire, et que nous n’avons pas “ même encore bu une tasse de mauvais vin, ne “ sommes-nous pas vraiment malheureux?

“ Ce soir, quand nous aurons reçu deux ligatures et “ demie, irons-nous ou non chez le marchand de vin?

“ Ce serait là une vraie prodigalité: il ne faut donc “ pas y songer et nous garderons notre argent pour “ notre ménage.

“ Heï, heï you; heï, heï ya, ya; heï, heï you.

“ Papillons! papillons! allons dans la montagne

1. Vulgaire pour *Ri Htai păik*, 李太白, ou *Li Pe̜*, 李白.

2. 韓信, général et homme d’État, mort en 196 avant l’ère chrétienne (Mayers, I, 156).

“ bleue! Papillons tigrés (machaons)! venez avec nous!
“ Si la nuit nous surprend en route, nous nous reposerons dans les bosquets fleuris.

“ Allons! si les fleurs sont tombées, nous nous coucherons à l'ombre des arbres.

“ Nous sommes passés avec nos chevaux sur un tapis de fleurs; chaque pas de nos montures, foulant les fleurs, en dégageait les parfums.

“ Heï you, heï you, eï, heï ya ya ; ha ha, heï yo.

“ Camarades, o y tcha, ha tcha, ha, heï you, heï ya, o ho, tcho yo tcha, tcho yo tcha, soulevons, soulevons nos bâtons”.

(La chanson se termine par une longue série d'exclamations du même genre, répétées en chœur par tous les ouvriers).

428. CHANSON POUR DÉCORTIQUER LE RIZ.

(Cette chanson a été recueillie à Seoul comme la précédente).

Le ciel bleu découpe, comme des boutons de nénuphar d'or, le pic, haut de dix milles coudées, qui domine tout le pays.[1]

Si vous partez maintenant, quand reviendrez-vous? Reviendrez-vous quand la montagne de *Keum kang*[2], sera devenue une plaine?

Reviendrez-vous, quand la mer de l'est[3] se sera desséchée et sera plantée de mûriers?

1. Mont de *Sam kak*, 三角山, au nord de la capitale.
2. 金剛山, au *Kang ouen*, 江原.
3. La mer du Japon.

Reviendrez-vous quand les poules jaunes, sur le paravent, battront des ailes, allongeront le cou et chanteront[1] ?

Quand je mourrai, on ensevelira mon corps, on l'entourera de cordes de chanvre du nord[2], on préparera des brancards en bois de sapin pour porter le cercueil orné de draperies et on y placera une banderolle rouge (sur laquelle seront écrits en blanc le nom et les qualités du défunt) : derrière la bière, marchera ma famille en habits de deuil.

Eh ! porteurs de catafalque, marchez avec ensemble ! eh ! porteurs de lanternes, allumez les chandelles ! *Ouo heng, ouo heng*[3], allons au pied de la montagne célèbre qui est là-bas !

Les feuilles des arbres s'agitent, sans doute le vent va souffler.

Sur le pic de *Man hai*, le brouillard est épais ; certainement le ciel va se couvrir.

Les nuages commencent à se former sur la montagne de *Man sou*, probablement il va pleuvoir.

Quand vous serez sortis par la Porte de l'Est et aurez passé par *Moun e mi*[4], arrêtez-vous à *Ta ra koan*[5] et retournez-vous : vous apercevrez la montagne de *Sam kak*, dont les ramifications dévalent en échelons. La branche de droite (tigre blanc) forme

1. Allusion à une chanson, où une femme s'adresse à son mari qui l'abandonne.

2. Chanvre de mauvaise qualité.

3. Cri des porteurs de cercueil.

4. 文魚未, à 20 *ri* de la porte.

5. 樓院, à 30 *ri* de la porte.

(시가류) (しかるい) (詩歌類)

le mont *Malli tji*[1] ; la branche de gauche (dragon bleu) s'appelle *Oang simmi*[2] : de là on domine toute la capitale.

Eï eï ya, eï eï heï, eï ya ya, eï ya, heï you.

429. 隱士歌

Eun să ka.

CHANSON DU LETTRÉ ERMITE *Hoang*, 黃.

430. 楚漢雜歌

Tcho han tjap ka.

CHANSONS DIVERSES DE *Tcho* (PAYS DE *Tchhou*) ET DE *Han* (PAYS DE *Han*).

Chantées dans le *Kang ouen*, 江原.

431. 眞諺唱辭

Tjin en tchyang să.

CHANSONS EN CHINOIS ET EN CORÉEN.

1 vol.
B.R.

432. 眞諺唱詞

Tjin en tchyang să.

CHANSONS EN CHINOIS ET EN CORÉEN.

1. Vulgaire pour *Man ri tji*, 萬里峴.
2. Vulgaire pour *Oang sip ri*, 往十里.

1 vol.

B.R.

Sans doute le même que le précédent.

433. 諺文漢樂雜歌

En moun han ak tjap ka.

CHANSONS EN CORÉEN ET EN SINO-CORÉEN.

1 vol. in-4, mss.

L.O.V.

Ce volume renferme :

1º 츙효가, *Tchyoung hyo ka,* 忠孝歌, poésie chrétienne en coréen, sur la piété filiale et la loyauté (9 feuillets) ;

2º deux feuillets de musique notée (cf. liv. VII, chap. 7) ;

3º des poésies coréennes employées en sorcellerie (3 feuillets).

*433*bis. 션지일亽

Syen tji il să.

CHANSON DE *Syen tji il* (?)

*433*ter. 노인가

No in ka.

CHANSON DE *No in.*

Peut-être : Chanson du vieillard, 老人, *ro in,* (vulgaire *no in*).

(시가류) (しかるい) (詩歌類)

434. 노 쳐 가

No tchye ka.

CHANSON DE *No tchye.*

C'est la chanson mentionnée dans le *Sam syel keui*, 2e volume, 3e récit.[1]

1. Il faut encore citer la poésie coréenne intitulée *Han yang ka*, (liv. VI, chap. IV, 2e partie).

Tête de dragon, 龍頭.[1]

1. Tiré du *Hoa syeng syeng yek eui kouei.*

CHAPITRE II

PROSE.

문집류　　ぶんしふるい　　文集類

1ère PARTIE

PROSE CHINOISE.

435. 增補六臣註文選

Tjeung po ryouk sin tjou moun syen (***Tseng pou lou tchhen tchou oen siuen***).

CHOIX DE MORCEAUX LITTÉRAIRES, AVEC COMMENTAIRES DE SIX FONCTIONNAIRES, ÉDITION AUGMENTÉE.

4 vol. in-4 (reliure européenne), formant 60 livres.
Brit. M. 15320, E 39.

Cette célèbre collection, la première de ce genre qui ait été faite, est due au Prince Impérial ***Tchao ming,*** de la dynastie des ***Liang,*** 梁昭明太子; il était fils de l'Empereur ***Oou ti,*** 武帝 (502–549) et avait pour nom et postnom ***Siao Thong,*** 蕭統. Cette collection a été commentée, à l'époque des ***Thang,*** 唐, par ***Li Chạn,*** 李善, ***Liu Yen tsi,*** 呂

(문집류)　　(ぶんしふるい)　　(文集類)

延濟, ***Lieou Liang,*** 劉良, ***Tchang Sien,*** 張銑, ***Li Tcheou han,*** 李周翰, et ***Liu Hiang,*** 呂向; elle a été alors présentée à l'Empereur en 658, 顯慶三年, avec une dédicace de ***Li Chan.*** Une nouvelle édition a été donnée en 718, 開元六年.

L'édition dont les présents volumes sont une reproduction, a été faite en 1158, 紹興二十八年, sous l'inspiration d'un fonctionnaire nommé ***Tchao,*** 趙, par ***Tchhen Jen tseu,*** de ***Tchha ling,*** 茶陵陳仁子.

Cette collection comprend des morceaux en prose et en vers dus à divers auteurs depuis ***Khiu Yuen,*** 屈原:

Vers libres, 賦, *pou*	liv. 1–19
Odes, 詩, *si*	liv. 19–31
Élégies, 騷, *so*	liv. 32 et 33
Impromptus, 七, *tchil*[1]	liv. 34–35
Édits, 詔, *tjyo*	liv. 35
Décrets, ordres, 令, 敎, *ryeng, kyo*	liv. 36
Adresses, 表, *hpyo*	liv. 37–38
Lettres, 書, *sye*	liv. 39–43
Dépêches, 檄, *hyek*	liv. 44
Dialogues, 對文, *tăi moun* Préfaces, 序, *sye* Éloges, 頌, *syong*, etc.	liv. 45-60

1. L'emploi de ce caractère est une allusion à l'aventure de ***Tshao Tchi,*** 曹植, surnom ***Tseu Kien,*** 子建, Prince de ***Tchhen,*** 陳王, nom posthume ***Seu oen,*** 思文 (192–232), frère cadet de ***Oen ti*** des ***Oei,*** 魏文帝 (220–226) : il composa une pièce de vers, pendant le temps qu'il faisait sept pas.

(문묵부) (ぶんぼくぶ) (文墨部)

Ces volumes sont d'apparence coréenne: toutefois, une note placée à la fin de l'ouvrage et portant pour l'impression la date japonaise de 1607, 慶長丁未, permet de voir qu'ils sont un fac-similé d'une édition coréenne.

Cf. Wylie, p. 192; Cat. Imp., liv. 186.

436. 詳說古文眞寶大全前集

Syang syel ko moun tjin po tai tjyen tjyen tjip (***Siang choe kou oen tchen pao ta tsiuen tshien tsi***).

LE TRÉSOR DU STYLE ANTIQUE, ÉDITION COMPLÈTE AVEC COMMENTAIRES, 1ère COLLECTION.

1 vol. in-4 (reliure européenne), formant 12 livres.

Brit. M. 15315, Æ 4.

7 vol. B.R.

J'ai vu un exemplaire en 8 vol. formant 12 livres.

Impression en caractères mobiles de l'époque de *Tjyeng tjong*.

Biographies des auteurs depuis ***Khiu Yuen***, 屈原, jusqu'à ***Tchou Hi***, 朱熹.

Table des 12 livres: ils renferment des pièces en prose, 文, *moun*, des odes antiques en vers de cinq et de sept caractères, 五言古風, *o en ko hpoung*, 七言古風, *tchil en ko hpoung;* des vers de différents mètres, 長短句, *tjyang tan kou;* des chants, 辭, *să*, chansons, 歌, *ka*, 曲, *kok*, 引, *in*, complaintes, 吟, *eum*, etc.

Cette collection est due à ***Song Pe tcheng***, 宋伯貞; elle a été revue par ***Lieou Yen***, 劉剡.

(문집류) (ぶんしふるい) (文集類)

437. 詳說古文眞寶大全後集

Syang syel ko moun tjin po tai tjyen hou tjip (***Siang choe kou oen tchen pao ta tsiuen heou tsi***).

LE TRÉSOR DU STYLE ANTIQUE, ÉDITION COMPLÈTE AVEC COMMENTAIRES, 2e COLLECTION.

1 vol. in-4 (reliure européenne), formant 12 livres.

Brit. M. même cote que le précédent ouvrage.

Cette collection, qui fait suite à la précédente, n'est pas datée : elle contient des préfaces, 序, *sye ;* notices, 記, *keui ;* lettres, 書, *sye ;* épigrammes, 銘, *myeng ;* pièces de vers libres, 賦, *pou*.

438. 古文統選

Ko moun htong syen.

CHOIX GÉNÉRAL DE STYLE ANTIQUE.

5 vol. in-4, mss., formant 12 livres, incomplet.

Recueil dû à *Koan am*, 冠巖.

439. 酉陽雜俎

You yang tjap tjo (***Yeou yang tsa tsou***).

MÉLANGES DE ***Yeou yang***.

Cités par le *Tong kyeng tjap keui*, comme gravés à *Kyeng tjyou*, 慶州.

L'auteur ***Thoan Tchheng chi***, 段成式, de l'époque des ***Thang***, 唐, compila cet ouvrage en 20 livres, auquel une suite en 10 livres, extraite du ***Thai phing koang ki***, 太平廣記, fut ajoutée postérieurement.

Cf. Wylie, p. 155, Cat. Imp., liv. 142.

(문묵부) (ぶんぼくぶ) (文墨部)

440. 唐宋八子百選

Tang song hpal tjă păik syen.

CHOIX DE MORCEAUX D'AUTEURS CÉLÈBRES DE L'ÉPOQUE DES ***Thang*** ET DE CELLE DES ***Song.***

4 vol. in-4, formant 6 livres.

Cet ouvrage, imprimé à l'aide de caractères mobiles, contient des compositions de huit auteurs célèbres, qui sont peut-être les suivants :

Han Yu, 韓愈, surnom ***Thoei tchi,*** 退之, nom littéraire ***Tchhang li,*** 昌黎 (768–824),

Cf. Mayers, I, 158 ;

Sou Chi, 蘇軾 ;

Sou Tchẹ, 蘇轍 ; surnom ***Tseu yeou,*** 子由, nom littéraire ***Ying pin,*** 穎濱 (1039–1112),

Cf. Mayers, I, 624 ;

Sou Siun, 蘇洵, surnom ***Ming yun,*** 明允, nom littéraire ***Lao tshiuen,*** 老泉, pseudonyme ***Mei chan,*** 眉山 (1009–1066),

Cf. Mayers, I, 622 ;

'Eou yang Sieou, 歐陽修 ;

Tsheng Kong, 曾鞏, surnom ***Tseu kou,*** 子固, pseudonyme ***Nan fong,*** 南豐, tiré du nom de son lieu de naissance, au ***Kiang si,*** 江西 ;

Oang 'An chi, 王安石, surnom ***Kiai fou,*** 介甫, nom littéraire ***Pan chan,*** 半山 (1021–1086),

Cf. Mayers, I, 807 ;

Li 'Ao, 李翱, surnom ***Si tchi,*** 習之, fin du VIIIe siècle.

(문집류) (ぶんしふるい) (文集類)

441. 新編古今事文類聚

Sin hpyen ko keum să moun ryou tchyou (***Sin pien kou kin chi oen lei tsiu***).

COLLECTION ENCYCLOPÉDIQUE RANGÉE PAR ORDRE DE MATIÈRES.

D'après le Catalogue Impérial, liv. 135, cet ouvrage se compose de sept collections, intitulées : Collection antérieure, *Tjyen tjip*, 前集 (60 vol.) ; Collection postérieure, *Hou tjip*, 後集 (50 vol.) ; Suite, *Syok tjip*, 續集 (20 vol.) ; Collection spéciale, *Pyel tjip*, 別集 (32 vol.) ; Collection nouvelle, *Sin tjip*, 新集 (36 vol.) ; Collection extérieure, *Oi tjip*, 外集 (15 vol.) ; Collection supplémentaire, *You tjip*, 遺集 (15 vol.). Chaque collection forme un ouvrage complet ; les quatre premières ont été compilées par ***Tchou Mou***, 祝穆, qui vivait à l'époque des ***Song***, 宋 ; la Collection nouvelle et la Collection extérieure sont de ***Fou Ta yong***, 富大用, la Collection supplémentaire est de ***Tchou Yuen***, 祝淵 ; ces deux derniers auteurs vivaient sous les ***Yuen***, 元. ***Tchou Mou*** était originaire de ***Kien 'an***, au ***Fou kien***, 福建建安, et avait pour surnom ***Ho fou***, 和父 ; ***Fou Ta yong***, surnommé ***Chi kho***, 時可, serait, d'après quelques auteurs, originaire de ***Nan kiang***, au ***Seu tchhoan***, 四川南江 ; ***Tchou Yuen*** a pour surnom ***Tsong li***, 宗禮.

La Collection antérieure débute par une préface de ***Tchou Mou***, qui porte la date de 1246, 淳祐丙午. Suit la table générale, indiquant les parties, ***pou***, 部, de l'ouvrage (du ciel, des saisons, de la

(문묵부) (ぶんぼくぶ) (文墨部)

terre, des Empereurs, des hommes, des examens et des fonctions, des esprits et du bouddhisme, etc.) et les divisions de ces parties.

Table détaillée donnant le contenu de chaque partie et de chaque livre ; pour chaque sujet, on trouve d'abord quelques définitions et explications dues aux auteurs les plus célèbres, puis des compositions remarquables, en prose ou en vers, sur le sujet traité. De la sorte, cet ouvrage est à la fois un répertoire encyclopédique et un recueil de morceaux littéraires connus.

Ce premier recueil se compose de 221 livres ; l'Ecole des Langues Orientales en possède une édition coréenne non datée mais dont l'impression paraît remonter au XVIe siècle; elle forme 68 volumes in-4; la table générale forme un volume, la table détaillée remplit 6 volumes.

Le Catalogue de la Bibliothèque Royale indique, pour cet ouvrage, 70 volumes seulement : il ne s'agit probablement que d'une des collections partielles.

Cet ouvrage a été réimprimé en Chine avec une préface de 1604, 萬曆甲辰, par ***Thang,*** de ***Fou tchhoen chan,*** district de ***Kin khi,*** au ***Kiang si,*** 江西金谿唐富春; une réimpression de cette nouvelle édition a été faite en Corée.

M. Satow cite une édition coréenne de cet ouvrage (History of printing in Japan ; Transactions of the Asiatic Society of Japan ; vol. X, part I).

(문 집 류) (ぶんしふるい) (文 集 類)

442. 事文類抄

Să moun ryou tchyo.

EXTRAITS DU ***Chi oen lei tsiu.***

3 vol. in-12, impression grossière.

Ces extraits sont dus à *Ko Tou hoan*, 高斗煥, et à *Kim Koang moun*, 金光汶; préface par *Pak Tjyang ouen*, 朴章源, datée de l'année du serpent noir, 黑蛇, *heuk sya*, c'est-à-dire *im tjin*, 壬辰.

Gravé a nouveau en 1870, 庚午.

443. 玉海

Ok hăi (***Yu hai***).

LA MER DE JADE.

Impression coréenne indiquée par M. Satow (History of printing in Japan; Transactions of the Asiatic Society of Japan, vol. X, part I).

Cette collection littéraire, en 200 livres, fut compilée au XIIe siècle par ***Oang Ying lin,*** 王應麟, et gravée en 1351.

Cf. Wylie p. 148 ; Cat. Imp., liv. 135.

444. 新編玉叢

Sin hpyen ok tchong.

NOUVELLE COLLECTION PRÉCIEUSE.

Recueil de poésies et compositions, avec commentaires.

445. 駱賓王文集

Rak pin oang moun tjip (***Lo pin oang oen tsi***).

COLLECTION DES ŒUVRES DE ***Lo Pin oang.***

1 vol. in-8 (reliure européenne), formant 10 livres.
Brit. M. 13315, C 2.

Impression grossière, d'aspect très ancien.

L'auteur est du VIIe siècle ; ses œuvres furent réunies par ordre de l'Empereur ***Tchong tsong,*** des ***Thang,*** 唐中宗 (684 et 705–709).

Cf. Cat. Imp., liv. 149.

446. 歐陽文忠公集

Ou yang moun tchyoung kong tjip (***'Eou yang oen tchong kong tsi***).

COLLECTION DES ŒUVRES DE ***'Eou yang,*** NOM POSTHUME ***Oen tchong.***

In-8, incomplet.

Auteur : ***'Eou yang Sieou,*** 歐陽修.

Cf. Wylie, p. 184 et sqq.; Cat. Imp., liv. 153.

447. 歐蘇手柬

Ou so syou kan.

PIÈCES DIVERSES DE ***'Eou yang*** ET DE ***Sou.***

1 vol. in-8, mss.

Choix d'œuvres en prose et en vers de ***'Eou yang Sieou,*** 歐陽修, et de ***Sou Chi,*** 蘇軾.

(문집류) (ぶんしふるい) (文集類)

448. 二程遺書

I tjyeng you sye (***Eul tchheng yi chou***).

ŒUVRES DES DEUX ***Tchheng.***

Auteurs : ***Tchheng Hao,*** 程顥, et ***Tchheng Yi,*** 程頤.

Cf. Cat. Imp., liv. 186.

449. 程書分類

Tjyeng sye poun ryou.

ŒUVRES DES ***Tchheng*** RANGÉES MÉTHODIQUEMENT.

12 vol. in-8.

B.R. 15 vol.

Auteurs : ***Tchheng Hao,*** 程顥, et ***Tchheng Yi,*** 程頤.

Avertissement ; table des 30 livres :

livres 1 à 10, sur les Livres Canoniques et Classiques ;

livres 11 et 12, sur la philosophie, (理氣, *ri keui,* et 性理, *syeng ri,* métaphysique et philosophie naturelle) ;

livres 13 et 14, sur l'étude du confucianisme et sur les Sages ;

livre 15, sur l'histoire ;

livre 16, sur le gouvernement :

livre 17, sur les hérésies (par rapport au confucianisme) ;

livres 18 à 30, œuvres diverses.

450. 二程先生傳道粹言

I tjyeng syen săing tjyen to syou en.

POINTS REMARQUABLES DE LA DOCTRINE DES DEUX *Tchheng.*

1 vol. in-4 (reliure européenne), formant 10 livres.

Brit M. 15103, D 22.

Ouvrage illustré, imprimé grossièrement.

Préface de *Yang Ryem*, de *Hpoung syeng*, 豐城楊廉, datée de 1513, 正德八年歲在癸酉; préface sans date ni signature, faite pour la présente réimpression.

Table. Figures et légendes. Texte par *Tjyang Sik*, nom littéraire *Nam hen*, 南軒張栻.

Postface de *Ri Hoang*, de *Tjin syeng*, 眞城李滉, portant la date de 1562, 嘉靖壬戌.

451. 近思錄

Keun să rok (***Kin seu lou***).

I. 1 vol. in-folio, formant 14 livres.

Brit. M. 15315, E 9.

Belle édition gravée sur bois.

Cet ouvrage est un choix d'œuvres du sage ***Tcheou***, 周子 (***Tcheou Toẹn yi***, 周敦頤); des deux ***Tchheng*** (***Tchheng Hao***, 程顥, ***Tchheng Yi***, 程頤) et du sage ***Tchang***, 張子 (張載, ***Tchang Tsai***), dû à ***Tchou Hi***, 朱熹, et à ***Liu Tchheng kong***, 呂成公; ce dernier avait pour postnom ***Tsou khịen***, 祖謙, pour surnom ***Pẹ kong***, 伯恭, il fut ami de ***Tchou Hi*** et vécut de 1137 à 1181. (Cf. Mayers, I, 466).

Préface de 1248, 淳祐戊申, par ***Ye Tshai,*** de ***Kien 'an,*** 建安葉采.

A la fin du volume, se trouve un cartouche : "gravé "à *Pong syeng,* à la maison *Tjyeng,* dans l'été de "1519", 正德己卯夏鳳城精舍刊.

II. Un exemplaire d'une édition in-4, sur papier mince, se trouve également au Musée Britannique : il renferme une dédicace de ***Ye Tshai,*** qui n'est pas dans l'autre édition.

452. 朱子大全

Tjyou tjă tai tjyen (***Tchou tseu ta tsiuen***).

ŒUVRES COMPLÈTES DU SAGE ***Tchou.***

75 vol.
B.R.
Auteur : ***Tchou Hi,*** 朱熹.
Cf. Cat. Imp., liv. 174 ; Cordier, 668–669.

453. 朱子書節要

Tjyou tjă sye tjyel yo.

EXTRAITS DES ŒUVRES DU SAGE ***Tchou.***

10 vol.
B.R.
Avec une préface par *Htoi kyei,* 退溪.
Cf. ci-dessus.

454. 朱書百選

Tjyou sye păik syen.

MORCEAUX CHOISIS DES ŒUVRES DE ***Tchou Hi.***

5 vol.

B.R.

Impression en caractères mobiles (voir *Tjou 'tjă să sil*).

Cf. ci-dessus.

455. 雅誦

A syong.

COMPOSITIONS EN VERS ET EN PROSE.

2 vol. grand in-4.

B.R. 1 vol.

Vers et prose de ***Tchou Hi***, 朱熹, formant 8 livres.

Préface de 1799, 己未, composée par le Roi.

Avertissement renfermant un historique des caractères mobiles (cf. *Tjou tjă să sil*).

456. 紫陽集抄

Tjă yang tjip tchyo.

EXTRAITS DE LA COLLECTION DES ŒUVRES DE ***Tchou Hi.***

2 vol. mss.

Cf. ci-dessus.

457. 朱書講錄

Tjyou sye kang rok.

EXPLICATION DES ŒUVRES DE ***Tchou Hi.***

3 vol. in-4.

B.R.

(문 집 류) (ぶんしふるい) (文 集 類)

Explications de *Htoi to*, 退陶, sur les œuvres de ***Tchou Hi***, 朱熹, publiées par les lettrés du Collége de *Ho kyei*, 虎溪書院.[1]

Préface de 1713, 昭陽大荒落, c'est à dire 癸巳, par *Ri Tjăi*, de *An reung*, 安陵李栽.

Postface de 1721, 上之元年辛丑, par *Kouen Tou kyeng*, de *Yeng ka*, 永嘉權斗經.

Postface de 1765 (?) 乙酉, par *Ri Syang tjyeng*, 李象靖.

Cet ouvrage a été gravé à *An tong*, 安東, en 1785 (?) 乙巳.

458. 朱子大全劄疑問目標補

Tjyou tjă tai tjyen tjap eui moun mok hpyo po.

QUESTIONS ET COMPLÉMENTS POUR LES ŒUVRES COMPLÈTES DU SAGE ***Tchou***.

12 vol. grand in-8 : les deux premiers volumes sont manuscrits, les autres sont imprimés.

B.R.

Cet ouvrage, destiné à éclaircir les points obscurs des œuvres de ***Tchou Hi***, 朱熹, suit l'ordre des 24 livres de l'édition complète de ces œuvres. Il a été commencé, sous l'inspiration de *Ri Hoang*, 李滉, par *Song Si ryel*, 宋時烈, et achevé par *Kim Mai syoun*, de *An tong*, 安東金邁淳, (nom littéraire *Nong am*, 農巖), la préface est due à ce dernier et est de 1812, 崇禎紀元後四壬申.

1. Ce collége, situé à *An tong*, 安東, fut fondé en 1576; il est consacré à *Ri Hoang*, 李滉, *Ryou Syeng ryong*, 柳成龍, et *Kim Syeng il*, 金誠一.

Postface de 1854, 上之五年甲寅, par *Kim Tjyou keun*, 金朱根, descendant de *Kim Mai syoun*.

459. 陸象山遺書

Ryouk syang san you sye.

ŒUVRES DE ***Lou Siang chan.***

Auteur : ***Lou Kieou yuen,*** 陸九淵, surnom ***Tseu tsing,*** 子靜, nom posthume ***Oen 'an,*** 文安, (1140–1192, cf. Mayers, I, 438).

Cf. Cat. Imp., liv. 160, ***Siang chan tsi,*** 象山集; liv. 174.

460. 新刊鶴林玉露

Sin kan hak rin ok ro (***Sin khan ho lin yu lou***).

LA ROSÉE PRÉCIEUSE DU BOIS DES CIGOGNES, NOUVELLE ÉDITION.

I. 1 vol. in-8 (reliure européenne), formant 6 livres. Brit. M. 15320, D 39.

Cet ouvrage est imprimé sur papier d'apparence japonaise; la couverture, conservée sous la reliure européenne, est également japonaise. Cependant l'aspect des caractères et les ornements du bord extérieur de la feuille (trèfle dans un triangle) sont tout à fait coréens, la réimpression n'est pas datée.

Morceaux divers en prose, par ***Lo Ta king,*** de ***Lou ling,*** 廬陵羅大經, nom littéraire ***King loen,*** 景綸; préface par l'auteur, datée de 1252, 淳祐壬子.

(문집류) (ぶんしふるい) (文集類)

II. 1 vol. in-4, formant 16 livres.
Brit. M. 15320, D 38.
Ce volume, non daté, ne renferme pas la préface.

Cet ouvrage est reproduit dans la 21e section du ***Choe fou***, 說郛.

Cf. ***Siu oei kho chou mou***, 續彙刻書目, liv. VI.

461. 御製文集

E tjyei moun tjip (***Yu tchi oen tsi***).

ŒUVRES DE L'EMPEREUR (***Thai tsou*** DES ***Ming***, 明太祖).

1 vol. in-folio (reliure européenne) formant 20 livres.

Brit M. 15315, D 5.

Ce volume, imprimé en caractères mobiles, ne porte pas de date pour l'impression coréenne; il reproduit une édition chinoise.

Préface écrite par ordre impérial, à la 6e lune de l'an 1529, 嘉靖己丑夏六月, par le Censeur ***Lieou Ye***, 劉臬.

Œuvres de ***Thai tsou kao hoang ti***, 太祖高皇帝, de la dynastie des ***Ming***, 明 : édits, décrets, ordres, lettres, discussions, dialogues, dissertations, discours, inscriptions funéraires, préfaces, etc.

Postface de 1529 par l'assistant-gouverneur du ***Yun nan***, 雲南, ***Thang Tcheou***, 唐冑.

Cf. Cat. Imp., liv. 169.

(문 묵 부) (ぶんぼくぶ) (文 墨 部)

2e Partie

PROSE CHINOISE COMPOSÉE EN COREE.

Les ouvrages coréens indiqués ci-dessous portent les noms de *tjip*, 集, collections ; *ko*, 稿, minutes ou brouillons ; *you ko*, 遺稿, brouillons laissés par, etc. Ils forment la plus grande partie de la littérature coréenne, celle qui intéresse le plus les lettrés et les nobles et est le reflet de leurs pensées et de leurs querelles, philosophiques ou autres. On publie sous les titres de *tjip*, *ko*, la totalité ou seulement une partie des œuvres d'un Sage, d'un fonctionnaire célèbre, d'un simple lettré ; ces œuvres comprennent en général des poésies, des suppliques, rapports et autres pièces officielles, des lettres privées, des compositions rituelles, soit officielles, soit privées (adresses, *tjyen*, 箋 ; épigrammes, *myeng*, 銘 ; éloges mortuaires et biographies, *tji moun*, 誌文, *tji tjang*, 誌狀, *hăing tjang*, 行狀 ; compositions funéraires, *ăi moun*, 哀文 ; prières, *tjyei moun*, 祭文, etc.), des préfaces, *sye*, 序, postfaces, *hpal*, 跋 ; des traités, discussions, explications, commentaires, etc. ; souvent ces œuvres se terminent par la biographie de l'auteur. J'ai usé de ces indications pour donner quelques détails sur les principaux écrivains et marquer ainsi brièvement la suite des écoles coréennes.

Les plus célèbres des ouvrages mentionnés ci-dessous sont renommés encore plus comme monuments de la doctrine confucianiste, que comme œuvres littéraires, le second point n'ayant, aux yeux des Coréens, qu'une importance moindre. Après les Sages cités au commencement du livre III et dont il ne reste pas d'écrits réunis en collection, il faut citer *Tjyeng Mong tjyou*, 鄭夢周 ; *Kim Syouk tjă*, 金叔滋 ; *Tjyo Koang tjo*, 趙光祖 ; *Ri Hoang*, 李滉 ; *Ri I*, 李珥. Au milieu du XVIIe siècle, une question de rites funéraires divisa les docteurs coréens : la Vieille École, *Ro ron*, (vulgaire *No ron*), 老論, adoptant les idées de *Song Si ryel*, 宋時烈, persécuta les Méridionaux, *Nam in*, 南人, partisans de *He Mok*, 許穆, et ce n'est qu'après un

(문 집 류) (ぶんしふるい) (文 集 類)

siècle de luttes, parfois sanglantes, que le calme se rétablit. On verra, en parcourant les notices qui suivent, quelle passion les Coréens ont mise dans leurs querelles doctrinales et quelles persécutions en sont résultées.

462. 列聖御製

Ryel syeng e tjyei.

COMPOSITIONS LITTÉRAIRES DES ROIS.

8 vol. in-folio.

Ouvrage imprimé par ordre royal.

Cet ouvrage comprend 16 livres et contient les œuvres des Rois depuis *Htai tjo* jusqu'à *Syouk tjong.*

Postface par le Ministre des Rites, Explicateur Royal, *Ri Koan myeng,* 李觀命, datée de 1720, 崇禎紀元後九十三年庚子.

Le Catalogue de la Bibliothèque Royale indique, sous le même titre, un ouvrage en 58 vol.

La Bibliothèque Nationale possède :

1º une édition in-folio de cet ouvrage, en 6 vol. reliés à l'européenne (21 volumes coréens, imcomplet, les livres 9, 20 et 21 manquent) (Fonds chinois, 2125-2130) ;

2º les livres 45, 46, 48 et 49 d'une édition un peu plus grande (Fonds chinois, 2131, 2132) ;

3º une édition plus petite et moins soignée, 8 vol. petit in-folio, reliés à l'européenne en 2 volumes (Fonds chinois, 2133, 2134).

(문묵부) (ぶんぼくぶ) (文墨部)

463. 列聖御製合附

Ryel syeng e tjyei hap pou.

COMPOSITIONS LITTÉRAIRES DES ROIS, AVEC SUPPLÉMENTS.

58 vol.

B.R.

Voir ci-dessus.

464. 列聖御製編

Ryel syeng e tjyei hpyen.

COMPOSITIONS LITTÉRAIRES DES ROIS.

2 vol. in-folio, formant un volume de reliure européenne, comprenant les livres II et III.

Bibl. Nat., Fonds chinois, 2135.

465. 列聖御製別編

Ryel syeng e tjyei pyel hpyen.

COMPOSITIONS LITTÉRAIRES DES ROIS, RECUEIL SPÉCIAL.

12 vol.

B.R.

466. 列朝御製補遺

Ryel tjyo e tjyei po you.

SUPPLÉMENT AUX COMPOSITIONS LITTÉRAIRES DES ROIS.

1 vol.

B.R.

(문집류) (ぶんしふるい) (文集類)

467. 列聖御製目錄

Ryel syeng e tjyei mok rok.

TABLE DES COMPOSITIONS LITTÉRAIRES DES ROIS.

2 vol. in-folio, formant 1 vol. européen, comprenant 3 livres.

Bibl. Nat., Fonds chinois, 2136.

Cette table a été gravée sous le règne de *Tjyeng tjong.*

468. 兩朝御製別編

Ryang tjyo e tjyei pyel hpyen.

COMPOSITIONS LITTÉRAIRES DE DEUX ROIS, RECUEIL SPÉCIAL.

In-4 (incomplet, 3 vol. formant 6 livres).

469. 仁祖朝御製

In tjo tjyo e tjyei.

COMPOSITIONS DU ROI *In tjo.*

1 vol.

B.R.

Auteur : petit-fils de *Syen tjo*, fils du Prince de *Tyeng ouen*, 定遠君 (plus tard *Ouen tjong*); fait Prince de *Reung yang*, 綾陽君, en 1607; il monta sur le trône en 1623; mort en 1649; postnom *Tjong*, 倧, surnom *Hoa păik*, 和伯, nom littéraire *Syong tchang*, 松窓.

470. 正宗大王御製集 ou 弘齋全書

Tjyeng tjong tai oang e tjyei tjip ou *Hong tjăi tjyen sye.*

COLLECTION DES ŒUVRES DU ROI *Tjyeng tjong.*

100 vol.

B.R.—*Kyeng mo koung*, 景慕宮.

Auteur : petit-fils de *Yeng tjo*, fils du Prince Héritier *Tjang hen* ; né en 1752, Prince Héritier en 1759, régent en 1775, Roi en 1776, mort en 1800 ; postnom *Syeng*, 祘, surnom *Hyeng oun*, 亨運, nom littéraire *Hong tjăi*, 弘齋.

471. 弘 齋 全 編

Hong tjăi tjyen hpyen.

Œuvres complètes du Roi *Tjyeng tjong*.

1 vol.

B.R.

472. 弘 齋 稿

Hong tjăi ko.

Œuvres du Roi *Tjyeng tjong*.

4 vol.

B.R.

473. 純 祖 御 製 集

Syoun tjo e tjyei tjip.

Collection des œuvres du Roi *Syoun tjo*.

8 vol.

B.R.

Auteur : fils de *Tjyeng tjong*, né en 1790, Prince Héritier en 1800 et Roi la même année, mort en 1834 ; postnom *Kong*, 玜, surnom *Kong po*, 公寶, nom littéraire *Syoun tjăi*, 純齋.

(문집류) (ぶんしふるい) (文 集 類)

474. 純齋稿

Syoun tjăi ko.

ŒUVRES DU ROI *Syoun tjo.*

10 vol.

Kyeng mo koung, 景慕宮.

475. 純齋課程

Syoun tjăi koa tjyeng.

COMPOSITIONS FAITES, COMME EXERCICES, PAR LE ROI *Syoun tjo.*

6 vol.

B.R.

476. 敬軒集

Kyeng hen tjip.

COLLECTION DES ŒUVRES DU ROI *Ik tjong.*

6 vol.

Kyeng mo koung, 景慕宮.

Auteur : fils de *Syoun tjo,* né en 1809, Prince Héritier en 1812, régent en 1827, mort en 1830, Roi après sa mort en 1834 ; postnom *Tăi,* 旲, surnom *Tek in,* 德寅, nom littéraire *Kyeng hen,* 敬軒.

477. 敬亭集

Kyeng tyeng tjip.

COLLECTION DES ŒUVRES DU LETTRÉ *Kyeng tyeng.*

7 vol.

Peut-être le même ouvrage que le précédent.

(문 믁 부) (ぶんぼくぶ) (文 墨 部)

478. 哲宗御製集

Tchyel tjong e tjyei tjip.

COLLECTION DES ŒUVRES DU ROI *Tchyel tjong*.

3 vol.

B.R.

Auteur : petit-fils du Prince Héritier *Tjang hen*, fils du Grand Prince de *Tjyen kyei*, 全溪大院君, né en 1831, Prince de *Tek oan*, 德完君, en 1849, Roi la même année, mort en 1863 ; postnom *Pyen*, 昪, surnom *To seung*, 道升, nom littéraire *Tai yong tjăi*, 大勇齋.

479. 睿製

Yei tjyei.

COMPOSITIONS DU PRINCE HÉRITIER.

1 vol.

B.R.

480. 睿製凌虛關漫稿

Yei tjyei reung he koan man ko.

ŒUVRES NÉGLIGÉES DE *Reung he koan*, COMPOSÉES PAR LE PRINCE HÉRITIER.

3 vol.

Kyeng mo koung, 景慕宮.

L'auteur est sans doute le Prince Héritier *Tjang hen*.

(문집류) (ぶんしふるい) (文集類)

481. 東人文

Tong in moun.

COMPOSITIONS DE CORÉENS.

Ouvrage cité par le *Tai tong oun ok.*

Cette collection, compilée par *Tchoi Hăi*, 崔瀣, comprend des pièces en prose et en vers composées depuis *Tchoi Tchi ouen*, 崔致遠, jusqu'à l'époque du Roi *Tchyoung ryel.*

482. 東國文鑑

Tong kouk moun kam.

MIROIR DES COMPOSITIONS CORÉENNES.

Cité par le *Tai tong oun ok.*

Collection, due à *Kim I hyen*, 金台鉉, comprenant des pièces en prose composées depuis l'origine du royaume de Ko rye jusqu'à l'époque de l'auteur.

483. 東文選

Tong moun syen.

CHOIX DE COMPOSITIONS CORÉENNES.

54 vol. in-folio.

B.R. 50 vol.

Ouvrage cité par le *Tai tong oun ok*, imprimé en caractères mobiles.

Cette compilation fut achevée en 1478 par *Sye Ke tjyeng*, 徐居正, qui l'avait entreprise par ordre du Roi ; la préface, par *Sye Ke tjyeng*, datée de 1478, 成化紀元之十四年蒼龍戊戌, rappelle les origines de la littérature coréenne, depuis *Tchoi Tchi ouen*, 崔致遠, la fondation des examens littéraires par *Koang tjong*, et le développement toujours grandissant de la littérature coréenne en langue chinoise: pourtant, ajoute l'auteur, le sino-coréen a son style propre différent du style chinois des différentes dynasties.

Liste des membres de la Commission chargée de cette compilation.

Dédicace.

Table des 130 livres: de *Tchoi Tchi ouen*, 崔致遠, à *Ha Ryoun*, 河崙.

484. 續東文選

Syok tong moun syen.

SUITE AU CHOIX DE COMPOSITIONS CORÉENNES.

15 vol.

B.R.

Cité par le *Tai tong oun ok*, ouvrage du même auteur que le précédent.

485. 東文粹

Tong moun syou.

CHOIX DE COMPOSITIONS CORÉENNES.

Cité par le *Tai tong oun ok*.

Compilation de *Kim Tjong tjik* 金宗直, faisant suite à la précédente.

486. 文寶

Moun po.

TRÉSOR DES COMPOSITIONS.

Cité par le *Tai tong oun ok.*

Compilation de *Syeng Sam moun*, 成三問.

487. 太平通載

Htai hpyeng htong tjăi.

COLLECTION D'ŒUVRES DIVERSES, FAITE À L'AIDE DU *Htai hpyeng koang keui* (***Thai phing koang ki***).

80 livres.

Ouvrage cité par le *Tai tong oun ok.*

Auteur : *Syeng Im*, 成任 ; il rédigea le *Htai hpyeng htong tjăi* à l'aide du ***Thai phing koang ki,*** 太平廣記, et d'un nombre considérable d'autres ouvrages ; le ***Thai phing koang ki,*** est une encyclopédie en 55 sections, formant 500 livres, qui fut compilée par ***Li Fang,*** 李昉, et autres auteurs, de 977 à 981.

Cf. Cat. Imp., liv. 142.

488. 百家衣集

Păik ka eui tjip.

COLLECTION DE MORCEAUX CHOISIS D'AUTEURS DIFFÉRENTS.

Citée par le *Tai tong oun ok.*

Compilation de *Rim You tjyeng*, de *Ryei tchyen*, 醴泉林惟正

489. 東方文府

Tong pang moun pou.

RECUEIL DE COMPOSITIONS CORÉENNES.

Cité par *Tai tong oun ok.*

Compilé par le Comte de *Han san*, 韓山伯 (voir *Ri Săik*, 李穡).

490. 海左集

Hăi tja tjip.

COLLECTION D'ŒUVRES CORÉENNES.

19 vol.

B.R.

491. 東表

Tong hpyo.

ADRESSES COMPOSÉES EN CORÉE.

1 vol. in-12, 28 feuillets, mss.

Compositions en phrases parallèles.

492. 桂林

Kyei rim.

COLLECTION LITTÉRAIRE.

20 vol. grand in-8, mss.

Adresses en phrases parallèles, prières, suppliques, rapports, etc.

493. 羣雅集

Koun a tjip.

RECUEIL DE COMPOSITIONS DE DIVERS AUTEURS.

494. 桂 苑 筆 耕 集

Kyei ouen hpil kyeng tjip.

LES SILLONS DU PINCEAU DANS LE JARDIN DES CANNELLIERS.

4 vol. in-4, formant 20 livres.

L.O.V.

Préface de l'éditeur, *Hong Syek tjyou*, de *Hpoung san*, 豐山洪奭周, Grand Conseiller de gauche, datée de 1834, 甲午 : la famille *Hong* conservait, depuis un grand nombre de générations, le texte du présent ouvrage de *Tchoi Tchi ouen*, 崔致遠; quant au *Tjyoung san pou kouei tjip*, qui est dû au même auteur et que "mentionnent des catalogues assez récents de livres coréens" (cf. *Tong kouk sye mok*), *Hong Syek tjyou* n'a pu en rencontrer aucun exemplaire pour le faire imprimer en même temps que le *Kyei ouen hpil kyeng tjip.*

Deuxième préface, de la même date, 閼逢敦牂, c'est à dire 甲午, par *Sye You kou*, de *Tal syeng*, 達城徐有榘, gouverneur du *Tjyen ra*, 全羅.

Tchoi Tchi ouen, surnom *Hăi pou*, 海夫, nom littéraire *Ko oun*, 孤雲, né à *Ok kou*, 沃溝, dans le royaume de Sin ra, fut envoyé en Chine, à l'âge de douze ans, par son père, qui lui donna un délai de dix ans pour devenir docteur, ajoutant que, si, ce temps expiré, il n'avait pas réussi, il ne le reconnaîtrait plus pour son fils; six ans plus tard, il fut reçu docteur, obtint des fonctions malgré sa qualité d'étranger, se distingna dans la répression de la rébellion des ***Hoang tchhao***, 黃巢 (années ***Koang ming*** et *Tchong ho*, 廣明, 中和, 880–884), et arriva à de hautes fonctions à la cour de ***Hi tsong***, des ***Thang***, 唐僖宗 (874–888) ; il fut envoyé comme ambassadeur dans son pays natal, puis revint s'y fixer, servit les Rois de Sin ra *Hen kang oang*, *Tyeng kang oang*, *Tjin syeng oang*, fut Académicien, Vice-président du Ministère de la Guerre, etc. Enfin il se retira à *Ka ya san*, dans le district de *Kang yang*, 江陽郡伽倻山, où il mourut ; sa mort est antérieure à l'avènement de *Hyo kong oang*. Il avait présenté au roi de Sin ra ses œuvres en 28 livres : 3 livres de poésies diverses, le *Tjyoung san pou kouei tjip* en 5 livres et le *Kyei ouen hpil kyeng tjip* en 20 livres ; il est reconnu comme le premier Coréen qui ait écrit en langue chinoise.

Dédicace au Roi de Sin ra, par *Tchoi Tchi ouen*, des œuvres indiquées ci-dessus, composées par lui pendant son séjour en Chine. Le présent ouvrage comprend des rapports, lettres et diverses autres pièces officielles ou privées. Cette dédicace est de l'année 886, appelée faussement 6e année ***Tchong ho***, 中和六年 : l'auteur, une fois rentré en Corée, pouvait difficilement apprendre les changements des noms d'années.

495. 中山覆簣集

Tjyoung san pou kouei tjip.

COLLECTION DES DERNIÈRES ŒUVRES FAITES À ***Tchong chan***.

(문집류) (ぶんしふるい) (文集類)

1 vol.

Cf. *Kyei ouen hpil kyeng tjip.*

L'auteur a composé ces œuvres à ***Tchong chan,*** c'est-à-dire ***Li choei hien,*** district de ***Siuen tcheou,*** au ***Kiang sou,*** 江蘇宣州溧水縣, dont il était alors mandarin.

496. 金文烈集

Kim moun ryel tjip.

COLLECTION DES ŒUVRES DE *Kim*, NOM POSTHUME *Moun ryel.*

20 vol.

Ouvrage cité par le *Tai tong oun ok*, sans mention exacte du titre.

Auteur : *Kim Pou sik*, 金富軾, surnom *Rip tji*, 立之, originaire de *Kyeng tjyou*, 慶州, Grand Conseiller ; il fut fonctionnaire sous *Syouk tjong*, et jusque sous *In tjong* ; il est l'auteur du *Sam kouk să keui.*

497. 李相國集

Ri syang kouk tjip.

COLLECTION DES ŒUVRES DU GRAND CONSEILLER *Ri.*

13 vol.

B.R.

Auteur : *Ri Kyou po*, 李奎報, surnom *Tchyoun kyeng*, 春卿, premier postnom *In tye*, 仁氐; surnom d'enfance *Keui tong*, 奇童; originaire de *Hoang rye*, 黃驪; docteur sous le règne de *Myeng tjong*, de Ko rye, Académicien, Grand Conseiller ; nom littéraire *Păik oun ke să*, 白雲居士, nom posthume *Moun syoun*, 文順.

Parmi ses œuvres, l'une des plus célèbres est la suivante : "Odes sur le Roi *Tong myeng*", 東明王篇詩, *Tong myeng oang hpyen si*.

498. 西河集

Sye ha tjip.

Collection des œuvres du lettré *Sye ha*.

Citée par le *Tai tong oun ok*.

Auteur : *Rim Tchyoun*, 林春, surnom *Ki tji*, 耆之, autre surnom *Tai nyen*, 大年, originaire de *Ryei tchyen*, 醴泉 ; il mourut jeune et ses œuvres furent recueillies, en six livres, par *Ri In ro*, 李仁老.

499. 破閒集

Hpa han tjip.

Collection des œuvres du lettré *Hpa han*.

Citée par le *Tai tong oun ok*, le *Tong să kang mok*, etc.

Auteur : *Ri In ro*, 李仁老, surnom *Mi sou*, 眉叟, premier postnom *Teuk ok*, 得玉, originaire de *In tjyou*, 仁州, docteur sous le règne de *Myeng tjong*, de Ko rye, Maître des Remontrances. Le *Tong kyeng tjap keui* cite, sous le titre de *Hpa han tjip*, 破閑集, une Collection qui est peut-être la même que celle ci.

500. 補 閒 集 ou 補 閑 集 (*Tong kyeng tjap keui*).
Po han tjip.
COLLECTION DES ŒUVRES DU LETTRÉ *Po han.*

Citée par le *Tai tong oun ok*, le *Tong să kang mok*, etc.

Auteur : *Tchoi Tjă*, 崔 滋, surnom *Syou tek*, 樹 德, premier postnom *An*, 安, nom littéraire *Tong san sou*, 東 山 叟, nom posthume *Moun tchyeng*, 文 清; docteur sous *Kang tjong*, Grand Gouverneur ; originaire de *Hăi tjyou*, 海 州.

501. 金 員 外 集
Kim ouen oi tjip.
COLLECTION DES ŒUVRES DU 2e SECRÉTAIRE *Kim.*

Citée par le *Tai tong oun ok.*

Auteur : *Kim Keuk keui*, 金 克 己, originaire de *Kyeng tjyou*, 慶 州, Académicien sous *Ko tjong.*

502. 八 溪 逸 稿
Hpal kyei il ko.
ŒUVRES DE LOISIR DU LETTRÉ *Hpal kyei.*

Citées par le *Tai tong oun ok.*

Auteur : *Tjyeng Tjyen*, 鄭 悛. Peut-être le même que *Tjyeng Syoun*, 鄭 俊, qui prit plus tard le postnom de *Eui*, 顗 : ce dernier, originaire de *Tchyeng tjyou*, 清 州, était fonctionnaire sous *Ko tjong.*

(문 묵 부) (ぶんぼくぶ) (文 墨 部)

503. 洪厓集

Hong ai tjip.

COLLECTION DES ŒUVRES DU LETTRÉ *Hong ai.*

Citée par le *Tai tong oun ok.*

Auteur : *Hong Kan*, 洪侃, surnoms *Hpyeng po*, 平甫, et *Oun pou*, 雲夫, originaire de *Hpoung san*, 豐山, docteur sous le règne de *Ouen tjong*, de Ko rye.

504. 益齋亂稿

Ik tjăi ran ko.

ŒUVRES DIVERSES DU LETTRÉ *Ik tjăi.*

Citées par le *Tai tong oun ok.*

Auteur : *Ri Tjyei hyen*, 李齊賢, surnom *Tjyoung să*, 仲思, nom posthume *Moun tchyoung*, 文忠, originaire de *Kyeng tjyou*, 慶州, docteur sous le Roi *Tchyoung ryel*, Président du Grand Conseil du Palais ; lettré renommé, élève de *An You*, 安裕, (ce dernier a pour nom littéraire *Hoi hen*, 晦軒, nom posthume *Moun syeng*, 文成 ; il fortifia le culte de Confucius en Corée).

505. 益齋集

Ik tjăi tjip.

COLLECTION DES ŒUVRES DU LETTRÉ *Ik tjăi.*

3 vol.

B.R.

Citée par le *Tong kyeng tjap keui.*

Cf. ci-dessus.

(문집류) (ぶんしふるい) (文集類)

506. 益齋亂稿表詩

Ik tjăi ran ko hpyo si.

ADRESSES, POÉSIES ET ŒUVRES DIVERSES DU LETTRÉ *Ik tjăi.*

Ouvrage cité par le *Tong kyeng tjap keui.*

Cf. ci-dessus, nº 504.

507. 益齋文集

Ik tjăi moun tjip.

COLLECTION D'ŒUVRES DU LETTRÉ *Ik tjăi.*

Postface par *Sye ai*, 西厓.

Cf. ci-dessus, nº 504.

508. 貌山稿

Mo san ko.

ŒUVRES DE *Mo san.*

Citées par le *Tai tong oun ok.*

Auteur : *Tchoi Hăi*, 崔瀣, surnom *En myeng*, 彥明, autre surnom *Syou ong*, 壽翁, nom littéraire *Tjyel ong*, 拙翁, descendant de *Tchoi Tchi ouen*, 崔致遠; docteur sous *Tchyoung ryel*, reçu docteur en Chine, Grand Recteur.

509. 一齋集

Il tjăi tjip.

COLLECTION DES ŒUVRES DU LETTRÉ *Il tjăi.*

1 vol.

B.R.

Citée par le *Tai tong oun ok.*

(문 묵 부) (ぶんぼくぶ) (文墨部)

Auteur : *Kouen Han kong*, 權漢功, originaire de *An tong*, 安東, docteur sous le Roi *Tchyoung ryel*, Conseiller du Palais, exilé par *Tchyoung syouk ;* nom posthume *Moun htan*, 文坦.

510. 稼亭集

Ka tyeng tjip.

COLLECTION DES ŒUVRES DU LETTRÉ *Ka tyeng*.

3 vol.

B.R.

Citée par le *Tai tong oun ok.*

Auteur : *Ri Kok*, 李穀, surnom *Tjyoung po*, 中父 ou 仲父, premier postnom *Oun*, 芸 ; originaire de *Han san*, 韓山 ; docteur sous le Roi *Tchyoung syouk*, reçu docteur en Chine, Conseiller du Palais ; lettré élève de *Kouk hen*, 菊軒 ; il fut fait Prince de *Han san*, 韓山君 ; nom posthume *Moun hyo*, 文孝.

511. 齊亭集

Tjyei tyeng tjip.

COLLECTION DES ŒUVRES DU LETTRÉ *Tjyei tyeng*.

Citée par le *Tai tong oun ok.*

Auteur : *Ri Tal tchyoung*, 李達衷, surnom *Tji tjyoung*, 止中, originaire de *Kyeng tjyou*, 慶州, docteur sous le Roi *Tchyoung syouk*, Conseiller Sécret, nom posthume *Moun tjyeng*, 文靖.

(문집류) (ぶんしふるい) (文集類)

512. 樵隱集

Tchyo eun tjip.

COLLECTION DES ŒUVRES DU LETTRÉ *Tchyo eun.*

Citée par le *Tai tong oun ok.*

Auteur : *Ri In pok*, 李仁復, surnom *Keuk ryei*, 克禮; docteur sous le Roi *Tchyoung syouk*, reçu docteur en Chine, membre du Grand Conseil ; nom posthume *Moun tchyoung*, 文忠.

513. 栗亭集

Ryoul tyeng tjip.

COLLECTION DES ŒUVRES DU LETTRÉ *Ryoul tyeng.*

Citée par le *Tai tong oun ok.*

Auteur : *Youn Tchăik*, 尹澤, surnom *Tjyoung tek*, 仲德, originaire de *Mou syong*, 茂松, docteur sous *Tchyoung syouk*, membre du Grand Conseil ; nom posthume *Moun tjyeng*, 文貞.

514. 西原世稿

Sye ouen syei ko.

ŒUVRES DE LA FAMILLE *Tjyeng*, DE *Sye ouen.*

Citées par le *Tai tong oun ok.*

Auteurs : *Tjyeng Hpo*, 鄭誧, surnom *Tjyoung pou*, 仲孚, nom littéraire *Syel kok*, 雪谷 ; descendant d'une vieille famille du Ko rye ; docteur, Censeur sous *Tchyoung hyei ;* ensuite exilé, il fit un voyage à Péking.

Tjyeng Tchyou, 鄭樞, surnom *Kong kouen*, 公權, nom littéraire *Ouen tjăi*, 圓齋, fils du précédent ; docteur sous *Kong min ;* nom posthume *Moun kan*, 文簡; il fut ennemi du bonze *Sin Ton*, 辛旽, et ne fut sauvé que par l'influence de *Ri Săik*, 李穡.

Tjyeng Tchong, 鄭摠, surnom *Man syek*, 曼碩, nom littéraire *Pok tjăi*, 復齋, fils du précédent; docteur sous le règne de *Sin Ou*, il entra au service de la dynastie des *Ri*, 李, reçut les titres de Prince de *Sye ouen*, 西原君, Serviteur de mérite Fondateur du Royaume, *Kăi kouk kong sin*, 開國功臣; nom posthume *Moun min*, 文愍.

515. 遁村集

Ton tchon tjip.

COLLECTION DES ŒUVRES DU LETTRÉ *Ton tchon.*

1 vol.

B.R.

Citée par le *Tai tong oun ok.*

Auteur: *Ri Tjip*, 李集, premier postnom *Ouen ryeng*, 元齡, surnom *Ho yen*, 浩然; docteur sous *Tchyoung mok;* poursuivi par la haine du bonze *Sin Ton*, 辛旽, il changea de nom et se retira à *Tchyen nyeng*, 川寧.

516. 義谷集

Eui kok tjip.

COLLECTION DES ŒUVRES DU LETTRÉ *Eui kok.*

Citée par le *Tai tong oun ok.*

Auteur: *Ri Pang tjik*, 李邦直, surnom *Tchyeng kyeng*, 淸卿, originaire de *Tchyeng tjyou*, 淸州, docteur sous *Kong min;* Grand Compositeur.

517. 近思齋集

Keun să tjăi tjip.

COLLECTION DES ŒUVRES DU LETTRÉ *Keun să tjăi.*

Citée par le *Tai tong oun ok.*

Auteur : *Syel Son,* 偰遜, surnom *Kong ouen,* 公遠, d'origine musulmane ou ouïgoure, *Hoi hol,* 回鶻, docteur sous les ***Yuen,*** 元 ; en 1355, 至正十五年, il fut chassé par les rebelles de ***Chan tcheou,*** 單州, dans le district actuel de ***Tshao tcheou,*** au ***Chan tong,*** 山東曹州, dont il était magistrat : il se réfugia en Corée et fut accueilli par le Roi *Kong min.*

518. 芸齋集

Oun tjăi tjip.

COLLECTION DES ŒUVRES DU LETTRÉ *Oun tjăi.*

Citée par le *Tai tong oun ok.*

Auteur : *Syel Tjyang syou,* 偰長壽, surnom *Htyen min,* 天民, fils du précédent ; docteur sous *Kong min ;* le Roi lui assigna *Kyeng tjyou,* 慶州, comme lieu d'origine[1] ; il devint Président du Conseil des Finances ; nom posthume *Moun tjyeng,* 文貞.

1. Le lieu d'origine, *pon,* 本, a encore aujourd'hui une grande importance au point de vue du culte de famille et de l'accession aux fonctions.

519. 惕若齋集

Htyek yak tjăi tjip.

Collection des œuvres du lettré *Htyek yak tjăi.*

Citée par le *Tai tong oun ok.*

Auteur : *Kim Kou yong*, 金九容, surnom *Kyeng tji*, 敬之, premier postnom *Tjyei min*, 齊閔, originaire de *An tong*, 安東 ; docteur sous le règne de *Kong min ;* Directeur de l'Imprimerie Royale. S'étant prononcé contre la reprise des relations avec les Mongols chassés de Chine, il dut s'enfuir de la cour et se réfugia à *Rye kang*, d'où il se surnomma *Rye kang e eun*, 驪江漁隱 ; plus tard, il alla en Chine pour porter le tribut et, pour une faute légère, fut déporté par ordre de l'Empereur ; il mourut avant d'atteindre son lieu d'exil.

520. 桐亭集

Tong tyeng tjip.

Collection des œuvres du lettré *Tong tyeng.*

Citée par le *Tai tong oun ok.*

Auteur : *Youn Syo tjong*, 尹紹宗, surnom *Hen syouk*, 憲叔, petit-fils de *Youn Tchăik*, 尹澤 ; docteur sous *Kong min*, Président de Ministère.

521. 潘南朴氏五世稿

Pen nam pak si o syei ko.

Œuvres de cinq générations de la famille *Pak*, de *Pen nam.*

3 vol.

B.R.

Pen nam, est une localité qui dépend de *Ra jyou*, 羅州 (cf. *Tai tong oun ok*) et non pas un nom littéraire, comme le prétend le *Tai tong moun hen rok*. L'un des membres de cette famille, *Pak Syang tchyoung*, 朴尙衷, surnom *Syeng pou*, 誠夫, passa l'examen de docteur sous *Kong min* et devint Compositeur Royal. Il fut bâtonné et exilé par ordre du Roi *Sin Ou* et mourut en chemin; nom posthume *Moun tjyeng*, 文正.

522. 陽川世稿

Yang tchyen syei ko.

ŒUVRES DE LA FAMILLE *He*, DE *Yang tchyen*.

3 vol.

B.R.

Citées par le *Tai tong oun ok*.

Auteurs : *He Keum*, 許錦, surnom *Tjăi tjyoung*, 在中, nom littéraire *Ya tang*, 埜堂, docteur sous *Kong min*, Président de la Chambre de la Direction.

He Ki, 許愭, surnom *Măi hen*, 梅軒.

He Tjong, 許琮, surnom *Tjong kyeng*, 宗卿, autre surnom *Tjong tji*, 宗之; nom littéraire *Syang ou tang*, 尙友堂; né en 1434, docteur sous *Syei tjo*, Grand Conseiller de *Syeng tjong*; nom posthume *Tchyoung tjyeng*, 忠貞.

He Sim, 許琛, surnom *Hen tji*, 獻之, nom littéraire *Ran hen*, 懶軒, frère cadet du précédent; né en 1444, docteur sous *Syeng tjong*, Grand Conseiller du Prince de *Yen san;* nom posthume *Moun tjyeng*, 文貞.

He Pan, 許磐, surnom *Moun pyeng*, 文炳, fils du précédent ; docteur en 1498, mis à mort la même année.

523. 牧隱集

Mok eun tjip.

COLLECTION DES ŒUVRES DU LETTRÉ *Mok eun.*

24 vol.

B.R.

Citée par le *Tai tong oun ok.*

Auteur : *Ri Săik*, 李穡, surnom *Yeng syouk*, 穎叔, fils de *Ri Kok*, 李穀, docteur sous *Kong min*, reçu docteur en Chine, Président du Conseil du Palais ; il fit le premier observer le deuil de vingt-sept mois ; l'un des Sages coréens ; il a pour titre Comte de *Han san*, 韓山伯, et pour nom posthume *Moun tjyeng*, 文靖 ; ami de *Tjyeng Mong tjyou*, 鄭夢周.

524. 圃隱集

Hpo eun tjip.

COLLECTION DES ŒUVRES DU LETTRÉ *Hpo eun.*

3 vol.

B.R.

Citée par le *Tai tong oun ok.*

Auteur : *Tjyeng Mong tjyou*, 鄭夢周, surnom *Tal ka*, 達可, originaire de *Yen il*, 延日 ; docteur sous *Kong min*, chargé d'une mission au Japon ; plus tard

Président du Conseil du Palais; il fut tué près de *Syong to*, 松都, par *Tjyo Yeng kyou*, 趙英珪, en combattant pour la dynastie des *Oang*, 王. Il est renommé comme l'un des plus grands Sages coréens ; nom posthume *Moun tchyoung*, 文忠.

Le lettré *Sye ai*, 西厓, a écrit une postface pour ses œuvres.

525. 陶隱集

To eun tjip.

COLLECTION DES ŒUVRES DU LETTRÉ *To eun.*

1 vol.

B.R.

Citée par le *Tai tong oun ok.*

Auteur : *Ri Syoung in*, 李崇仁, surnom *Tjă an*, 子安, originaire de *Syeng san*, 星山 ; docteur sous *Kong min*, exilé, puis rappelé sous *Sin Ou ;* il fut enfin banni et périt sous le bâton ; élève de *Ri Săik*, 李穡, et considéré comme l'un des principaux Sages coréens.

526. 獨谷集

Tok kok tjip.

COLLECTION DES ŒUVRES DU LETTRÉ *Tok kok.*

Citée par le *Tai tong oun ok.*

Auteur : *Syeng Syek rin*, 成石璘, surnom *Tjă syou*, 自修, originaire de *Tchyang nyeng*, 昌寧 ; né en 1338 ; docteur sous *Kong min ;* Grand Conseiller de *Tyeng tjong ;* nom posthume *Moun kyeng*, 文景.

530.[1] 桑谷集

Sang kok tjip.

Collection des œuvres du lettré *Sang kok.*

Citée par le *Tai tong oun ok.*

Auteur : *Syeng Syek in,* 成石因, frère cadet du précédent, Président de Ministère, nom posthume *Tjyeng hpyeng,* 靖平.

531. 南在遺稿

Nam tjăi you ko.

Œuvres de *Nam Tjăi.*

Citées par le *Hou tjă kyeng hpyen.*

Auteur : *Nam Tjăi,* premier postnom *Kyem,* 謙, nom littéraire *Koui tyeng,* 龜亭, originaire de *Eui nyeng,* 宜寧, docteur sous *Kong min ;* Grand Censeur, puis Grand Conseiller de *Htai tjo,* Prince de *Eui san,* 宜山府院君; nom posthume *Tchyoung kyeng,* 忠景.

532. 郊隱集

Kyo eun tjip.

Collection des œuvres du lettré *Kyo eun.*

Citée par le *Tai tong oun ok.*

Auteur : *Tjyeng I o,* 鄭以吾, surnom *Syou ka,* 粹可, originaire de *Tjin tjyou,* 晉州; docteur sous

1. L'absence des nos 527, 528, 529 provient d'une erreur de numérotage ; quand je m'en suis aperçu, l'impression de cette Bibliographie étant déjà commencée, j'ai craint, en faisant une correction, de troubler l'ordre des renvois.

(문집류) (ぶんしふるい) (文集類)

Kong min; membre du Grand Conseil sous les *Ri*, 李; nom posthume *Moun tyeng*, 文定.

533. 貞齋集

Tjyeng tjăi tjip.

COLLECTION DES ŒUVRES DU LETTRÉ *Tjyeng tjăi.*

Citée par le *Tai tong oun ok.*

Auteur : *Pak Eui tjyoung*, 朴宜中, surnom *Tjă he*, 子虛, originaire de *Mil yang*, 密陽; docteur sous *Kong min*, il devint Compositeur Royal des *Oang*, 王, et, sous la dynastie actuelle, atteignit les fonctions de membre du Grand Conseil.

534. 雙梅堂集

Ssang măi tang tjip.

COLLECTION DES ŒUVRES DU LETTRÉ *Ssang măi tang.*

Citée par le *Tai tong oun ok.*

Auteur : *Ri Tchyem*, 李詹, surnom *Syo syouk*, 小叔, originaire de *Hong tjyou*, 洪州; docteur sous *Kong min*, il entra au service de la dynastie actuelle; nom posthume, *Moun an*, 文安.

535. 三峯集

Sam pong tjip.

COLLECTION DES ŒUVRES DU LETTRÉ *Sam pong.*

15 vol.

B.R.

Citée par le *Tai tong oun ok.*

Auteur : *Tjyeng To tjyen*, 鄭道傳, surnom *Tjong tji*, 宗之, originaire de *Pong hoa*, 奉化, docteur sous *Kong min*, Grand Conseiller de *Htai tjo*.

536. 浩亭集

Ho tyeng tjip.

COLLECTION DES ŒUVRES DU LETTRÉ *Ho tyeng*.

Citée par le *Tai tong oun ok*.

Auteur : *Ha Ryoun*, 河崙, surnom *Tai rim*, 大臨, né en 1347, originaire de *Tjin yang*, 晋陽, docteur à la fin du Ko rye ; Serviteur de mérite avec le titre de Soutien de l'État, *Tyeng sya kong sin*, 定社功臣, sous les *Ri*, 李 ; Grand Conseiller de *Htai tjong* ; Nom posthume *Moun tchyoung*, 文忠.

537. 陽村集

Yang tchon tjip.

COLLECTION DES ŒUVRES DU LETTRÉ *Yang tchon*.

9 vol.

B.R.

Citée par le *Tai tong oun ok*.

Auteur : *Kouen Keun*, 權近, surnom *Ka ouen*, 可遠, premier postnom *Tjin*, 晋, originaire de *An tong*, 安東, élève de *Hpo eun*, 圃隱 ; docteur sous *Kong min*, membre du Grand Conseil de la dynastie actuelle.

538. 梅軒集

Măi hen tjip.

COLLECTION DES ŒUVRES DU LETTRÉ *Măi hen*.

Citée par le *Tai tong oun ok.*

Auteur : *Kouen Ou,* 權遇, surnom *Tjyoung rye,* 中慮, premier postnom *Ouen you,* 遠遊, frère cadet du précédent et, comme lui, élève de *Hpo eun,* 圃隱, docteur sous *Sin Ou,* Compositeur Royal sous la dynastie actuelle.

539. 春亭集

Tchyoun tyeng tjip.

COLLECTION DES ŒUVRES DU LETTRÉ *Tchyoun tyeng.*

Citée par le *Tai tong oun ok.*

Auteur : *Pyen Kyei ryang,* 卞季良, surnom *Ke kyeng,* 巨卿, né en 1369, originaire de *Mil yang,* 密陽 ; docteur sous *Sin Ou,* élève de *Hpo eun,* 圃隱, comme les deux précédents ; il fut Grand Compositeur sous *Htai tjong ;* nom posthume *Moun syouk,* 文肅.

540. 晉山世稿

Tjin san syei ko.

ŒUVRES DE LA FAMILLE *Kang,* DE *Tjin san.*

2 vol.

B.R.

Citées par le *Tai tong oun ok.*

Auteurs : *Kang Hoi păik,* 姜淮伯, surnom *Păik po,* 伯父, nom littéraire *Htong tyeng,* 通亭, originaire de *Tjin tjyou,* 晉州 ; docteur en 1376, il entra au service de la dynastie actuelle.

Kang Syek tek, 姜碩德, surnom *Tjă myeng*, 子明, nom littéraire *Oan i tjăi*, 玩易齋, fils du précédent; nom posthume *Tăi min*, 戴愍.

Kang Heui an, 姜希顔, surnom *Kyeng ou*, 景愚, nom littéraire *In tjăi*, 仁齋, fils du précédent; docteur sous *Syei tjong*.

542.[1] 淸 卿 集

Tchyeng kyeng tjip.

Œuvres de *Tchyeng kyeng*.

Citées par le *Tai tong oun ok*.

Auteur: *Youn Hoi*, 尹淮, nom littéraire *Tchyeng hyang*, 淸香, fils de *Youn Syo tjong*, 尹紹宗; docteur en 1402, Grand Compositeur sous *Syei tjong;* nom posthume *Moun to*, 文度.

543. 永 嘉 連 魁 集

Yeng ka ryen koi tjip.

Collection des œuvres (des deux *Kouen*), de *Yeng ka*, reçus tous deux premiers au doctorat.

Citée par le *Tai tong oun ok*.

Auteurs: *Kouen Tyei*, 權踶, premier postnom *To*, 蹈, surnom *Tjyoung an*, 仲安, nom littéraire *Tji tjăi*, 止齋, fils de *Kouen Keun*, 權近; docteur sous *Htai tjong*, Grand Compositeur sous *Syei tjong;* nom posthume *Moun kyeng*, 文景.

Kouen Ram, 權擥, surnom *Tjyeng kyeng*, 正卿, nom littéraire *So han tang*, 所閑堂, fils du pré-

1. Erreur de numérotage; voir note de la page 297.

cédent, né en 1426, docteur sous *Syei tjong*, Grand Conseiller de *Syei tjo;* nom posthume *Ik hpyeng*, 翼平.

544. 咸從世稿

Ham tjyong syei ko.

ŒUVRES DE LA FAMILLE *E*, DE *Ham tjyong*.

Citées par le *Tai tong oun ok*.

Auteurs : *E Pyen kap*, 魚變甲, surnom *Tjă syen*, 子先, docteur sous *Htai tjong*, Compositeur Royal.

E Hyo tchyem, 魚孝瞻, surnom *Man tjyong*, 萬從, fils du précédent ; docteur sous *Syei tjong*, Président du Conseil du Gouvernement ; nom posthume *Moun hyo*, 文孝.

E Syei kyem, 魚世謙, surnom *Tjă ik*, 子益, nom littéraire *Sye tchyen*, 西川, né en 1490 ; docteur sous *Tan tjong*, Grand Conseiller du Prince de *Yen san;* nom posthume *Moun tjyeng*, 文貞.

545. 訥齋集

Noul tjăi tjip.

COLLECTION DES ŒUVRES DU LETTRÉ *Noul tjăi*.

3 vol. in-4.

B.B. 4 vol.

Auteur : *Ryang Syeng tji*, 梁誠之, surnom *Syoun pou*, 純夫, originaire de *Nam ouen*, 南原, né en 1415, docteur sous *Syei tjong*, Ministre des Fonctionnaires, Prince de *Nam ouen*, 南原君, en 1471 ; il se retira de la vie publique en 1473 ; nom posthume *Moun syang*, 文襄.

(문 믁 부) (ぶんぼくぶ) (文 墨 部)

L'édition què j'ai vue, débute par une préface de 1791, 上之十五年辛亥, composée par ordre du Roi par *Ri Pyeng mo*, 李秉模. Explicateur Royal : *Noul tjăi*, en 1462, 世祖八年, demanda à *Syei tjo*, de fonder une Bibliothèque Royale, cette idée ne fut réalisée qu'en 1776, 當宁踐阼之年丙申 ; en souvenir de la proposition de *Noul tjăi*, ses œuvres furent publiées par la Bibliothèque Royale.

Cet ouvrage formant six livres, contient, outre les œuvres de l'auteur, quelques compositions en son honneur, en prose et en vers.

Vie de l'auteur ; deux fac-similé de son écriture.

Postface, non datée, de *Ri Pok ouen*, 李福源, Grand Bibliothécaire.

546. 保閒齋集

Po han tjăi tjip.

COLLECTION DES ŒUVRES DU LETTRÉ *Po han tjăi.*

4 vol.

B.R.

Citée par le *Tai tong oun ok.*

Auteur : *Sin Syouk tjyou*, 申叔舟, surnom *Pem ong*, 泛翁, originaire de *Ko ryeng*, 高靈, né en 1417 ; docteur sous *Syei tjong ;* on raconte que sa femme voulut l'étrangler, parce qu'il avait abandonné *Tan tjong* et ne s'était pas opposé à l'usurpation de *Syei tjo ;* Grand Conseiller de ce dernier ; nom posthume *Moun tchyoung*, 文忠.

547. 靈川世稿

Ryeng tchyen syei ko.

ŒUVRES DE LA FAMILLE *Sin*, DE *Ryeng tchyen.*

Citées par le *Tai tong oun ok.*

Auteurs : *Sin Tjou*, 申澍.

Sin Tjyong ho, 申從濩, surnom *Tchă syo*, 次韶, fils de *Sin Tchan*, 申瀿, et petit-fils de *Sin Syouk tjyou*, 申叔舟.

Sin Tjăm, 申潛, surnom *Ouen ryang*, 元亮, nom littéraire *Ryeng tchyen tjă*, 靈川子, docteur en 1519, bâtonné et exilé la même année.

Sin Ouen, 申沅, nom posthume *Moun hyo*, 文孝.

548. 靈川集

Ryeng tchyen tjip.

COLLECTION DES ŒUVRES DE *Ryeng tchyen.*

Peut-être le même ouvrage que le précédent, ou œuvres de *Sin Tjăm*, 申潛.

549. 匪懈堂集

Pi kăi tang tjip.

COLLECTION DES ŒUVRES DU LETTRÉ *Pi kăi tang.*

Citée par le *Tai tong oun ok.*

Auteur : *Yong*, Grand Prince de *An hpyeng*, 安平大君瑢, surnom *Tchyeng tji*, 淸之, autre nom littéraire *Rang kan ke să*, 琅玕居士, fils du Roi *Syei tjong* ; il fut mis à mort en 1453.

550. 四佳亭集
Să kai tyeng tjip.
COLLECTION DES ŒUVRES DU LETTRÉ *Să kai tyeng.*

15 vol.

B.R.

Citée par le *Tai tong oun ok* et le *Htong moun koan tji.*

Auteur: *Sye Ke tjyeng,* 徐居正, premier surnom *Tjă ouen,* 子元, surnom *Kang tjyoung,* 剛中; originaire de *Tal syeng,* 達城, docteur en 1444, Grand Compositeur sous *Yei tjong;* nom posthume *Moun tchyoung,* 文忠.

551. 泰齋集
Htai tjăi tjip.
COLLECTION DES ŒUVRES DU LETTRÉ *Htai tjăi.*

Citée par le *Tai tong oun ok.*

Auteur: *Ryou Pang syen,* 柳方善, surnom *Tjă kyei,* 子繼, originaire de *Syou* (vulgaire *sye*) *san,* 瑞山; il vivait pendant la période **Yong lo,** 永樂 (1403–1424).

552. 乖厓集
Koi ai tjip.
COLLECTION DES ŒUVRES DU LETTRÉ *Koi ai.*

Citée par le *Tai tong oun ok.*

Auteur: *Kim Syou on,* 金守温, surnom *Moun ryang,* 文良, originaire de *Yeng san,* 永山; docteur sous *Syei tjong,* Président du Conseil du Gouvernement, nom posthume *Moun hpyeng,* 文平.

553. 樗 軒 集

Tjye hen tjip.

COLLECTION DES ŒUVRES DU LETTRÉ *Tjye hen.*

Citée par le *Tai tong oun ok.*

Auteur : *Ri Syek hyeng,* 李石亨, surnom *Păik ok,* 伯玉, originaire de *Yen an,* 延安, docteur sous *Syei tjong;* il reçut de *Syeng tjong* le titre de Serviteur de mérite avec la qualification de Soutien de la Raison, *Tja ri kong sin,* 佐理功臣, et fut fait Prince de *Yen syeng,* 延城府院君; Président du Conseil du Gouvernement ; nom posthume *Moun kang,* 文康.

554. 三 灘 集

Sam htan tjip.

COLLECTION DES ŒUVRES DU LETTRÉ *Sam htan.*

Citée par le *Tai tong oun ok.*

Auteur : *Ri Seung tjyo,* 李承召, surnom *Youn po,* 胤保, originaire de *Yang syeng,* 陽城, docteur sous *Syei tjong,* Président de Ministère.

555. 私 淑 齋 集

Să syouk tjăi tjip.

COLLECTION DES ŒUVRES DU LETTRÉ *Să syouk tjăi.*

Citée par le *Tai tong oun ok.*

Auteur : *Kang Heui măing,* 姜希孟, surnom *Kyeng syoun,* 景醇, autre nom littéraire *Oun syong ke să,* 雲松居士, frère cadet de *Kang Heui an,* 姜希顔 ; docteur sous *Syei tjong;* membre du Grand Conseil, nom posthume *Moun ryang,* 文良.

556. 六先生遺稿

Ryouk syen săing you ko.

ŒUVRES DES SIX LETTRÉS.

3 vol. in-8.

B.R.

Préface par *Tjyo Hyang*, de *Han yang*, 漢陽趙絅, datée de 1658, 著雍閹茂, c'est à dire 戊戌.

Avertissement; fac-similé de l'écriture des six lettrés; leur vie.

Ces six lettrés sont les six fonctionnaires fidèles au Roi *Tan tjong*, (cf. *Tjang reung tji*) qui voulurent le remettre sur le trône et furent tués par ordre de *Syei tjo*, en 1456.

Syeng Sam moun, 成三問, surnom *Keun po*, 謹甫, nom littéraire *Măi tjyouk hen*, 梅竹軒, docteur en 1438; et son père *Syeng Seung*, 成勝, originaire de *Tchyang nyeng*, 昌寧, Commandeur Général des Gardes, nom posthume *Syang hyei*, 襄惠.

Pak Păing nyen, 朴彭年, surnom *In sou*, 仁叟, originaire de *Hpyeng yang*, 平壤; docteur sous *Syei tjong*, Ministre des Fonctionnaires.

Ha Oui ti, 河緯地, surnom *Htyen tjyang*, 天章, nom littéraire *Tan kyei*, 丹溪, originaire de *Tjin tjyou*, 晉州, docteur sous *Syei tjong*.

Ri Kai, 李塏, surnom *Păik ko*, 伯高, autre surnom *Tchyeng po*, 淸甫, originaire de *Han san*, 韓山, docteur sous *Syei tjong*, Compositeur Royal.

Ryou Syeng ouen, 柳誠源, surnom *Htai tcho*, 太初, originaire de *Moun hoa*, 文化, docteur sous *Syei tjong*.

You-Eung pou, 俞應孚, originaire de *Keui kyei*, 杞溪.

Le fils de *Pak Păing nyen* échappa à la mort et fit les sacrifices des six familles ; un de ses descendants, *Pak Syoung ko*, 朴崇古, a écrit une postface pour le présent ouvrage (戊戌, 1658).

Postface de 1645, 乙酉, par *Kim Syang hen*, de *An tong*, 安東金尙憲, Grand Conseiller de *In tjo*.

Postface, non datée, de *Ri Kyeng 'ek*, 李慶億, Grand Conseiller de *Hyen tjong*.

Postface de 1672, 壬子, par *Youn Să kouk*, 尹師國.

Pak Syoung ko, étant devenu magistrat de *Nyeng ouel*, 寧越, où sont adorés les six fonctionnaires fidèles, fit réparer leur temple et rassembla ce qu'il put trouver de leurs ouvrages pour l'y conserver; ces œuvres furent ensuite gravées par les soins du Gouverneur du *Tjyen ra*, 全羅.

557. 六先生集

Ryouk syen săing tjip.

COLLECTION DES ŒUVRES DES SIX LETTRÉS.

3 vol.

B.R.

Probablement le même ouvrage que ci-dessus.

557bis. 成謹甫集

Syeng keun po tjip.

COLLECTION DES ŒUVRES DE *Syeng Keun po*.

1 vol.
B.R.
Auteur : *Syeng Sam moun*, 成三問.

558. 佔畢齋集

Tchyem hpil tjăi tjip.

COLLECTION DES ŒUVRES DU LETTRÉ *Tchyem hpil tjăi.*

Citée par le *Tai tong oun ok.*

Auteur : *Kim Tjong tjik*, 金宗直, surnom *Kyei on*, 季昷, fils de *Kim Syouk tjă*, 金叔滋,[1] docteur sous *Syei tjo*, Ministre de la Justice ; il dépassa la réputation de son père et eut un grand nombres d'élèves. Accusé auprès du Prince de *Yen san*, comme auteur du *Tyo eui tyei pou*, il fut mis à mort en 1498, 戊午 ; la plupart de ses élèves furent ou mis à mort ou exilés. Nom posthume *Moun kan*, 文簡.

559. 梅月堂集

Măi ouel tang tjip.

COLLECTION DES ŒUVRES DU LETTRÉ *Măi ouel tang.*

9 vol.
B.R.
Citée par le *Tai tong oun ok.*

Auteur : *Kim Si seup*, 金時習, surnom *Yel kyeng*, 悅卿, noms littéraires *Măi ouel tang*, 梅月堂 ; *Syel tjăm*, 雪岑 ; *Tchyeng han tjă*, 清寒

1. Surnom *Tjă păi*, 子培, nom littéraire *Kang ho*, 江湖, docteur sous *Syei tjong*, célèbre sage, élève de *Ya eun*, 冶隱, originaire de *Syen san*, 善山.

子; *Pyek san*, 碧山; *Tchyeng eun*, 淸隱; *Tong pong*, 東峯; *O syei ong*, 鰲世翁; originaire de *Kang reung*, 江陵; remarquable par sa précocité: il connaisait les caractères en naissant, à trois ans il lut le ***Tchong yong***, à cinq ans, il faisait des vers; *Syei tjong* l'appela près de lui. Lors de l'usurpation de *Syei tjo*, il brûla ses écrits et se fit bonze; plus tard il se maria; à la mort de sa femme, il se fit bonze de nouveau.

560. 安齋集

An tjăi tjip.

Collection des œuvres du lettré *An tjăi.*

Citée par le *Tai tong oun ok.*

Auteur: *Syeng Im*, 成任, surnom *Tjyoung kyeng*, 重卿, originaire de *Tchyang nyeng*, 昌寧; docteur sous *Syei tjong*, membre du Grand Conseil; nom posthume *Moun an*, 文安.

561. 眞逸齋集

Tjin il tjăi tjip.

Collection des œuvres du lettré *Tjin il tjăi.*

Citée par le *Tai tong oun ok.*

Auteur: *Syeng Kan*, 成侃, surnom *Hoa tjyoung*, 和仲, frère cadet du précédent; docteur en 1453.

562. 虛白亭集

He păik tyeng tjip.

Collection des œuvres du lettré *He păik tyeng.*

Citée par le *Tai tong oun ok.*

Auteur : *Syeng Kyen,* 成俔, surnom *Kyeng syouk,* 磬叔, autre nom littéraire *Yong tjăi,* 慵齋, frère cadet des précédents, docteur sous *Syei tjo,* Grand Compositeur sous le Prince de *Yen san;* nom posthume *Moun tăi,* 文戴.

563. 李評事集

Ri hpyeng să tjip.

COLLECTION DES ŒUVRES DE L'AIDE-DE-CAMP *Ri.*

1 vol.

B.R.

Citée par le *Tai tong oun ok.*

Auteur : *Ri Mok,* 李穆, surnom *Tjyoung ong,* 仲雍, originaire de *Tjyen tjyou,* 全州, docteur en 1453, élève de *Tchyem hpil,* 佔畢, mis à mort en 1498.

564. 勿齋集

Moul tjăi tjip.

COLLECTION DES ŒUVRES DU LETTRÉ *Moul tjăi.*

Citée par le *Tai tong oun ok.*

Auteur : *Son Syoun hyo,* 孫舜孝, surnom *Kyeng po,* 敬甫, autre nom littéraire *Tchil hyou ke să,* 七休居士, originaire de *Hpyeng hăi,* 平海, docteur sous *Tan tjong,* membre du Grand Conseil ; nom posthume *Moun tjyeng,* 文貞.

565. 四雨亭集

Să ou tyeng tjip.

COLLECTION DES ŒUVRES DU LETTRÉ *Să ou tyeng.*

Citée par le *Tai tong oun ok.*

Auteur : *Sik*, Prince de *Pou rim*, 富林君湜, surnom *Rang ong*, 浪翁, fils de *Tjeung*, Prince de *Kyei yang*, 桂陽君璔, fils lui-même de *Syei tjong.*

566. 青坡集

Tchyeng hpa tjip.

COLLECTION DES ŒUVRES DU LETTRÉ *Tchyeng hpa.*

Citée par le *Tai tong oun ok.*

Auteur : *Ri Ryouk*, 李陸, surnom *Pang ong*, 放翁, originaire de *Ko syeng*, 固城, docteur sous *Syei tjo.*

567. 逍遙齋集

Syo yo tjăi tjip.

COLLECTION DES ŒUVRES DU LETTRÉ *Syo yo tjăi.*

Citée par le *Tai tong oun ok.*

Auteur : *Tchoi Syouk tjyeng*, 崔淑精, surnom *Kouk hoa*, 國華, originaire de *Yang tchyen*, 陽川, docteur sous *Syei tjo*, Compositeur Royal.

568. 虛白堂集

He păik tang tjip.

COLLECTION DES ŒUVRES DU LETTRÉ *He păik tang.*

Citée par le *Tai tong oun ok.*

Auteur : *Hong Koui tal*, 洪貴達, surnom *Kyem syen*, 兼善, autre nom littéraire *Ham he tyeng*,

涵虛亭, originaire de *Pou kyei*, 缶溪, dans le district de *Eui heung*, 義興; docteur sous *Syei tjo;* membre du Grand Conseil; mort en exil sous le Prince de *Yen san;* nom posthume *Moun koang*, 文匡.

569. 懶齋集

Ran tjăi tjip.

COLLECTION DES ŒUVRES DU LETTRÉ *Ran tjăi.*

1 vol.

B.R.

Citée par le *Tai tong oun ok.*

Auteur: *Tchai Syou*, 蔡壽, surnom *Ki tji*, 耆之, originaire de *In tjyou*, 仁州, docteur sous *Yei tjong.*

570. 風月亭集

Hpoung ouel tyeng tjip.

COLLECTION DES ŒUVRES DU LETTRÉ *Hpoung ouel tyeng.*

2 vol.

B.R.

Citée par le *Tai tong oun ok.*

Auteur: *Tyeng*, Grand Prince de *Ouel san*, 月山大君婷, surnom *Tjă mi*, 子美, fils de *Tek tjong.*

571. 醒狂集

Syeng koang tjip.

COLLECTION DES ŒUVRES DU LETTRÉ *Syeng koang.*

Citée par le *Tai tong oun ok.*

Auteur: *Sim ouen*, Prince de *Tjyou kyei*, 朱溪君深源, surnom *Păik yen*, 伯淵, autre nom littéraire *Meuk tjăi*, 默齋, descendant à la troisième génération de *Po*, Grand Prince de *Hyo nyeng*, 孝寧大君補, fils lui-même de *Htai tjong*. *Sim ouen*, étudia sous *Tchyem hpil*, 佔畢, et fut mis à mort en 1504; il est regardé comme l'un des Sages coréens. Nom posthume *Moun tchyoung*, 文忠.

572. 二樂亭集

I ak tyeng tjip.

COLLECTION DES ŒUVRES DU LETTRÉ *I ak tyeng*.

Citée par le *Tai tong oun ok*.

Auteur: *Sin Yong kai*, 申用漑, surnom *Kai tji*, 漑之, autre nom littéraire *Syong kyei*, 松溪, né en 1463; petit fils de *Sin Syouk tjyou*, 申叔舟, docteur sous *Syeng tjong*, Grand Conseiller de *Tjyoung tjong*. Nom posthume *Moun kyeng*, 文景.

573. 木溪集

Mok kyei tjip.

COLLECTION DES ŒUVRES DU LETTRÉ *Mok kyei*.

Citée par le *Tai tong oun ok*.

Auteur: *Kang Hon*, 姜渾, surnom *Să ho*, 士浩, originaire de *Tjin tjyou*, 晋州; docteur en 1486; Président du Conseil du Gouvernement, Serviteur de mérite avec la qualification de Pacificateur du Royaume, *Tjyeng kouk kong sin*, 靖國功臣, Prince de *Tjin tchyen*, 晋川君; nom posthume *Moun kan*, 文簡.

574. 止止堂集

Tji tji tang tjip.

COLLECTION DES ŒUVRES DU LETTRÉ *Tji tji tang.*

4 vol.

B.R.

Citée par le *Tai tong oun ok.*

Auteur : *Kim Măing syeng,* 金孟性, surnom *Syẽn ouen,* 善源, originaire de *Hăi hypeng,* 海平, docteur sous *Syeng tjong.*

575. 沖齋集

Tchyoung tjăi tjip.

COLLECTION DES ŒUVRES DU LETTRÉ *Tchyoung tjăi.*

Citée par le *Tai tong oun ok.*

Auteur : *Tchoi Syouk săing,* 崔淑生, surnom *Tjă tjin,* 子眞, originaire de *Kyeng tjyou,* 慶州, docteur sous *Syeng tjong,* membre du Grand Conseil, dégradé en 1519 après sa mort.

576. 濯纓集

Tchak yeng tjip.

COLLECTION DES ŒUVRES DU LETTRÉ *Tchak yeng.*

2 vol.

B.R.

Auteur : *Kim Il son,* 金馹孫, surnom *Kyei oun,* 季雲, originaire de *Kim hăi,* 金海, élève de *Tchyem hpil,* 佔畢, docteur en 1486, compris dans la proscription de 1498.

(문집류) (ぶんしふるい) (文集類)

577. 睡軒集

Syou hen tjip.

COLLECTION DES ŒUVRES DU LETTRÉ *Syou hen.*

Citée par le *Tai tong oun ok.*

Préface par *Sye ai,* 西厓.

Auteur : *Kouen O pok,* 權五福, surnom *Hyang tji,* 嚮之, originaire de *Ryei tchyen,* 醴川, élève de *Tchyem hpil,* 佔畢, docteur sous *Syeng tjong,* mis à mort en 1498.

578. 草堂集

Tcho tang tjip.

COLLECTION DES ŒUVRES DU LETTRÉ *Tcho tang.*

Citée par le *Tai tong oun ok.*

Auteur : *Kang Kyeng sye,* 姜景敍, surnom *Tjă moun,* 子文, originaire de *Tjin tjyou,* 晉州, docteur sous *Syeng tjong;* bâtonné et exilé en 1498, puis gracié, il devint Président du Conseil Privé.

579. 錦南集

Keum nam tjip.

COLLECTION DES ŒUVRES DU LETTRÉ *Keum nam.*

Citée par le *Rye să tyei kang.*

Auteur : *Tchoi Pou,* 崔溥, surnom *Yen yen,* 淵淵, originaire de *Htam tjin,* 耽津, dans le district de *Ra tjyou,* 羅州 ; envoyé en mission à Quelpaërt, il fit naufrage en Chine, sur les côtes du ***Tchẹ kiang,*** 浙江 ; exilé en 1498, il fut mis à mort en 1504.

580. 妄軒集

Mang hen tjip.

COLLECTION DES ŒUVRES DU LETTRÉ *Mang hen.*

Citée par le *Tai tong oun ok.*

Auteur : *Ri Tjyou*, 李胄, surnom *Tjyou tji*, 胄之, descendant de *Hăing tchon*, 杏村, docteur sous *Syeng tjong*, élève de *Tchyem hpil*, 佔畢, exilé en 1498, mis à mort en 1504.

581. 梅磎集

Măi kyei tjip.

COLLECTION DES ŒUVRES DU LETTRÉ *Măi kyei.*

10 vol.

B.R.

Citée par le *Tai tong oun ok.*

Auteur : *Tjo Oui*, 曹偉, surnom *Htai he*, 太虛, originaire de *Tchyang nyeng*, 昌寧, docteur sous *Syeng tjong*, élève de *Tchyem hpil*, 佔畢, exilé et mort en exil.

582. 濡溪集

Roi kyei tjip.

COLLECTION DES ŒUVRES DU LETTRÉ *Roi kyei.*

Citée par le *Tai tong oun ok.*

Auteur : *You Ho in*, 俞好仁, surnom *Keuk kewi*, 克己, originaire de *Ko ryeng*, 高靈, élève de *Tchyem hpil*, 佔畢, docteur sous *Syeng tjong*.

582bis. 文節公遺稿

Moun tjyel kong you ko.

ŒUVRES DE *Moun tjyel.*

1 vol. in-4, 59 feuillets formant 2 livres.

M.C.

Auteur : *Tjyo Ouen keui*, 趙元紀, surnom *Ri tji*, 理之, nom posthume *Moun tjyel*, originaire de *Han yang*, 漢陽, né en 1457, fonctionnaire, il résista aux ordres illégaux du Prince de *Yen san ;* plus tard, il réuisset dans diverses missions difficiles et arriva à être Conseiller au Grand Conseil : il mourut en 1533. Un de ses ancêtres, *Tjyo Ryang keui*, 趙良琪, avait été au service de la dynastie des ***Yuen***, 元.

583. 虛庵集

He am tjip.

COLLECTION DES ŒUVRES DU LETTRÉ *He am.*

Citée par le *Tai tong oun ok.*

Postface de *Sye ai*, 西厓.

Auteur : *Tjyeng Heui ryang*, 鄭希良, surnom *Syoun pou*, 淳夫, originaire de *Hăi tjyou*, 海州; docteur sous le Prince de *Yen san*, exilé en 1498, gracié en 1501 ; il se noya par accident.

584. 秋江集

Tchyou kang tjip.

COLLECTION DES ŒUVRES DU LETTRÉ *Tchyou kang.*

5 vol.

B.R.

Citée par le *Tai tong oun ok*, le *Tjang reung tji*, etc.

Auteur: *Nam Hyo on*, 南孝溫, surnom *Păik kong*, 伯恭, originaire de *Eui nyeng*, 宜寧, élève de *Tchyem hpil*, 佔畢. En 1504, après sa mort, il fut accusé et jugé comme auteur du *Ryouk sin tjyen*, attentatoire à la mémoire de *Syei tjo ;* son cercueil fut ouvert et son cadavre mis en pièces.

585. 寓庵集

Ou am tjip.

COLLECTION DES ŒUVRES DU LETTRÉ *Ou am*.

Citée par le *Tai tong oun ok.*

Auteur: *Hong Yen tchyoung*, 洪彥忠, surnom *Tjik kyeng*, 直卿, originaire de *Pou kyei*, 缶溪, docteur sous le Prince de *Yen san*, accusé en 1504.

586. 挹翠軒集

Eup tchyoui hen tjip.

COLLECTION DES ŒUVRES DU LETTRÉ *Eup tchyoui hen*.

5 vol.

B.R.

Citée par le *Tai tong oun ok.*

Auteur: *Pak Eun*, 朴誾, surnom *Tjyoung yel*, 仲說, originaire de *Ko ryeng*, 高靈, docteur sous le Prince de *Yen san*, mis à mort en 1505.

587. 訥齋集

Noul tjăi tjip.

COLLECTION DES ŒUVRES DU LETTRÉ *Noul tjăi*.

15 vol.

B.R.

Citée par le *Tai tong oun ok.*

Auteur : *Pak Syang,* 朴祥, surnom *Tchyang syei,* 昌世, originaire de *Tchyoung tjyou,* 忠州, docteur en 1501.

588. 靜庵集

Tjyeng am tjip.

COLLECTION DES ŒUVRES DU LETTRÉ *Tjyeng am.*

4 vol.

B.R.

Citée par le *Tai tong oun ok.*

Auteur : *Tjyo Koang tjo,* 趙光祖, surnom *Hyo tjik,* 孝直, originaire de *Han yang,* 漢陽, élève de *Han houen,* 寒暄[1] ; docteur en 1515, Grand Censeur, exilé et mis à mort en 1519 (cf. *Keui myo rok*) ; nom posthume *Moun tjyeng,* 文正. La réputation de *Tjyo Koang tjo* égale celle de son maître.

589. 慕齋集

Mo tjăi tjip.

COLLECTION DES ŒUVRES DU LETTRÉ *Mo tjăi.*

7 vol.

B.R.

Citée par le *Tjang reung tji* et le *Tai tong oun ok.*

Auteur : *Kim An kouk,* 金安國, surnom *Kouk kyeng,* 國卿, originaire de *Eui syeng,* 義城, élève

1. *Kim Hong hpil,* 金宏弼, surnom *Tai hen,* 大獻, originaire de *Syou* (vulgaire *Sye*) *heung,* 瑞興, élève de *Tchyem hpil,* 佔畢, licencié en 1480 ; exilé en 1498, mis à mort en 1504, l'un des Sages coréens les plus renommés.

dè *Han houen*, 寒暄, docteur sous le Prince de *Yen san*, Compositeur Royal, Gouverneur du *Kyeng syang*, 慶尙, où il fit imprimer plusieurs ouvrages de morale ; exilé en 1519, rappelé en 1537, membre du Grand Conseil. Nom posthume *Moun kyeng*, 文敬.

590. 思齋集

Să tjăi tjip.

COLLECTION DES ŒUVRES DU LETTRÉ *Să tjăi.*

2 vol.

B.R..

Auteur : *Kim Tjyeng kouk*, 金正國, surnom *Kouk hpil*, 國弼, frère cadet du précédent et, comme lui, élève de *Han houen*, 寒暄, docteur en 1509 ; il ne fut pas compris dans la persécution de 1519 ; membre du Grand Conseil. Nom posthume *Moun mok*, 文穆.

591. 養心堂集

Yang sim tang tjip.

COLLECTION DES ŒUVRES DU LETTRÉ *Yang sim tang.*

Postface par *Htoi kyei*, 退溪.

Auteur : *Tjyo Syeng*, 趙晟, surnom *Păik yang*, 伯陽, originaire de *Hpyeng yang*, 平壤, élève de *Tjyeng am*, 靜庵.

592. 冲庵集

Tchyoung am tjip.

COLLECTION DES ŒUVRES DU LETTRÉ *Tchyoung am.*

15 vol.

B.R.

Citée par le *Tai tong oun ok.*

Auteur : *Kim Tjyeng,* 金 淨, surnom *Ouen tchyoung,* 元 冲, originaire de *Kyeng tjyou,* 慶 州; docteur en 1508 ; Ministre de la Justice, bâtonné et exilé à Quelpaërt où il se suicida. Nom posthume *Moun kan,* 文 簡.

593. 容 齋 集

Yong tjăi tjip.

COLLECTION DES ŒUVRES DU LETTRÉ *Yong tjăi.*

7 vol.

B.R.

Citée par le *Tai tong oun ok.*

Auteur: *Ri Hăing,* 李 荇, surnom *Tchăik tji,* 擇 之, docteur en 1478, originaire de *Tek syou,* 德 水; opposé aux exilés de 1519 sur la question de la réhabilitation de la reine *Sin,* 愼 氏, femme de *Tjyoung tjong;* il se retira à *Myen tchyen,* 沔 川; plus tard, il devint Grand Conseiller. Nom posthume *Moung tyeng,* 文 定.

594. 陰 崖 集

Eum ai tjip.

COLLECTION DES ŒUVRES DU LETTRÉ *Eum ai.*

Citée par le *Tjang reung tji,* le *Tai tong oun ok,* etc.

Auteur : *Ri Tjă,* 李 耔, surnom *Tchă ya,* 次 野, descendant de *Mok eun,* 牧 隱, docteur en 1504 ;

membre du Grand Conseil ; exilé en 1519, puis gracié ; exilé de nouveau. Nom posthume *Moun eui*, 文懿.

595. 花潭集

Hoa tam tjip.

Collection des œuvres du lettré *Hoa tam.*

Citée par le *Tai tong oun ok.*

Auteur : *Sye Kyeng tek*, 徐敬德, surnom *Ka kou*, 可久, autre nom littéraire *Pok tjăi*, 復齋, originaire de *Tang syeng*, 唐城, élève de *Htan sou*, 灘叟,[1] il vécut dans la retraite et refusa toute fonction ; *Tjyoung tjong* lui donna le nom posthume de *Moun kang*, 文康, et le titre posthume de Grand Conseiller.

596. 武陵雜稿

Mou reung tjap ko.

Œuvres diverses de *Mou reung.*

Citées par le *Tai tong oun ok.*

Auteur : *Tjyou Syei peung*, 周世鵬, surnom *Kyeng you*, 景遊, nom littéraire *Sin tjăi*, 愼齋, originaire de *Syang tjyou*, 尙州, docteur sous *Tjyoung tjong*, Vice-compositeur royal ; en 1543, il fonda à *Păik oun tong*, 白雲洞, dépendant de *Syoun heung*, 順興, dont il était magistrat, le Collége de *Syo syou*, 紹修書院, en l'honneur de *An You*,

1. *Ri Yen kyeng*, 李延慶, surnom *Tjyang kil*, 長吉, originaire de *Koang tjyou*, 廣州, élève de *Tjyeng am*, 靜庵.

安裕, et de deux autres Sages: c'est le premier Collége fondé en Corée; en 1550, le Roi fit don à ce Collége d'un tableau dédicatoire écrit de sa main.

597. 松菴集

Syong am tjip.

COLLECTION DES ŒUVRES DE *Syong am.*

Citée par le *Htong moun koan tji.*

Auteur: *Ryou Koan,* 柳灌, surnom *Koan tji,* 灌之, né en 1484, originaire de *Moun hoa,* 文化, docteur en 1508, Grand Conseiller de *In tjong,* accusé faussement de conspiration et mis à mort, réhabilité par *Syen tjo.*

598. 長吟亭集

Tjyang eum tyeng tjip.

COLLECTION DES ŒUVRES DU LETTRÉ *Tjyang eum tyeng.*

1 vol.

B.R.

Citée par le *Tai tong oun ok.*

Auteur: *Ra Sik,* 羅湜, surnom *Tjyeng ouen,* 正源, originaire de *An tyeng,* district de *Pi an,* 比安安定, mis à mort en 1545.

599. 松齋遺稿

Syong tjăi you ko.

ŒUVRES DE *Syong tjăi.*

2 vol. in-4, formant 4 livres.

Auteur: *Ra Syei tchan,* 羅世纘, surnom *Pi seung,* 丕承, originaire de *Ra tjyou,* 羅州, né en

1498, docteur sous *Tjyoung tjong*, Grand Censeur; mort en 1551. En 1642, un temple lui fut élevé à *Syong rim san*, 松林山, ses œuvres furent imprimées à l'aide de caractères mobiles en 1776 et furent gravées en 1829.

Préface en caractères cursifs, de 1801, 崇禎後三辛酉, par *Song Hoan keui*, de *Tek eun*, 德殷宋煥箕.

Fac similé de l'écriture de *Syong tjăi*.

Postface de 1657, 崇禎丁酉, par *Ri Keui kyeng*, de *Tjyen eui*, 全義李基敬.

Postface de 1810, 崇禎紀元後四庚午, par *Song Tchi kyou*, de *Eun tjin*, 恩津宋穉圭.

Postface de 1811, 上之十一年, par *Hong Syek tjyou*, de *Hpoung san*, 豐山洪奭周.

600. 陽谷集

Yang kok tjip.

COLLECTION DES ŒUVRES DU LETTRÉ *Yang kok*.

Citée par le *Tai tong oun ok*.

Auteur: *So Syei yang*, 蘇世讓, surnom *En kyem*, 彥謙, originaire de *Tjin tjyou*, 晋州, docteur en 1509; Président du Conseil du Gouvernement.

601. 晦齋先生集

Hoi tjăi syen săing tjip.

COLLECTION DES ŒUVRES DU LETTRÉ *Hoi tjăi*.

Citée par le *Tai tong oun ok*.

Auteur: *Ri En tyek*, 李彥迪, surnom *Pok ko*, 復古, autre nom littéraire *Tjă kyei ong*, 紫溪翁;

premier postnom *Tyek*, 迪, auquel, par ordre de *Tjyoung tjong*, il ajouta le caractère *En*, 彥, originaire de *Rye tjyou*, 驪州, docteur en 1514; membre du Grand Conseil; en 1547, exilé à *Kang kyei*, 江界, où il mourut; nom posthume *Moun ouen*, 文元.

602. 晦齋文集

Hoi tjăi moun tjip.

COLLECTION DES COMPOSITIONS DU LETTRÉ *Hoi tjăi.*

Citée par le *Tong kyeng tjap keui.*

Cf. ci-dessus.

603. 蘇齋集

So tjăi tjip.

COLLECTION DES ŒUVRES DU LETTRÉ *So tjăi.*

Auteur: *Ro Syou sin*, 盧守愼, surnom *Koa hoi*, 寡悔, originaire de *Koang tjyou*, 光州, docteur en 1543, élève de *Hoi tjăi*, 晦齋, et de *Htan sou*, 灘叟; exilé en 1547; Grand Conseiller de *Syen tjo*; nom posthume *Moun kan*, 文簡, ou *Moun eui*, 文懿.

604. 大觀子集

Tai koan tjă tjip.

COLLECTION DES ŒUVRES DU SAGE *Tai koan.*

Citée par le *Tai tong oun ok.*

Auteur: *Sim Eui*, 沈義, surnom *Eui tji*, 義之, nom littéraire *Tai koan tjăi*, 大觀齋, originaire de *Hpoung san*, 豐山; docteur sous *Tjyoung tjong*.

605. 大觀本草

Tai koan pon tcho.

BROUILLONS DE *Tai koan.*

12 vol.

B.R.

Cf. ci-dessus.

606. 淸江集

Tchyeng kang tjip.

COLLECTION DES ŒUVRES DU LETTRÉ *Tchyeng kang.*

3 vol.

B.R.

Auteur : *Ri Tjyei sin*, 李濟臣, surnom *Mong eung*, 夢應, originaire de *Tjyen eui*, 全義, Commandant de forteresse sous *Tjyoung tjong.*

607. 河西集

Ha sye tjip.

COLLECTION DES ŒUVRES DU LETTRÉ *Ha sye.*

13 vol., autre édition en 8 vol.

B.R.

Citée par le *Tai tong oun ok.*

Auteur : *Kim Rin hou*, 金麟厚, surnom *Hou tji*, 厚之, originaire de *Oul san*, 蔚山 ; élève de *Mo tjăi*, 慕齋 ; docteur sous *Tjyoung tjong*, Explicateur sous *In tjong ;* nom posthume *Moun tjyeng*, 文正.

608. 企齋集

Ki tjăi tjip.

COLLECTION DES ŒUVRES DU LETTRÉ *Ki tjăi.*

Citée par le *Tai tong oun ok.*

Auteur : *Sin Koang han,* 申光漢, surnom *Han tji,* 漢之, autre surnom *Si hoi,* 時晦, autre nom littéraire *Rak pong,* 駱峯, descendant de *Sin Syouk tjyou,* 申叔舟 ; docteur en 1510 ; Grand Compositeur sous *In tjong;* nom posthume *Moun kan,* 文簡.

609. 龜巖集

Koui am tjip.

COLLECTION DES ŒUVRES DU LETTRÉ *Koui am.*

Citée par le *Hou tjă kyeng hpyen.*

Auteur : *Ri Tjyeng,* 李楨, surnom *Kang i,* 剛而, originaire de *Să tchyen,* 泗川 ; docteur sous *Tjyoung tjong.*

610. 南冥集

Nam myeng tjip.

COLLECTION DES ŒUVRES DU LETTRÉ *Nam myeng.*

3 vol.

B.R.

Citée par le *Tai tong oun ok.*

Postface de *Sye ai,* 西厓.

Auteur : *Tjo Sik,* 曹植, surnom *Ken tjyoung,* 楗仲, originaire de *Tchyang nyeng,* 昌寧, il vécut sous *Myeng tjong* et *Syen tjo* et refusa toutes fonctions.

611. 退溪集

Htoi kyei tjip.

COLLECTION DES ŒUVRES DU LETTRÉ *Htoi kyei.*

31 vol. in-4, formant 49 livres.

B.R.

Auteur : *Ri Hoang*, 李滉, surnom *Kyeng ho*, 景浩 ; autre nom littéraire *Htoi to ong*, 退陶翁, tiré du nom de la montagne *To*, 陶山, où il se retira; descendant d'une famille illustre sous la dynastie de Ko rye ; né à *On kyei ri*, 溫溪里, dépendant de *Ryei an*, 禮安, en 1501, 弘治十四年; docteur sous *Tjyoung tjong;* Président du Conseil du Gouvernement, mort en 1571, 五年辛未; nom posthume *Moun syoun*, 文純 ; Grand Conseiller après sa mort. Ce célèbre Sage eut un grand nombre d'élèves.

612. 退溪先生集

Htoi kyei syen săing tjip.

COLLECTION DES ŒUVRES DU LETTRÉ *Htoi kyei.*

Citée par le *Tai tong oun ok.*

C'est sans doute le même ouvrage que le précédent.

613. 高峯集

Ko pong tjip.

COLLECTION DES ŒUVRES DU LETTRÉ *Ko pong.*

Auteur : *Keui Tăi seung*, 奇大升, surnom *Myeng en*, 明彥, docteur en 1558, élève de *Ri Hoang*, 李滉, Grand Maître des Remontrances, nom posthume *Moun hen*, 文憲.

614. 兩先生往復書

Ryang syen săing oang pok sye.

CORRESPONDANCE DES DEUX LETTRÉS.

2 vol. in-8.

Lettres de *Ri Hoang*, 李滉, et *Keui Tai seung*, 奇大升 ; ouvrage imprimé en 1788, 三戊申.

615. 錦溪集

Keum kyei tjip.

COLLECTION DES ŒUVRES DU LETTRÉ *Keum kyei.*

1. vol.

B.R.

Citée par le *Tai tong oun ok.*

Auteur : *Hoang Syoun ryang*, 黃俊良, surnom *Tjyoung ke*, 仲舉, originaire de *Hpyeng hăi*, 平海 ; docteur en 1540, élève de *Hloi to*, 退陶.

616. 寒岡集

Han kang tjip.

COLLECTION DES ŒUVRES DU LETTRÉ *Han kang.*

6 vol.

B.R.

Auteur : *Tjyeng Syoul*, 鄭述, surnom *To ka*, 道可, originaire de *Tjin tjyou*, 晉州, élève de *Ri Hoang*, 李滉, nom posthume *Moun mok*, 文穆.

617. 思菴集

Să am tjip.

COLLECTION DES ŒUVRES DU LETTRÉ *Să am.*

3 vol. in-8, formant 4 livres.

B.R. 5 vol.

Auteur : *Pak Syoun*, 朴淳, surnom *Hoa syouk*, 和叔, originaire de *Ra tjyou*, 羅州, né en 1523, 嘉靖癸未, mort en 1589, Grand Conseiller de *Syen tjo*, nom posthume *Moun tchyoung*, 文忠.

1ère postface de 1592, 壬辰, par *Ri Kyeng syek*, 李景奭.

2e postface, non datée, de *Hong Tjik hpil*, 洪直弼.

3e postface de 1856, 丙辰, par *Kim Heung keun*, de *An tong*, 安東金興根.

4e postface de 1857, 上之八年丁巳, par *Tjyo Tou syoun*, de *Yang tjyou*, 楊州趙斗淳.

5e postface de 1857, 彊圉大荒落 c'est à dire 丁巳, par *Youn Tyeng hyen*, 尹定鉉.

6e postface de 1857, 崇禎四丁巳, par *Song Tal syou*, 宋達洙.

7e postface, de la même date, par *Sim Kyeng tchăik*, 沈敬澤.

Les œuvres sont suivies de la biographie de l'auteur.

618. 梧陰集

O eum tjip.

COLLECTION DES ŒUVRES DU LETTRÉ *O eum.*

3 vol.

B.R.

Auteur : *Youn Tou syou*, 尹斗壽, surnom *Tjă ang*, 子仰, originaire de *Hăi hpyeng*, 海平, né en 1533, Grand Conseiller de *Syen tjo*, nom posthume *Moun tjyeng*, 文靖.

619. 牛溪集
Ou kyei tjip.
COLLECTION DES ŒUVRES DU LETTRÉ *Ou kyei.*

6 vol.

B.R.

Ouvrage cité par le *Tjang reung tji.*

Auteur : *Syeng Hon*, 成渾, surnom *Ho ouen*, 浩源, originaire de *Tchyang nyeng*, 昌寧, nom posthume *Moun kan*, 文簡, nommé Grand Conseiller après sa mort.

620. 遺事牛溪續集
You să ou kyei syok tjip.
SUITE À LA COLLECTION DES ŒUVRES DU LETTRÉ *Ou kyei.*

Ouvrage cité par le *Hou tjă kyeng hpyen.*

621. 秋浦集
Tchyou hpo tjip.
COLLECTION DES ŒUVRES DU LETTRÉ *Tchyou hpo.*

Citée par le *Hou tjă kyeng hpyen.*

Auteur : *Hoang Sin*, 黃愼, surnom *Să syouk*, 思叔, originaire de *Tchyang ouen*, 昌原, élève de *Syeng Hon*, 成渾, nom posthume *Moun min*, 文敏.

622. 栗谷全書

Ryoul kok tjyen sye.

ŒUVRES COMPLÈTES DE *Ryoul kok.*

I. 20 vol. in-4.

B.R.

Auteur : *Ri I*, 李珥, surnom *Syouk hen*, 叔獻, originaire de *Tek syou*, 德水, né en 1536, à *Kang reung*, 江陵, d'une famille illustre depuis la dynastie de Ko rye, Ministre de la Guerre, mort en 1584. Nom posthume *Moun syeng*, 文成. Il est regardé comme l'un des plus grands Sages de la Corée ; il avait, dit-on, prédit l'invasion japonaise et plusieurs circonstances qui s'y rapportent.

Une première édition de ses œuvres fut donnée en 1611, 萬曆辛亥, et une seconde plus complète en 1744, 崇禎再甲子; cette dernière, que j'ai vue, renferme une postface de *Ri Tjăi*, 李縡.

II. Il existe de cet ouvrage une édition commune in-12.

623. 松江集

Syong kang tjip.

COLLECTION DES ŒUVRES DU LETTRÉ *Syong kang.*

Auteur : *Tjyeng Tchyel*, 鄭澈, surnom *Kyei ham*, 季涵, originaire de *Yen il*, 延日, né en 1536, Grand Conseiller de *Syen tjo*, nom posthume *Moun tchyeng*, 文清.

624. 西厓集

Sye ai tjip.

COLLECTION DES ŒUVRES DU LETTRÉ *Sye ai.*

10 vol. grand in-8, formant 20 livres.

Citée par le *Htong moun koan tji.*

Auteur : *Ryou Syeng ryong*, 柳成龍, surnom *I kyen*, 而見, originaire de *Hpoung san*, 豐山, né en 1542, élève de *Htoï kyei*, 退溪, Grand Conseiller de *Syen tjo*, célèbre comme lettré, nom posthume *Moun tchyoung*, 文忠.

Ses œuvres contiennent plusieurs pièces relatives à l'invasion japonaise.

Préface de *Ri Min kou*, 李敏求, datée de 1633, 崇禎癸酉.

Postface de la même date par *Tjyang Hyen koang*, 張顯光.

625. 陽明集

Yang myeng tjip.

COLLECTION DES ŒUVRES DU LETTRÉ *Yang myeng.*

Postface de *Sye ai*, 西厓.

626. 陽明要書

Yang myeng yo sye.

ÉCRITS IMPORTANTS DU LETTRÉ *Yang myeng.*

10 vol.

B.R.

(문 묵 부) (ぶんぼくぶ) (文墨部)

627. 沙溪集

Sa kyei tjip.

COLLECTION DES ŒUVRES DU LETTRÉ *Sa kyei.*

11 vol.

B.R.

Auteur : *Kim Tjyang săing*, 金長生, surnom *Heui ouen*, 希元, originaire de *Koang san*, 光山, élève de *Ryoul kok*, 栗谷, lettré célèbre, fonctionnaire ; nom posthume *Moun ouen*, 文元.

628. 同春集

Tong tchyoun tjip.

COLLECTION DES ŒUVRES DU LETTRÉ *Tong tchyoun.*

Auteur : *Song Tjyoun kil*, 宋浚吉, surnom *Myeng po*, 明甫, originaire de *Eun tjin*, 恩津, élève de *Kim Tjyang săing*, 金長生, nom posthume *Moun tjyeng*, 文正.

628bis 同春別集

Tong tchyoun pyel tjip.

COLLECTION SPÉCIALE DES ŒUVRES DU LETTRÉ *Tong tchyoun.*

5 vol.

B.R.

629. 白沙集

Păik sa tjip.

COLLECTION DES ŒUVRES DU LETTRÉ *Păik sa.*

23 vol.

B.R.

Auteur : *Ri Hăng pok*, 李恒福, surnom *Tjă syang*, 子常, né en 1556, originaire de *Kyeng tjyou*, 慶州, Grand Conseiller de *Syen tjo*, mort en 1618 ; nom posthume *Moun tchyoung*, 文忠.

630. 梅窓集.

Măi tchang tjip.

COLLECTION DES ŒUVRES DU LETTRÉ *Măi tchang*.

3 vol. in-4, formant 6 livres.

Auteur : *Tjyeng Să sin*, 鄭士信, surnom *Tjă pou*, 子孚, né en 1558, à *Peuk ma am ri*, préfecture de *An tong*, 安東北馬巖里, fonctionnaire ; mort en 1619 ; Ministre des Rites après sa mort, en 1650, 永曆四年.

Cette collection renferme la biographie de *Tjyo Oan pyek*, 趙完璧 : ce lettré coréen, fait prisonnier par les Japonais, devint l'esclave d'un marchand qui l'emmena en Annam ; la description de la traversée est pleine de détails fantastiques ; les Annamites sont représentés comme très commerçants (le commerce serait fait par les femmes) et très lettrés.

631. 四溟集

Să myeng tjip.

COLLECTION DES ŒUVRES DE *Să myeng*.

I. 3 vol. grand in-8, formant 7 livres et des annexes. L.O.V

1er volume : Préface de 1612, 萬曆壬子, par *He Tan po* de *Kyo san*, 蛟山許端甫, ami de l'auteur.

Œuvres.

Postface de 1612, par *Roi Meuk tang*, 雷默堂.

Texte d'une inscription commémorative en l'honneur de *Să myeng*.

Vie de *Să myeng*, par son élève *Hăi an*, 海眼: *Să myeng* avait pour nom *Im*, 任, pour nom religieux *You tjyeng*, 惟政, pour surnom *Ri hoan*, 離幻, pour noms littéraires *Să myeng tang*, 四溟堂, et *Syong oun*, 松雲; né en 1544, 嘉靖二十三年甲辰, d'une famille originaire de *Hpoung tchyen*, 豐川, il étudia le bouddhisme et se fit bonze en 1561, 辛酉; en 1575, 乙亥, il devint le disciple du célèbre *Tchyeng he*, 淸虛, dont il fut l'aide-de-camp, lorsque celui-ci organisa les bonze coréens en corps d'armée pour résister aux Japonais; en 1604, 甲辰, il fut chargé de porter au Japon des lettres du Roi; revêtu de la dignité de mandarin du second rang et d'un titre militaire élevé, il mourut en 1610, 萬曆三十八年庚戌. Cette biographie est datée de 1640 (白龍, année du dragon blanc, ou 庚辰).

Éloge funèbre de *Să myeng* et de *Sye san*, 西山 (autre nom de *Tchyeng he*), écrit en 1652, 壬辰, par leur disciple *Syeng il*, 性一.

2e volume : préface pour l' "Histoire de *Syong oun* " pendant l'année 1592 " 松雲師壬辰事蹟, par *Kim Tjyoung ryei*, de *Tchyeng sa*, 淸沙金仲禮, datée de 1738, (?) (黃馬, année du cheval jaune, ou 戊午).

Préface pour l' "Histoire du courage loyal qui a

“ dissipé les dangers ” par *E You koui*, prince de *Ham ouen*, 咸原府院君魚有龜.

Histoire du courage loyal du bonze *Syong oun*, qui a dissipé les dangers, 松雲大師奮忠紓難錄, *Syong oun tai să poun tchyoung sye nan rok:* c'est le récit des évènements auxquels *Să myeng* a été mêlé en 1594 et 1595, 甲午 et 乙未, accompagné de quelques décrets, rapports, lettres, ainsi que de la postface d'une édition spéciale de cette histoire; cette postface est datée de 1738, 十四年戊午, et signée *Sin You han*, de *Tchyeng tchyen*, 靑泉申維翰; etc.

Texte des inscription et notice de la chapelle de *Hpyo tchyoung*, à *Mil yang*, 密陽表忠祠.

3e volume: poésies composées par différents fonctionnaires à propos de cette chapelle.

Postface de *Eui min*, 毅旻, datée de 1778, 乾隆四十三年: les poésies de *Să myeng* qui sont contenues dans le 1er volume, avaient été conservées dans la famille d'un nommé *Tjo*, 曹, qui avait été l'ami du bonze: *Tjo Tek sin*, 曹德臣, nom littéraire *Eui min*, sixième descendant de ce *Tjo*, fit don à la chapelle de *Hpyo tchyoung* des poésies de *Să myeng*, qui furent alors imprimées avec tous les documents concernant sa vie.

II. Autre édition, 1 vol. in-4.

B.R.—M.C.

Cette édition ne renferme que la préface de *He Tan po*, les œuvres, l'inscription commémorative (voir ci-dessus, 1er vol.) et la vie de *Să myeng* par *Hăi an.*

(문묵부) (ぶんぼくぶ) (文墨部)

632. 澗松集

Kan syong tjip.

COLLECTION DES ŒUVRES DU LETTRÉ *Kan syong.*

Citée par le *Hou tjă kyeng hpyen.*

Auteur contemporain de l'invasion japonaise.

633. 忠武公家乘

Tchyoung mou kong ka seung.

REGISTRES DE FAMILLE DE *Tchyoung mou kong.*[1]

2 vol. in-4, formant 6 livres.

L.O.V.

1er volume : préface de 1709, 崇禎紀元後八十二年己丑, par *Ri Sya*, 李畬, Président du Conseil du Gouvernement.

Préface de 1712, 萬曆壬辰後再壬辰, par *Ri I myeng*, de *Oan san*, 完山李頤命, Président du Conseil du Gouvernement.

Préface de 1716 (?), 丙申, par *Ri Ye ok*, 李汝玉, Commandant des forces navales du *Tjyen ra* oriental, 全羅左道.

Table.

1er livre : œuvres de *Tchyoung mou kong.*

2e livre : généalogie et vie de ce personnage, inscriptions de son tombeau, de la chapelle qui lui est dédiée (忠愍祠, *Tchyoung min să*), et autres inscriptions commémoratives.

1. Le titre est inexact et devrait être : Œuvres de *Tchyoung mou kong.*

2e volume, 3e livre : biographie.

Né en 1545, 嘉靖乙巳, à Seoul, d'une famille originaire de *Tek syou*, 德水, *Ri Syoun sin*, surnom *Ye kăi*, 李舜臣汝諧, était Commandant des forces navales du *Tjyen ra*, oriental, 全羅左道, quand les Japonais attaquèrent la Corée (1592) : il fit construire de grandes barques à double pont, où les combattants étaient à l'abri pour tirer ; sur le pont supérieur, étaient fixées de nombeuses lames, dissimulées par de la paille, pour entraver les tentatives d'abordage ; ces bateaux, qui firent éprouver de grands désastres à la flotte japonaise, sont encore célèbres sous le nom de bateaux-tortues, *koui syen*, 龜船 ; en 1866, le Régent, père du Roi, essaya d'en faire construire pour résister aux troupes françaises, mais on ne sut pas y parvenir. *Ri Syoun sin*, après avoir lutté pendant toute la guerre avec la plus grands énergie, fut tué, à la fin de l'année 1598, 戊戌, dans l'une des dernières batailles navales qui furent livrées. Il fut enterré auprès de *Keum syeng*, 錦城, une chapelle fut élevée en son honneur au nord du yamen du Commandant des forces navales du *Tjyen ra* oriental ; il reçut le nom posthume de *Tchyoung mou*.

Les trois derniers livres contiennent différents décrets, rapports et lettres relatifs à *Ri Syoun sin*.

634. 李忠武公全書

Ri tchyoung mou kong tjyen sye.

ŒUVRES COMPLÈTES DE *Tchyoung mou kong*.

8 vol. in-folio.

B.R.

(문묵부) (ぶんぼくぶ) (文墨部)

Impression en caractères mobiles, faite à la Bibliothèque Royale en 1795.

Cf. ci-dessus.

635. 忠武公遺事

Tchyoung mou kong you să.

ŒUVRES LAISSÉES PAR *Tchyoung mou kong.*

1 vol.

B.R.

Cf. ci-dessus.

636. 梧里集

O ri tjip.

COLLECTION DES ŒUVRES DU LETTRÉ *O ri.*

3 vol.

B.R.

Auteur : *Ri Ouen ik*, 李元翼, surnom *Kong rye*, 公勵, originaire de *Tjyen tjyou*, 全州, né en 1547, Grand Conseiller de *Syen tjo*, nom posthume *Moun tchyoung*, 文忠.

637. 西潭集

Sye tam tjip.

COLLECTION DES ŒUVRES DU LETTRÉ *Sye tam.*

2 vol. in-4, formant 4 livres.

Auteur : *Hong Oui*, 洪瑋, surnom *Oui pou*, 偉夫, originaire de *Nam yang*, 南陽, né en 1559, fonctionnaire sous *Syen tjo* et *In tjo ;* mort en 1624, 長陵甲子.

Préface de 1779, 上之三年己亥, par *Tchai Tjyei kong*, de *Hpyeng kang*, 平康蔡濟恭, Président du Conseil du Gouvernement.

Postface de 1785, 上之九年乙巳 par *Ri Koang tjyeng*, de *Han san*, 韓山李光靖.

638. 問月堂先生文集

Moun ouel tang syen săing moun tjip.

COLLECTION DES ŒUVRES DU LETTRÉ *Moun ouel tang.*

2 vol. in-4, formant 4 livres.

L.O.V.

Préface datée de 1850, 上之元年庚戌, par *Ryou Tchi myeng*, de *Oan san*, 完山柳致命, ancien Président de la Cour des Remontrances.

Seconde préface, non datée, par l'Explicateur Royal, *Ri Ton ou*, de *Han san*, 韓山李敦禹.

Le lettré *Moun ouel tang*, s'appelait *O Keuk syeng*, 吳克成, et avait pour surnom *Syeng po*, 誠甫: il naquit en 1559, 己未, d'une famille originaire de *Ham yang*, 咸陽; il se distingua dans la guerre contre les Japonais, mais n'arriva cependant qu'au troisième rang du mandarinat; il mourut en 1617, 丁巳.

Les livres II et III de ses œuvres sont remplis par le journal de l'invasion japonaise en 1592, 壬辰日記, *Im tjin il keui.*

639. 拙翁集

Tjyel ong tjip.

COLLECTION DES ŒUVRES DU LETTRÉ *Tjyel ong.*

(문묵부) (ぶんぼくぶ) (文墨部)

4 vol.

B.R.

Ouvrage cité par le *Tong să kang mok*.

Auteur : *Hong Syeng min*, 洪聖民, surnom *Si ka*, 時可, originaire de *Nam yang*, 南陽, Grand Compositeur sous *Syen tjo;* nom posthume *Moun tjyeng*, 文貞.

640. 漢陰集

Han eum tjip.

COLLECTION DES ŒUVRES DU LETTRÉ *Han eum.*

6 vol.

B.R.

Auteur : *Ri Tek hyeng*, 李德馨, surnom *Myeng po*, 明甫, originaire de *Kyeng tjyou*, 慶州, né en 1561, Grand Conseiller de *Syen tjo;* nom posthume *Moun ik*, 文翼 ; mort en 1613.

641. 漢陰先生文集

Han eum syen săing moun tjip.

COLLECTION DE COMPOSITIONS DU LETTRÉ *Han eum.*

3 vol.

B.R.

Peut-être le même ouvrage que ci-dessous.

642. 漢陰文稿

Han eum moun ko.

ŒUVRES DU LETTRÉ *Han eum.*

3 vol. in-4, formant 4 livres.

Auteur : *Ri Tek hyeng*, 李德馨.

(문집류) (ぶんしふるい) (文集類)

Postface de 1869, 聖上六年己巳, par *Ri Eui ik*, 李宜翼, Gouverneur du *Kyeng keui*, 京畿; les œuvres de *Han eum* ont été réunies pour la première fois par *Ri Pok am*, 李茯菴, nom littéraire *Keui yang*, 基讓, descendant de *Han eum* et grand-père de *Ri Eui ik*.

643. 月沙集

Ouel sa tjip.

COLLECTION DES ŒUVRES DU LETTRÉ *Ouel sa.*

20 vol.

B.R.

Ouvrage cité par le *Htong moun koan tji*.

Auteur : *Ri Tyeng koui*, 李廷龜, surnom *Syeng tjing*, 聖徵, originaire de *Yen an*, 延安, né en 1564, Grand Conseiller de *In tjo*, nom posthume *Moun tchyoung*, 文忠.

644. 象村集

Syang tchon tjip.

COLLECTION DES ŒUVRES DU LETTRÉ *Syang tchon.*

Citée par le *Tjang reung tji*.

Auteur : *Sin Keum*, 申欽, surnom *Kyeng syouk*, 敬叔, originaire de *Hpyeng san*, 平山, né en 1566, Grand Conseiller de *In tjo;* nom posthume *Moun tjyeng*, 文貞.

(문목부) (ぶんぼくぶ) (文墨部)

645. 清陰集

Tchyeng eum tjip.

COLLECTION DES ŒUVRES DU LETTRÉ *Tchyeng eum.*

Citée par le *Hou tjă kyeng hpyen.*

Auteur : *Kim Syang hen*, 金尙憲, surnom *Syouk to*, 叔度, originaire de *An tong*, 安東, né en 1570, Grand Conseiller de *In tjo*, nom posthume *Moun tjyeng*, 文正.

646. 浦渚集

Hpo tjye tjip.

COLLECTION DES ŒUVRES DU LETTRÉ *Hpo tjye.*

Auteur : *Tjyo Ik*, 趙翼, surnom *Pi kyeng*, 飛卿, originaire de *Hpoung yang*, 豐壤, né en 1579, Grand Conseiller de *Hyo tjong*, nom posthume *Moun hyo*, 文孝.

647. 潛谷集

Tjăm kok tjip.

COLLECTION DES ŒUVRES DU LETTRÉ *Tjăm kok.*

19 vol.

B.R.

Citée par le *Htong moun koan tji.*

Auteur : *Kim youk*, 金堉, surnom *Păik hou*, 伯厚, originaire de *Tchyeng hpoung*, 淸風, né en 1580, Grand Conseiller de *Hyo tjong*, nom posthume *Moun tjyeng*, 文貞.

(문집류) (ぶんしふるい) (文集類)

648. 遲川集

Tji tchyen tjip.

COLLECTION DES ŒUVRES DU LETTRÉ *Tji tchyen.*

8 vol.

B.R.

Ouvrage cité par le *Htong moun koan tji.*

Auteur : *Tchoi Myeng kil*, 崔鳴吉, surnom *Tjă kyem*, 子謙, originaire de *Tjyen tjyou*, 全州, né en 1586, Grand Conseiller de *In tjo ;* nom posthume *Moun tchyong*, 文忠.

649. 谿谷集

Kyei kok tjip.

COLLECTION DES ŒUVRES DU LETTRÉ *Kyei kok.*

35 vol.

B.R.

Citée par le *Htong moun koan tji.*

Auteur : *Tjyang You*, 張維, surnom *Tji kouk*, 持國, originaire de *Tek syou*, 德水, né en 1587, Grand Conseiller de *In tjo*, beau-père de *Hyo tjong* et Prince de *Sin hpoung*, 新豐府院君 ; nom posthume *Moun tchyoung*, 文忠.

650. 月塘集

Ouel tang tjip.

COLLECTION DES ŒUVRES DU LETTRÉ *Ouel tang.*

Auteur : *Kang Syek keui*, 姜碩期, surnom *Pok i*, 復而, originaire de *Keum tchyen*, 衿川, né en 1590, Grand Conseiller de *In tjo*, nom posthume *Moun tjyeng*, 文貞.

(문 묵 부) (ぶんぼくぶ) (文 墨 部)

651. 市南集

Si nam tjip.

COLLECTION DES ŒUVRES DU LETTRÉ *Si nam.*

11 vol.

B.R.

Auteur : *You Kyei*, 兪棨, surnom *Mou tjyoung*, 武仲, originaire de *Keui kyei*, 杞溪, nom posthume, *Moun tchyoung*, 文忠. Il était élève de *Kim Tjip*, 金集, (surnom *Tjă kang*, 子剛 ; nom littéraire *Sin tok tjăi*, 愼獨齋, fils de *Kim Tjyang săing*, 金長生 ; nom posthume *Moun kyeng*, 文敬).

652. 吳學士集

O hak să tjip.

COLLECTION DES ŒUVRES DU COMPOSITEUR ROYAL *O.*

2 vol.

B.R.

Auteur : *O Tal tjyei*, 吳達濟.

Avec deux autres Compositeurs Royaux, *Youn Tjip*, 尹集, et *Hong Ik han*, 洪翼漢, il protesta contre la paix avec les Mantchous et dut leur être livré.

653. 澤堂集

Tchăik tang tjip.

COLLECTION DES ŒUVRES DU LETTRÉ *Tchăik tang.*

17 vol.

B.R.

Auteur : *Ri Sik*, 李植, surnom *Ye ko*, 汝固, descendant de *Ri Hăing*, 李荇, Grand Compositeur sous *In tjo*, nom posthume *Moun tjyeng*, 文靖.

654. 愚伏集

Ou pok tjip.

COLLECTION DES ŒUVRES DU LETTRÉ *Ou pok.*

10 vol.

B.R.

Citée par le *Htong moun koan tji.*

Auteur : *Tjyeng Kyeng syei,* 鄭經世, surnom *Kyeng im,* 景任, originaire de *Tjin tjyou,* 晉州, Grand Compositeur sous *In tjo,* nom posthume *Moun tjang,* 文莊.

655. 鶴洲集

Hak tjyou tjip.

COLLECTION DES ŒUVRES DU LETTRÉ *Hak tjyou.*

Citée par le *Htong moun koan tji.*

Auteur : *Kim Hong ouk,* 金弘郁 ; ou *Tjyeng Heui kyo,* 鄭希僑, surnom *Hyei i,* 惠而, originaire de *Pong san,* 峯山, époque de *In tjo,* (?), Interprète.

656. 宋子大全

Song tjă tai tjyen.

ŒUVRES COMPLÈTES DU SAGE *Song.*

103 vol. in-4.

B.R. 120 vol.

Auteur : *Song Si ryel,* 宋時烈, surnom *Yeng po,* 英甫, nom littéraire *Ou am,* 尤菴, originaire de *Eun tjin,* 恩津, né en 1607 ; élève de *Kim Tjyang săing,* 金長生 ; Grand Conseiller de *Hyen tjong ;*

l'un des plus renommés parmi les Sages coréens; adoré au temple de Confucius; nom posthume *Moun tjyeng*, 文正.

L'opinion, soutenue par lui et ses élèves (*No ron* pour *ro ron*, 老論) à propos du deuil du roi *Hyo tjong*, amena de sanglantes querelles avec les *Nam in*, 南人; il fut exilé, puis mis à mort avec un grand nombre de ses partisans.

657. 宋子大全續編

Song tjă tai tjyen syok hpyen.

SUITE AUX ŒUVRES COMPLÈTES DU SAGE *Song*.

B.R. (le nombre des volumes n'est pas indiqué).

658. 續宋宰補編

Syok song tjăi po hpyen.

SUITE AUX ŒUVRES DU GRAND CONSEILLER *Song*.

7 vol.
B.R.

659. 尤菴集

Ou am tjip.

COLLECTION DES ŒUVRES DU LETTRÉ *Ou am*.

65 vol.
B.R.
Auteur: *Song Si ryel*, 宋時烈.

(문집류) (ぶんしふるい) (文集類)

660. 尤菴別集

Ou am pyel tjip.

COLLECTION SPÉCIALE D'ŒUVRES DU LETTRÉ *Ou am.*

3 vol.

B.R.

661. 大老逸稿

Tai ro il ko.

ŒUVRES DU GRAND VIEILLARD.

40 vol.

B.R.

Auteur : *Song Si ryel*, 宋時烈.

662. 守菴集

Syou am tjip.

COLLECTION DES ŒUVRES DU LETTRÉ *Syou am.*

1 vol.

B.R.

Syou am est un élève de *Song Si ryel*, 宋時烈.

663. 退憂堂集

Htoi ou tang tjip.

COLLECTION DES ŒUVRES DU LETTRÉ *Htoi ou tang.*

5 vol.

B.R.

Auteur : *Kim Syou heung*, 金壽興, surnom *Keui tji*, 起之, originaire de *An tong*, 安東, né en 1626, Grand Conseiller de *Hyen tjong*, nom posthume *Moun ik*, 文翼.

(문 묵 부) (ぶんぼくぶ) (文墨部)

664. 月洲集

Ouel tjyou tjip.

COLLECTION DES ŒUVRES DU LETTRÉ *Ouel tjyou.*

3 vol. grand in-8, formant 5 livres.

Auteur : *So Tou san*, 蘇斗山, originaire de *Tjin tjyou*, 晉州, né en 1627, membre du Conseil du Gouvernement, mort en 1693.

Préface par *Tjyo Tou syoun*, 趙斗淳, Grand Conseiller, datée de 1866, 崇禎紀元後四丙寅.

Postface non datée par *Kim Hoan hak*, 金煥學, Grand Conseiller.

665. 東山集

Tong san tjip.

COLLECTION DES ŒUVRES DU LETTRÉ *Tong san.*

2 vol. in-folio, formant 3 livres.

Auteur : *Tjyo Syeng han*, 趙晟漢, originaire de *Han yang*, 漢陽, d'une famille alliée à la famille royale de Ko rye et à la famille royale actuelle, né en 1628 à *Tek san*, 德山, mort en 1686.

Vie de l'auteur par *Tjyo Heui il*, 趙熙一, liste des disciples de l'auteur.

666. 老峯集

Ro pong tjip.

COLLECTION DES ŒUVRES DU LETTRÉ *Ro pong.*

6 vol.

B.R.

Auteur : *Min Tyeng tjyoung*, 閔鼎重, surnom *Tai syou*, 大受, né en 1628, originaire de *Rye heung*, 驪興, Grand Conseiller de *Syouk tjong*, nom posthume *Moun tchyoung*, 文忠.

667. 息菴集

Sik am tjip.

COLLECTION DES ŒUVRES DU LETTRÉ *Sik am.*

44 vol.

B.R.

Citée par le *Htong moun koan tji.*

Auteur : *Kim Syek tjyou*, 金錫冑, surnom *Să păik*, 斯百, petit-fils de *Kim Youk*, 金堉, né en 1634, Grand Conseiller de *Syouk tjong*, nom posthume *Moun tchyoung*, 文忠.

668. 遂庵集

Syou am tjip.

COLLECTION DES ŒUVRES DU LETTRÉ *Syou am.*

Auteur : *Kouen Syang ha*, 權尙夏, surnom *Tchi to*, 致道, originaire de *An tong*, 安東, né en 1641, Grand Conseiller de *Syouk tjong*, nom posthume *Moun syoun*, 文純.

669. 夢窩集

Mong oa tjip.

COLLECTION DES ŒUVRES DU LETTRÉ *Mong oa.*

5 vol. grand in-8, formant 5 livres.

B.R.

Auteur : *Kim Tchyang tjip*, 金昌集, surnom *Ye syeng*, 汝成, neveu de *Kim Syou heung*, 金壽興, né en 1648, Grand Conseiller de *Syouk tjong*, nom posthume *Tchyoung hen*, 忠獻.

Ces œuvres contiennent une série de pièces de vers sur le voyage que l'auteur fit à Péking, en 1692.

La fin du 5e volume est occupée par les œuvres du lettré *Tjyouk tchyoui*, 竹醉, Président du Conseil Privé, fils du précédent.

L'ouvrage est publié par *Kim Ouen hăing*. 金元行, petit-neveu de *Kim Tchyang tjip*, qui a écrit deux préfaces datées de 1758, 崇禎百三十一年戊寅.

670. 疎齋集

So tjăi tjip.

COLLECTION DES ŒUVRES DU LETTRÉ *So tjăi*.

Citée par le *Hou tjă kyeng hpyen*.

Auteur : *Ri I myeng*, 李頤命, surnom *Yang syouk*, 養叔, originaire de *Tjyen tjyou*, 全州, né en 1658, Grand Conseiller de *Syouk tjong* ; nom posthume *Moun tchyoung*, 文忠.

671. 農巖續集

Nong am syok tjip.

SUITE AUX ŒUVRES DU LETTRÉ *Nong am*.

2 vol. grand in-8.

Auteur : *Kim Tchyang hyep*, 金昌協, surnom *Tjyoung hoa*, 仲和, originaire de *An tong*, 安東,

Grand Compositeur sous *Syouk tjong*, nom posthume *Moun kan*, 文簡[1].

Postface datée de 1854, 上之五年甲寅.

672. 芝村集

Tji tchon tjip.

COLLECTION DES ŒUVRES DU LETTRÉ *Tji tchon.*

15 vol. in-8.

B.R.

Auteur : *Ri Hèui han*, 李喜韓 (époque de *Syouk tjong*) nom posthume *Moun kan*, 文簡.

Postface de 1754, 崇禎紀元後三甲戌, par *Ri Tăi tjyoung*, de *Han san*, 韓山李臺重, Gouverneur du *Hpyeng an to*, 平安道, élève de l'auteur.

673. 壺谷集

Ho kok tjip.

COLLECTION DES ŒUVRES DU LETTRÉ *Ho kok.*

9 vol.

B.R.

Deux personnages ont pour nom littéraire *Ho kok*, et je ne sais duquel sont ces œuvres :

Nam Ryong ik, 南龍翼, surnom *Oun kyeng*, 雲卿, originaire de *Eui nyeng*, 宜寧, Grand Compositeur sous *Syouk tjong*, nom posthume *Moun hen*, 文憲.

Pak Hoi syou, 朴晦壽, surnom *Tjă mok*, 子木, originaire de *Ra tjyou*, 羅州, né en 1786, Grand Conseiller de *Hen tjong*, nom posthume *Syouk hen*, 肅獻.

1. A rapprocher du n° 719.

674. 土亭集
Hto tyeng tjip.
COLLECTION DES ŒUVRES DU LETTRÉ *Hto tyeng.*

1 vol.

B.R.

Auteur: *Ri Tji ham*, 李芝函, magistrat de district au XVIIe siècle, renommé pour sa force corporelle; il alla quatre fois à Quelpaërt, ce qui est regardé comme preuve d'un courage hors ligne.

675. 旅軒集
Rye hen tjip.
COLLECTION DES ŒUVRES DU LETTRÉ *Rye hen.*

Citée par le *Tjang reung tji.*

Auteur: *Tjyang Hyen koang*, 張顯光, surnom *Tek hoi*, 德晦, originaire de *In tong*, 仁同, membre du Grand Conseil (fin du XVIIe siècle ?), nom posthume *Moun kang*, 文康.

676. 知守齋集
Tji syou tjăi tjip.
COLLECTION DES ŒUVRES DU LETTRÉ *Tji syou tjăi.*

8 vol. grand in-8, formant 15 livres.

Auteur: *You Htak keui*, 俞拓基, surnom *Tjyen po*, 展甫, originaire de *Keui kyei*, 杞溪, né en 1691, Grand Conseiller de *Yeng tjo*, nom posthume *Moun ik*, 文翼.

Cet ouvrage est imprimé avec soin: titre au verso du 1er feuillet avec ornementation en forme de grecque.

(문집류) (ぶんしふるい) (文集類)

Préface non datée, de *Kim Pyeng hak*, de *An tong*, 安東金炳學, Président du Conseil des Membres de la Maison Royale.

Postface de 1878 (?), 戊寅, par l'Académicien *Ri Tjye*, 李垳.

Postface de la même date, par *You Tchi ik*, 兪致益, descendant de l'auteur à la cinquième génération.

677. 鳳谷桂察訪遺集

Pong kok kyei tchal pang you tjip.

COLLECTION DES ŒUVRES DE *Kyei*, MAÎTRE DES POSTES DE *Pong kok*.

3 vol. in-8, formant 12 livres.

Auteur : *Kyei Tek hăi*, 桂德海, surnom *Ouen syep*, 元涉, originaire de *Syen tchyen*, 宣川 : il descendait du Chinois ***Koei Chi soẹn***, 桂碩遜, Vice-président du Ministère des Rites, qui fit naufrage en Corée au XIVᵉ siècle et s'y établit. *Tek hăi*, né en 1708, fut Maître des Postes Royales ; il mourut en 1793.

Préface de 1798 (?), 戊午, par le Gouverneur du *Ham kyeng to*, 咸鏡道, *Ri Si ouen*, de *Oan san*, 完山李是遠.

2ᵉ préface de 1799 (?), 己未, par *Kim Yeng tjyak*, de *Syo tyeng*, 邵亭金永爵.

3ᵉ préface de la même date, par *Ri Tcham hyen*, de *Tjyong san*, 鍾山李參鉉.

Postface de la 8ᵉ année du Roi régnant (?), 上之八年, par *Ri Syang syen*, de *Oan san*, 完山李象先.

(문 묵 부) (ぶんぼくぶ) (文 墨 部)

678. 宋邦祚文集
Song pang tjo moun tjip.
COLLECTION DES COMPOSITIONS DE *Song Pang tjo.*

Citée par le *Hou tjă kyeng hpyen.*
L'auteur a pour surnom *Yeng syouk,* 永叔.

679. 玉峯集
Ok pong tjip.
COLLECTION DES ŒUVRES DU LETTRÉ *Ok pong.*

2 vol.
B.R.
Citée par le *Htong moun koan tji.*
Auteur : *Păik Koang houn,* 白光勳.

680. 蘭雪集
Ran syel tjip.
COLLECTION DES ŒUVRES DU LETTRÉ *Ran syel.*

Citée par le *Htong moun koan tji.*

681. 石洲集
Syek tjyou tjip.
COLLECTION DES ŒUVRES DU LETTRÉ *Syek tjyou.*

Citée par le *Htong moun koan tji.*

682. 東州集
Tong tjyou tjip.
COLLECTION DES ŒUVRES DU LETTRÉ *Tong tjyou.*

13 vol.
B.R.
Citée par le *Htong moun koan tji.*

683. 東冥集

Tong myeng tjip.

COLLECTION DES ŒUVRES DU LETTRÉ *Tong myeng.*

9 vol.
B.R.
Citée par le *Htong moun koan tji.*

683bis. 荷谷集

Ha kok tjip.

COLLECTION DES ŒUVRES DU LETTRÉ *Ha kok.*

Citée par le *Htong moun koan tji.*
Auteur : *He Pong,* 許篈.

684. 平菴集

Hpyeng am tjip.

COLLECTION DES ŒUVRES DU LETTRÉ *Hpyeng am.*

4 vol. grand in-8, formant 8 livres.

Auteur : *Kouen Tjyeng tchim,* 權正忱, surnom *Tjă syeng,* 子誠, originaire de *An tong,* 安東, né en 1710, Précepteur du Prince Héritier *Să to,* mort en 1767 ; nom posthume *Tchyoung tyeng,* 忠定.

Préface de 1876 par *He Tjyen,* de *Yang tchyen,* 陽川許傳.

Éloge de l'ouvrage, daté de 1850, 上之元年庚戌, par le Compositeur Royal *Han Tjin tyeng,* 韓鎭庭.

(문 믁 부) (ぶんぼくぶ) (文 墨 部)

Inscriptions du tombeau de l'auteur, datées de 1844, 上之十年甲辰, et de 1847, 崇禎紀元後四丁未.

Biographie de l'auteur, écrite en 1839, 己亥, par son petit-fils, *Kim Tjyoung ha*, 金重夏. Autres biographies de l'auteur par *Tchai Hong ouen*, 蔡弘遠, et *Kim Heui rak*, 金熙洛.

Ces biographies donnent des relations très détaillées des derniers jours du Prince *Să to*, condamné par le Roi *Yeng tjo*, à mourir de faim : *Kouen Tjyeng tchim* essaya en vain de sauver le Prince et fut pour ce fait condamné à l'exil, et même à mort ; il ne fut pas exécuté. Plus tard, *Yeng tjo* voulut lui donner des fonctions qu'il refusa constamment.

685. 性堂集

Syeng tang tjip.

COLLECTION DES ŒUVRES DU LETTRÉ *Syeng tang*.

2 vol. in-8.

B.R.

Auteur : *Tjyeng Hyek sin*, 鄭赫臣, né en 1719, originaire de *Kyeng tjyou*, 慶州 ; il refusa toute fonction et se fit remarquer toute sa vie par sa haine contre les Mantchous, blâmant la conduite du gouvernement coréen qui n'avait pas persisté à soutenir les ***Ming***, 明 ; mort en 1793.

Préface de 1845, 崇禎紀元後四乙巳, par *Hong Tjik hpil*, de *Tang syeng*, 唐城洪直弼.

La biographie de l'auteur est écrite par son petit-fils, *Kim Pak yen*, 金博淵.

686. 芝峯集

Tji pong tjip.

COLLECTION DES ŒUVRES DU LETTRÉ *Tji pong.*

10 vol.

B.R.

Auteur : *Ri Syoui koang,* 李睟光. Ces œuvres ont été composées entre 1720 et 1778.

687. 韓石峯書

Han syek pong sye.

ÉCRITS DE *Han,* NOM LITTÉRAIRE *Syek pong.*

Cités par le *Tong kyeng tjap keui.*

Auteur : *Han Ho,* 韓濩, surnom *Kyeng hong,* 景洪.

688. 樊岩集

Pen am tjip.

COLLECTION DES ŒUVRES DU LETTRÉ *Pen am.*

27 vol.

B.R.

Auteur : *Tchai Tjyei kong,* 蔡濟恭, surnom *Păik kyou,* 伯規, né en 1720, originaire de *Hpyeng kang,* 平康, Grand Conseiller de *Tjyeng tjong ;* envoyé en Chine, il obtint que le Roi de Corée échangeât son titre honoraire de Vice-président au Ministère des Rites contre celui de Président au même Ministère. Nom posthume *Moun syouk,* 文肅.

689. 蓮潭遺稿

Ryen tam you ko.

ŒUVRES DU LETTRÉ *Ryen tam.*

2 vol. grand in-8, mss.

Auteur : *Ri Kyeng myeng*, 李景溟, surnom *Tchi houi*, 穉暉, originaire de *Han san*, 韓山, né en 1733, docteur en 1777, l'un des premiers adversaires du christianisme en Corée, mort en 1799.

690. 聽軒遺稿

Htyeng hen you ko.

ŒUVRES DU LETTRÉ *Htyeng hen.*

5 vol. grand in-8, mss.

Auteur: *Ri Kyeng il*, 李敬一, surnom *Ouen hoi*, 元會, originaire de *Kyeng tjyou*, 慶州, né en 1734, haut fonctionnaire; il abandonna ses charges en 1808 et mourut en 1820.

691. 長貧居士胡撰

Tjyang pin ke să ho tchan.

ŒUVRES NÉGLIGÉES DU LETTRÉ *Tjyang pin.*

Citées par le *Tjang reung tji.*

Auteur : *Youn Ki hen*, 尹耆獻.

692. 陶菴集

To am tjip.

COLLECTION DES ŒUVRES DU LETTRÉ *To am.*

30 vol.

B.R.

(문집류) (ぶんしふるい) (文集類)

Auteur : *Ri Tjăi*, 李縡, surnom *Heui kyeng*, 熙卿, originaire de *Ou pong*, 牛峯, élève de *Song Si ryel*, 宋時烈, Grand Compositeur sous *Yeng tjo*, nom posthume *Moun tjyeng*, 文正.

693. 圃巖集

Hpo am tjip.

COLLECTION DES ŒUVRES DU LETTRÉ *Hpo am*.

11 vol. in-8, formant 22 livres.

Auteur : *Youn Pong tjyo*, 尹鳳朝, surnom *Myeng syouk*, 明叔, originaire de *Hpa hpyeng*, 坡平, Grand Compositeur sous *Yeng tjo*.

694. 雷淵集

Roi yen tjip.

COLLECTION DES ŒUVRES DU LETTRÉ *Roi yen*.

15 vol.

B.R.

Auteur : *Nam You yong*, 南有容, surnom *Tek tjăi*, 德哉, arrière-petit-fils de *Nam Ryong ik*, 南龍翼, Grand Compositeur sous *Yeng tjo*, nom posthume *Moun tchyeng*, 文淸.

695. 退軒集

Htoi hen tjip.

COLLECTION DES ŒUVRES DU LETTRÉ *Htoi hen*.

3 vol. in-4, formant 7 livres.

B.R.

(문 묵 부) (ぶんぼくぶ) (文 墨 部)

Auteur : *Tjyo Keuk you*, 趙克㝛, de l'époque de *Yeng tjo ;* il refusa toutes les fonctions.

Préface par *Kim Ri yang*, de *An tong*, 安東金履陽, Ministre du Cens.

Postface par *Kim Tjo syoun*, 金祖淳.

696. 楓皐集

Hpoung ko tjip.

COLLECTION DES ŒUVRES DU LETTRÉ *Hpoung ko.*

8 vol. grand in-8, formant 16 livres.

B.R.—Bibl. Nat., fonds chinois, 2137–2139 (reliés en 3 vol. européens).

Auteur : *Kim Tjo syoun*, 金祖淳, originaire de *An tong*, 安東, fonctionnaire, beau-père de *Syoun tjo*, Prince de *Yeng an*, 永安府院君 ; nom posthume *Tchyoung moun*, 忠文, mort vers 1831.

Préface composée et écrite en 1854 par le Roi *Tchyel tjong*.

Postfaces de 1854, 上之五年甲寅, par *Tjyo Tou syoun*, 趙斗淳, *Kim Heung keun*, 金興根, etc.

697. 醇庵集

Syoun am tjip.

COLLECTION DES ŒUVRES DU LETTRÉ *Syoun am.*

5 vol.

B.R.

Auteur : *O Tjăi syoun*, 吳載純, surnom *Moun kyeng*, 文卿, originaire de *Hăi tjyou*, 海州, Grand Compositeur sous *Tjyeng tjong*, nom posthume *Moun tjyeng*, 文靖.

698. 竹石文集

Tjyouk syek moun tjip.

COLLECTION DES COMPOSITIONS DU LETTRÉ *Tjyouk syek.*

7 vol.

Auteur : *Sye Yeng po*, 徐榮輔, surnom *Kyeng syei*, 慶世, originaire de *Tal syeng*, 達城, Grand Compositeur sous *Syoun tjo*, nom posthume *Moun hen*, 文憲.

699. 保晚齋集

Po man tjăi tjip.

COLLECTION DES ŒUVRES DU LETTRÉ *Po man tjăi.*

8 vol. in-8.

B.R.

Je n'ai pas vu le 1er volume ; le dernier volume contient une postface de 1838, 戊戌, écrite par le petit-fils de l'auteur, qui indique seulement son prénom, 有榘, *You kou.* Je n'ai pu découvrir le nom de l'auteur ; il a pour nom posthume *Moun tjyeng*, 文靖, et il est mort en 1787. Ses œuvres ont été publiées par ordre du Roi, par les soins de la Bibliothèque Royale.

700. 潁翁續稿再續

Yeng ong syok ko tjăi syok.

DEUX SUITES AUX ŒUVRES DU LETTRÉ *Yeng ong.*

3 vol. in-8.

Auteur : *Eui yang tjă*, 宜陽子, du commencement de ce siècle.

Titre du premier volume : 潁翁續稿; à droite *Tjyen să tjă htyei*, 全史字體, "caractères du type "des livres historiques", à gauche *Tjyen kyeng tjăi tjang pon*, 篆經齋藏本, "volumes conservés au "Cabinet *Tjyen kyeng*".

701. 貞蕤稾畧

Tjyeng you ko ryak.

CHOIX DES ŒUVRES DU LETTRÉ *Tjyeng you.*

Auteur : *Pak Tjyei ka*, 朴齊家, qui vivait au commencement du siècle.

Cf. Wylie, p. 190.

702. 晚慕遺稿

Man mo you ko.

ŒUVRES DU LETTRÉ *Man mo.*

3 vol. in-8, formant 6 livres.

Auteur : *Tjyeng Keui an*, 鄭基安, originaire de *On yang*, 溫陽, fonctionnaire, nom posthume *Hyo hen*, 孝憲.

Préface par *Nam*, de *Eui yang*, 宜陽南公, datée de 1834, 上之在位三十四年甲午.

Postface de la même date, 崇禎四甲午, par *Tjyeng Man syek*, 鄭晚錫, fils de l'auteur.

703. 臺山集

Tăi san tjip.

COLLECTION DES ŒUVRES DU LETTRÉ *Tăi san.*

10 vol. in-4, formant 20 livres.

Auteur : *Kim Mai syoun*, 金邁淳, surnom *Tek sou*, 德叟, originaire de *An tong*, 安東, fonctionnaire, nom posthume *Moun tchyeng*, 文清.

Préface de 1879, 聖上即祚十六年己卯, par *Kim Pyeng hak*, 金炳學, Président du Conseil des Membres de la Maison Royale.

Postface par *Kim Syang hyen*, de *Koang san*, 光山金尙鉉, élève de l'auteur.

704. 雲石集

Oun syek tjip.

COLLECTION DES ŒUVRES DU LETTRÉ *Oun syek.*

10 vol. grand in-8, formant 20 livres.

Auteur : *Tjyo Să myeng*, 趙司命, fonctionnaire sous *Hen tjong*, nom posthume *Moun tchyoung*, 文忠.

Préface de 1868, 五年戊辰, par *Youn Tyeng hyen*, 尹定鉉; autre préface de la même année par *Kim Hak syeng*, 金學性.

Postface de la même année par *Tjyo Nyeng ha*, 趙寧夏, petit-fils de l'auteur.

705. 雲石遺稿

Oun syek you ko.

ŒUVRES DU LETTRÉ *Oun syek.*

18 vol.

B.R.

Voir ci-dessus.

(문묵부) (ぶんぼくぶ) (文墨部)

706. 初庵集

Tcho am tjip.

COLLECTION DES ŒUVRES DU LETTRÉ *Tcho am.*

7 vol. in-8.

L'auteur est né en 1774, à *Syong to*, 松都, et mort en 1842; il n'a rempli aucune fonction, les gens de *Syong to* étant considérés comme hostiles à la dynastie; ces détails sont donnés par l'auteur lui-même, qui n'indique pas son nom.

Titre imprimé au verso du 1er feuillet, 初庵先生全集, "œuvres complètes du lettré *Tcho am*"; 辛巳繡梓, "gravé en 1881".

Préface par l'auteur, datée de 1828, 崇禎紀元之二百一年戊子.

707. 果齋集

Koa tjăi tjip.

COLLECTION DES ŒUVRES DU LETTRÉ *Koa tjăi.*

4 vol. grand in-8, formant 8 livres.

L'auteur, dont le nom n'est pas indiqué, a pour nom posthume *Moun kyeng*, 文敬.

Postface par le petit-fils de l'auteur (prénom *Tou ho*, 斗鎬), datée de 1883, 聖上即阼之二十年癸未.

708. 燕巖集

Yen am tjip.

COLLECTION DES ŒUVRES DU LETTRÉ *Yen am.*

Auteur récent.

Un volume manuscrit, in-8, que j'ai vu, renferme les livres 15, 16 et 17 de ces œuvres.

709. 冷齋集

Răing tjăi tjip.

Collection des œuvres du lettré *Răing tjăi.*

Mss.

Préface par *Yen am,* 燕巖.

710. 綠天館集

Rok htyen koan tjip.

Collection des œuvres du lettré *Rok htyen koan.*

Mss.

Auteur : *Ri Rak syou,* 李洛瑞 ; préface par *Yen am,* 燕巖.

711. 嬰處稿

Yeng tchye ko.

Œuvres du lettré *Yeng tchye.*

Mss.

Préface de *Yen am,* 燕巖.

712. 宛丘遺集

Ouen kou you tjip.

Collection des œuvres du lettré *Ouen kou.*

2 vol. in-4, formant 10 livres.

Coll. Varat.

(문묵부) (ぶんぼくぶ) (文墨部)

Cet ouvrage est imprimé entièrement en caractères anciens, dits ***pa fẹn thi,*** 八分體. L'auteur est postérieur à l'époque de *Yeng tjo.*

713. 菀丘文粹

Ouen kou moun syou.

COMPOSITIONS REMARQUABLES DE *Ouen kou.*

10 vol.

B.R.

714. 參奉公遺稿

Tcham pong koṅg you ko.

ŒUVRES D'UN GARDIEN DE TOMBEAU ROYAL.

2 vol. in-folio, formant 2 livres; manuscrit d'une écriture superbe.

Coll. Varat.

715. 太華集

Htai hoa tjip.

COLLECTION DES ŒUVRES DE *Htai hoa.*

2 vol.

B.R.

Auteur : *An Tjyoung koan,* 安重觀.

716. 鶴峯集

Hak pong tjip.

COLLECTION DES ŒUVRES DU LETTRÉ *Hak pong.*

7 vol.

B.R.

(문집류). (ぶんしふるい) (文集類)

Auteur : *Kim Syeng il*, 金誠一, surnom *Să syoun*, 士純, originaire de *Eui syeng*, 義城, nom posthume *Moun tchyoung*, 文忠.

717. 鶴峯續集

Hak pong syok tjip.

SUITE AUX ŒUVRES DU LETTRÉ *Hak pong.*

3 vol.

B.R.

Voir ci-dessus.

718. 三山齋集

Sam san tjăi tjip.

COLLECTION DES ŒUVRES DU LETTRÉ *Sam san tjăi.*

6 vol. in-4.

B.R.

L'auteur, appartient à la famille *Kim*, de *An tong*, 安東金.

719. 農庵集

Nong am tjip.

COLLECTION DES ŒUVRES DU LETTRÉ *Nong am.*

Auteur : *Kim Tchyang hyep*, 金昌協, nom posthume *Moun kan*, 文簡.

À rapprocher du n° 671.

720. 遜齋集

Son tjăi tjip.

COLLECTION DES ŒUVRES DU LETTRÉ *Son tjăi.*

Auteur : *Pak Koang il*, 朴光一.

721. 靜觀齋集

Tjyeng koan tjăi tjip.

COLLECTION DES ŒUVRES DU LETTRÉ *Tjyeng koan tjăi.*

Auteur : *Ri Tan syang*, 李端相, nom posthume *Moun tjyeng*, 文貞.

722. 頤庵集

I am tjip.

COLLECTION DES ŒUVRES DU LETTRÉ *I am.*

Auteur : *Song In*, 宋寅, nom posthume *Moun tan*, 文端.

723. 龜峯集

Koui pong tjip.

COLLECTION DES ŒUVRES DU LETTRÉ *Koui pong.*

Auteur : *Song Ik hpil*, 宋翼弼.

724. 朽淺集

Hou tchyen tjip.

COLLECTION DES ŒUVRES DU LETTRÉ *Hou tchyen.*

Auteur : *Hoang Tjong hăi*, 黃宗海.

725. 冶谷集

Ya kok tjip.

COLLECTION DES ŒUVRES DU LETTRÉ *Ya kok.*

Auteur : *Tjyọ Keuk syen*, 趙克善.

(문집류) (ぶんしふるい) (文集類)

726. 南塘集

Nam tang tjip.

COLLECTION DES ŒUVRES DU LETTRÉ *Nam tang.*

Auteur : *Han Ouen tjin,* 韓元震.

727. 厚齋集

Hou tjăi tjip.

COLLECTION DES ŒUVRES DU LETTRÉ *Hou tjăi.*

Auteur : *Kim Kan,* 金幹.

728. 巍巖集

Oui am tjip.

COLLECTION DES ŒUVRES DU LETTRÉ *Oui am.*

Auteur : *Ri Kan,* 李柬.

729. 潛冶集

Tjăm ya tjip.

COLLECTION DES ŒUVRES DU LETTRÉ *Tjăm ya.*

Auteur : *Pak Tji syeng,* 朴知誠.

730. 清風世稿

Tchyeng hpoung syei ko.

ŒUVRES DE DIVERSES PERSONNES APPARTENANT À UNE FAMILLE DE *Tchyeng hpoung.*

2 vol.

B.R.

(문묵부) (ぶんぼくぶ) (文墨部)

731. 南嶽集

Nam ak tjip.

COLLECTION DES ŒUVRES DE *Nam ak.*

3 vol.

B.R.

732. 喚醒堂逸稿

Hoan syeng tang il ko.

ŒUVRES DU LETTRÉ *Hoan syeng tang.*

1 vol.

B.R.

733. 屯塢集

Tjyoun o tjip.

COLLECTION DES ŒUVRES DU LETTRÉ *Tjyoun o.*

5 vol.

B.R.

734. 松穆舘集 (ou 稿)

Syong mok koan tjip (ou *ko*).

COLLECTION DES ŒUVRES DU LETTRÉ *Syong mok koan.*

1 vol.

B.R.

735. 近齋集

Keun tjăi tjip.

COLLECTION DES ŒUVRES DU LETTRÉ *Keun tjăi.*

9 vol.

B.R. 16 vol.

736. 豐山世稿

Hpoung san syei ko.

ŒUVRES DE LA FAMILLE (*Hong*, 洪 ?) DE *Hpoung san.*

3 vol.

B.R.

737. 王劬生集

Oang kou săing tjip.

COLLECTION DES ŒUVRES DE *Oang Kou săing.*

4 vol in-8.

738. 怡菴遺稿

I am you ko.

ŒUVRES DU LETTRÉ *I am.*

5 vol.

739. 壯懷堂集

Tjang hoi tang tjip.

COLLECTION DES ŒUVRES DU LETTRÉ *Tjang hoi tang.*

5 vol.

740. 圭齋遺藁

Kyou tjăi you ko.

ŒUVRES DU LETTRÉ *Kyou tjăi.*

741. 枕雨堂集

Tchim ou tang tjip.

COLLECTION DES ŒUVRES DU LETTRÉ *Tchim ou tang.*

1 vol. in-8 (incomplet).

(문믁부) (ぶんぼくぶ) (文墨部)

742. 朴正字集
Pak tjyeng tjă tjip.
COLLECTION DES ŒUVRES DU CORRECTEUR *Pak.*
7 vol. in-8.

743. 楊椒山集
Yang tchyo san tjip.
COLLECTION DES ŒUVRES DU LETTRÉ *Yang Tchyo san.*
2 vol. ?

744. 梅堂遺稿
Măi tang you ko.
ŒUVRES DU LETTRÉ *Măi tang.*
2 vol.?

745. 石堂稿
Syek tang ko.
ŒUVRES DU LETTRÉ *Syek tang.*
3 vol.

746. 蘆少集
Ro syo tjip.
COLLECTION DES ŒUVRES DU LETTRÉ *Rŏ syo.*

747. 青史遺稿
Tchyeng să you ko.
ŒUVRES DE *Tchyeng să.*
4 vol.?

(문집류) (ぶんしふるい) (文集類)

748. 古懽堂集

Ko hoan tang tjip.

COLLECTION DES ŒUVRES DU LETTRÉ *Ko hoan tang.*

1 vol.?

749. 筆洞集

Hpil tong tjip.

COLLECTION DES ŒUVRES DE *Hpil tong.*

6 vol.

B.R.

Hpil tong est un quartier de Seoul, situé au pied du *Nam san,* 南山.

Botte imperméable, 水靴子.(1)

1. Tiré du *Tjin tchan eui kouei.*

CHAPITRE III

ROMANS.

전 설 류　　[illegible]　　傳 說 類

1ère PARTIE

ROMANS CHINOIS.

Parmi les romans énumérés ci-dessous, il en est un certain nombre que je n'ai pas vus et sur lesquels je n'ai pu me procurer aucun renseignement; les titres m'en ont été fournis par divers Coréens et par les catalogues de plusieurs cabinets de lecture de Seoul. Les titres des romans sont toujours rédigés en chinois, mais souvent on se borne à mettre la transcription des caractères, faite à l'aide des lettres coréennes selon la prononciation usuelle, qui est variable et incorrecte; de pareils titres sont très difficiles à comprendre, même pour les Coréens: lorsque le cas s'est présenté, je me suis efforcé de trouver un sens plausible, mais j'ai eu soin de marquer ce qu'il a de douteux par un point d'interrogation; j'ai aussi scrupuleusement respecté l'orthographe des transcriptions, jusque dans ses inexactitudes, en ajoutant seulement la transcription correcte entre parenthèses.

(전 설 류)　　(でんせつるい)　　(傳 說 類)

750. 셔쥬연의
西周演義

Sye tjyou yen eui (***Si tcheou yen yi***).

HISTOIRE DES ***Tcheou*** OCCIDENTAUX.

Traduction coréenne.

On appelle ***Tcheou*** occidentaux les Empereurs de la dynastie des ***Tcheou,*** depuis ***Oou oang,*** 武王 (1122–1116) jusqu'à ***Yeou oang,*** 幽王 (781–771).

751. 츈츄녈국지
春秋列國誌

Tchyoun tchyou nyel (*ryel*) *kouk tji* (***Tchhoẹn tshieou lie koẹ tchi***).

HISTOIRE DES ROYAUMES QUI EXISTAIENT À L'ÉPOQUE DU ***Tchhoẹn tshieou.***

Traduction coréenne.

32 vol. in-8.

Brit. M.

Auteur : ***Tshai Yuen fang,*** 蔡元放, de la période ***Yong tcheng,*** 雍正 (1723–1735).

Cet ouvrage est à rapprocher du ***Tong tcheou lie koẹ tchi,*** 東周列國志, en 108 chapitres, histoire des États qui se sont divisé la Chine, du VIIIe au IIIe siècle avant l'ère chrétienne.

Cf. Wylie, p. 162.

(문묵부) (ぶんぼくぶ) (文墨部)

752. 녈국지

列國誌

Nyel (ryel) kouk tji (***Lie koẹ tchi***).

HISTOIRE DES ROYAUMES QUI SE SONT DIVISÉ LA CHINE.

7 vol.

B.R.

Sans doute le même que le précédent.

753. 서한연의

西漢演義

Sye han yen eui (***Si han yen yi***).

HISTOIRE DES ***Han*** OCCIDENTAUX (DE 206 AVANT L'ÈRE CHRÉTIENNE À 24 DE L'ÈRE CHRÉTIENNE).

Traduction coréenne.

754. 동한연의

東漢演義

Tong han yen eui (***Tong han yen yi***).

HISTOIRE DES ***Han*** ORIENTAUX (25-220).

Traduction coréenne en 6 volumes.

755. 三國志

Sam kouk tji (***San koẹ tchi***).

HISTOIRE DES TROIS ROYAUMES.

2 vol. in-8 et 1 vol. d'illustrations.

B.R. 30 vol.

(젼셜류) (でんせつるい) (傳說類)

Titre au verso du 1er feuillet; au centre: 聖歎原評 "premières annotations par ***Cheng than***"; à droite: 毛聲山先生批點, "annoté et ponctué par le "lettré ***Mao cheng chan***"; à gauche: 貫華堂第一才子書, "ouvrage du 1er romancier de génie, "imprimé à la salle ***Koan hoa***".

Préface de 1644, 順治甲申, par ***Kin Jen choei,*** surnom ***Cheng than,*** 金人瑞聖歎氏: ce personnage, originaire de ***Sou tcheou,*** 蘇州, a revu et modifié le roman; il voulait, dit-on, y glorifier le loyalisme et soutenir les partisans des ***Ming,*** 明; il fut mis à mort. Il avait aussi revu le ***Si yeou ki,*** le ***Choei hou tchi,*** le ***Yu kiao li,*** 玉嬌梨.

Avertissement. Table des 19 livres; 20 gravures représentant les principaux personnages.

L'ouvrage, primitif est le ***San koe tchi yen yi,*** 三國志演義, de ***Lo Koan tchong,*** 羅貫中 (époque des ***Yuen,*** 元), roman en 120 chapitres: il a pour sujet la chute des ***Han,*** 漢, et la formation des trois états de ***Oei,*** 魏, ***Oou,*** 吳, et ***Chou,*** 蜀; les personnages les plus connus sont ***Lieou Pei,*** 劉備, de la famille des ***Han,*** empereur de ***Chou,*** mort en 222; avec ses conseillers et généraux: ***Tchou ko Liang,*** 諸葛亮, surnom ***Khong ming,*** 孔明 (181–234); ***Koan Yu,*** 關羽; ***Tchang Fei,*** 張飛 surnom ***Yi te,*** 翼德, mort en 220; ***Tshao Tshao,*** 曹操, empereur de ***Oei,*** mort en 220, etc.

Cf. Wylie, p. 161; Mayers, I, nos 10, 88, 297, 415, 768; Cordier, 804, 805, 1859.

(문묵부) (ぶんぼくぶ) (文墨部)

756. 삼국지

Sam kouk tji.

HISTOIRE DES TROIS ROYAUMES.

3 vol. in-4.

L.O.V.—Coll. v.d. Gabelentz.

Brit. M. 5 vol. in-8.

Abrégé coréen de l'ouvrage précédent, comprenant notamment le chapitre à partir de la bataille livrée par ***Tchang Fei***, 張飛, à ***Tchhang pan khiao***, 長版橋.

Une édition porte : "nouvellement gravé à *Mi tong*", 美洞, sans date ; une autre a été gravée en la 4e lune de l'année *keui mi*, 己未, (1859 ?) à *Hong syou tong*, 紅樹洞.

757. 蔚遲敬德傳

Oul tji kyeng tek tjyen (***Yu tchhi king tẹ tchoan***).

HISTOIRE DE ***Yu tchhi*** ET ***King tẹ***.

1 vol. in-4.

Histoire de deux généraux chinois de l'époque des trois royaumes.

758. 울지경덕젼

Oul tji kyeng tek tjyen.

HISTOIRE DE ***Yu tchhi*** ET ***King tẹ***.

1 vol. in-8, 25 feuillets.

Brit. M.

Traduction coréenne.

Gravé à l'automne de l'année *kap tjă*, 甲子 (1864 ?), à *Tong hyen*, 銅峴 (quartier de Seoul).

(젼셜류) (でんせつるい) (傳說類)

759. 슈 당 연 의
隋唐演義

Syou tang yen eui (***Soei thang yen yi***).

HISTOIRE DES ***Soei*** (581–618) ET DES ***Thang*** (618–907).

Traduction coréenne.

Auteur : ***Lo Koan tchong***, 羅貫中.

760. 셔 유 긔
西遊記

Sye you keui (***Si ycou ki***).

RELATION D'UN VOYAGE VERS L'OUEST.

2 vol. in-4.

L.O.V.—Coll. v.d. Gabelentz.

Nouvellement gravé à *Hoa san*, 華山, en la 10e lune de l'année *pyeng tjin*, 丙辰 (1856 ?).

Abrégé coréen du roman chinois en 20 vol. portant le même titre.

Il existe des éditions manuscrites en coréen en 60 vol., d'autres en 25 volumes.

Le sujet est le suivant : à l'époque des ***Thang***, 唐, le bonze ***San tsang***, 三藏法師 (titre de ***Hiuen tchoang***, 玄奘), reçut de l'Empereur ***Hiuen tsong***, 玄宗 (712–755), l'ordre de se rendre dans l'Asie centrale avec ses deux élèves, *Son o kong*, 猻悟空, qui était un singe métamorphosé en homme, et *Tjye hpal kyei*, 猪八戒, qui était un porc ayant pris la forme humaine, pour y chercher les livres canoniques du bouddhisme. En route, ils rencontrèrent force diables et bêtes féroces qui s'opposaient à leur passage et contre lesquels ils durent livrer bataille. *Son o kong*, étant d'une force extraordinaire, était toujours vainqueur dans ces combats. Le livre raconte toutes les luttes que les voyageurs eurent à soutenir, mais ne dit pas quel fut le résultat de la mission.

L'ouvrage est incomplet et les planches n'en existent plus à Seoul.

Cf. Wylie, p. 162.

761. 안록산젼
安祿山傳

An rok san tjyen (***'An lou chan tchoan***).
HISTOIRE DE ***'An Lou chan.***

Traduction coréenne.

Un ouvrage du même titre se trouve dans la collection ***Thang tai tshong chou,*** 唐代叢書.

Le personnage principal, d'origine tartare, avait pour premier nom ***'A lo chan,*** 阿犖山; général dans l'armée chinoise, il devint favori de ***Hiuen tsong*** des ***Thang,*** 唐玄宗 (712-755), se révolta en 755 et fut assassiné en 757.

Cf. Mayers, I, 525.

762. 당진연의
唐秦演義

Tang tjin yen eui (***Thang tshin yen yi***).
HISTOIRE DE ***Tshin,*** de la dynastie des ***Thang.***

Traduction coréenne.

Peut-être ce roman a-t-il rapport à la rébellion de ***Tshin Tsong khiuen***, 秦宗權, qui se révolta en 883 et fut pris et mis à mort en 888.

763. 북 송 연 의
北宋演義

Peuk song yen eui (***Pẹ song yen yi***).
HISTOIRE DES ***Song*** DU NORD (960–1126).

Traduction coréenne.

764. 범 문 졍 공 츙 렬 록
范文正公忠烈錄

Pem moun tjyeng kong tchyoung ryel rok (***Fan oen tcheng kong tchong lie lou***).
HÉROÏSME ET LOYAUTÉ DE ***Fan***, NOM POSTHUME ***Oen tcheng***.

Traduction coréenne.

Le héros est peut-être ***Fan Tchong yen***, 范仲淹, surnom ***Hi oen***, 希文 (989–1052), qui lutta contre les invasions des ***Kin***, 金 ; il était originaire de ***Sou tcheou***, 蘇州, et parvint au rang de Ministre d'État.

765. 남 송 연 의
南宋演義

Nam song yen eui (***Nan song yen yi***).
HISTOIRE DES ***Song*** DU SUD (1127–1280).

Traduction coréenne.

(문 믁 부) (ぶんぼくぶ) (文墨部)

766. 슈호지
水滸志
Syou ho tji (***Choei hou tchi***).
HISTOIRE DE ***Choei hou.***

2 vol. in-4.

L.O.V.—Coll. v.d. Gabelentz.

Abrége coréen semblant incomplet ; gravé au 1er mois de l'année *kyeng sin,* 庚申 (1860 ?) ; les planches d'impression n'existent plus à Seoul.

Syou ho est un nom de l'île de ***Liang chan,*** 梁山泊, située dans la préfecture de ***Tsi nan,*** au ***Chan tong,*** 山東濟南府.

L'ouvrage est un roman chinois publié en 70 chapitres, dont il existe des traductions complètes en 20 vol. environ.

Au temps de la dynastie des ***Song,*** cent huit chefs de brigands s'étaient réunis dans l'ile de *Ryang san,* (***Liang chan***) : ils étaient tous unis par des liens de parenté ou d'alliance et avaient sous leurs ordres de nombreux soldats, ils possédaient une flotte nombreuse et des arsenaux bien pourvus. Ils débarquaient fréquemment sur le continent, s'emparaient des magistrats malhonnêtes, leur coupaient la tête et pillaient leurs propriétés ; de même, ils attaquaient les convois impériaux, s'emparaient des présents envoyés à l'Empereur et aux hauts fonctionnaires, mais ils n'inquiétaient ni les voyageurs ni les pauvres gens. Aussi, la population leur était-elle favorable et faisait l'éloge de leur loyauté. L'Empereur envoya des troupes pour les combattre, mais celles-ci furent battues et leurs généraux faits prisonniers. Ne pouvant les réduire par la force, le Souverain rendit un décret, par lequel il leur enjoignait de se soumettre et leur promettait sa bienveillance. Ils acceptèrent ces conditions, vendirent à vil prix ce qu'ils possédaient, brûlèrent leur camp et se rendirent à la Capitale, où un grand festin leur fut offert dans le Palais et où ils furent aussitôt pourvus de fonctions officielles. Peu après, la guerre éclata entre l'Empire et les peuples barbares. L'Empereur les chargea de combattre ces derniers. Le succès les favorisa : ils remportèrent de nombreuses victoires et furent promus aux plus hautes dignités.

Cet ouvrage est le cinquième roman de génie (五才子書, *O tjăi tjă sye*, ***oou tshai tseu chou***); il est dû à ***Chi Nai 'an***, 施耐菴, qui vivait sous les ***Yuen***, 元; ***Kin Jen choei***, 金人瑞, en a publié une édition modifiée.

Cf. Wylie, p. 162, Cordier, 807, 808, 1859.

767. 츙 의 슈 호 지
忠 義 水 滸 志

Tchyoung eui syou ho tji.

HISTOIRE DE ***Choei hou*** : LOYAUTÉ ET JUSTICE.

Traduction en coréen du précédent.

23 vol.

(문 묵 부) (ぶんぼくぶ) (文 墨 部)

768. 剪燈新話

Tjyen teung sin hoa.

NOUVELLES PAROLES POUR LESQUELLES ON MOUCHE LA CHANDELLE.

2 vol. in-4, formant 2 livres.

M.C.

Contes fantastiques chinois, dont l'action se passe sous les ***Yuen,*** 元, et à diverses époques.

Auteur: ***Khiu Yeou,*** nom littéraire ***Tsong ki,*** 瞿佑宗吉; annotateur: ***Tchhoei hou tseu,*** 垂胡子.

Une autre édition renferme une postface de ***Mei tchhoang*** (ou du Coréen *Măi tchang*), 梅窓, de 1580, 萬曆庚辰.

769. 홍누몽

紅樓夢

Hong nou (*rou*) *mong* (***Hong leou mong***).

SONGES DU PAVILLON ROUGE.

Traduction coréenne.

Peintures de la vie domestique, écrites au commencement de la présente dynastie, par ***Tshao Siue khin,*** 曹雪芹.

Cf. Wylie, p. 162; Cordier, 816, 1868, 1869.

2e PARTIE

ROMANS EN LANGUE CHINOISE, COMPOSÉS PAR DES CORÉENS.

770. 九雲夢

Kou oun mong.

LE RÊVE DE *Kou oun* (NOM DE LOCALITÉ ?).

1 vol. grand in-8, 52 feuillets formant 2 livres.

L.O.V.

Brit. M. 15201, C 15: édition datée de 1803, 崇禎後三度癸亥.

Ce roman en 6 livres a été composé en chinois par *Kim Tchyoun tchăik*, 金春澤, fonctionnaire du règne de *Syouk tjong* et auteur du *Sya si nam tjyeng keui*. Il a, dit-on, depuis lors été publié en Chine avec de nombreuses additions.

Le sujet est le suivant : à l'époque des ***Thang***, 唐, un bonze indien *Ryouk koan*, 六觀, vint enseigner la doctrine en Chine sur la montagne *Ryen hoa*, 蓮花峯, (sous-préfecture de ***Hoa yin*** au ***Chạn si***, 陝西華陰縣) ; il acquit un grand renom de sainteté ; le Roi-dragon (nāgarāja) prit l'habitude de sortir du lac ***Tong thing***, 洞庭湖, (au ***Hou nan***, 湖南) et, se transformant en un vieillard, de venir écouter la parole bouddhique ; un jour, le bonze ordonna à l'un de ses disciples, *Syeng tjin*, 性眞, d'aller au palais du Roi-dragon pour le remercier de ses visites assidues. Au retour, sur le bord du lac, il rencontra huit fées qui se baignaient : elle lui donnèrent un bouquet de fleurs cueillies par elles et, prenant la forme de cigognes, s'envolèrent aussitôt. Quand *Syeng tjin* fut devant son maître, celui-ci lui reprocha sévèrement d'avoir pris plaisir, même pour un instant, à la société des fées, et l'envoya sans tarder à *Yem oang*, 閻王, juge de l'enfer ; les huit fées venaient aussi d'être amenées devant le juge : elles furent condamnées, ainsi que *Syeng tjin*, à renaître au monde dans d'autres corps ; *Syeng tjin* devint Conseiller du roi, les huit fées furent filles de gens riches et devinrent les femmes de *Syeng tjin ;* tandis qu'il menait avec elles une vie toute de plaisirs, *Ryouk koan* lui apparut et, frappant le plancher de son bâton, le fit tomber évanoui. Quand il reprit ses sens, palais et femmes, tout avait disparu, et il s'aperçut que le monde n'est qu'un rêve.

771. 구 운 몽

Kou oun mong.

LE RÊVE DE *Kou oun.*

1 vol. in-4, 32 feuillets.
L.O.V.—Brit. M.—Coll. v. d. Gabelenz.
Traduction coréenne du précédent.

772. 謝氏南征記
Sya si nam tjyeng keui.
VOYAGE VERS LE SUD DE LA DAME *Sya.*

2 vol. grand in-8, carré, mss.
L.O.V.

Ce roman a été composé par *Kim Tchyoun tchăik*, 金春澤, fonctionnaire sous *Syouk tjong* et auteur du *Kou oun mong*, à l'occasion des faits suivants : le Roi, séduit par les artifices d'une de ses concubines nommée *Tjyang*, 張氏, et voulant vivre avec elle plus librement, répudia la Reine *In hyen*, 仁顯王后, né *Min*, 閔氏, et éleva sa favorite à un rang proche de celui de reine (*koui pi*, 貴妃). Tous les fonctionnaires et le peuple murmuraient à la vue de ce scandale ; *Kim Tchyoun tchăik* osa écrire ce livre pour attirer l'attention du Souverain d'une façon détournée.

A l'époque ***Kia tsing***, 嘉靖 (1522–1566), dit le roman, vivait un fonctionnaire chinois nommé *Ryou*, 劉 (***Lieou***), qui maria son fils, *Yen syou*, 延壽 (***Yen cheou***), à une jeune fille, *Sya Tjyeng ok*, 謝貞玉 (***Sie Tcheng yu***). Après la mort de son père, *Yen syou* arriva à de hautes fonctions : mais il se désolait, depuis dix ans de mariage, de n'avoir pas d'enfants ; sa femme, également désireuse d'assurer la continuation de la famille *Ryou*, fit choix d'une jeune fille nommée *Kyo*, 喬 (***Khiao***) qu'elle lui donna comme concubine. Celle-ci, pleine d'ambition, ne tarda pas à calomnier l'épouse légitime et parvint à la faire chasser pour être mise à sa place.

Puis, elle se lassa de son mari, prit un amant nommé *Tong Tchyeng*, 董青 (***Thong Tshing***), dénonça *Ryou Yen syou* à un fonctionnaire des plus cruels, qui le fit dégrader et envoyer en exil, et put ainsi vivre à sa guise avec son amant, élevé, en récompense de la dénonciation, à de hautes fonctions. Non contente de ce succès, la concubine chercha à faire périr la femme légitime qui s'était retirée dans sa famille. Cette dernière se réfugia à l'endroit où son mari était en exil, tout en ignorant qu'il s'y trouvait; pendant dix ans, ils eurent beaucoup à souffrir : un hasard les rapprocha et ils reprirent la vie commune. Puis, l'innocence de *Yen syou* ayant été reconnue, il fut promu à une charge plus élevée qu'auparavant : la concubine, son complice et le mauvais fonctionnaire furent décapités.

773. 샤시남졍긔

Sya si nam tjyeng keui.

VOYAGE VERS LE SUD DE LA DAME *Sya*.

Traduction coréenne.

2 vol. in-4.

L.O.V.

Gravé en l'année *sin hăi*, 辛亥 (1851 ?), à *You tong*, 由洞, quartier de Seoul.

774. 增删玉麟夢

Tjeung san ok rin mong.

LE *Ok rin mong* CORRIGÉ.

8 vol. mss.

(젼셜류) (でんせつるい) (傳說類)

L'ouvrage coréen primitif a été modifié et mis en chinois par *Kyei sye*, 溪西, qui y a ajouté une préface datée *syang ouen hou pyeng in*, 上元後丙寅. L'auteur du texte coréen s'appelait *Hoi hen*, 悔軒.

775. 青邱野談

Tchyeng kou ya tam.

HISTOIRES PRIVÉES CORÉENNES.

1 vol. grand in-8, mss, 58 feuillets.

Recueil de diverses histoires anecdotiques, dont la plupart se passent en Corée.

776. 金山寺夢會錄

Keum san să mong hoi rok.

ASSEMBLÉE EN SONGE DANS LA BONZERIE DE *Keum san*.

1 vol. in-12, 43 feuillets, mss.

Copie faite sur un volume imprimé en l'année *keui să*, 己巳 (1869 ?) à *Tjin nam koan*, 鎭南舘, district de *Tjin tchyen*, 鎭川.

Songe d'un homme dans une bonzerie : il voit les premiers empereurs des dynasties célèbres de la Chine et converse avec eux ; la bonzerie de *Keum san*, **Kin chan**, est située dans la préfecture de **Tchen kiang**, au **Kiang sou**, 江蘇鎭江府.

777. 금산ᄉᆞ몽유록
金山寺夢遊錄

Keum san să mong you rok.

PROMENADE EN SONGE À LA BONZERIE DE *Keum san*.

Sans doute traduction du précédent.

(문묵부) (ぶんぼくぶ) (文墨部)

778. 蘇大聲傳

So tai syeng tjyen.

HISTOIRE DE *So Tai syeng.*

1 vol. in-8, 49 feuillets, mss.

Roman coréen en langue chinoise, dont l'intrigue se passe en Chine à l'époque des ***Song,*** 宋 ; il serait traduit d'un original en langue coréenne.

779. 海東異語

Hăi tong i e.

PAROLES DIVERSES DE CORÉE.

1 vol.

Recueil de nouvelles et de fables.

3e PARTIE

ROMANS CORÉENS À PERSONNAGES CHINOIS.

780. 월왕젼
越王傳

Ouel oang tjyen.

HISTOIRE DU PRINCE DE ***Yue.***

Peut-être est-il question dans ce roman de ***Keou Tsien,*** 勾踐, prince de ***Yue,*** qui monta sur le trône en 496 avant l'ère chrétienne.

Cf. Mayers I, 276.

(젼셜류) (でんせつるい) (傳說類)

781. 양풍젼
梁豐傳

Yang (ryang) hpoung tjyen.
HISTOIRE DE *Yang Hpoung.*

1 vol. in-4, 24 feuillets.

L.O.V.—Brit. M.—Coll. v. d. Gabelentz.

Sous la dynastie des ***Han,*** 漢, vivait le fonctionnaire *Yang Tăi păik,* père de trois filles et de trois garçons, dont l'un s'appelait *Hpoung.* Ce mandarin avait une concubine, pour laquelle il éprouvait une passion sans bornes. Un jour qu'elle était malade, il vint prendre de ses nouvelles. Celle-ci lui déclara qu'elle ne recouvrerait la santé que si la femme légitime quittait la maison. *Yang Tăi păik* n'hésita pas et ordonna à sa femme de partir, elle et ses enfants. Ils s'éloignent et, n'ayant pas d'autre abri, ils se réfugient dans la cabane réservée au gardien des tombeaux de leurs ancêtres. Là, ils souffrent du froid et de la faim ; la mère tombe malade et, au moment de mourir, elle se coupe le doigt et écrit avec son sang une lettre, où elle supplie son mari d'avoir pitié de leurs enfants. En recevant cette lettre, *Yang Tăi păik* ému allait les rappeler auprès de lui ; mais sa maîtresse l'en dissuada : « Vous ne « comprenez donc pas, lui dit-elle, que votre femme « veut se débarrasser de ses enfants pour se rema« rier plus facilement. Elle essaie de vous faire croire « qu'elle est en danger de mort et de vous obliger « ainsi à les reprendre. Serez-vous assez inintelligent « pour aider à la réussite de ce stratagème ? » Le mari, convaincu par ce raisonnement et furieux d'avoir été sur le point de céder, se jette sur le porteur de la lettre et le roue de coups de bâton.

Le fils nommé *Hpoung* grandit et entra dans l'armée : il eut de grand succès, obtint les grades les plus élevés et réussit à anéantir les forces ennemies. En retour de ses services, l'Empereur lui conféra le titre de prince de *Tcho*. A cette époque, *Yang Tăi păik* était devenu vieux et aveugle. Sa concubine le maltraitait et le trompait avec tout le monde : il voyait là la punition de ses méfaits et il se repentait d'avoir été si cruel. Un jour, *Hpoung* découvrit sa retraite et l'alla voir ; mais le vieillard ne le reconnut pas. "Je suis votre fils", lui dit *Hpoung* et, à ces paroles, les yeux de l'aveugle s'ouvrirent.

782. 옥환긔봉
玉環奇逢
Ok hoan keui pong.
La rencontre merveilleuse des anneaux de jade.

12 vol. in-8, d'environ 80 feuillets chacun ; mss.
Brit. M. 1 vol. in-4, 84 feuillets, mss.

Avant la naissance de l'enfant, qui devint plus tard le fondateur de la dynastie des **Han** postérieurs, 後漢, ***Heou han,*** ou 東漢, ***Tong han,*** et est connu sous le nom de ***Koang oou,*** 光武帝 (25-57), sa mère vit en rêve un génie qui lui donna un anneau de jade, sur lequel était gravé le caractère *htyen*, 天 (ciel) et lui révéla que son fils ne devrait épouser que la fille qui posséderait une bague sembla-

(전설류) (でんせつるい) (傳 說 類)

ble portant l'inscription *ti*, 地 (terre). Presque à la même époque, naquit une fille à qui on donna le nom de *Eum rye hoa*, 陰麗花 ; son père avait également reçu d'un être surnaturel un anneau de jade portant le caractère *ti*, 地. Quand les deux enfants eurent grandi, ils se rencontrèrent et leurs familles les marièrent après avoir comparé les deux bagues.

Ce récit est accompagné de longs renseignements sur les deux époux, de développements sur les guerres qui eurent lieu entre les partisans des deux branches de la dynastie des ***Han***, sur les révoltes qui furent apaisées par ***Koang oou***, sur les évènements de son règne, sur les fonctionnaires qui l'assistèrent, etc.

783. 졔 마 무 젼
齊 馬 無 傳

Tjyei ma mou tjyen.
HISTOIRE DE *Tjyei Ma mou.*

1 vol. in-4, 32 feuillets ; nouvellement gravé à *Hong syou tong*, 紅樹洞.

L.O.V.—Brit. M.—Coll. v.d. Gabelentz.

A la fin de la dynastie des ***Han***, 漢, vivait le célèbre lettré *Tjyei Ma mou*. Longtemps il avait été dans le plus grande misère : un jour, il accusa de son malheureux sort celui des dix princes de l'enfer qui est spécialement chargé du bonheur et du malheur des hommes, et il l'accabla d'injures. Le dieu chef de l'enfer en fut informé et envoya quelques satellites pour l'arrêter et le faire comparaître devant lui. Interrogé, *Tjyei Ma mou* répondit : "Je ne suis pas "incapable, pourquoi suis-je pauvre ? si vous voulez "juger de mon expérience, chargez-moi de quelque "affaire difficile". Le dieu lui dit : "Vous n'êtes "qu'un simple lettré, comment pourriez-vous entendre "les questions infernales?" Mais les officiers prièrent leur chef de le mettre à l'épreuve : *Ma mou* fut donc nommé juge de l'enfer et on lui confia plusieurs causes fort embrouillées. Le lettré s'en tira avec un tel succès, montra tant d'équité et de clairvoyance que les officiers firent un rapport à leur chef pour lui signaler ces faits. On offrit à *Tjyei Ma mou* un grand banquet et on le remercia chaleureusement de son concours ; puis on le reconduisit sur la terre où il jouit dès lors d'un bonheur sans limites et vécut heureux jusqu'à un âge très avancé.

Suit le *Hoi sim kok*, 회심곡, 悔心曲, Chant pour ramener le cœur à ce qui est juste (du feuillet 26 recto à 32 inclusivement).

C'est une sorte de cantique bouddhique.

784. 옥인긔
玉人記

Ok in keui.

HISTOIRE DE LA FEMME DE JADE.

Peut-être ce roman fait-il allusion à la Dame ***Kan***, 甘夫人, femme de ***Lieou Pei***, 劉備.

Cf. Mayers, I, 415.

(전셜류) (でんせつるい) (傳 說 類)

785. 위 왕 별 젼
魏王別傳

Oui oang pyel tjyen.

HISTOIRE DU ROI DE ***Oei.***

Peut-être histoire de ***Tshao Tshao,*** 曹操, surnom ***Meng tẹ,*** 孟德, fondateur du royaume de ***Oei,*** 魏, mort en 220 de l'ère chrétienne.

Cf. Mayers, I, 768.

786. 당 틔 죵 젼
唐太宗傳

Tang htăi (htai) tjyong (tjong) tjyen.

HISTOIRE DE L'EMPEREUR *Htai tjong* (***Thai tsong***), DE LA DYNASTIE DES ***Thang.***

1 vol. in-4, 26 feuillets.

L.O.V.—Coll. v.d. Gabelentz.

Sous le règne de *Htai tjong* (626–649), vivait un lettré du nom de *Oun Syou,* qui avait acquis par sa science une grande renommée. Des pêcheurs allèrent un jour lui offrir une carpe et lui demandèrent de leur indiquer les endroits où ils devaient poser leurs filets pour prendre beaucoup de poisson. *Oun Syou* leur désigna un emplacement où ils firent des captures extraordinaires. Les pêcheurs, heureux d'une telle aventure, célèbraient le nom de leur bienfaiteur et se promettaient, avec son concours, de prendre toute la gent aquatique. Les poissons les entendirent et se plaignirent au Dragon, leur chef. Celui-ci, considérant que, si le lettré signalait aux pêcheurs toutes les retraites des eaux, les fleuves et les mers seraient bien vite dépeuplés, résolut de mettre *Oun Syou* à mort. Dans ce but, il prit l'apparence humaine et se rendit chez le lettré. “ La sécheresse dure “ depuis longtemps, lui dit-il. Pouvez-vous me dire “ quand il pleuvra ?” L'autre lui répondit : “De- “ main, à midi—Eh bien, reprit le dragon, faisons “ un pari. Si la pluie ne tombe pas demain à l'heure “ dite, je vous couperai la tête. Si au contraire “ elle tombe, c'est vous qui me tuerez.” Le dragon pensait bien gagner le pari, car le dieu du ciel ne lui avait pas donné d'ordres et, comme la pluie ne pouvait tomber sans son concours, il se réjouissait déjà de pouvoir se débarrasser du lettré. Mais, précisément au moment où il se livrait à cette espérance, un décret fut rendu par la divinité, enjoignant de donner de la pluie à la terre le lendemain, à midi. Le dragon pensa qu'en somme il pouvait bien retarder la pluie de quelques minutes et le lendemain, il ne la fit tomber que dans l'après-midi. Son pari était gagné : il alla donc trouver *Oun Syou* et lui dit : “ Vous voyez, il n'a plu que “ dans la journée. J'ai gagné et je vais vous trancher “ la tête.—Pas si vite, reprit l'autre, laissez-moi vous “ dire qu'au lieu de me tuer, c'est vous qui serez “ mis à mort, demain, à midi. Vous avez violé les “ ordres divins. Comment ne seriez-vous pas puni?” Le dragon le pria de lui sauver la vie. “ Vous n'avez “ pas d'autre moyen que d'aller trouver l'Empereur “ *Htai tjong*, de lui exposer cette affaire et, s'il veut “ vous venir en aide, il devra empêcher *Oui tjeung*

“ de s’endormir demain à midi. Vous savez que, “ chaque jour, l’âme de ce fonctionnaire abandonne son “ corps pendant son sommeil et se rend au ciel. C’est “ à elle que le dieu donne des ordres pour exécuter “ toutes les décisions divines. Si elle ne peut se “ rendre au ciel comme d’habitude, vous éviterez “ ainsi la mort.” Le dragon se rend aussitôt auprès de l’Empereur et lui explique la chose ; celui-ci promet de le tirer d’affaire : le lendemain avant midi, il appelle *Oui tjeung* et, pour tromper le temps, joue aux échecs avec lui. Mais subitement il se sent pris d’une invincible envie de dormir, s’y laisse aller et ne se réveille que lorsque l’heure fatale est passée. Il constate alors que *Oui tjeung* s’est également assoupi ; il le réveille et lui demande : “ Qu’a fait “ votre âme pendant votre sommeil ?” Hélas, il était trop tard : l’âme était allée au ciel, avait reçu l’ordre de couper le cou du dragon et avait accompli cette décision.

787. 셜 인 귀 젼
薛 仁 貴 傳

Syel in koui tjyen.

HISTOIRE DU GÉNÉRAL *Syel In koui.*

1 vol. in-4, 30 feuillets.

L.O.V.—Coll. v.d. Gabelentz.

Les événements relatés dans cet ouvrage se passent à l’époque des ***Thang***, 唐. Le héros est ***Sie Jen koei*** (Mayers, I, 582), qui commanda l’armée envoyée, en 670 de notre ère, contre les Tibétains et subit un échec important. En 682, il repoussa avec succès une invasion des ***Thou kiue,*** 突厥. Un roman chinois, intitulé ***Tcheng tong ki,*** 征東記, est l'histoire romanesque de son expédition en Corée.

Syel In koui, fils de *Syel Kyeng*, se trouva orphelin, quand il était encore enfant : c'était un garçon très intelligent, instruit et robuste. N'ayant aucune ressource, il fut d'abord réduit à mendier ; puis il réussit à se placer, comme domestique chez un riche, nommé *You Tjoung sye*. Un jour, la fille de ce dernier, qui avait treize ans et était fort jolie, rêva qu'elle voyait un dragon bleu ramper dans le jardin. Dès son réveil, elle y courut et trouva *Syel In koui* endormi. Surprise de cette coïcidence, elle enleva son corsage d'or et en couvrit le jeune homme. Son action le réveilla : après l'avoir remerciée, il revêtit ce corsage qu'il cacha sous ses propres habits. Mais, à quelque temps de là, le vent souleva ses vêtements, tandis qu'il balayait la cour, et son maître aperçut le corsage de sa fille. Convaincu qu'elle avait eu des relations coupables avec son domestique, il les chassa l'un et l'autre et tous deux durent demander l'aumône pour vivre. Bientôt *Syel In koui* eut l'occasion de prendre part aux guerres qui éclatérent sous ***Thai tsong,*** 太宗, il s'y distingua d'une façon si brillante qu'il obtint le grade de général et finalement reçut le titre de prince de *Hpyeng yong*.

(전설류) (でんせつるい) (傳說類)

788. 곽 분 양 젼
郭 汾 陽 傳

Koak poun yang tjyen.

HISTOIRE DE *Koak Tjă eui*, PRINCE DE *Poun yang*.

2 vol. in-4.

L.O.V.—Coll. v. d. Gabelentz.

Le fonctionnaire *An Ro san* (probablement *An Lou chan*, 安祿山) eut des relations intimes avec une concubine de l'Empereur *Sou tsong*, 肅宗 (755–762), de la dynastie des *Thang*, 唐, et enorgueilli de cette aventure, tenta de renverser son souverain. Ayant rassemblé des troupes, il marcha sur la capitale qu'il attaqua. L'Empereur, effrayé, prit la fuite, emmenant sa concubine. Mais ses soldats refusèrent de l'accompagner, tant que cette femme, cause des désordres qui ruinaient le pays, ne leur aurait pas été livrée. *Sou tsong* dut se soumettre et leur abandonna sa maîtresse, qui fut étranglée par les soldats. Ceux-ci, commandés par *Koak Tjă eui*, 郭子儀[1], eurent ensuite raison des rebelles, qui furent taillés en pièces, et le général fut récompensé de ses succès par le titre de prince de *Poun yang*.

789. 곽 분 양 츙 힝 록
郭 汾 陽 忠 行 錄

Koak poun yang tchyoung hăing rok.

LOYAUTÉ DE *Koak Poun yang*.

1. *Koo Tseu yi* (697–781) nom posthume *Tchong oou*, 忠武, prince de *Fen yang*, 汾陽王 (cette localité est aujourd'hui *Hing*, 興, au *Chan si*, 山西); cf. Mayers, I, 306.

790. 옥쥬호연
玉珠好緣

Ok tjyou ho yen.

LA BONNE UNION DES PERLES ET DU JADE.

1 vol. in-4, 29 feuillets.

Nouvellement gravé à *Mou kyo*, 武橋, en la 1ère lune de l'année *sin hăi*, 辛亥 (1851 ?).

L.O.V.—Coll. v. d. Gabelentz.

A l'époque des cinq dynasties (*o kyei*, 五季, ou *o tăi*, 五代, 907-960), le sieur *Tchai Moun kyeng*, 蔡文慶, qui demeurait dans le ***Tchẹ kiang***, 浙江, se lamentait de n'avoir pas d'enfants; pour en obtenir un, il alla prier au tombeau de l'Empereur ***Yu***, 禹 (2205-2197); quelques jours après, il rêva qu'il trouvait trois morceaux de jade et, au bout de neuf mois, sa femme accoucha de trois fils. Le premier fut appelé *Ouen*, 琬, le second *Tjin*, 珍, et le troisième *Kyeng*, 瓊. A la même époque, un sieur *Ryou Ouen kyeng*, 劉願景, qui habitait ***Thai tcheou***, 泰州, au ***Kiang sou***, 江蘇, dépensait beaucoup d'argent en offrandes à Bouddha pour obtenir un enfant. Une nuit, il rêva qu'il trouvait trois perles et sa femme mit au monde trois filles jumelles, la première fut appelée, *Tjă tjyou*, 紫珠, (perle pourpre), la seconde *Pyek tjyou*, 碧珠, (perle glauque) et la troisième *Myeng tjyou*, 明珠, (perle brillante); dès qu'elles furent grandes, elles apprirent secrètement l'art de la guerre. Leur père l'ayant su un jour, en fut très courroucé; sa colère l'emporta si loin qu'il menaça de les tuer et celles-ci, effrayées, s'enfuirent, après avoir revêtu des habits masculins. En route, elles rencontrèrent, dans une auberge, les trois fils de *Tchai Moun kyeng :* ils se rendaient à une montagne pour y prendre les leçons d'un sage qui habitait cet endroit. Tous les six devinrent amis et s'engagèrent mutuellement à aller étudier ensemble. Grâce aux conseils d'un bonze, ils devinrent très instruits dans l'art de la guerre et entrèrent ensuite au service du prince qui devint le fondateur de la dynastie des ***Song,*** 宋. Ils lui rendirent de si grands services, que ce souverain leur conféra le titre de princes : puis, ayant reconnu le sexe de trois d'entre eux, il les maria avec les trois autres.

791. 금 향 뎡 긔
金 香 亭 記

Keum hyang tyeng keui.

HISTOIRE DU PAVILLON DE *Keum hyang* (PARFUM PRÉCIEUX).

2 vol. in-4.

L.O.V.—Coll. v. d. Gabelentz.

Nouvellement gravé à *You tong,* 由洞, quartier de Seoul.

A l'époque des ***Thang*** postérieurs, 後唐, sous le règne de ***Ming tsong,*** 明宗 (925-933), un enfant, du nom de *Kyeng keui,* 景奇, fils d'un président du Ministère de la Guerre, *Tjyong Tchyou,* 鍾取, devint orphelin et dut mendier pour vivre. Un jour, il pénétra dans le jardin du Censeur *Htai ko,* 泰古,

où se trouvait le pavillon de *Keum hyang:* il y rencontra *Myeng hoa*, 明花, fille du maître de la maison, et ils se fiancèrent l'un à l'autre. Plus tard ils se marièrent et vécurent heureux.

792. 진딕방뎐
陳大方傳

Tjin tăi (tai) pang tjyen.
HISTOIRE DE *Tjin Tăi pang.*

1 vol. in-4, 18 feuillets.

L.O.V.—Brit. M.—Coll. v. d. Gabelentz.

A l'époque des ***Song***, 宋, vivait à ***Tcho tcheou***, 涿州 (***Tchi li***, 直隷) un individu du nom de *Tjin Tăi pang*, 陳大方, qui ne respectait pas ses parents; sur les conseils de sa femme, *Ryang*, 梁, il chassa sa mère et son frère de la maison. La mère alla se plaindre au magistrat du district, *Kim Eui păik*, 金義白, qui avait en grand honneur la piété filiale. En entendant la requête qui lui était adressée, il fut très courroucé contre un si mauvais fils et le convoqua à son tribunal avec sa femme. Quand tous furent présents, il dit à la mère de *Tjin Tăi pang:* "Sans doute, vous n'avez pas bien élevé "votre enfant, c'est pour cela qu'il est un si méchant "homme". Il rappela ensuite au frère cadet la conduite qu'on doit tenir vis-à-vis d'un frère aîné. Puis il expliqua à la femme de *Tjin Tăi pang* comment elle devait se comporter vis-à-vis de sa belle mère. Enfin il s'adressa à *Tjin* en ces termes: "Com- "me je n'ai aucune vertu, le ciel m'a puni, en faisant

" vivre dans mon district un mauvais fils comme vous. " Mon devoir est de vous donner des conseils. Si " vous ne vous corrigez pas, je devrai vous punir". Alors, il lui cita les belles actions des fils qui avaient pratiqué le respect envers leur parents. Ces paroles émurent le coupable qui se repentit, et, depuis lors, toute la famille vécut en bonne intelligence. *Tjin Tăi pang* devint le modèle des fils et s'acquit tant de renommée que l'Empereur en eut connaissance, le nomma magistrat du district de ***Kiang ling***, 江陵, (au ***Hou pę***, 湖北) et ordonna de placer sur sa porte une inscription élogieuse en son honneur.

Suit le 닉훈졔ᄉᆞ, 內訓諸事, *Năi houn tjyei (tjye) să.*

2 feuillets.

Instructions morales pour la femme mariée: elle doit s'occuper des affaires intérieures de la maison; ne pas trop lire, car les lectures portent à la rêverie, ce qui ne sert à rien ; ne pas permettre aux marchandes (qui servent d'entremetteuses), aux bonzesses, ni aux sorcières de fréquenter le logis; ne pas s'informer auprès des servantes de ce qui se passe chez les voisins, etc.

Le nommé *Hoa am*, 花巖, a composé ces instructions.

793. 슉향젼 熟香傳

Syouk hyang tjyen.

Histoire de la Dame *Syouk hyang.*

(문묵부) (ぶんぼくぶ) (文墨部)

2 vol. in-4.

L.O.V.—Coll. v. d. Gabelentz.

Gravé en l'année *mou o*, 戊午 (1858 ?), à *Ya tong*, 冶洞.

Considéré par M. Aston. (Proceedings of the Asiatic Society of Japan) comme un des meilleurs contes populaires de Corée.

Sous la dynastie des ***Song***, 宋, vivait à ***Nan yang***, au ***Ho nan***, 河南南陽, un sieur *Kim Syen*, 金璇. Rencontrant un jour des pêcheurs, qui avaient pris une tortue et qui se disposaient à la tuer pour la manger, il la leur acheta et lui rendit la liberté. A quelque temps de là, *Kim Syen* fit naufrage et il allait périr, quand une tortue vint à son secours : elle le porta sur sa carapace jusqu'au rivage, où elle le déposa et vomit des perles que notre homme ramassa. S'étant marié alors avec une femme nommée *Tjyang*, 張, il lui donna ces perles. Il eurent une fille, qui fut appelée *Śyouk hyang*, 熟香 ; à l'âge de cinq ans, celle-ci fut abandonnée sur un rocher par ses parents, qui avaient dû s'enfuir, devant l'invasion d'une armée ennemie. Les soldats, l'ayant découverte, eurent d'abord l'intention de la tuer, puis, changeant d'idée, ils la laissérent où elle était. Elle était sur le point de mourir de froid et de faim, quand des éperviers vinrent la réchauffer, en la couvrant de leurs ailes, et un cerf la prit sur son dos et la porta auprès de la maison du Grand Conseiller *Tjyang*, 張, qui n'avait pas d'enfants.

Pendant la même nuit, celui-ci rêva qu'il voyait,

au milieu de ses fleurs, une jolie petite fille. Dès son réveil, il se rendit dans le jardin et y trouva, en effet, *Syouk hyang* qu'il éleva depuis lors comme sa propre fille. Lorsqu'elle fut grande, une des esclaves devint jalouse d'elle, l'accusa de se mal conduire et réussit à la faire chasser. Sans ressources désormais, la jeune fille résolut de se noyer : elle se jeta dans une rivière, mais la tortue mise jadis en liberté par son père, la sauva à son tour. Elle alla se cacher dans une forêt : un incendie ayant éclaté ; elle s'échappa à grand peine, les vêtemants brûlés et absolument nue. Recueillie par une vieille femme, elle accepta d'aller avec elle à la capitale, où elle s'appliqua à faire des broderies pour gagner sa vie. Comme elle était très habile dans cet art, elle vendit ses travaux avec succès et le bien-être s'introduisit dans le pauvre logis. Une nuit, *Syouk hyang* eut un songe, elle montait au ciel et assistait à un festin d'une magnificence inouïe. Le dieu suprême lui disait : " Vous étiez autrefois une servante du ciel et " vous aimiez l'étoile *htai eul*, 太乙, que voici. Vous " avez été envoyée en exil sur la terre, pour vous " punir de cette faute. Votre peine sera bientôt ter- " minée et vous pourrez vivre ensemble de nouveau". A ces mots, elle ne put cacher son trouble et, dans un mouvement qu'elle fit, elle laissa tomber un de ses doubles anneaux, que son fiancé ramassa.

Elle se réveilla à ce moment et constata qu'il manquait à son doigt un de ses anneaux. Elle ne put s'expliquer cette étrange disparition et se remit au travail. Ayant présente à l'esprit la scène surnaturelle à laquelle elle avait assisté, elle s'appliqua à la broder sur une bande de soie. Ce tableau parut si surprenant que le marchand qui achetait ses broderies, le lui paya cent mille ligatures.

Le Président du Ministère du Cens, *Ri*, 李, après avoir demandé longtemps à Bouddha la joie d'être père, avait eu enfin un fils, qui avait été appelé *Ri Syen*, 李仙. Bien que fort jeune encore, il était très intelligent et déjà célèbre : le marchand vint le trouver et le pria de composer quelques vers pour expliquer le sujet représenté dans la broderie de *Syouk hyang*. Le jeune homme, qui avait fait un rêve identique, reconnut la scène à laquelle il avait assisté : il s'empressa d'acheter le tableau qu'il paya deux cent mille ligatures et s'enquit de la personne qui avait brodé cette scène extraordinaire. L'ayant appris, il se rendit chez la vieille femme qui avait recueilli *Syouk hyang*, et lui demanda la jeune fille en mariage. Croyant qu'elle était d'une condition inférieure, il ne put se marier ouvertement et l'épousa en secret. Son père, à cette nouvelle, entra dans une grande colère et ordonna au préfet de la ville d'arrêter *Syouk hyang* et de la mettre à mort.

Le préfet était précisément le père de la jeune fille, mais il ne la reconnut pas. Toutefois, pris de compassion pour elle, il lui rendit la liberté. Elle dut se cacher et continua à broder pour vivre. Ce n'est que plus tard que le fonctionnaire *Ri*, 李, apprécia son mérite : il permit à son fils de la considérer comme sa femme. Celui-ci devint Gouverneur de ***King tcheou***, 荆州, au ***Hou pe***, 湖北, où il se rendit avec *Syouk hyang*. Par un heureux hasard, le Grand Conseiller *Tjyang*, qui l'avait recueillie autrefois, se trouvait dans cette province et le vrai père de *Syouk hyang* était devenu magistrat dans la même localité : ils se reconnurent enfin et leur joie fut des plus vives.

794. 쟝 풍 운 젼
張 風 雲 傳

Tjyang hpoung oun tjyen.
HISTOIRE DE *Tjyang Hpoung oun.*

1 vol. in-4, 29 feuillets.

Nouvellement gravé à *Hong syou tong*, 紅樹洞, en l'année *mou o*, 戊午 (1858 ?).

L.O.V.—Brit. M.—Coll. v. d. Gabelentz.

Sous la dynastie des ***Song***, 宋, vivait le Ministre *Tjyang Heui tji*, 張希之, originaire de ***Kin ling***, 金陵 ; son fils, *Hpoung oun*, 風雲, était d'une intelligence remarquable ; il apprit les sciences militaires et fut nommé général en chef. En cette qualité, il dirigea une campagne contre les barbares de l'ouest, dont il battit les troupes et tua les généraux. À son retour à la capitale, un courtisan qui était jaloux de lui, affirma à l'Empereur que *Hpoung oun*, enorgueilli de ses succès, pensait à se mettre sur le trône. Le général, averti que l'Empereur voulait le faire mettre à mort, se réfugia dans les pays étrangers où il mourut de chagrin. Ce fut une grande perte pour l'Empire.

795. 댱 경 젼
張 慶 傳 (?)

Tyang (tjyang) kyeng tjyen.
HISTOIRE DE *Tjyang Kyeng*.

1 vol. in-4, 38 feuillets.

Nouvellement gravé à *Mi tong*, 美洞, (quartier de Seoul), le 9e mois de l'année *im tjă*, 壬子 (1852 ?).

L.O.V.—Brit. M.—Coll. v. d. Gabelentz.

Le nomme *Tjyang Tchyoui*, qui vivait sous la dynastie des *Song*, 宋, n'avaït pas d'enfants et suppliait avec persistance le Bouddha de la bonzerie de *Tjyen tchouk* de lui en accorder un. Sa femme vit, pendant la nuit, apparaître le Bouddha; il lui annonça qu'elle serait bientôt enceinte. Elle le devint en effet et mit au monde un garçon auquel on donna le nom de *Kyeng*. Ses progrès furent rapides; jeune encore, il avait appris les sept classiques militaires et était très instruit dans les sciences de la guerre. Sur ces entrefaites, le pays fut envahi; le père de *Tjyang Kyeng* fut pris par les ennemis, sa mère disparut et l'enfant, resté sans ressources, devint domestique chez le Conseiller *Oang*. Ce fonctionnaire reconnut bientôt les qualités du jeune homme et lui donna sa fille en mariage. Depuis lors, la renommée de *Tjyang Kyeng* ne fit que s'accroître; il obtint le grade de docteur, retrouva ses parents et vécut heureux.

(젼 셜 류) (でんせつるい) (傳 說 類)

796. 구 공 쳥 힝 록
蔻 公 淸 行 錄

Kou kong tchyeng hăing rok.

HISTOIRE DES ACTIONS GLORIEUSES DU SIEUR *Kou.*

Sous les ***Song,*** 宋, a vécu ***Kheou Tchoẹn,*** 寇準, Grand Conseiller de ***Tchen tsong,*** 眞宗, duc de ***Lài koẹ,*** 萊國公, mort en 1023 (Mayers, I, nº 318) : peut-être s'agit il de lui dans ce roman.

797. 구 릭 공 츙 효 록
寇 萊 公 忠 孝 錄

*Kou răi kong tchyoung*hyo rok.*

LOYAUTÉ ET PIÉTÉ FILIALE DE ***Kheou,*** DUC DE ***Lai.***

À rapprocher du précédent.

798. 현 슈 문 젼

Hyen syou moun tjyen.

HISTOIRE DE *Hyen Syou moun.*

2 vol. in-4.

Nouvellement gravé à *You tong,* 由洞.

L.O.V.—Coll. v.d. Gabelentz.

Sous le règne de ***Chen tsong,*** 神宗 (1067-1085) de la dynastie des ***Song,*** 宋 vivait un sieur *Hyen Htăik (tchăik) tji,* 玄擇智, Vice-président du Ministère des Fonctionnaires ; il n'avait pas d'enfants. Un jour, un bonze lui demanda l'aumône et ce fonctionnaire, qui aimait faire la charité aux serviteurs du Bouddha, lui donna cent pièces de soie et deux mille onces d'argent. Le bonze lui dit en le remerciant : "Je n'ai jamais vu d'homme aussi charitable "que vous. Si vous avez quelque souhait à formuler, "dites-le moi, et je prierai le Bouddha pour que "votre désir se réalise". Le mandarin lui confia qu'il désirait être père. Le bonze se retira et, quelques jours après, la femme de *Hyen* devint enceinte ; neuf mois plus tard, elle accoucha d'un fils qu'on appela *Syou moun*. Il grandit et se montra si intelligent que sa renommée parvint aux oreilles du Souverain. A cette époque, le chef des barbares *Nam man*, 南蠻, nourrissait de mauvais desseins à l'égard de la Chine. L'Empereur, sur le conseil de ses fonctionnaires, envoya *Syou moun* comme ambassadeur auprès de ce chef. *Syou moun* pacifia les barbares et réussit si bien dans sa mission que l'Empereur, en récompense, le nomma Grand Compositeur.

Ce roman semble incomplet et les planches d'impression n'en existent plus.

799. 장한졀효긔
張韓節孝記

Tjang (tjyang) han tjyel hyo keui.

HISTOIRE DE LA FEMME *Han*, ÉPOUSE DU SIEUR *Tjang*, QUI PRATIQUA LA PIÉTÉ ET RESTA FIDÈLE À LA MÉMOIRE DE SON MARI.

1 vol. in-4, 29 feuillets.

(젼셜류) (でんせつるい) (傳說類)

Ouvrage nouvellement gravé à *Hong syou tong*, 紅樹洞.

L.O.V.—Coll. v.d. Gabelentz.

A la fin des ***Song***, 宋, dans le district de ***Nan yang***, 南陽, la femme *Han*, mariée à l'Académicien *Tjang*, vit en rêve le ciel partagé en deux. Un génie en descendit et lui dit que le dieu l'envoyait pour se placer sous sa direction (devenir son fils). A partir de ce moment, elle devint enceinte d'un fils, qu'on appela *Oun po*. La dynastie des ***Song*** finit alors et celle des ***Yuen***, 元, fut fondée ; l'Académicien *Tjang* ne voulut pas être fonctionnaire des ***Yuen*** et resta dans la retraite à ***Nan yang***. Le magistrat de cette localité, *Sye Sin*, le calomnia, l'accusa de conspiration et le mit en prison. Sa femme alla se plaindre au magistrat : comme elle était très jolie, celui-ci voulut en faire sa concubine ; il tua l'Académicien et il demanda à la femme de vivre avec lui. Elle feignit d'accepter, le pria de la venir voir, l'enivra chez elle, le tua et, lui ayant ouvert le ventre, en retira le foie, qu'elle alla offrir en sacrifice à l'esprit de son mari. La femme du magistrat envoya des satellites pour l'arrêter ; un de ceux-ci, en lui prenant la main, lui promit de la sauver, si elle voulait l'épouser. La femme *Han*, indignée, se coupa la main que le satellite avait touchée. Tout le monde fut étonné de son courage et on la laissa échapper. Elle se fit bonzesse. Quant au fils, après avoir étudié le taoïsme, il devint un grand général et disparut, dans sa vieillesse, emporté au ciel par les esprits.

(문 믁 부) (ぶんぼくぶ) (文 墨 部)

800. 황운젼
黃雲傳
Hoang oun tjyen.
HISTOIRE DE *Hoang Oun.*

2 vol. in-4.

L.O.V.—Coll. v.d. Gabelentz.

Sous le règne de *Moun tjong* (?) 文宗, de la dynastie des ***Song,*** 宋, vivaient dans le district de ***Yang tcheou,*** 楊州, deux fonctionnaires liés d'une profonde amitié, *Hoang Han*, 黃韓, et *Syel Yeng*, 薛英 ; ni l'un ni l'autre n'avait d'enfants et leurs femmes adressaient de ferventes prières au Bouddha, qu'on adorait dans une pagode de la montagne de ***Thai hang,*** 太行 (au ***Chan si,*** 山西). Enfin leurs vœux furent exaucés: toutes deux virent en rêve des enfants qui descendaient du ciel. Madame *Hoang* accoucha d'un garçon qu'on appela *Oun*, 雲 ; madame *Syel*, d'une fille qui fut nommée *Ouel tjyoung tan*, 月中丹. Peu après la naissance de son fils, *Hoang* fut condamné à l'exil sur de fausses dénonciations. Avant de partir, il confia son fils à son ami, le chargea de l'instruire et convint avec lui que *Oun* épouserait *Ouel*. Celle-ci grandit et devint si jolie qu'un mandarin jouissant d'une grande influence, *Yang Tchyel*, 楊哲, la demanda en mariage pour son propre fils. *Syel Yeng* s'excusa de ne pouvoir répondre à une requête qui l'honorait, et expliqua que sa fille était déjà fiancée. *Yang Tchyel*, courroucé de ce refus, embaucha une cinquantaine de brigands, leur enjoignit de se rendre dans le village, de brûler la maison de *Hoang* et de tuer tous les gens qui l'habitaient. *Oun* seul échappa au massacre et se réfugia dans la montagne de *Să myeng*, 四明; là, il rencontra un sage qui lui enseigna les sciences militaires.

Se croyant débarrassé de *Oun*, *Yang Tchyel* voulut s'emparer de *Ouel tjyoung tan ;* à cet effet, il fit si bien que son père fut nommé à une charge qui l'obligea à se rendre à la capitale. Comme sa mère était morte, la jeune fille resta seule au logis avec ses esclaves ; *Yang Tchyel* gagna un parent de la famille *Syel*, et cet individu poussa la jeune fille à épouser le fils de *Yang Tchyel*. Elle n'eut d'autre parti à prendre que de s'enfuir dans la montagne de ***Thai hang***, déguisée en garçon ; elle y rencontra un sage qui lui enseigna l'art militaire.

Dix ans plus tard, de grandes guerres éclatèrent et l'Empereur fit afficher des proclamations dans tout le pays pour inviter tous ceux qui connaissaient le métier des armes, à venir passer des examens. Les deux jeunes gens, *Oun* et *Ouel tjyoung tan*, allèrent, chacun de leur côté, à la capitale, se présentèrent et furent reçus. *Ouel*, étant la plus instruite de tous les candidats, fut nommée Commandant en chef et *Oun* se vit promu au grade de Commandant en second. La guerre dura plusieurs années et les deux généraux se couvrirent de gloire. L'Empereur leur donna le titre de prince et voulut les marier à des filles du plus haut rang. Mais *Oun* déclara à l'Empereur qu'il avait une fiancée et qu'il ne voulait pas d'autre femme ; *Ouel* avoua qu'elle était une fille. À ce moment, ils se reconnurent et l'Empereur les maria ensemble. Les deux fonctionnaires *Hoang Han* et *Syel Yeng* furent élevés aux plus grandes fonctions et se vengèrent de leurs ennemis.

801. 됴웅뎐
趙雄傳

Tyo (tjyo) oung tjyen.

HISTOIRE DE *Tyo Oung.*

1 vol. in-4, 20 feuillets.

Ouvrage nouvellement gravé à *Hong syou tong*, 紅樹洞.

L.O.V.—Coll. v. d. Gabelentz.

Édition populaire in-8 carré, 20 feuillets.

Brit. M.—Coll. Varat.

Après la mort de l'Empereur *Moun tjong*, 文宗 (?) de la dynastie des *Song*, 宋, le ministre déloyal *Tou Pyeng*, 杜丙, réussit à écarter du trône l'héritier présomptif et prit lui-même la puissance impériale. *Tyo Oung*, fils d'un fonctionnaire, resta fidèle au prince dépossédé ; il écrivit sur un papier les crimes dont le nouvel Empereur était coupable, et l'afficha sur la porte du Palais. Puis il s'enfuit dans un endroit retiré où, pendant plusieurs années, il étudia les sciences militaires. Enfin, il rentra subitement dans la capitale avec quelques conjurés, mit à mort l'usurpateur et le remplaça par le Prince Héritier qui avait été éloigné. Ce dernier éleva naturellement *Tyo Oung* aux plus hautes fonctions.

(뎐셜류) (でんせつるい) (傳說類)

802. 댱빅뎐
張百傳

Tyang (tjyang) păik tjyen.
HISTOIRE DE *Tyang Păik.*

1 vol. in-4, 28 feuillets.
Brit. M.
Cette histoire se passe au temps des Mongols.

803. 원쵹지
元蜀誌

Ouen tchyouk tji.
HISTOIRE DES ***Yuen*** AU ***Seu tchhoan,*** **四川** (?)

804. 금방울뎐
金鈴傳

Keum pang-oul tjyen.
HISTOIRE DE LA SONNETTE D'OR.

1 vol. in-8 carré, 28 feuillets.
L.O.V.—Brit. M.—Coll. v. d. Gabelentz.

A la fin de la dynastie des ***Yuen,*** **元**, un fonctionnaire, nommé *Tjang Ouen,* se cacha avec sa femme dans une montagne pour échapper aux troubles de la guerre. Un jour, dans un rêve, celle-ci vit un enfant-génie qui venait du ciel, et lui dit qu'il était fils d'un dragon ; en se promenant avec la fille d'un autre dragon, il avait rencontré de mauvais esprits qui avaient tué sa compagne ; il n'osait pas rentrer chez lui, il priait la femme *Tjang* de le cacher dans son sein. La femme ouvrit la bouche et l'enfant-génie, sous la forme d'un rayon d'aïr rouge, entra dans son corps. Au bout de neuf mois, elle mit au monde un enfant qu'on appela *Hăi ryong*, 海龍 (dragon de la mer). A cette époque, une femme *Mak* était épouse d'un nommé *Kim Sang nang* qui vivait de vagabondage. Il avait abandonné sa femme qu'il trouvait trop laide ; la femme *Mak* vit, dans un rêve, une fille-génie qui descendait du ciel et lui dit : "Je vais devenir votre fille". La femme *Mak* vit grossir son ventre et fut très embarrassée, puisque son mari était absent ; elle accoucha d'une citrouille en or, qui remuait comme un être vivant ; la femme *Mak* la jeta au feu ; cinq jours après, elle vit que la citrouille était plus brillante qu'auparavant. Au bout de seize ans, la citrouille était douée d'un grand pouvoir ; elle pouvait produire la pluie, déchaîner le vent, elle devint amie de *Hăi ryong*. À deux, ils attaquèrent les ennemis et les dispersèrent. Ensuite une fille-génie sortit de la citrouille et *Hăi ryong*, avec elle, monta au ciel.

La citrouille, qui pousse sur les maisons, est comparée à une sonnette : de là, le titre du roman.

805. 월봉긔
月峯記

Ouel pong keui.

Récits de la montagne de *Ouel pong*.

2 vol. in-4.

Ouvrage imprimé à *Hong syou tong*, 紅樹洞, gravé de nouveau à *You tchyen*, 由泉.

(젼셜류) (でんせつるい) (傳說類)

L.O.V.—Coll. v. d. Gabelentz.

Sous la dynastie des *Ming*, 明, le fonctionnaire *So Oun*, 蘇雲, devint magistrat de *Nam kyei*, 南桂. Tandis qu'il se rendait par mer à son poste, le patron de la barque, qui était un pirate, fit lier le mandarin et ordonna à son frère de le jeter à l'eau. Celui-ci, pris de compassion, coupa les cordes, sans qu'on s'en aperçût, et le mandarin put se sauver à la nage. Miraculeusement tiré d'affaire, il retourna à la capitale, ayant tout perdu. La femme de *Ouen*, qui voyageait avec lui, fut débarquée sur la côte, elle se rendit à la montagne de *Ouel pong*, où elle vécut depuis lors.

Quant au fils du mandarin, le patron l'avait gardé et il le fit élever soigneusement. Ayant réussi aux examens de doctorat, le jeune homme fut nommé inspecteur des provinces. Il arriva qu'un jour il se rendit dans le district de *Nam kyei* et sa mère, sans le reconnaître vint se plaindre à lui des évènements dont elle avait été victime longtemps auparavant. L'inspecteur réussit à s'emparer du pirate, le fit exécuter, condamna son frère à l'exil par le fait que son crime était moins grand, puisqu'il avait coupé les cordes ; puis il emmena sa mère à la capitale où il retrouva son père, et toute la famille, si tristement séparée, se vit miraculeusement réunie.

806. 양산빅젼
楊山栢傳

Yang san păik tjyen.
HISTOIRE DE *Yang San păik.*

(문목부) (ぶんぼくぶ) (文墨部)

1 vol. in-4, 24 feuillets.

L.O.V.—Coll. v.d. Gabelentz.

Un ministre du nom de *Yang*, 楊, qui vivait sous la dynastie des ***Ming***, 明, n'avait pas eu d'enfant jusqu'à sa cinquantième année. Il était très désireux d'avoir un descendant. Un soir, il vit en rêve un joli enfant qui descendait du ciel et qui lui dit : " Je " viens du séjour céleste et je suis envoyé par les " dieux auprès de vous ". Le lendemain, il alla trouver sa femme et lui raconta ce qui lui était arrivé. Sa femme fut surprise et lui conta qu'elle avait vu en rêve le même enfant. Peu de temps après, elle devint enceinte, un garçon naquit ; on lui donna le nom de *San păik*. Quand il eut dix ans, son père l'envoya dans la bonzerie de *Oun yang*, 雲楊寺, pour y étudier les classiques. Dans la même bonzerie vint *Yang* (*ryang*) *tai*, 良大, fille du seigneur *Tchyou*, 秋 ; elle était vêtue d'habits masculins. Ils étudièrent ensemble pendant quelques années, puis le garçon découvrit le sexe de sa compagne et en devint épris. Il voulut obtenir ses faveurs, mais elle refusa de se donner sans être sa femme. Pour échapper à ses obsessions, elle se sauva pendant la nuit et se réfugia dans sa famille. Quand il apprit son départ, le jeune homme ne put se consoler : il pensait toujours à elle et n'étudiait plus. Quelques-années s'écoulèrent : le jeune homme quitta la pagode à son tour et se rendit dans le village qu'habitait son amante. Il s'enquit de l'endroit où elle demeurait, mais on lui apprit qu'il ne pouvait la revoir, car elle était mariée. En effet, son père, sans tenir compte de l'amour qu'elle éprouvait pour son compagnon d'études, l'avait mariée à un autre individu. Le jeune homme retourna donc dans sa famille et y mourut de chagrin. *Ryang tai*, quand elle apprit sa mort, succomba également à sa douleur.

Mais bientôt, tous deux ressuscitèrent. Le jeune homme épousa son ancienne amie, dont le mari avait pris une autre femme. *San păik* prit les armes contre les barbares et devint un célèbre général; après une vie heureuse, ils moururent tous deux pour la seconde fois.

807. 빅 학 션 젼
白 鶴 扇 傳

Păik hak syen tjyen.

HISTOIRE DE L'ÉVENTAIL EN PLUMES DE CIGOGNE BLANCHE.

1 vol. in-4, 24 feuillets.

L.O.V.—Brit. M.—Coll. v.d. Gabelentz.

Sous la dynastie des ***Ming***, 明, la demoiselle *Eun ha*, 恩 河, fille du ministre *Tjyo*, 趙, avait épousé *Păik ro*, 白 露, fils du ministre *Ryou*, 劉, dont la famille possédait, depuis de nombreuses générations, un éventail en plumes de cigogne blanche. La jeune femme en eut la garde et elle en prenait le plus grand soin. Sur ces entrefaites, *Păik ro* fut nommé général en chef d'une armée de trente mille hommes, chargée d'opérer contre les barbares qui assaillaient la Chine. Mais les troupes impériales, n'étant pas en nombre, furent battues et le général fut emmené en captivité. Sa femme résolut de le venger : elle prit le commandement d'une nouvelle armée et, munie de l'éventail blanc qui était un talisman, elle tailla les ennemis en pièces et délivra son mari.

Cf. Dr. Allen, Korean Tales, p. 56, Ching Yuh and Kyain Oo.

808. 김 홍 젼
金 紅 傳

Kim hong tjyen.
HISTOIRE DE *Kim Hong.*

2 vol. in-4.
L.O.V.

Kim Hong était fils de *Kim Sin yong*, lettré qui vivait dans les environs de Nanking, à l'époque ***Yong lo***, 永樂 (1403-1424) : calomnié par le magistrat de son district, *Kim Sin yong* fut exilé et mourut peu après; *Kim Hong*, alors tout jeune, dut s'enfuir avec sa mère pour échapper à la haine du magistrat. Réfugié dans les montagnes, il apprit d'un bonze la connaissance de l'avenir et le moyen de faire des miracles: plus tard il sauva l'Empereur, dont les troupes avaient été battues par le magistrat calomniateur qui s'était révolté, et il reçut le titre de prince.

809. 심 쳥 젼
沈 青 傳

Sim tchyeng tjyen.
HISTOIRE DE *Sim Tchyeng.*

1 vol. in-4, 16 feuillets.
L.O.V.—Brit. M.—Coll. v.d. Gabelentz.

(젼 셜 류) (でんせつるい) (傳 說 類)

Un lettré nommé *Sim Hyen*, 沈賢, qui vivait à l'époque ***Tchheng hoa***, 成化 (1465-1487) dans le pays de Nanking, étant devenu aveugle et fort pauvre, sa fille, *Tchyeng*, se mit à mendier pour le faire vivre. Un jour, un bonze vint demander au lettré de contribuer à la construction d'une bonzerie et lui promit, s'il donnait trois mille setiers de riz, qu'il recouvrerait la vue et arriverait à une haute situation; l'aveugle promit et sa fille se vendit pour qu'il pût tenir sa parole. Son maître était un marchand qui négociait avec les îles ***Lieou khieou***, 琉球, et il l'avait achetée pour la sacrifier aux génies de la mer, afin d'obtenir leur protection. Jetée à la mer, la jeune fille fut conduite chez les génies qui, pour récompenser sa piété filiale, lui donnèrent un breuvage merveilleux et la placèrent dans une fleur enchantée qu'ils firent croître à la surface des flots, là où elle avait été sacrifiée. Au retour, les marchands cueillirent la fleur miraculeuse où était cachée *Sim Tchyeng*, et l'offrirent au roi de leur pays; *Sim Tchyeng*, après avoir vécu quelque temps enfermée dans la fleur, fut découverte et épousée par le Prince Héritier, qui succéda bientôt à son père. Le nouveau Roi, étonné de la tristesse continuelle de son épouse, lui en demanda la cause : *Sim Tchyeng* répondit qu'elle déplorait le sort de ceux qui ne peuvent voir la beauté des fleurs, et obtint la permission de convier à un banquet tous les aveugles du royaume : dans ce banquet, elle retrouva son père, qui recouvra la vue et fut comblé d'honneurs.

Cf. Dr. Allen, Korean Tales, p. 152, Sim Chung.

(문 믁 부) (ぶんぼくぶ) (文 墨 部)

810. 김 원 전
金 圓 傳

Kim ouen tjyen.
HISTOIRE DE *Kim Ouen.*

1 vol. in-4, 33 feuillets.

L.O.V.—Coll. v. d. Gabelentz.

A l'époque des ***Ming,*** 明, dans les années ***Tchheng hoa,*** 成化 (1465–1487), la femme du Conseiller de gauche, *Kim Kyou,* 金圭, mit au monde un être qui ressemblait à une pastèque ; le père et la mère furent très inquiets de cet évènement. Dix ans après, un génie descendit du ciel et enleva la peau de la pastèque ; un joli garçon en sortit et on lui donna le nom de *Ouen,* 圓 (rond). A cette époque, les esprits prirent les trois filles de l'Empereur. *Kim Ouen* les poursuivit jusqu'au fond de la terre, tua les diables et ramena les filles du souverain. Mais quand il voulut sortir de terre, les mauvais fonctionnaires, envieux, bouchèrent le trou par où il était entré. Il se promena donc sous terre ; il vit un arbre, aux branches duquel un homme était attaché ; *Kim Ouen* le délivra. Cet homme dit qu'il était fils du dragon de la mer orientale ; en revenant de la montagne de *Sam sin,* 三神山, il avait été pris par le diable et attaché par lui à cet arbre ; délivré, il invita *Kim Ouen* à l'accompagner au palais du dragon. *Kim Ouen* s'y rendit avec les trois filles de l'Empereur. Le dragon lui fit épouser sa propre fille et le renvoya sur la terre ; l'Empereur, plein de joie, se rendit hors du palais au devant de lui. Pour récompenser le père de *Kim Ouen*, il le nomma duc de *Tcho*, 楚公; il prit *Kim Ouen* pour son gendre, le nomma conseiller de gauche et duc de *Tong păik*, 東伯公. *Kim Ouen* vécut heureux avec la fille du dragon et la fille de l'Empereur : ils montèrent ensemble au ciel et leurs descendants eurent toujours beaucoup de bonheur.

811. 쇼딕셩젼 蘇大聲傳

Syo (*so*) *tăi* (*tai*) *syeng tjyen.*
HISTOIRE DE *Syo Tăi syeng.*[1]

1 vol. in-4, 24 feuillets.

L.O.V.—Brit. M.—Coll. v. d. Gabelentz.

Sous la dynastie des ***Ming***, 明, à l'époque ***Tchheng hoa***, 成化 (1465-1487), le ministre *So Ryang*, 蘇良, habitait le pays de *Hăi tong*, 海東 (la Corée?) Riche et sans inquiétudes sur l'avenir, il était cependant désolé de n'avoir pas de fils. Il offrit quinze mille onces d'argent au Bouddha de la bonzerie de *Tchyeng ryong*, 青龍寺, située sur la montagne de *Yeng po*, 永保山, dans l'Asie centrale. Grâce à la bienveillance divine, il devint père d'un garçon qu'il appela *Tai syeng*. Celui-ci apprit l'art de la guerre et ses connaissances le firent proposer pour le commandement en chef d'une expédition contre les barbares, qui se disposaient à attaquer la capitale. *Tai syeng* fut

1. Voir nº 778.

vainqueur et l'Empereur le nomma prince de ***Lou,*** 魯國王.

812. 징셰비틔록
徽世否泰錄
Tjing syei pi htăi (htai) rok.
HISTOIRE POUR ENSEIGNER LA DISTINCTION DU BIEN ET DU MAL (?)

1 vol. in-4, 32 feuillets.

L.O.V.—Coll. v. d. Gabelentz.

Dans les années ***Khien long,*** 乾隆 (1736-1795), demeurait dans la capitale du ***Tche kiang,*** 浙江, un nommé *An Syang moun,* 安相文, qui était resté attaché à la dynastie des ***Ming,*** 明. Il était extrêmement riche et ses domestiques se comptaient par milliers. Grâce à son argent et à ses nombreux serviteurs, il put lever une armée et attaqua les villes voisines, qui avaient accepté l'entière domination de la dynastie des ***Tshing,*** 清. Bientôt, les descendants des Empereurs de la précédente dynastie et des fonctionnaires qui leur étaient restés fidèles, se rangèrent auprès de lui. Le sort de la dynastie nouvelle eût été compromis, si le gouverneur de la province du ***Hou Koang,*** 湖廣, ne s'était aussitôt mis en devoir de le combattre. Ce mandarin nommé *An Kyeng,* 安景, assisté de sa concubine, *Nam kang ouel,* 南江月, qui était très habile dans le maniement des armes, réussit à le battre et anéantit ses troupes.

4e Partie

ROMANS COREENS À PERSONNAGES COREENS.

813. 엄시효문졍힝록
嚴氏孝門正行錄

Em si hyo moun tjyeng hăing rok.

Droiture et piété du sieur *Em.*

Le héros est probablement *Em Heung to*, 嚴興道, qui donna la sépulture au Roi *Tan tjong*, malgré les ordres de *Syei tjo*.

814. 임진록
壬辰錄

Im tjin rok.

Histoire de l'année *im tjin*[1].

3 vol. in-8 carré.
L.O.V.—Brit. M.—Coll. v. d. Gabelentz.
À l'époque de *Syen tjo*, en la 4e lune de l'année

1. Invasion des Japonais.

(문묵부) (ぶんぼくぶ) (文墨部)

im tjin (1592), les soldats japonais attaquérent *Pou san*, 釜山, et se répandirent dans toute la Corée; le 3 du 5e mois, étant maîtres du *Kyeng syang to*, 慶尙道, ils marchèrent sur Seoul ; le Roi se sauva dans le *Hpyeng an*, 平安. Les huit provinces étaient fort troublées; les Japonais assiégèrent *Hpyeng yang*, 平壤, le Roi s'était réfugié à *Eui tjyou*, 義州. Il demanda du secours à l'Empereur de Chine, qui lui envoya un grand nombre de soldats. A ce moment, *Ri Syoun sin*, 李舜臣, qui inventa le bateau-tortue[1], *Kim Tek ryeng*, 金德齡, et *Kim Eung sye*, 金應西, se concertèrent pour chasser les Japonais, qui durent se retirer, et le Roi retourna au Palais.

Cf. Aston, On Corean popular literature (Transactions of the Asiatic Society of Japan, vol. XVIII, 1890).

815. 님장군젼

林將軍傳

Nim (rim) tjyang koun tjyen.

Histoire du général *Nim*.

1 vol. in-4, 27 feuillets.

Nouvellement gravé à *Hoa tchyen*, 華泉.

L.O.V.—Brit. M.

Nim Kyeng ep, 林慶業, commandait le district de *Eui tjyou*, 義州, à l'époque où les Mantchous

1. Cf. *Tchyoung mou kong ka seung.*

(전설류) (でんせつるい) (傳說類)

envahirent la Corée, en 1637. Quand le Roi eut fait sa soumission à l'Empereur, ce mandarin fut chargé par son souverain de diriger les troupes coréennes mises à la disposition des Mantchous pour conbattre les ***Ming,*** 明. Dès que *Nim* eut pénétré en Chine, il informa secrètement les ***Ming,*** auxquels il était resté fidèle, que le lendemain il les attaquerait, qu'il n'employerait que des balles de terre et des flèches sans fer. En effet, le combat eut lieu et personne n'y fut tué. La chose parut si étrange que les Mantchous le renvoyèrent en Corée. Pendant le trajet de retour, il examina la route avec soin, formant des plans pour attaquer les Mantchous. Puis il reprit ses relations secrètes avec les ***Ming.*** Ses intelligences furent découvertes et sur la demande des Mantchous, il leur fut livré. Mais il réussit à s'échapper et feignit de se retirer du monde, en vivant dans une bonzerie. Après avoir pris toutes ses mesures, il équipa un grand bateau portant trente hommes d'équipage et prétexta qu'il allait acheter du riz. Il se rendit en Chine, prêta de nouveau son concours aux ***Ming,*** mais finalement fut fait prisonnier par les Mantchous. Il refusa, malgré leurs menaces et leur promesses, de se soumettre et de les reconnaître pour maîtres de l'Empire. Cette fermeté les surprit à tel point qu'ils ne voulurent pas le mettre à mort et le renvoyèrent en Corée. Alors le Conseiller admirable, *Kim Tjă tjyem* (*tyem*), 金自點, pour faire sa cour aux Mantchous, le dénonça comme traître et le fit exécuter.

Cf. Ross, pp. 287, 288.

(문号부) (ぶんぼくぶ) (文墨部)

816. 츈 향 젼
春香傳

Tchyoun hyang tjyen.
HISTOIRE DE *Tchyoun hyang.*

1 vol. in-4, 30 feuillets.
L.O.V.— Coll. v. d. Gabelentz.
Roman fort célèbre en Corée, écrit dans le commencement de ce siècle et chanté dans les réjouissances populaires.

Sous le régne de *In tjo*, vivait dans le *Tjyen ra to*, 全羅道, à *Nam ouen*, 南原, un magistrat du nom de *Ri*, 李, père d'un fils âgé de dix-sept ans, *Ri To ryeng*, 李道令. Au moment où les fleurs commençaient à s'épanouir, ce jeune homme était occupé à lire dans la bibliothèque de son père ; ayant interrompu son travail pour se promener dans le jardin, il rencontra la jeune *Tchyoun hyang*, fille de la danseuse *Ouel măi*, 月梅. Le jeune homme, sachant son origine, lui proposa de vivre avec lui, mais celle-ci répondit : " Bien que je sois fille de danseuse, je " ne veux pas être votre concubine ; car, lorsque votre " père recevra une autre charge, vous partirez avec " lui et vous m'aurez bien vite oubliée ". Le jeune homme jura qu'il ne l'oublierait jamais.

Sur ces entrefaites, le magistrat *Ri* fut envoyé dans un autre district et son successeur, ayant appris que *Tchyoun hyang* était fort jolie, voulut l'avoir pour maîtresse. Mais, pour éviter d'être violentée, elle dit qu'elle avait été la concubine de son prédécesseur et refusa de venir chez lui. Le mandarin la fit arrêter, torturer et emprisonner Bientôt après, *Ri To ryeng* fut reçu docteur et nommé Inspecteur royal. Il se rendit, en cette qualité dans le district de *Nam ouen* et apprit que *Tchyoun hyang* était en prison. En l'honneur de l'Inspecteur, le magistrat donna un grand festin où il convoqua tous les fonctionnaires; cependant l'Inspecteur royal apprit la vérité au sujet de *Tchyoun hyang*, fit arrêter le magistrat et délivra la jeune fille qui devint sa concubine.

Cf. Dr. Allen, *Korean Tales*, p. 116.

Ce roman a été traduit, ou plutôt imité en français sous le titre de "Printemps parfumé" par M. J. H. Rosny, aidé de *Hong Tjyong ou*, 洪鍾宇, lettré coréen qui a séjourné à Paris en 1891, 1892 et 1893. (Petite Collection Guillaume, Paris, E. Dentu, 1892, 1 vol. in-24, illustré); la préface du traducteur, à côté d'observations justes et intéressantes, contient aussi un bon nombre d'erreurs.

817. 남 원 고 ᄉᆞ
南 原 古 詞

Nam ouen ko să.

5 vol. in-8, manuscrit en coréen.

L.O.V.

Le premier volume est daté de la 6e lune de l'année *kap tjă*, 甲子, (1864 ?) et le cinquième de la 9e lune de l'année *keui să*, 己巳, (1869 ?).

C'est l'histoire de *Tchyoun hyang* (voir ci-dessus) avec plus de développements.

(문 묵 부) (ぶんぼくぶ) (文 墨 部)

818. 신 미 녹
辛 未 錄

Sin mi nok (rok).

RÉCITS DE L'ANNÉE *sin mi* (1811).

1 vol. in-4, 32 feuillets.

Nouvellement gravé à *Hong syou tong*, 紅樹洞, en la 2e lune de l'année *sin you*, 辛酉 (1861).

L.O.V.—Coll. v. d. Gabelentz.

En l'année *sin mi*, du règne de *Syoun tjo*, dans le *Hpyeng an to*, 平安道, les lettrés *I Hoi tjye*, et *On Koun tjek*, du district de *Koak san*, 郭山, préparèrent une sédition dans le village de *Ta pouk*, du district de *Ka san*, 嘉山 ; ils attaquèrent ce district et tuèrent le magistrat ; ils s'emparèrent du magistrat de *Pak tchyen*, 博川, et étendirent de tous côtés leurs pillages. Les magistrats des districts environnants ne réussirent pas à s'emparer des rebelles ; des troupes envoyées de Seoul eurent raison de la révolte, les principaux chefs furent pris et coupés en morceaux.

819. 쟝 화 홍 년 젼
壯 花 紅 蓮 傳

Tjyang (tjang) hoa hong nyen (ryen) tjyen.

HISTOIRE DE *Tjyang hoa* ET DE *Hong nyen*.

1 vol. in-4, 28 feuillets.

L.O.V.—Coll. v. d. Gabelentz.

Dans le district de *Htyel san*, 鐵山, (province de *Hpyeng an*, 平安), le secrétaire du yamen, nommé

Păi Mou yong, 裵懋容, était père de deux filles *Tjyang hoa*, 壯花, et *Hong nyen*, 紅蓮. Ayant perdu sa femme, il s'était remarié et sa nouvelle épouse détestait les filles du premier lit. Elle résolut de s'en débarrasser et inventa le stratagème suivant : elle prit un rat mort depuis plusieurs jours et déjà en putréfaction, qu'elle plaça, sans qu'on la vît, dans la chambre des deux jeunes filles. Le lendemain, elle se rendit auprès de son mari, lui déclara que celles-ci avaient eu des amants, que certainement l'une d'elles avait accouché secrètement et qu'après avoir tué l'enfant, elles avaient caché le cadavre dans leur chambre. Le père, fou de colère, se rendit dans la chambre, constata l'odeur de putréfaction qui y était répandue, et tua ses filles.

À partir de ce moment, par une punition du ciel, tous les magistrats qui se succédèrent dans ce district, moururent aussitôt après avoir pris possession de leur charge. Personne n'osait plus accepter ces fonctions, quand un homme courageux se présenta pour les remplir. Aussitôt à son poste, il ouvrit une enquête qui ne lui apprit rien tout d'abord ; mais, une nuit, il vit en songe les deux filles qui lui racontèrent comment elles avaient été mises à mort, bien qu'innocentes. Le magistrat convoqua les deux époux. Il interrogea d'abord la femme sur la mort des deux filles. Celle-ci répondit qu'elles étaient mortes de maladie. Puis il demanda au père : « Pourquoi avez-vous tué vos enfants ? » Celui-ci en dit la raison. « Y avait-il des preuves de leur crime ? » demanda le magistrat. « Oui, répondit

“ l’accusé, mais seule ma femme les a vues”. Rappelée, la femme promit d’apporter le cadavre et alla chercher le rat mort. Le magistrat l’examina, lui ouvrit le ventre et trouva dans son estomac des grains de riz et autres objets que les rats mangent volontiers : ce n’était donc pas un cadavre d’enfant. La marâtre coupable fut condamnée à mort.

Cf. Aston, On Corean popular literature (Transactions of the Asiatic Society of Japan, vol. XVIII, 1890).

820. 흥부젼
興甫傳
Heung pou tjyen.
Histoire de *Heung pou.*

1 vol. in-4, 25 feuillets.

L.O.V.—Brit. M.—Coll. v. d. Gabelentz.

Coll. Varat : in-8, carré.

Ce roman a été composé dans le cours du XIXe siècle, il est chanté par les baladins dans les réjouissances publiques.

Deux frères nommés, l’aîné *Nol pou*, et le cadet *Heung pou*, demeurairent sur la limite du *Kyeng syang to*, 慶尙道, et du *Tjyen ra to*, 全羅道 : le premier était très méchant ; il avait gardé toute la fortune que ses parents avaient partagée de leur vivant entre eux, et il maltraitait son cadet. Un jour, chez *Heung pou*, une hirondelle fit son nid : un serpent vint pour manger les petits, l’un eux tomba à terre et se cassa la patte ; *Heung pou*, ayant eu pitié de la petite hirondelle, lui remit la patte et la noua avec un bout de fil ; un peu plus tard, l'oiseau s'envola vers le pays de *Kang nam*, 江南 (***Kiang nan***) et, au printemps, rapporta à son sauveur une graine de citrouille. *Heung pou* la planta : quand la citrouille fut grosse, il la coupa et il en sortit toutes espèces de richesses. *Nol pou*, apprenant cela, attira des hirondelles chez lui et plaça quelques branches devant la maison pour leur faciliter la confection de leur nid. Une d'elles y fit ses petits ; *Nol pou*, en prit un et lui cassa la patte, puis la lui remit et la noua avec une ficelle. L'hirondelle, guérie, s'envola et rapporta une graine à *Nol pou*, qui la planta ; puis la citrouille étant grosse, il la coupa, l'ouvrit et y trouva une calebasse comme celle où les mendiants recueillent leur nouriture ; une autre citrouille du même pied était vide ; une autre, ouverte, répandit une mauvaise odeur. Quand tout fut coupé, *Nol pou* entendit un bruit comme celui d'un tremblement de terre et, du pied de la citrouille, il sortit des excréments qui l'entourèrent et inondèrent la maison ; *Nol pou* s'enfuit avec sa famille et fut obligé de demander refuge à son frère.

Ce roman, pour fantastique qu'il soit, contient sur la vie coréenne des détails qui ne manquent pas d'intérêt ; j'en citerai quelques passages.

" *Nol pou*, l'aîné, doué de mauvais instincts, médita
" de garder pour lui seul l'héritage que leur père
" avait divisé entre eux : il réussit à s'emparer de
" tous les biens et chassa son frère qui se retira au

“ pied de la montagne : n’est ce pas là l’action d’un “ méchant ? Si on examine la conduite passée de “ *Nol pou*, on le voit se réjouir et danser quand quel- “ qu’un meurt ; activer le feu, quand il éclate un “ incendie ; prendre les objets sans en payer la juste “ valeur, quand il va au marché ; enlever la femme “ de celui qui lui doit de l’argent ; si un enfant se “ plaint, il le frappe, s’il demande à manger, il lui “ donne des ordures ; il donne des coups de pied dans “ le ventre des femmes enceintes, soufflette les gens “ sans motif ; il pousse les vieillards et les prend par “ le cou[1] ; il frappe la bosse des bossus à coups de “ talon ; il ouvre les digues des rizières pour en faire “ écouler l’eau ; il jette du sable dans la marmite où “ l’on fait cuire le riz ; dans les champs, il arrache “ les épis et pique avec un bâton pointu les citrouilles “ encore jeunes ; il dépose ses ordures dans les puits. “ Le cœur de ce *Nol pou* est aussi âpre que le coing “ jaune ; mais cet homme est riche, il peut faire bonne “ chère et se vêtir de beaux habits ”.

“ *Heung pou*, chassé par son frère, se bâtit une “ maison, il dut se contenter d’aller dans un champ “ de sorgho et d’y couper des tiges dont il fit une “ gerbe ; avec ces tiges, il éleva une chaumière grande “ comme un boisseau et composant tout son apparte- “ ment ; encore lui resta-t-il la moitié de la gerbe. “ Après avoir mis la dernière main à ce travail, “ *Heung pou* et sa femme s’en furent coucher. Ils

1 Comme les satellites qui arrêtent un criminel. On n’en agit pas ainsi envers les hommes âgés.

“ étirent leurs membres brisés de fatigue, mais, vu “ l’étroitesse du logis, leurs pieds sortent dans la “ cour, leurs têtes passent par l’autre côté dans le “ jardin, etc ”.

Il est difficile de suivre plus loin l’auteur dans sa description réaliste.

“ Pourquoi suis-je né, dit *Heung pou*, sous les huit “ caractères néfastes ? J’ai une cabane qui n’est pas “ plus grande qu’un boisseau ; de ma chambre, je “ puis contempler les étoiles par les trous du toit et, “ s’il tombe dehors une pluie fine, elle se transforme “ chez moi en déluge. En été, les nattes en lam-“ beaux abritent des légions de puces et de punaises, “ et des armées de moustiques y habitent. Sur la “ porte, il ne reste plus que le bois[1]; le mur du fond “ n’existe que par les lattes[2]; aussi, on gèle en hiver “ et la bise rigoureuse des 11e et 12e mois entre chez “ moi comme la flèche perce le corps. Mes enfants “ en bas âge demandent le sein[3]; les plus grands “ réclament du riz. Je ne puis plus vivre ainsi. “ Quand on est aussi pauvre, pourquoi a-t-on tant “ d’enfants ? il y en a ici une trentaine et je n’ai pas “ d’habits à leur donner ”.

“ Comme les enfants n’avaient plus de vêtements, “ *Heung pou* avait tressé une grosse natte de paille “ qui était percée de trente trous pour les têtes des “ trente enfants. Quand ils restaient assis dans la

1 Le papier qui y était collé, est tombé.
2 La terre qui les garnissait, est tombée.
3 Jusqu’à trois ans, on allaite les enfants.

(문 묵 부) (ぶんぼくぶ) (文 墨 部)

" maison, cela allait bien ; mais si l'un d'eux voulait " sortir, les vingt-neuf autres devaient l'accompagner. " Malgré la détresse où l'on était, les enfants ne se " rendaient pas compte de la pauvreté de leurs " parents et demandaient des choses très coûteuses " L'un disait : " Maman, qu'il serait bon de manger " du vermicelle dans du bouillon gras". Un autre: " " Je désirerais avoir de la viande bouillie dans la " marmite de terre" Un autre : " Si nous nous " régalions de riz blanc avec du bouillon de chien ". " Un autre voulait de la pâte aux jujubes. La mère " leur répondait : " Hélas ! petits coquins, vous ne " trouverez même pas du bouillon de citrouille, ne " réclamez plus rien".

" Si on regarde dans la maison, on voit que la " table renversée prie le ciel de ses quatre pieds[1], " que la lavette pour nettoyer la marmite est pendue " sur le mur, que l'écumoire fait de la gymnastique " à son clou. S'il s'agit de préparer le riz, *Heung* " *pou* et ses fils cherchent dans le calendrier le jour " *kap tjă*[2], date où ils mangeront, et, ce jour-là, " ils ne font qu'un repas. On dit qu'une souris eut " l'imprudence de venir dans la chaumière pour y " chercher du grain ; la malheureuse fureta pendant " quinze jour et ne trouva rien : elle en eut les pattes " écorchées, à force de trotter.

1. Il s'agit de ces petites tables coréennes qui sont plutôt des plateaux avec des pieds ; on en donne une à chaque convive. Si la table est renversée, c'est qu'on ne s'en sert pas.

2. Qui ne revient que tous les soixante jours.

" Les vêtements de *Heung pou* étaient misérables; " il portait un serre-tête qui n'avait plus de frange, " garni d'anneaux en grains de citrouille et retenu " par une cordelette de gros chanvre qui lui serrait " la tête à la fendre ; une robe, dont il ne restait " que le collet; une ceinture raccommodée mille fois; " un pantalon déchiré ; des jarretières faites d'une " corde ; des souliers de paille usés et un éventail dont " il ne restait que trois branches. Il prit un sac et " alla demander un peu de riz à son frère. De la " cour, où on entassait des sacs de riz, il salue son " frère qui lui dit : " Qui êtes-vous ?" *Heung pou* " répondit : " Je m'appelle *Heung pou*". *Nol pou* " continue : "Quel est votre père ? " *Heung pou* réplique : "*Ai ko*, mon frère, quel discours tenez-vous " là ? Comme je ne puis nourrir mes enfants qui " n'ont pas mangé depuis trois repas, je vous prie " de me donner un peu de riz ou d'argent. Je vous " le rembourserai en travaillant comme ouvrier chez " vous ; veuillez nous sauver la vie".

" *Nol pou* ouvre de grands yeux irrités ; son visage " se courrouce et il s'écrie : " Vous êtes un homme " qui n'a plus de honte. Entendez ce que je vous " dis : le ciel n'a pas créé de gens qui n'aient pas " de nourriture, la terre ne produit pas d'herbes qui " n'aient pas de nom. Pourquoi donc venez-vous " me demander ? Même si j'avais beaucoup de grain, " croyez-vous que je dégarnirais un sac entier ? faut-" il pour vous donner de l'argent couper un chapelet " de cent ligatures ? Faut-il ouvrir le magasin pour " vous donner une pièce de coton ? vous donnerai-je "le reste du riz cuit aujourd'hui, pour faire jeûner "ma chienne noire qui a des petits? vous donnerai-je "le résidu du vin, pour priver de nourriture ma truie "qui vient de mettre bas? Sortez d'ici et ne me "fatiguez pas les oreilles". En disant ces mots, il "prend un bâton et le frappe".

Cf. Dr. Allen, Korean Tales, p. 89, Hyung bo and Nahl bo.

821. 홍 길 동 젼
洪 吉 童 傳

Hong kil tong tjyen.
HISTOIRE DE *Hong Kil tong.*

1 vol. in-8 carré, 30 feuillets.
Nouvellement gravé à *Ya tong,* 冶洞.
L.O.V.—Brit. M.—Coll. v. d. Gabelentz.

A l'époque de *Syei tjong,* un fonctionnaire, nommé *Hong,* prit son esclave *Tchoun syem* comme concubine; elle eut un enfant qu'on appela *Kil tong.* Quand il fut devenu grand, il fut instruit dans les sciences militaires, mais, désolé d'être bâtard, il quitta la maison paternelle. Il devint chef de brigands, pillant les districts, volant les présents destinés au Roi. Celui-ci ordonna aux magistrats des huit provinces de l'arrêter. *Kil tong* fit sept hommes en paille; par une opération diabolique, il leur donna sa propre apparence et les envoya dans les provinces où ils répandirent la terreur, de sorte que, dans chaque province, on arrêta un *Kil tong* et on l'envoya dans une cage à la Capitale.

Le Roi assembla un grand conseil et fit apporter les cages ; les huit *Kil tong* en sortirent à la fois et se querellèrent, chacun prétendant être le vrai *Kil tong*. Le Roi, fort embarrassé, appela le père de *Kil tong* pour lui demander quel était son vrai fils. Le père ne put le reconnaître ; il entra dans une grande colère et tomba frappé d'apoplexie. À ce moment-là, les faux *Kil tong* reprirent l'apparence d'hommes en paille et le vrai resta seul. Il demanda à être nommé Ministre de la Guerre et promit de ne plus commettre de brigandages. Plus tard, il quitta la Corée et se rendit dans le pays de Youl to, dont il devint roi.

Cf. Dr. Allen, Korean Tales, p. 170, *Hong Kil tong*.

822. 젹셩의젼
赤聖義傳

Tjyek syeng eui tjyen.

Histoire de *Tjyek Syeng eui.*

1 vol. in-4, 23 feuillets.

L.O.V.—Brit. M.—Coll. v. d. Gabelentz.

Le second fils du roi *Tjyek*, 赤, qui régnait sur le *An hpyeng*, 安平國, avait nom *Syeng eui*, 聖義, l'aîné s'appelait *Hyang eui*, 向義. Leur mère ayant été malade, *Syeng eui* se rendit par mer à la bonzerie de *Tchyeng ryong*, 青龍, située dans le pays de *Sye yek*, 西域 (Asie centrale), pour y chercher le médicament nommé *ni* (*i*) *yeng tjyou*, 二永

珠 (les deux perles éternelles). Il y avait longtemps déjà qu'il était parti, et on n'avait pas de nouvelles de lui, quand le frère proposa aux parents d'aller à sa recherche. Il s'embarqua à son tour et rencontra le bateau de son frère cadet : il vint à son bord, s'empara de lui, lui creva les yeux, le jeta à la mer et vola la médecine précieuse qu'il rapporta à sa mère ; celle-ci fut aussitôt guérie. Quant à *Syeng eui*, il avait pu se sauver à la nage ; il aborda à un rocher où il coupa un bambou, en fit une flûte et se mit à en jouer, espérant ainsi être entendu de quelque navigateur. Précisément, l'envoyé chinois qui était allé en Annam, effectuait son voyage de retour : son bateau passa près du rocher et il entendit les sons d'une flûte. Aussitôt il envoya des matelots voir s'il n'y avait pas quelque naufragé sur ce récif ; *Syeng eui* fut ainsi sauvé de la mort et conduit à Péking, où on lui donna un asile dans les jardins du Palais : sa seule occupation était de jouer de la flûte.

Cependant la reine de *An hpyeng* n'avait pas désespéré de retrouver son fils ; elle attacha une lettre à la patte d'une oie domestique qui connaissait bien *Syeng eui*, et donna la liberté à l'oiseau ; celui-ci, conduit par son instinct, se rendit à Péking et retrouva son jeune maître. Au moment où la lettre fut devant lui, ses yeux crevés se guérirent tout à coup, il put passer les examens, fut reçu docteur et l'Empereur, apprenant son histoire, le prit pour gendre. L'histoire ne dit pas ce que devint son frère et s'il fut puni de sa mauvaise action.

(전셜류) (でんせつるい) (傳說類)

823. 슉영낭즈뎐

淑英郞子傳

Syouk yeng nang (rang) tjă tjyen.

HISTOIRE DE LA DAME *Syouk yeng.*

1 vol. in-4, 28 feuillets.

Ouvrage nouvellement gravé à *Hong syou tong*, 紅樹洞, en la 2e lune de l'année *kyeng sin*, 庚申 (1860 ?).

L.O.V.—Brit. M.—Coll. v. d. Gabelentz.

Sous le règne de *Syei tjong*, vivait dans la province de *Kyeng syang*, 慶尙, un sieur *Pak Sang kong*, dont le fils *Syen koun* était très intelligent et fort instruit. Celui-ci rêva une nuit, qu'une déesse descendait du ciel et lui disait : "Nous avons été fiancés dans le ciel". Depuis ce moment, il ne cessa de penser à la beauté céleste qui lui était apparue, et il en devint malade d'amour. La déesse revint le voir dans un autre songe et, pour le consoler de sa tristesse, lui donna une peinture qui la représentait; mais le jeune homme ne fut pas guéri : la vue du portrait ne faisait qu'exciter ses désirs et il était presque mourant, quand sa fiancée lui apparut de nouveau. Elle lui promit de vivre désormais avec lui et lui indiqua l'endroit où il la rencontrerait. Sur ses indications, il se rendit au village de *Euk nyang* où il la trouva en effet. Il la ramena chez son père, la lui présenta et la cérémonie du mariage s'accomplit. À quelque temps de là, *Syen koun* dut partir pour Seoul où il allait passer ses examens. Mais sa pensée était auprès de sa bien aimée *Syouk yeng* et, à peine avait-il fait trente lieues, qu'il ne put se décider à s'éloigner : il rentra furtivement à la maison et se cacha dans la chambre de sa femme, sans que personne soupçonnât sa présence. La nuit suivante, son père, en se promenant dans la cour, entendit avec surprise le bruit d'une voix d'homme qui semblait sortir de l'appartement de sa belle-fille. Il s'enquit, auprès de l'esclave attachée au service de celle-ci, et lui dit d'aller voir ce qui se passait. Cette femme, qui détestait *Syouk yeng*, pensa qu'il y avait là une occasion excellente pour se venger d'elle. Elle s'aboucha avec un habitant du village, lui donna quelque argent et lui recommanda de se poster aux abords de la maison et de se sauver comme s'il sortait de la chambre de la jeune femme. Quand l'individu fut à son poste, l'esclave alla chercher son maître et lui annonça qu'elle avait vu un homme rôder dehors. *Pak Sang kong* se précipite dans la cour, tandis que l'inconnu, en le voyant, s'enfuit. Le vieillard appelle la jeune femme et l'accuse d'avoir un amant chez elle. Mais celle-ci ne veut pas avouer que son mari est revenu et, n'ayant pas vu l'homme du village, elle répond : " Si je suis coupable, que " cette épingle de tête me perce la poitrine ; si je " suis innocente, qu'elle s'enfonce dans cette pierre ". Aussitôt l'épingle se fiche profondément dans la pierre. Depuis cette époque, aucun nuage ne vint obscurcir le bonheur des deux époux.

(젼셜류) (でんせつるい) (傳 說 類)

824. 남 졍 팔 난 긔
南 征 八 難 記

Nam tjyeng hpal nan keui.

LES HUIT DANGERS DU VOYAGE MÉRIDIONAL.

2 vol. in-8.

L.O.V.—Brit. M.—Coll. v. d. Gabelentz.

Voyages de *Hoang Keuk*, 黃 極, à la recherche de sa mère chassée du village par des brigands; après de grands périls, il retrouve sa mère.

825. 삼 셜 긔
三 說 記

Sam syel keui.

LES LIVRES À TROIS RÉCITS.

3 vol. in-4.

Ouvrage nouvellement gravée à *You tong*, 由 洞, en la 11e lune de l'année *mou sin*, 戊 申 (1848 ?).

L.O.V.—Brit. M. (1 vol.)—Coll. v. d. Gabelentz.

1er vol., 1er récit. Autrefois, vivaient trois lettrés qui montèrent, au printemps, sur la montagne de *Păik ak*, 白 嶽 山[1], pour admirer le paysage; ils burent trop de vin et tombèrent sur le sol. A cette époque les satellites de l'enfer étaient chargés d'arrêter mille âmes par jour, mais il y avait peu de malades et peu de gens à l'agonie, ils n'en avaient pas encore trouvé une seule, quand, passant par là, ils virent

1. Au nord de Seoul.

les trois ivrognes. Les croyant atteints d'une grave maladie, ils emportèrent les âmes en enfer. Le roi regarda la liste de la longévité des hommes et il constata que ces trois personnes devaient vivre longtemps encore. Fort surpris, il dit aux satellites "Si " le dieu apprend que nous avons pris injustement " des âmes de gens qui ne sont pas morts, nous " serons punis sévèrement. Il faut promptement " renvoyer ces trois âmes sur la terre". Les trois ivrognes, entendant cela, abusèrent de la situation et dirent. " Pour venir ici il faut quatorze jours, " donc pour retourner, il faut aussi quatorze jours, " en tout vingt-huit : alors nos corps auront déjà été " enlevés; où pourront aller nos âmes ?" Le roi leur proposa de les envoyer dans les corps d'enfants de gens riches ou de grands fonctionnaires. Les trois lettrés continuèrent : " Comme vous nous avez " pris sans raison, nous avons subi un grand préjudice. " Si vous voulez nous donner un autre corps, il faut " de grandes compensations pour que nous acceptions". Le roi leur dit d'exprimer leurs désirs : l'un souhaita de devenir un général doué de qualités extraordinaires, l'autre un conseiller admirable renommé pour ses talents ; le troisième ne voulut être ni fonctionnaire ni riche, il demanda une existence tranquille et heureuse. Le roi leur dit : " Depuis le " commencement du monde jusqu'à ce jour, personne " n'a reçu autant de bonheur que vous en voulez. " Si j'avais le pouvoir d'accorder tout cela, j'aimerais " mieux abandonner mes fonctions et prendre ces " situations pour moi-même".

(전설류) (でんせつるい) (傳說類)

L'histoire se termine sur cette réflexion morale.

2e récit. Un général demanda à ses soldats : "Quelles qualités ai-je?". Tout le monde le loua et le compara aux plus anciens et plus célèbres capitaines. Enfin, vint un simple soldat qui se moqua de lui. Le général en fut fâché d'abord, mais, comme ce soldat parlait bien et indiquait toutes les fautes du général, celui-ci le récompensa pour sa franchise.

3e récit. Un magistrat de *Hoang tjyou*, 黃州, emmena ses trois fils à son poste. Chacun de ceux-ci prit comme concubine une danseuse du yamen. Quand le temps de charge du magistrat fut fini, il se prépara à retourner à Seoul et les fils durent quitter leurs concubines. Le père regarda secrètement comment se passaient leurs adieux. Les femmes pleuraient et ne voulaient pas quitter leurs amants; l'un des fils n'en tint pas compte et rit en s'en allant; un autre s'irrita et rudoya sa maîtresse; le troisième ne pouvait se décider à quitter la sienne, il pleurait et voulait vivre avec elle. Le père déclara que, plus tard, l'un deviendrait conseiller admirable, le second, général, et que le troisième resterait simple particulier. La prédiction se réalisa.

2e vol. 1er récit. Un lettré, se promenant dans la montagne, marcha trop longtemps et fut surpris par la nuit; il dut chercher refuge dans une maison isolée. Il y trouva une femme très jolie qui lui dit qu'elle était concubine de *Hoang ou* (?) et lui demanda comment il avait pu pénétrer dans sa retraite. Tout à coup, on entendit un bruit semblable au bouleversement du ciel et de la terre : c'était *Hoang ou*, avec cent mille soldats. Il voulut chasser le lettré : mais celui-ci lui reprocha ses crimes avec éloquence et *Hoang ou* dut les avouer.

2e récit. A l'époque du Ko rye, trois enfants apprenaient les caractères chinois. Leur professeur demanda quels étaient leur souhaits. L'un désira devenir gouverneur du *Hpyeng an*, 平安 ; l'autre voulut avoir beaucoup d'argent ; le troisième, devenir un haut fonctionnaire. Plus tard les souhaits des trois enfants se réalisèrent.

3e récit. Une fille, infirme de tout le corps, sourde, aveugle, bossue, bancale, n'avait pu se marier et avait vieilli seule ; elle désirait un mari et elle fit une chanson où elle exprimait tous ses souhaits au sujet de son mariage. Suit la chanson de la vieille (cf. *No tchye ka*).

3e vol. 1er récit. Histoire de la cigogne qui juge les procès : autrefois, dans la province de *Kyeng syang*, 慶尙, il y avait un riche à qui un mauvais parent extorquait sans cesse de l'argent. Un jour, l'homme riche se fâcha, conduisit son parent à Seoul et l'accusa devant le Ministère, de la Justice. Le parent fit un cadeau au juge, qui, injustement, condamna l'homme riche. Ce dernier demanda alors l'autorisation de raconter une histoire. Le juge, qui aimait les contes, lui permit de parler. « Autrefois, « dit l'homme riche, trois oiseaux se querellaient pour « savoir qui des trois chantait le mieux : c'étaient le « coucou, le loriot et la grue ; ils soumirent leur

“ différend à la cigogne. Comme la grue savait bien “ que son chant est désagréable, elle se promena au “ bord d’une rizière pour prendre des grenouilles et “ des insectes, et elle en fit présent à la cigogne. Le “ jour de l’audience, le juge-cigogne fit chanter les trois “ oiseaux ; elle trouva le chant du loriot trop faible, “ celui du coucou monotone ; quant à celui de la “ grue, elle le déclara délicieux : “ C’est vraiment la “ chanson d’un général”, dit-elle”. En terminant, l’homme riche compara à la cigogne le juge, qui fut couvert de honte.

2e récit. Dans la montagne de *Kon ron*, 崑崙山[1], il y avait un vieux cerf respecté de tous les animaux ; le jour de sa naissance, tous vinrent le féliciter, il y eut de grandes réjouissances où l’on composa toutes sortes de poésies.

3e récit. Dans la montagne de *Hoa ouel*, 花月山, il y avait un chevreuil blanc, appelé *Tjang* (*tjyang*) *syen săing*, 獐先生. Il prépara un banquet et y invita tous les animaux ; on voulut choisir le plus vieux, pour lui donner la place d’honneur. Le crapaud dit qu’il était le plus âgé ; personne n’osa discuter son affirmation et il obtint la première place. Pendant qu’on se réjouissait, le tigre, qui n’était pas invité, se mit à hurler ; tout le monde fut très inquiet. Le chevreuil dit au renard : “ Comme vous êtes très “ rusé et très malin, vous pourriez aller parler au tigre “ et lui dire de ne pas nous ennuyer”. Le renard alla trouver le tigre et le salua en se prosternant.

1. Montagne fabuleuse de l’Asie centrale.

(문 믁 부) (ぶんぼくぶ) (文 墨 部)

Le tigre demanda pourquoi on ne l'avait pas invité. Le renard répondit : " Comme vous êtes le roi de " la montagne, vos sujets n'osent pas vous inviter à " dîner ". Le tigre fut très flatté de ces paroles et se retira. Ensuite, le renard revint et ne trouva plus personne ; tous s'étaient blottis dans des cachettes ; on fut longtemps à chercher le crapaud : il s'était enterré dans le sable et tout le monde le piétinait. On lui fit des excuses et on recommença le festin.

826. 뇽 문 젼
龍 門 傳

Nyong (ryong) moun tjyen.

HISTOIRE DE LA PORTE DU DRAGON.

1 vol. in-8, 25 feuillets.

Brit. M.—Coll. v. d. Gabelentz.

Le volume du Musée Britannique porte, à la fin, l'indication : " gravé nouvellement à *Syek kyo*, en " l'année *keui mi* (1859 ?) ", 己未石橋新刊.

827. 짐 흥 젼
? ? 傳

Tjim heung tjyen.

HISTOIRE DE *Tjim Heung.*

2 vol. in-8.

Brit. M.

(젼 셜 류) (でんせつるい) (傳 說 類)

828. 항 쥬 긔 연
? 珠 奇 緣

Hang tjyou keui yen.

Destinée merveilleuse de *Hang tjyou.*

1 vol.

Coll. v. d. Gabelentz.

829. 월 황 젼
月 黃 傳 (?)

Ouel hoang tjyen.

Histoire de *Ouel hoang.*

2 vol.

Coll. v. d. Gabelentz.

830. 계 월 션 젼
桂 月 仙 傳

Kyei ouel syen tjyen.

Histoire de la fée *Kyei ouel.*

A rapprocher des légendes chinoises relatives à ***Tchhang 'o,*** 嫦娥, l'habitante de la lune (Mayers, I, 94).

831. 화 산 션 계 록
華 山 仙 界 錄

Hoa san syen kyei rok.

Le royaume du génie du ***Hoa chan.***

Le ***Hoa chan,*** l'une des cinq montagnes sacrées, se trouve au ***Chan si,*** 陝西.

(문 묵 부) (ぶんぼくぶ) (文 墨 部)

832. 졍 씨 팔 룡
鄭 氏 八 龍
Tjyeng ssi (si) hpal ryong.
LES HUIT DRAGONS DE LA FAMILLE *Tjyeng*.

833. 한 시 팔 룡
韓 氏 八 龍
Han si hpal ryong.
LES HUIT DRAGONS DE LA FAMILLE *Han*.

834. 현 몽 쌍 룡 긔
現 夢 雙 龍 記
Hyen mong ssang ryong keui.
HISTOIRE DES DEUX DRAGONS VUS EN SONGE.

835. 몽 옥 쌍 룡 긔
夢 玉 雙 龍 記
Mong ok ssang ryong keui.
HISTOIRE DES DEUX DRAGONS ET DU JADE VUS EN RÊVE.

836. 한 시 슈 현 쌍 룡 긔 봉
韓 氏 秀 賢 雙 龍 奇 逢
Han si syou hyen ssang ryong keui pong.
RENCONTRE MERVEILLEUSE DES DEUX DRAGONS ET DU SAGE *Han*.

(젼 셜 류) (でんせつるい) (傳 說 類)

837. 긔 봉 쌍 뇽 긔
奇 逢 雙 龍 記

Keui pong ssang nyong (ryong) keui.

HISTOIRE DE LA RENCONTRE MERVEILLEUSE DES DEUX DRAGONS.

838. 옥 인 몽
玉 麟 夢

Ok in (rin) mong.

SONGE DE LA LICORNE DE JADE.

Cf. nº 774.

839. 옥 누 몽
玉 樓 夢

Ok nou (rou) mong.

SONGE DU PAVILLON DE JADE.

840. 옥 난 긔 봉
玉 蘭 奇 逢

Ok nan (ran) keui pong.

RENCONTRE MERVEILLEUSE DE L'IRIS DE JADE.

841. 옥 란 긔 연
玉 蘭 奇 緣

Ok ran keui yen.

MERVEILLEUSE DESTINÉE DE L'IRIS DE JADE.

(문 묵 부) (ぶんぼくぶ) (文 墨 部)

842. 명쥬긔봉
明珠奇逢

Myeng tjyou keui pong.

RENCONTRE MERVEILLEUSE DE *Myeng tjyou*[1].

843. 긔봉졍취록
奇逢正聚錄

Keui pong tjyeng tchyoui (tchyou) rok.

HISTOIRE DE LA RENCONTRE MERVEILLEUSE ET DE L'ASSEMBLAGE FAVORABLE.

844. 화산긔봉
華山奇逢

Hoa san keui pong.

RENCONTRE MERVEILLEUSE DU ***Hoa chan***[2].

845. 십니봉
十里逢

Sip ni (ri) pong.

RENCONTRE DES DIX LIEUES.

846. 몽옥쌍환긔봉
夢玉雙環奇逢

Mong ok ssang hoan keui pong.

RENCONTRE MERVEILLEUSE DES DEUX ANNEAUX DE JADE VUS EN SONGE.

1. Nom de femme.
2. Cf. nº 831.

(전설류) (でんせつるい) (傳說類)

847. 쌍 환 호 구 셩 취 후 록
雙 環 狐 裘 成 就 後 錄
Ssang hoan ho kou syeng tchyoui (tchyou) hou rok.
HISTOIRE DE CE QUI EST RÉSULTÉ DES DEUX ANNEAUX ET DE LA ROBE EN PEAU DE RENARD.

848. 계 심 쌍 환 긔 봉
桂 心 雙 環 奇 逢
Kyei sim ssang hoan keui pong.
RENCONTRE MERVEILLEUSE DES DEUX ANNEAUX DE *Kyei sim*[1].

849. 벽 쥬 금 쳔 쌍 환
碧 珠 金 川 雙 環
Pyek tjyou keum tchyen ssang hoan.
LES DEUX ANNEAUX DE *Pyek tjyou* ET DE *Keum tchyen*[2].

850. 금 환 직 합 연
金 環 再 合 緣
Keum hoan tjăi hap yen.
LA DOUBLE RENCONTRE DE L'ANNEAU D'OR.

851. 금 딕 옥 환 젼
金 帶 玉 環 傳
Keum tăi ok hoan tjyen.
HISTOIRE DE LA CEINTURE D'OR ET DE L'ANNEAU DE JADE.

1. Nom de femme.
2. Noms de femmes.

(문 묵 부) (ぶんぼくぶ) (文 墨 部)

852. 황한긔봉
黃韓奇逢
Hoang han keui pong.
RENCONTRE MERVEILLEUSE DE *Hoang* ET DE *Han*.

853. 긔봉쟝믹
奇逢長涯
Keui pong tjyang măi (ai).
RENCONTRE MERVEILLEUSE DU RUISSEAU *Tjyang măi.*

854. 현몽쌍의록
現夢雙意錄
Hyen mong ssang eui rok.
LES DEUX PENSÉES D'UN RÊVE.

855. 범문져연별젼
范門諸緣別傳
Pem moun tjye yen pyel tjyen.
HISTOIRE DE LA DESTINÉE HEUREUSE DE LA FAMILLE *Pem.*

856. 뉵인긔봉조구연
六人奇逢遭舊緣
Nyouk (ryouk) in keui pong tjo kou yen.
SIX HOMMES, D'UNE FAÇON MERVEILLEUSE, RENCONTRENT LEUR ANCIENNE DESTINÉE.

(젼셜류) (でんせつるい) (傳說類)

857. 을병연
乙丙緣
Eul pyeng yen.
LA SECONDE ET LA TROISIÈME DESTINÉES.

858. 옥연지합녹
玉緣再合錄
Ok yen tjăi hap nok (rok).
LA SECONDE RENCONTRE D'UNE DESTINÉE MERVEILLEUSE.

859. 명쥬옥연
明珠玉緣
Myeng tjyou ok yen.
DESTINÉE MERVEILLEUSE DE *Myeng tjyou.*

860. 창난호연
昌蘭好緣
Tchang (tchyang) nan (ran) ho yen.
DESTINÉE FAVORABLE DE *Tchang nan*[1].

861. 졔호연록
諸好緣錄
Tjyei (tjye) ho yen rok.
HISTOIRE DES DESTINÉES FAVORABLES.

1. Nom de femme.

862. 보은긔우록
報恩奇遇錄
Po eun keui·ou rok.
RÉCOMPENSE MERVEILLEUSE D'UN BIENFAIT.

863. 쌍룡보은긔
雙龍報恩記
Ssang ryong po eun keui.
HISTOIRE DU BIENFAIT RÉCOMPENSÉ PAR LES DEUX DRAGONS.

864. 명쥬보은록
明珠報恩錄
Myeng tjyou po eun rok.
RÉCOMPENSE DES BIENFAITS DE *Myeng tjyou.*

865. 션악보은록
善惡報恩錄
Syen ak po eun rok.
RÉCOMPENSE DU BIEN ET CHÂTIMENT DU MAL.

866. 난조지셰긔연록
鸞鳥再世奇緣錄
Nan (ran) tjo (tyo) tjăi syei keui yen rok.
MERVEILLEUSE DESTINÉE DU PHÉNIX DANS SA SECONDE EXISTENCE.

(젼셜류) (でんせつるい) (傳說類)

867. 김 샹 셔 지 셰 록
金 尙 書 再 世 錄
Kim syang sye tjăi syei rok.
LA SECONDE EXISTENCE DU MINISTRE *Kim*.

868. 삼 셩 유 혜 록
三 生 有 惠 錄
Sam syeng (săing) you hyei rok.
HISTOIRE DES BIENFAITS DE TROIS EXISTENCES.

869. 위 시 오 셰 삼 난 현 힝 긔
魏 氏 五 世 三 難 賢 行 記
Oui si o syei sam nan hyen hăing keui.
HISTOIRE DE LA SAGESSE DE CINQ GÉNÉRATIONS DE LA FAMILLE *Oui* DANS UNE TRIPLE ADVERSITÉ.

870. 효 의 졍 츙 녜 힝 록
孝 誼 貞 忠 禮 行 錄
Hyo eui tjyeng tchyoung nyei (ryei) hăing rok.
ACTES DE PIÉTÉ FILIALE, DE JUSTICE, DE DÉVOUEMENT, DE LOYAUTÉ ET DE CONFORMITÉ AUX RITES.

871. 뉴 효 공 션 힝 긔
劉 孝 公 善 行 記
Nyou (ryou) hyo kong syen hăing keui.
ACTES DE BONTÉ DE *Nyou*, NOM POSTHUME *Hyo*.

(문 묵 부) (ぶんぼくぶ) (文 墨 部)

872. 하시션힝록
河氏善行錄

Ha si syen hăing rok.

Actes de bonté du sieur *Ha.*

873. 화졍션힝록
華鄭善行錄

Hoa tjyeng syen hăing rok.

Actes de bonté de *Hoa* et de *Tjyeng.*

874. 미소명힝록
湄蘇明行錄

Mi so myeng hăing rok.

Actions remarquables de *Mi so.*

875. 명힝졍의록
明行貞義錄

Myeng hăing tjyeng eui rok.

Actions célèbres de droiture et de justice.

876. 쌍셩효힝록
雙星孝行錄

Ssang syeng hyo hăing rok.

Piété filiale de *Ssang syeng*[1].

Peut-être y a-t-il dans ce titre une allusion aux deux étoiles ***Nieou lang,*** 牛郎 (β et γ de l'Aigle) et ***Tchi niu,*** 織女 (α de la Lyre) qui traversent la Voie lactée et se visitent une fois par an (Mayers, I, 311).

1. Nom de femme.

(전설류) (でんせつるい) (傳說類)

877. 쌍 셩 봉 효 록
雙星奉孝錄
Ssang syeng pong hyo rok.
PIÉTÉ FILIALE DE *Ssang syeng.*

878. 니 시 효 문 록
李氏孝門錄
Ni (ri) si hyo moun rok.
PIÉTÉ FILIALE DU SIEUR *Ni.*

879. 김 시 효 문 록
金氏孝門錄
Kim si hyo moun rok.
PIÉTÉ FILIALE DU SIEUR *Kim.*

880. 소 시 졍 츙 효 봉
蘇氏貞忠孝奉
So si tjyeng tchyoung hyo pong.
PIÉTÉ FILIALE, LOYAUTÉ ET DROITURE DU SIEUR *So.*

881. 셔 문 츙 효 록
徐門忠孝錄
Sye moun tchyoung hyo rok.
PIÉTÉ FILIALE ET LOYAUTÉ DU SIEUR *Sye.*

(문 믁 부) (ぶんぼくぶ) (文 墨 部)

882. 화 시 츙 효 록
華 氏 忠 孝 錄
Hoa si tchyoung hyo rok.
PIÉTÉ FILIALE ET LOYAUTÉ DU SIEUR *Hoa.*

883. 소 문 명 현 츙 효 록
蘇 門 明 賢 忠 孝 錄
So moun myeng hyen tchyoung hyo rok.
PIÉTÉ FILIALE, LOYAUTÉ ET SAGESSE REMARQUABLES DU SIEUR *So.*

884. 소 시 명 ᄒᆡᆼ 츙 의 록
蘇 氏 明 行 忠 義 錄(?)
So si myeng hăing tchyoung eui rok.
LOYAUTÉ ET PIÉTÉ FILIALE REMARQUABLES DU SIEUR *So.*

885. 삼 ᄃᆡ 츙 효 록
三 代 忠 孝 錄
Sam tăi tchyoung hyo rok.
PIÉTÉ FILIALE ET LOYAUTÉ DE TROIS GÉNÉRATIONS.

886. 뎡 씨 츙 효 보 은 록
鄭 氏 忠 孝 報 恩 錄
Tyeng (tjyeng) ssi (si) tchyoung hyo po eun rok.
BIENFAITS DE LA FAMILLE *Tyeng* RÉCOMPENSÉS PAR LA LOYAUTÉ ET LA PIÉTÉ FILIALE.

(전 셜 류) (でんせつるい) (傳 說 類)

887. 당씨츙효록
唐氏忠孝錄
Tang ssi (si) tchyoung hyo rok.
PIÉTÉ FILIALE ET LOYAUTÉ DE LA FAMILLE *Tang.*

888. 뉴시츙효록
劉氏忠孝錄
Nyou (ryou) si tchyoung hyo rok.
PIÉTÉ FILIALE ET LOYAUTÉ DE LA FAMILLE *Nyou.*

889. 삼문츙효록
三門忠孝錄
Sam moun tchyoung hyo rok.
PIÉTÉ FILIALE ET LOYAUTÉ DE TROIS FAMILLES.

890. 셜하츙효록
薛河忠孝錄
Syel ha tchyoung hyo rok.
PIÉTÉ FILIALE ET LOYAUTÉ DE *Syel Ha.*

891. 쇼효문츙의록
蘇孝門忠義錄(?)
Syo (so) hyo moun tchyoung eui rok.
LOYAUTÉ ET DROITURE DU FILS PIEUX *Syo.*

(문묵부) (ぶんぼくぶ) (文墨部)

892. 냥문츙의록
楊門忠義錄
Nyang (yang) moun tchyoung eui rok.
LOYAUTÉ DE LA FAMILLE *Nyang.*

893. 한문츙의록
韓門忠義錄
Han moun tchyoung eui rok.
LOYAUTÉ DE LA FAMILLE *Han.*

894. 화문츙의록
花門忠義錄
Hoa moun tchyoung eui rok.
LOYAUTÉ DE LA FAMILLE *Hoa.*

895. 챵션감의록
昌善感義錄
Tchang (tchyang) syen kam eui rok.
RÉCOMPENSE DU BIEN.

896. 셔시뉵녈긔
徐氏六烈記
Sye si nyouk (ryouk) nyel (ryel) keui.
LES SIX HÉROS DE LA FAMILLE *Sye.*

(젼셜류) (でんせつるい) (傳說類)

897. 니 샹 셔 젼
李 尙 書 傳
Ni (ri) syang sye tjyen.
HISTOIRE DU MINISTRE *Ni.*

898. 셩 현 공 슉 녈 긔
聖 賢 公 淑 烈 記
Śyeng hyen kong syouk nyel (ryel) keui.
BONTÉ ET GÉNÉROSITÉ DE *Syeng hyen*[1].

899. 언 봉 쌍 계 록
彦 逢 雙 季 錄
En pong ssang kyei rok.
RENCONTRE DE *En* ET DES DEUX FRÈRES.

900. 임 화 졍 연 긔
林 華 鄭 延 記
Im (rim) hoa tjyeng yen keui.
HISTOIRE DE *Im Hoa* ET DE *Tjyeng Yen.*

901. 됴 밍 힝
趙 孟 行
Tyo (tjyo) măing hăing.
ACTIONS DE *Tyo Măing.*

1. Nom posthume.

902. 니시셰티록
李氏世代錄
Ni (ri) si syei tăi rok.
HISTOIRE DE PLUSIEURS GÉNÉRATIONS DE LA FAMILLE *Ni.*

903. 님시삼티록
林氏三代錄
Nim (rim) si sam tăi rok.
HISTOIRE DE TROIS GÉNÉRATIONS DE LA FAMILLE *Nim.*

904. 조시삼티록
曹氏三代錄
Tjo si sam tăi rok.
HISTOIRE DE TROIS GÉNÉRATIONS DE LA FAMILLE *Tjo.*

44 vol. en coréen.

905. 뉴시삼티록
劉氏三代錄
Nyou (ryou) si sam tăi rok.
HISTOIRE DE TROIS GÉNÉRATIONS DE LA FAMILLE *Nyou.*

906. 님씨현힝쌍닌긔
林氏賢行雙麟記
Nim (rim) ssi (si) hyen hăing ssang nin (rin) keui.
HISTOIRE DES DEUX FILS SAGES DE LA FAMILLE *Nim.*

(젼셜류) (でんせつるい) (傳說類)

907. 현 시 냥 웅 쌍 닌 긔
玄 氏 兩 雄 雙 麟 記

Hyen si nyang (ryang) ong (oung) ssyang (ssang) nïn (rin) keui.

HISTOIRE DES DEUX FILS COURAGEUX DE LA FAMILLE *Hyen*

908. 뉴 시 냥 문 록
劉 氏 兩 門 錄

Nyou (ryou) si nyang (ryang) moun rok.

HISTOIRE DES DEUX BRANCHES DE LA FAMILLE *Nyou.*

909. 화 윤 별 취 록
華 尹 別 聚 錄

Hoa youn pyel tchyoui (tchyou) rok.

HISTOIRE RÉUNIES DE *Hoa* ET DE *Youn.*

910. 곽 쟝 냥 문 녹
郭 張 兩 門 錄

Koak tjyang nyang (ryang) moun nok (rok).

HISTOIRE DES DEUX FAMILLES *Koak* ET *Tjyang.*

911. 하 진 냥 문 록
河 陳 兩 門 錄

Ha tjin nyang (ryang) moun rok.

HISTOIRE DES DEUX FAMILLES *Ha* ET *Tjin.*

(문 묵 부) (ぶんぼくぶ) (文 墨 部)

912. 삼문규합록
三門閨閤錄
Sam moun kyou hap rok.
HISTOIRE DES FEMMES DE TROIS FAMILLES.

913. 림화졍연삼문츄록
林華鄭延三門聚錄
Rim hoa tjyeng yen sam moun tchyou rok.
HISTOIRES RÉUNIES DES TROIS FAMILLES, DE *Rim Hoa* ET DE *Tjyeng Yen*.

914. 윤하졍삼문취록
尹河鄭三門聚錄
Youn ha tjyeng sam moun tchyoui (tchyou) rok.
HISTOIRES RÉUNIES DES TROIS FAMILLES *Youn*, *Ha* ET *Tjyeng*.

915. 호ᄇᆡᆨ화
胡白花
Ho păik hoa.
(HISTOIRE DE) *Ho Păik hoa.*

916. 텬슈셕
天授錫
Htyen syou syek.
LE BÂTON DONNÉ PAR LE CIEL.

(전설류) (でんせつるい) (傳說類)

917. 용문도춍
龍門都摠
Yong (ryong) moun to tchyong (tchong).
LE GÉNÉRAL DE *Yong moun* (?).

918. 민당편
梅棠篇
Măi tang hpyen.
COMPOSITIONS DE *Măi tang* (?).

919. 벽허담
碧虛談
Pyek he tam.
CONVERSATION SUR LE CIEL AZURÉ (?).

920. 완월회밍
玩月會盟
Oan ouel hoi măing.
SERMENT (D'AMOUR) SOUS LA LUNE (?).

921. 명쥬보월
明珠寶月
Myeng tjyou po ouel.
LA PERLE CLAIRE ET LA LUNE PRÉCIEUSE.

(문묵부) (ぶんぼくぶ) (文墨部)

922. 명월긔함록
明月起涵錄
Myeng ouel keui ham rok.
L'EAU STAGNANTE SOULEVÉE PAR LA LUNE (?).

923. 조야긔문
朝野奇文 (?)
Tjo (tjyo) ya keui moun.
COMPOSITIONS REMARQUABLES EN CORÉEN.

924. 젼울치젼
Tjyen oul tchi tjyen.
HISTOIRE DE *Tjyen Oul tchi.*

925. 토긔젼
Hto keui tjyen.
HISTOIRE DE *Hto Keui.*

926. 금덕젼
Keum tek tjyen.
HISTOIRE DE *Keum Tek.*

927. 슈졔월암록
Syou tjyei ouel am rok.
HISTOIRE DE *Syou tjyei ouel am.*

(젼셜류) (でんせつるい) (傳說類)

928. 샹 은 삼 진 록
Syang eun sam tjin rok.
HISTOIRE DE *Syang eun* ET DE *Sam tjin.*

929. 옥 뵉 가 젼
Ok păik ka tjyen.
HISTOIRE DE *Ok Păik ka.*

930. 냥 쥬 밀 젼
Nyang tjyou mil tjyen.
HISTOIRE DE *Nyang Tjyou mil.*

931. 황 경 긔 디 록
Hoang kyeng keui tăi rok.
HISTOIRE DE *Hoang Kyeng* ET DE *Keui Tăi.*

932. 벽 파 금 쳔 쌍 환 긔 봉
碧 坡 金 川 雙 環 奇 逢 (?)
Pyek hpa keum tchyen ssyang (ssang) hoan keui pong.
RENCONTRE MERVEILLEUSE DES DEUX ANNEAUX DE *Pyek hpa* ET DE *Keum tchyen.*

933. 쌍 쳔 긔 봉
雙 川 奇 逢 (?)
Ssyang (ssang) tchyen keui pong.
RENCONTRE MERVEILLEUSE DES DEUX FLEUVES.

(문 묵 부) (ぶんぼくぶ) (文 墨 部)

934. 숑파삼문금희보
松坡三門金 ? ? (?)
Syong hpa sam moun keum heui po.
? ? DES TROIS FAMILLES DE *Syong hpa.*

935. 무목왕명총뉵
Mou mok oang myeng tchyong nyouk.
? ? ?

936. 옥연즁희연
玉緣 ? ? 緣 (?)
Ok yen tjyoung heui yen.
? ? ?

937. 슈졔옥환빙
? ? 玉環 ? (?)
Syou tjyei ok hoan ping.
? ? ?

938. 졍빅문
鄭 ? ? (?)
Tjyeng păik moun.
? ? ?

939. 옥젼히남셔
玉 ? 海南書 (?)
Ok tjyen hăi nam sye.
? ? ?

(젼셜류) (でんせつるい) (傳說類)

940. 니 봉 황 연
李 ? ? 緣 (?)
Ni (ri) pong hoang yen.
? ? ?

941. 유 경 옥
You kyeng ok.
? ? ?

942. 조 야 쳠 의
朝 野 ? ? (?)
Tjo (tjyo) ya tchyem eui.
? ? ?

943. 옥 조 금 쳔 빙
玉 ? 金 川 ? (?)
Ok tjo keum tchyen ping.
? ? ?

944. 후 쇽 누 몽
後 續 樓 夢 (?)
Hou syok nou (rou) mong.
? ? ?

945. 쌍 면 쥬 긔 연
雙 ? 珠 奇 緣 (?)
Ssyang (ssang) myen tjyou keui yen.
? ? ?

(문 믁 부) (ぶんぼくぶ) (文 墨 部)

Je dois corriger ici une erreur commise aux n°s 757, 758 et dont je me suis aperçu après que l'impression de ce passage était achevée.

Le titre des deux romans qui portent ces numéros, doit se traduire : HISTOIRE DE ***Yu Tchhi***, SURNOMMÉ ***King tę***. Ce personnage, dont le postnom était ***Kong***, 恭, fut un des principaux généraux du fondateur de la dynastie des ***Thang***, 唐 ; il fut fait duc de ***'O***, 鄂公 ; à cause de son origine tartare, il est parfois appelé ***Hou King tę***, 胡敬德. Son portrait est l'une des deux images que les Chinois collent sur les portes pour arrêter les mauvais esprits ; il est alors désigné par l'expression ***Oou oei***, 武尉 (Cf. Mayers, I, 945).

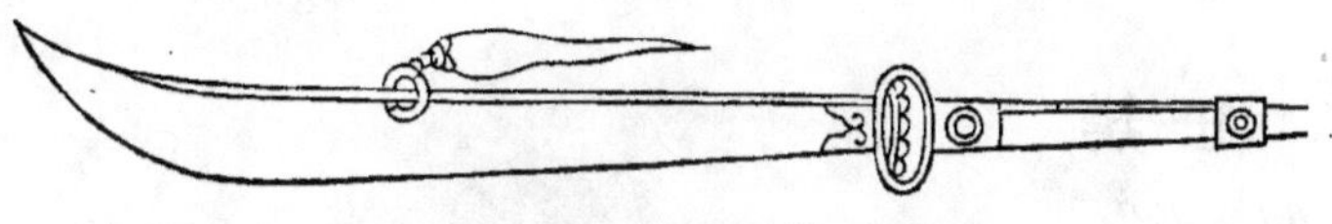

Hallebarde, 夾刀.[1]

1. Tiré du *Hoa syeng syeng yek eui kouei.*

Chapitre IV

ŒUVRES DIVERSES.

잡 서 류   ざつしよのるい   雜 書 類

946. 白 雲 居 士 語 錄

Păik oun ke să e rok.

Paroles du lettré *Păik oun.*

Ouvrage de *Ri Kyou po,* 李奎報, cité par le *Tai tong oun ok.*

947. 狂 辨

Koang pyen.

Discussion téméraire.

Citée par le *Tai tong oun ok.*
Auteur : *Ri Kyou po,* 李奎報.

948. 麴 先 生 傳

Kouk syen săing tjyen.

Histoires des lettrés ivres.

Par le même auteur ; ouvrage cité par le *Tai tong oun ok.*

(문 묵 부)   (ぶんぼくぶ)   (文 墨 部)

949. 麯醇傳

Kouk syoun tjyen.

HISTOIRES DU VIN PUR.

Citées par le *Tai tong oun ok.*

Auteur : *Rim Tchyoun,* 林春.

950. 櫟翁稗說

Ryek ong hpai syel.

PAROLES FRIVOLES DE *Ryek ong.*

1 vol.

B.R.

Mélanges cités par le *Tai tong oun ok.*

Auteur : *Ri Tjyei hyen,* 李齊賢.

951. 貎山隱者傳

Mo san eun tjya tjyen.

HISTOIRE PAR LE SOLITAIRE DE *Mo san.*

Ouvrage de *Tchoi Hăi,* 崔瀣, cité par le *Tai tong oun ok.*

952. 菊堂俳語

Kouk tang păi e.

PAROLES POUR SE DISTRAIRE DU LETTRÉ *Kouk tang.*

Mélanges historiques, cités par le *Htong moun koan tji.*

Le lettré *Kouk tang* serait peut-être le même que *Kouk hen,* 菊軒 ; ce lettré, nommé *Kouen Pou,* 權溥, surnom *Tjyei man,* 濟萬, originaire de *An tong,* 安東, élève de *Hoi hen,* 晦軒, fut Prince de

Yeng ka, 永嘉府院君, il composa un commentaire pour l'édition des Livres Classiques de ***Tchou Hi***, 朱熹.

953. 功業錄

Kong ep rok.

NOTICE DES MÉRITES.

5 ou 6 vol.

Ouvrage composé par *Pak Houen*, 朴暄, à la louange de *Tchoi I*, 崔怡, (époque du Ko rye); cité par le *Tai tong oun ok.*

954. 冶隱言行錄

Ya eun en hăing rok.

DITS ET FAITS DU LETTRÉ *Ya eun.*

2 vol.

B.R.

Auteur: *Pak Syou săing* 朴瑞生, originaire de *Pi an*, 比安, docteur sous *Htai tjong.*

Kil Tjăi, 吉再, surnom *Tjăi pou*, 再父, nom littéraire *Ya eun*, originaire de *Syen san*, 善山, élève de *Hpo eun*, 圃隱, fut secrétaire du Conseil Secret; sous *Kong yang*, il abandonna sa charge et refusa de servir la dynastie nouvelle en 1392.

955. 太平閒話

Htai hpyeng han hoa.

CONVERSATIONS DE LOISIR PENDANT LA PAIX.

Ouvrage réuni au suivant.

956. 滑稽傳
Kol kyei tjyen.
BAVARDAGES.

Ouvrage de *Sye Ke Tjyeng*, 徐居正, ainsi que le précédent; cités par le *Tai tong oun ok*.

957. 遊金鰲錄
You keum o rok.
UNE PROMENADE À *Keum o*.

Auteur: *Kim Si seup*, 金時習.

Keum o est le nom d'une célèbre montagne du Sin ra et, par suite, une désignation poétique de tout ce royaume.

Ouvrage cité par le *Tai tong oun ok*.

958. 金鰲新話
Keum o sin hoa.
NOUVELLES PAROLES SUR *Keum o*.

Par le même auteur.

Ouvrage cité dans le *Tai tong oun ok*.

959. 梅月堂四遊錄
Măi ouel tang să you rok.
LES QUATRE PROMENADES DE *Măi ouel tang*.

Même auteur.

Ouvrage cité par le *Tong kyeng tjap keui*.

(잡서류) (ざつしよるい) (雜書類)

960. 丹溪纂要
Tan kyei tchan yo.
ABRÉGÉ PAR *Tan kyei.*

Ouvrage cité par le *Tong kyeng tjap keui.*
Auteur : *Ha Oui ti*, 河緯地.

961. 慵齋叢話
Yong tjăi tchong hoa.
COLLECTION DE PAROLES DU LETTRÉ *Yong tjăi.*

3 vol.
B.R.
Auteur : *Syeng Hyen*, 成俔.
Cité par le *Htong moun koan tji.*

962. 桑榆備覽
Sang you pi ram.
MÉMOIRES DIVERS D'UN VIEILLARD.

40 vol.
Cités par le *Tai tong oun ok.*
Même auteur que le précédent ouvrage.

963. 青坡劇談
Tchyeng hpa keuk tam.
CONVERSATIONS FRIVOLES DU LETTRÉ *Tchyeng hpa.*

Citées par le *Tai tong oun ok.*
Auteur : *Ri Ryouk*, 李陸.

(문믁부) (ぶんぼくぶ) (文墨部)

964. 梅磎叢話

Măi kyei tchong hoa.

COLLECTION DE PAROLES DU LETTRÉ *Măi kyei.*

Citée par le *Tai tong oun ok.*
Auteur : *Tjo Oui,* 曹偉.

965. 謏聞瑣錄

Syou moun soa rok.

MÉMOIRES PEU IMPORTANTS SUR DES BAGATELLES ENTENDUES.

1 vol.
Ouvrage cité par le *Htong moun koan tji.*
Auteur : *Tjo Sin,* 曹伸.

966. 秋江冷話附師友錄

Tchyou kang răing hoa pou să ou rok.

PAROLES PEU IMPORTANTES DU LETTRÉ *Tchyou kang,* AVEC L'HISTOIRE DES MAÎTRES ET DES DISCIPLES.

Auteur : *Nam Hyo on,* 南孝溫.
Ouvrage cité par le *Tai tong oun ok.*

967. 思齋摭言

Să tjăi tchyek en.

COLLECTION DE PAROLES DE *Să tjăi.*

Ouvrage cité par le *Tai tong oun ok.*
Auteur : *Kim Tjyeng kouk,* 金正國.

968. 眉岩日記

Mi am il keui.

JOURNAL DE *Mi am.*

4 vol.

B.R.

Auteur : *Ryou Heui tchyoun*, 柳希春, surnom *In tjyoung*, 仁仲, nom littéraire *Mi am*, 眉岩, originaire de *Syen san*, 善山, élève de *Mo tjăi*, 慕齋.

969. 龍泉談寂記

Ryong tchyen tam tjyek keui.

CALMES SOUVENIRS DES CONVERSATIONS GUERRIÈRES.

Ouvrage cité par le *Tai tong oun ok.*

Auteur : *Kim An ro*, 金安老, surnom *I syouk*, 怡叔, nom littéraire *Heui ro*, 希老, originaire de *Yen an*, 延安, Grand Conseiller de *Tjyoung tjong.*

970. 陰崖雜記

Eum ai tjap keui.

MÉMOIRES DIVERS DE *Eum'ai.*

Cités par le *Hou tjă kyeng hpyen.*

Auteur : *Ri Tjă*, 李耔.

971. 淸江謾錄

Tchyeng kang man rok.

ÉCRITS SANS PRÉTENTION DE *Tchyeng kang.*

Ouvrage cité par le *Htong moun koan tji.*

Auteur : *Ri Tjyei sin*, 李濟臣.

(문믁부) (ぶんぼくぶ) (文墨部)

972. 南冥追述

Nam myeng tchyou syoul.

ŒUVRE COMPOSÉE PAR *Nam myeng* SUR LES ÉPOQUES ANTÉRIEURES.

Citée par le *Hou tjă kyeng hpyen.*

Auteur: *Tjo Sik,* 曹植.

973. 學記

Hak keui.

NOTES PRISES EN ÉTUDIANT.

Citées par le *Tai tong oun ok.*

Extraits de lectures par *Nam myeng,* 南冥.

974. 退溪言行錄

Htoi kyei en hăing rok.

PAROLES ET ACTES DU LETTRÉ *Htoi kyei.*

3 vol.

B.R.

974bis. 陶山記

To san keui.

MÉMOIRES DE *To san.*

Cités par le *Tai tong oun ok.*

Auteur: *Htoi kyei,* 退溪.

975. 退陶言行錄

Htoi to en hăing rok.

PAROLES ET ACTES DU LETTRÉ *Htoi kyei.*

Histoire de l'école de *Htoi kyei,* 退溪, à *To san,* 陶山.

(잡 서 류) (ざつしよるい) (雜 書 類)

976. 松溪漫錄

Syong kyei man rok.

ÉCRITS SANS PRÉTENTION DE *Syong kyei.*

Ouvrage cité par le *Htong moun koan tji.*

Auteur : *Sin Kyei syeng*, 申季誠, originaire de *Hpyeng san*, 平山, contemporain de *Myeng tjong.*

977. 梧陰雜記

O eum tjap keui.

MÉMOIRES DIVERS DE *O eum.*

Cités par le *Hou tjă kyeng hpyen.*

Auteur : *Youn Tou syou*, 尹斗壽.

978. 永慕錄

Yeng mo rok.

SOUVENIRS PERPÉTUELS.

Ouvrage de *Sye ai*, 西厓, cité par le *Htong moun koan tji*, avec préface et postface par l'auteur.

979. 聖諭錄

Syeng you rok.

PAROLES DU ROI.

Postface de *Sye ai*, 西厓.

980. 愼終錄

Sin tjyong rok.

LE LIVRE RELATIF AUX DERNIERS DEVOIRS.

Préface de *Sye ai*, 西厓.

(문묵부) (ぶんぼくぶ) (文墨部)

981. 禹景善日錄
Ou kyeng syen il rok.
JOURNAL DE *Ou Kyeng syen.*

Postface de *Sye ai*, 西厓.

982. 寄齋雜記
Keui tjăi tjap keui.
MÉMOIRES DIVERS DE *Keui tjăi.*

Cités par le *Htong moun koan tji*, le *Hou tjă kyeng hpyen*, etc.; contenant un Journal de l'année 1592, *Im tjin il rok*, 壬辰日錄.

983. 涪溪記聞
Pou kyei keui moun.
MÉMORIAL DE *Pou kyei.*

Cité par le *Hou tjă kyeng hpyen*, relatif à l'invasion japonaise.

984. 東閣雜記
Tong kak tjap keui.
MÉMOIRES DIVERS DU PAVILLON ORIENTAL.

4 vol.

B.R.

Ouvrage cité par le *Tong să kang mok.*

Auteur: *Ri Tyeng hyeng*, 李廷馨, nom littéraire *Tji htoi tang*, 知退堂, originaire de *Kyeng tjyou*, 慶州, Ministre des Fonctionnaires sous *Syen tjo.*

(잡서류) (ざつしよるい) (雜書類)

985. 愚得錄

Ou teuk rok.

Mémoires d'un homme simple.

7 vol.

B.R.

Auteur : *Tjyeng Kai tchyeng*, 鄭介淸, lettré renommé, magistrat de district sous *Syen tjo*.

986. 石潭日記

Syek tam il keui.

Journal de *Syek tam*.

Cité par le *Tjang reung tji*.

Auteur : *Sin Keum*, 申欽.

987. 石潭遺事

Syek tam you să.

Documents de *Syek tam*.

3 vol.

B.R.

Cf. ci-dessus.

988. 象村獨言

Syang tchon tok en.

Paroles solitaires du lettré *Syang tchon*.

Citées par le *Tjang reung tji*.

Auteur : *Sin Keum*, 申欽.

(문 믁 부) (ぶんぼくぶ) (文 墨 部)

989. 雜著

Tjap tjyek.

MÉLANGES.

Cités par le *Hou tjă kyeng hpyen.*
Même auteur que ci-dessus.

990. 淸陰先生言行錄

Tchyeng eum syen săing en hăing rok.

DITS ET FAITS DU LETTRÉ *Tchyeng eum.*

Ouvrage cité par le *Hou tjă kyeng hpyen.*
Auteur : *Kim Syang hen,* 金尙憲.

991. 畸菴漫述

Keui am man syoul.

ŒUVRES NÉGLIGÉES DE *Keui am.*

Citées par le *Hou tjă kyeng hpyen.*
Auteur : *Tjyeng Hong myeng,* 鄭弘溟, surnom *Tjă yong,* 子容, originaire de *Yen il,* 延日, Grand Compositeur sous *In tjo;* nom posthume *Moun tjyeng,* 文貞.

992. 畸菴雜錄

Keui am tjap rok.

MÉLANGES DE *Keui am.*

Cf. ci-dessus.

993. 荷潭破寂錄

Ha tam hpa tjyek rok.

LIVRE POUR DÉSENNUYER, PAR *Ha tam.*

Ouvrage cité par le *Htong moun koan tji*.

Auteur : *Kim Si yang*, 金時讓, surnom *Tjă tjyoung*, 子中, Général en chef sous *In tjo*.

994. 野言

Ya en.

PAROLES SANS ART.

Citées par le *Hou tjă kyeng hpyen*.

Même auteur que ci-dessus.

995. 潛谷筆談

Tjăm kok hpil tam.

MÉMOIRES DE *Tjăm kok*.

1 vol.

B.R.

Auteur : *Kim Youk*, 金堉.

996. 谿谷蔓筆

Kyei kok man hpil.

NOTES DU LETTRÉ *Kyei kok*.

2 vol.

B.R.

Auteur : *Tjyang You*, 張維.

997. 尤菴獨對說話

Ou am tok tăi syel hoa.

SOLILOQUES ET CONVERSATIONS DE *Ou am*.

1 vol.

B.R.

Auteur : *Song Si ryel*, 宋時烈.

(문묵부) (ぶんぼくぶ) (文墨部)

998. 眉叟記言

Mi sou keui en.

PAROLES MÉMORABLES DU LETTRÉ *Mi sou.*

22 vol.

B.R.

Auteur : *He Mok*, 許穆, surnom *Hoa po*, 和父, nom posthume *Moun tjyeng*, 文正, originaire de *Yang tchyen*, 陽川, Grand Conseiller de *Syouk tjong*, adversaire de *Song Si ryel*, 宋時烈, chef des *Nam in*, 南人.

999. 華陽語錄

Hoa yang e rok.

PAROLES DE *Hoa yang.*

Auteur : *Tchoi Sin*, 崔愼, élève de *Song Si ryel*, 宋時烈.

1000. 南溪記聞

Nam kyei keui moun.

MÉMOIRES DE *Nam kyei.*

Cités par le *Hou tjă kyeng hpyen.*

Auteur : *Pak Syei tchăi*, 朴世采.

1001. 於于野談

Ou e ya tam.

CONVERSATIONS PRIVÉES DU MAÎTRE ET DES DISCIPLES.

1 vol. in-12, 41 feuillets, mss.; copie datée de 1879, 己卯, incomplète.

(잡 셔 류) (ざつしよるい) (雜 書 類)

Cet ouvrage est cité par le *Htong moun koan tji.*

Auteur : *Ryou Mong in*, 柳夢寅, (XVIIe siècle ?).

1002. 芝峯類說

Tji pong ryou syel.

PAROLES DE *Tji pong.*

10 vol.

B.R.

Ouvrage cité par le *Htong moun koan tji*, le *Hou tjă kyeng hpyen* et le *Moun hen pi ko*, liv. 36.

Auteur : *Ri Syoui koang*, 李晬光.

Cet ouvrage semble postérieur à 1720 et antérieur à 1778.

1003. 陶菴家狀

To am ka tjang.

NOTICE FAMILIALE DU LETTRÉ *To am.*

1 vol.

B.R.

Auteur : *Ri Tjăi*, 李縡.

1004. 陶菴語錄

To am e rok.

PAROLES DE *To am.*

1 vol.

B.R.

Auteur : *Ri Tjăi*, 李縡.

(문 묵 부) (ぶんぼくぶ) (文 墨 部)

1005. 愚夫艸

Ou pou tcho.

ŒUVRES NÉGLIGÉES DE *Ou pou.*

Mss.

Préface par *Yen am,* 燕巖.

1006. 綠鸚鵡經

Rok ăing mou kyeng.

LE LIVRE DU PERROQUET VERT.

Mss.

Auteur : *Ri Rak syou,* 李洛瑞.

Préface par *Yen am,* 燕巖; histoire fantaisiste d'un perroquet, écrite dans le style des classiques.

1007. 僿說

Să syel.

PAROLES EXACTES.

Citées par le *Tong să kang mok.*

Auteur : *Ri Ik,* 李瀷, de la dynastie actuelle.

1008. 荷谷粹言

Ha kok syou en.

PAROLES CHOISIES DU LETTRÉ *Ha kok.*

Ouvrage cité par le *Tai tong oun ok.*

Auteur : *He Pong,* 許篈.

1008bis 海東野言

Hăi tong ya en.

RÉCITS PRIVÉS SUR LA CORÉE.

(잡셔류) (ざつしよるい) (雜書類)

2 vol.
B.R.
Cités par le *Tjang reung tji.*
Auteur : *He Pong,* 許篈.

1009. 松窩雜說

Syong oa tjap syel.

PAROLES DIVERSES DE *Syong oa.*

Citées par le *Tjang reung tji* et le *Hou tjă kyeng hpyen.*

Auteur : *Ri Tjeuk,* 李墍.

1010. 雜記

Tjap keui.

MÉMOIRES DIVERS.

Par le même auteur.
Cités par le *Moun hen pi ko,* liv. 36.

1011. 一善志

Il syen tji.

HISTOIRE DE *Il syen.*

Citée par le *Tjang reung tji.*
Auteur : *Tchoi Hyen,* 崔晛.

1012. 恥齋日記

Tchi tjăi il keui.

JOURNAL DE *Tchi tjăi.*

Cité par le *Tjang reung tji* et le *Hou tjă kyeng hpyen.*

Auteur : *Hong In ou,* 洪仁佑.

(문 묵 부) (ぶんぼくぶ) (文 墨 部)

1013. 南侍直鶴鳴聞見錄

Nam si tjik hak myeng moun kyen rok.

MÉMOIRES DE *Nam Hak myeng*, HUISSIER AUX GARDES DU PRINCE HÉRITIER.

Ouvrage cité par le *Htong moun koan tji.*

1014. 錦溪家錄

Keum kyei ka rok.

HISTOIRE DOMESTIQUE DU LETTRÉ *Keum kyei.*

Citée par le *Hou tjă kyeng hpyen.*

Ce personnage s'appelait *Pak Tong ryang*, 朴東亮.

1015. 黃兌記事

Hoang htăi keui să.

MÉMOIRES DE *Hoang Htăi.*

Ouvrage cité par le *Hou tjă kyeng hpyen.*

1016. 竹窓閑語

Tjyouk tchang han e.

PAROLES DE LOISIR DU LETTRÉ *Tjyouk tchang.*

Citées par le *Hou tjă kyeng hpyen.*

Auteur : *Ri Si tjik*, 李時稷.

1017. 破閑雜記

Hpa han tjap keui.

MÉMOIRES DIVERS DE *Hpa han.*

Ouvrage cité par le *Hou tjă kyeng hpyen*, postérieur au XVe siècle.

(잡셔류) (ざつしよるい) (雜書類)

1018. 紫海筆談

Tjă hăi hpil tam.

NOTES DE *Tjă hăi.*

Citées par le *Hou tjă kyeng hpyen.*

1019. 晴窓軟談

Tchyeng tchang yen tam.

CONVERSATIONS FACILES DE *Tchyeng tchang.*

Citées par le *Hou tjă kyeng hpyen.*

1020. 厚齋語錄

Hou tjăi e rok.

PAROLES DU LETTRÉ *Hou tjăi.*

Cf. *Hou tjăi tjip.*

1021. 金忠壯遺事

Kim tchyoung tjang you să.

DOCUMENTS LAISSÉS PAR *Kim*, NOM POSTHUME *Tchyoung tjang.*

1 vol.

B.R.

Préface composée par le Roi.

1022. 洪翼靖公遺事

Hong ik tjyeng kong you să.

DOCUMENTS LAISSÉS PAR *Hong*, NOM POSTHUME *Ik tjyeng.*

1 vol.

B.R.

Ce personnage s'appelait *Hong Pong han*, 洪鳳漢.

(문 믁 부) (ぶんぼくぶ) (文 墨 部)

1023. 權晦谷春蘭遺事

Kouen hoi kok tchyoun ran you să.

DOCUMENTS LAISSÉS PAR *Kouen Tchyoun ran*, NOM LITTÉRAIRE *Hoi kok*.

1024. 兩山墨談

Ryang san meuk tam (***Liang chan mẹ than***).

NOTES DE ***Liang chan.***

Citées par le *Tong kyeng tjap keui* comme imprimées à *Kyeng tjyou*, 慶州.

Ouvrage en 18 livres par ***Tchhen Thing***, 陳霆, qui vivait sous les ***Ming***, 明.

Cf. Cat. Imp., liv. 126.

1025. 西京雜錄

Sye kyeng tjap rok.

HISTOIRE DIVERSES DE LA CAPITALE DE L'OUEST.[1]

Citées par le *Tai tong oun ok.*

1026. 雜錄

Tjap rok.

HISTOIRE DIVERSES.

Citées par le *Tai tong oun ok.*

1027. 春種

Tchyoun tjyong.

CHOSES DU PRINTEMPS (?)

Ouvrage cité par le *Tong kyeng tjap keui*, comme extrait du *Ko să tchoal yo.*

1. *Hpyeng yang*, 平壤.

1028. 識小錄
Tji syo rok.
MÉMOIRES SUR DE PETITES CHOSES.
Cités par le *Htong moun koan tji.*

1029. 東滸要覽
Tong ho yo ram.
COUP D'ŒIL SUR LES CHOSES NÉCESSAIRES, PAR *Tong ho.*
Ouvrage cité par le *Htong moun koan tji.*

1030. 樂全堂漫錄
Rak tjyen tang man rok.
NOTES DE *Rak tjyen tang.*
Citées par le *Hou tjă kyeng hpyen.*

1031. 五山說林
O san syel rim.
COLLECTION DE PAROLES DE *O san.*
Citée par le *Hou tjă kyeng hpyen.*

1032. 踈菴言行錄
So am en hăing rok.
DITS ET FAITS DU LETTRÉ *So am.*
Cités par le *Hou tjă kyeng hpyen.*
Ce personnage s'appelait *Tjyeng,* 鄭.

1033. 雪壑謏聞
Syel hak syou moun.
BAGATELLES DE *Syel hak.*
Citées par le *Hou tjă kyeng hpyen.*

(문 믁 부) (ぶんぼくぶ) (文 墨 部)

1034. 金江湖行蹟

Kim kang ho hăing tjyek.

PROMENADES DE *Kim* SUR LES FLEUVES ET LES LACS (?).

Ouvrage cité par le *Hou tjă kyeng hpyen.*

1035. 崔察訪寓言

Tchoi tchal pang ou en.

PAROLES DOMESTIQUES DU MAÎTRE DES POSTES *Tchoi.*

Ouvrage cité par le *Hou tjă kyeng hpyen.*

1036. 孫彥記錄

Son en keui rok.

MÉMOIRES DE *Son En.*

Cités par le *Hou tjă kyeng hpyen.*

1037. 展省錄

Tjyen syeng rok.

EXPOSÉ PSYCHOLOGIQUE.

1 vol.
Kyeng mo koung, 景慕宮.

1038. 東記問答

Tong keui moun tap.

DIALOGUE SUR LES MÉMOIRES CORÉENS.

1 vol.
B.R.

(잡서류) (ざつしよるい) (雜書類)

1039. 東事剩言

Tong să ang en.

AUTRES RÉCITS SUR LES CHOSES CORÉENNES.

1 vol.

B.R.

1040. 奉敎嚴辨錄

Pong kyo em pyen rok.

HISTOIRE DES DISCUSSIONS SUR LA DOCTRINE.

1 vol.

B.R.

1041. 龜菴擬政內外案

Koui am eui tjyeng năi oi an.

MOUVEMENT ADMINISTRATIF DE LA CAPITALE ET DES PROVINCES, PROPOSÉ PAR *Koui am.*

1 vol. in-12, 79 feuillets, mss.

Dans ce mouvement supposé, l'auteur donne chaque place officielle à un personnage célèbre, Chinois ou Coréen, en expliquant les raisons de son choix.

1042. 東坡問答

Tong hpa moun tap.

DIALOGUE AVEC ***Sou Tong pho.***

1 vol. in-8, 27 feuillets, mss.

L'auteur, *Kim Si hoa,* 金時和, voit, dans un songe, le poëte chinois ***Sou Chi,*** 蘇軾 : il converse et compose des vers avec lui.

(문 묵 부) (ぶんぼくぶ) (文 墨 部)

1043. 蜜語

Mil e.

PAROLES DE MIEL.

1 vol. in-12, 51 feuillets, mss.

Extraits et mélanges d'auteurs chinois ; datés de l'année *keui you*, 己酉 (1849).

1044. 滑稽志

Kol kyei tji.

BAVARDAGES.

1 vol.

Plaisanteries et contes extraits des ouvrages chinois.

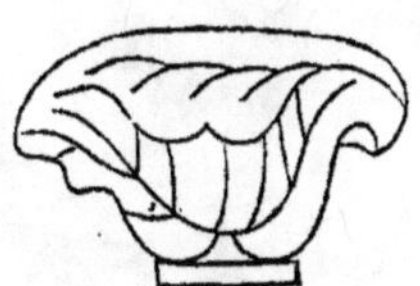

Ornement en forme de feuille de lotus, 荷葉.[1]

1. Tiré du *Hoa syeng syeng yek eui kouei.*

ERRATA DU 1er VOLUME.

Pages.					
XXXV	8e l.	au lieu de	*Han*	lisez	*Kan.*
XXXVIII	10e l.	„	siècle	„	siècles.
XLI	note	„	papyirifera	„	papyrifera.
LXIV	20e l.	„	:	„	,
CXL	5e l.	„	.	„	,
CLX	9e l.	„	Paik	„	Păik.
2	tableau, 1ère col. à droite, 6e l.	au lieu de	*ti-kent*	„	*ti-keut.*
9	26e l.	„	ou	„	on.
61	18e l.	„	*tyang*	„	*tjyang.*
76	10e l.	„	Pak	„	*Pak.*
82	1ère l.	„	裕昌	„	昌裕.
89	11e l.	„	l'Interprète	„	les Interprètes.
91	1ère l.	„	caractéres	„	caractères.
91	23e l.	„	漢滿	„	滿漢.
103	6e l.	„	Ou	„	Wou.
103	7e l.	„	Ou	„	Wou.
109	12e l.	„	lse	„	les.
125	18e l.	„	*Mayers*	„	Mayers.
162	17e l.	„	régne	„	règne.
164	note, 1ère l.	avant	été	ajoutez	a.
165	note, 5e l.	au lieu de	vraisenblablement	lisez	vraisemblablement.
181	8e l.	„	régles	„	règles.
196	17e l.	„	*să*	„	*Să.*
221	8e l.	après	vol.	ajoutez	B.R.
221	9e l.	avant	3	supprimez	B.R.
239	21e l.	au lieu de	;	lisez	,
239	22e l.	„	,	„	;
269	13e l.	„	*rin*	„	*rim.*
270	6e l.	après	Cf.	ajoutez	Cat. Imp. liv. 121.
272	19e l.	au lieu de	imcomplet	lisez	incomplet.
294	3e l.	après	*nam*	supprimez	,
300	titre	au lieu de	Littératere	lisez	Littérature.
318	10e l.	„	réuisset	„	réussit.

Pages.					
319	11e l.	au lieu de	*Yen*	lisez	*En.*
401	25e l.	„	éclatérent	„	éclatèrent.
408	10e l.	„	;	„	,
408	11e l.	„	vêtemants	„	vêtements.
420	19e l.	après	reconnaître	ajoutez	,
427	11e l.	au lieu de	淅	lisez	浙
442	12e l.	„	Youl to	„	*Youl to.*
458	5e l.	„	눅	„	녹
464	9e l.	„	상	„	삼

Hymne et danse du jeu de balles, 抛毬樂(1).

1. Tiré du *Tjin tchan eui kouei.*

大日本東京市京橋區築地貳丁目十七番地　株式會社東京築地活版製造所印行

當宁御筆

乙丑補輯

大典會通

中外印頒

Titre du *Tai tyen hoi htong* (N° 1461).

御製綸音
王若曰嗚呼辛壬之事尚忍言哉釁孽
之徒梟獍之種乃敢異論於
建儲之策岐議於
代聽之 教陰謀滋長怨心轉痼馴致
戊申之亂釀成乙亥之變滔天之禍
急於燎原幾使

御製綸音 一

宗社顚覆搢紳塗炭相厥所自自於辛
壬而辛壬之時不能掃蕩辛壬之逆
畢竟禍胎終至於莫可救之境此為
已然之轍而方來之鑑則玆豈非今
日君臣上下所可懲前而毖後者哉
近日兇逆之獄事其端雖微其流甚
大始也猜克於儕流之間中爲争抗

1er feuillet du *E tjyei ryoun eum* (No 1472, II).

璿源系譜紀略序　御製
上繩祖烈下詒孫謨旁親
九族由近而及遠聖人之
道如斯而已斯道也得諸
心行諸躬無待於外也然
而祖系也孫支也九族之

璿源系譜紀略序　一

派列也咸具於譜即其譜
而思其道則亦必感於心
而有補於躬行此古人所
以重譜牒而為人君者尤
不可忽也是故適追先休
謂之孝啓佑後人謂之慈

1re feuille du *Syen ouen kyei po koui ryak* (N° 1910).

ERNEST LEROUX, Éditeur, rue Bonaparte, 28

PUBLICATIONS DE L'ÉCOLE DES LANGUES ORIENTALES VIVANTES

TROISIÈME SÉRIE

I. LA FRONTIÈRE SINO-ANNAMITE, description géographique et ethnographique d'après des documents officiels chinois, traduits par *G. Devéria*. In-8 illustré, avec planches et cartes. . . . . 20 fr.

II. NOZHET-ELHADI. Histoire de la dynastie saadienne au Maroc (1511-1670), par Mohammed Esseghir ben Elhadj ben Abdallah Eloufrâni. Texte arabe publié par *O. Houdas*. In-8. . . . . 15 fr.

III. Le même ouvrage, traduction française par *O. Houdas* . . . . 15 fr.

IV. ESQUISSE DE L'HISTOIRE DU KHANAT DE KHOKAND, par *Nalivkine*, traduit du russe par *A. Dozon*. In-8 avec carte. . . . . 10 fr.

V, VI. RECUEIL DE TEXTES ET DE TRADUCTIONS, publiés par les Professeurs de l'Ecole des langues orientales vivantes à l'occasion du Congrès des Orientalistes de Stockholm. 2 vol. in-8 . . . . 30 fr.

Quelques chapitres de l'abrégé de Seldjouq Naméh, composé par l'émir Nassir eddin Yahia, publié et traduit par Ch. Schefer. — L'Ours et le Voleur, comédie en dialecte turc azeri, publiée et traduite par Barbier de Meynard. — Proverbes malais, par A. Marre. — Cérémonies religieuses et coutumes des Tchérémisses, par A. Dozon. — Histoire de la conquête de l'Andalousie, par Ibn Elqouthiya, publiée par O. Houdas. — La compagnie suédoise des Indes orientales au XVIIIe siècle, par H. Cordier. — Du sens des mots chinois, *Giao Chi*, nom des ancêtres du peuple annamite, par A. des Michels. — Chants populaires des Roumains de Serbie, par Em. Picot. — Les Français dans l'Inde (1736-1761), par J. Vinson. — Notice biographique sur Jean et Théodose Zygomalas, par E. Legrand, etc.

VII, VIII. SIASSET NAMEH. Traité du Gouvernement, par Nizam oul Moulk, vizir du sultan Seldjoukide Melikchâh. Texte persan et traduction française, par *Ch. Schefer*, de l'Institut, Tome I. Texte persan. In-8. . . . . 15 fr.
Tome II, Traduction française et notes. In-8. . . . . 15 fr.

IX, X. VIE DE DJELAL-EDDIN MANKOBIRTI, par *El Nesawi* (VIIe siècle de l'hégire). Tome I. Texte arabe, publié par *O. Houdas*. In-8 . . . . 15 fr.
Tome II. Traduction française et notes, par *O. Houdas*. In-8. (*Sous presse*.)

XI. CHIH LOUH KOUOH KIANG YUH TCHI. Géographie historique des Seize royaumes fondés en Chine par des chefs tartares (302-433), traduite du chinois et annotée par *A. Des Michels*. Fasc. I et II. In-8. Chaque. . . . . . 7 fr. 50
Fascicule III. (*Sous presse*.)

XII. CENT DIX LETTRES GRECQUES, de *François Filelfe*, publiées intégralement pour la première fois, d'après le *Codex Trivulzianus* 873, avec introduction, notes et commentaires, par *Emile Legrand*. In-8. . . . . 20 fr.

XIII. DESCRIPTION TOPOGRAPHIQUE ET HISTORIQUE DE BOUKHARA, par *Mohammed Nerchakhy*, suivie de textes relatifs à la Transoxiane. Tome I. Texte persan, publié par *Ch. Schefer*, de l'Institut. In-8. . . . . 15 fr.

XIV. Tome II. Trad. franç. et notes, par *Ch. Schefer*, de l'Institut. (*Sous presse*.)

XV. LES FRANCAIS DANS L'INDE, Dupleix et Labourdonnais. Extraits des Mémoires d'Anandarangapoullé, divân de la Compagnie des Indes (1736-1761), publié par J. Vinson. In-8 avec portraits et cartes . . . . 15 fr.

XVI. ZOUBDAT KACHF EL-MAMALIK. Tableau politique et administratif de l'Egypte, de la Syrie et du Hidjâz sous la domination des sultans mamloûks du XIIIe au XVe siècle, par Khalil ed Dâhiry. Texte arabe publié par *Paul Ravaisse*. In-8. . . . . 12 fr.

XVII. Le même, traduction française. In-8. (*En préparation*.)
TABLEAUX GÉNÉALOGIQUES DES PRINCES DE MOLDAVIE, dressés d'après les documents originaux et accompagnés de notes historiques, par Emile Picot. In-8 de 300 pages, avec environ 30 tableaux. (*En préparation*.)

XVIII à XX. BIBLIOGRAPHIE CORÉENNE. Tableau littéraire de la Corée, contenant la nomenclature des ouvrages publiés jusqu'en 1890, ainsi que la description et l'analyse détaillée des principaux d'entre ces ouvrages, par Maurice Courant, interprète de la légation en France à Tokyo. 3 volumes in-8.
Tome I. In-8, avec planches. 25 fr.

QUATRIÈME SÉRIE

I-IV. CATALOGUE DE LA BIBLIOTHÈQUE DE L'ÉCOLE DES LANGUES ORIENTALES VIVANTES, publié par *E. Lambrecht*, secrétaire de l'Ecole. Tome I. In-8.

Paris. — Typ. Chamerot et Renouard, 19, rue des Saints-Pères. — 32234